本书获得甘肃省高校研究生导师科研项目和兰州交通大学"青蓝人才工程"项目的资助

高校社科文库
University Social Science Series

教育部高等学校
社会科学发展研究中心

汇集高校哲学社会科学优秀原创学术成果
搭建高校哲学社会科学学术著作出版平台
探索高校哲学社会科学专著出版的新模式
扩大高校哲学社会科学学科研成果的影响力

教育与国权

——1920年代中国收回教育权运动研究

Education and Sovereignty

—— The Study of the China Regaining Educational Right Movement in 1920s

杨思信
郭淑兰 / 著

光明日报出版社

图书在版编目（CIP）数据

教育与国权：1920 年代中国收回教育权运动研究 / 杨思信，
郭淑兰著．--北京：光明日报出版社，2010.5（2024.6 重印）

（高校社科文库）

ISBN 978 - 7 - 5112 - 0699 - 2

Ⅰ.①教… Ⅱ.①杨… ②郭… Ⅲ.①教育权—问题—研究—中国—
1920 Ⅳ.①G529.6

中国版本图书馆 CIP 数据核字（2010）第 063246 号

教育与国权：1920 年代中国收回教育权运动研究
JIAOYU YU GUOQUAN：1920 NIANDAI ZHONGGUO SHOUHUI
JIAOYUQUAN YUNDONG YANJIU

著　　者：杨思信　郭淑兰	
责任编辑：苑　琛　程广媛	责任校对：刘　艳　肖宗建
封面设计：小宝工作室	责任印制：曹　净

出版发行：光明日报出版社

地　　址：北京市西城区永安路 106 号，100050

电　　话：010-63169890（咨询），010-63131930（邮购）

传　　真：010-63131930

网　　址：http://book.gmw.cn

E - mail：gmrbcbs@ gmw.cn

法律顾问：北京市兰台律师事务所龚柳方律师

印　　刷：三河市华东印刷有限公司

装　　订：三河市华东印刷有限公司

本书如有破损、缺页、装订错误，请与本社联系调换，电话：010-63131930

开　　本：165mm×230mm

字　　数：355 千字　　　　　　印　　张：19.75

版　　次：2010 年 5 月第 1 版　　印　　次：2024 年 6 月第 2 次印刷

书　　号：ISBN 978 - 7 - 5112 - 0699 - 2 - 01

定　　价：78.00 元

前 言

一

　　以后人的目光审视，中国进入 20 世纪后的第三个 10 年，无疑是一个冲突迭起、事变丛生、波澜壮阔的 10 年。传统与现代、中国与外国、新集团与旧势力、社会精英与普罗大众、革命与反革命、中央与地方、分裂与统一、激情与理智、绝望与希望……，诸多因素于此交汇激荡，上演了一出出足以影响此后 30 年甚至更长时期中国发展走向的精彩历史大剧。80 多年过去了，如今，当我们的目光有机会掠过彼时的文献与时人所撰写的回忆录时，仍能明显体悟出那个时代的强烈律动及给予我们的巨大震撼。"古人日以远，青史字不泯"，探索现代中国的诸多问题，显然无法绕开 20 世纪 20 年代这 10 年中所发生的种种事件。

　　对于中国近现代教育史的研究者来说，1924 至 1927 年所发生的、其余波一直延续至 30 年代的收回教育权运动，就是这样一个不能绕开的历史事件。

　　中国现代新式教育起步于清末。自 20 世纪初清政府宣布废科举、改学堂、颁订学制、成立学部以来，新教育正式取代了旧教育，其对国家、民族、社会发展的巨大推动作用逐渐凸显。民初，教育部颁定新教育方针并废止"尊孔读经"，稍后新文化运动时期"新文学运动"的蓬勃开展及语体文的变革，更使新教育从教学语言、教学内容、教学方式、人才培养目标诸方面开始挣脱内在的种种羁绊，而获得长足的增长空间。事物的发展总是辩证的，当中国教育逐步解决内在种种束缚之后，其外在的制约与束缚却日益凸现出来。这种外在制约，即外部势力对中国教育的干预和侵害，主要是指殖民教育和教会教育。殖民教育以培养外国顺民为目标，教会教育以培养为传教服务的各种人才为目的，它们完全由外国举办和控制，藐视中国教育主权，不受中国政府管辖，成为中国国家教育体制之外的独立王国。这不啻是中国教育的一大耻辱，特别是对关心和从事教育事业的国人来说，尤其如此。进入 20 年代，经过五四新文化运动洗礼、民族觉悟日渐觉醒的国人，对这种蕴含宗教意味、"外国化"色彩十足的教育显然已经不能再忍受。因之，1923 至 1933 年（主要集中在 1924 至 1927 年），以教育界人士和青年学生为主体，包括国、共、青三党及中华教育改进社、全国省教育联合会在内的诸多政党社团参与，南北政府也不同程度介入的收回教育权运动，在广州、上海、长沙、开封等城市爆发并迅速在全国蔓延开来。

收回教育权，在更广泛的意义上无疑应包括反对外国殖民教育、收回殖民学校教育权和反对外国教会教育、收回教会学校教育权两部分。对此，20 年代国人均已注意到了。如当年身与收回教育权运动的舒新城曾说："中国已丧失的教育权原可分两部分，一为日本在东三省的殖民教育，一为基督教在内地各处所设的学校"。他认为，日本殖民学校的设立"以外交上之权利为根据"，因此只要外交问题解决，"他们底学校即可完全收回"。同时，他认为对于殖民教育，人们"虽不可不注意，但比较收回教会所攘夺的教育权问题却是小之又小的事情。"① 该运动另一中坚人物陈启天，则具体说明了其集矢于教会教育的原因："第一，因现在已有许多人起来反对日本文化侵略，无人为之辩证，我们可以节省一点精力注意别的问题；第二，因教会学校有害于中国不减于日本的殖民式教育，而国人尚有明目张胆为教会学校辩护，或加以怒词不肯反对的。于是我们不得不详细讨论他的利害，使国人注意，早日共同设法收回。"② 时人对殖民教育的认识显然有肤浅的一面，但他们选择教会教育作为主要的战略方向，这一考虑却是极其正确的。以当时中国的现状和实力，收回殖民学校确实难度太大。而教会学校由于不直接由外国政府经营，而由分散各国的各种教会组织主办，所以其收回难度实小得多。后来的运动发展进程多少证明了这一点。当中国教育界人士力斥教会教育之非时，少数传教士还企图藉不平等条约为保护伞，以此向中国政府进行要价。但教会组织毕竟不能完全等同于列强政府，个别传教士的强硬也终究不能改变教会学校须向中国政府立案注册、接受中国政府管辖的事实。总之，20 年代收回教育权运动，其斗争矛头自始至终均对准教会教育，实质上乃是一场收回教会学校教育权的民族主义

① 舒新城《收回教育权运动》，第 94 页，上海中华书局 1927 年版。
② 陈启天《日本对华文化侵略与收回教育权问题》，《醒狮周报》第 31 号，1925 年 5 月 9 日。

教育运动。指出这一点，并非多余。正本清源，稽名核实，实为学术研究的第
一步。

绵延 10 年之久（从 1923 年余家菊正式揭橥"收回教育权"口号至 1933
年国民党政府教育部颁布《修正私立学校条例》为止）的收回教育权运动，
对中国现代教育和中国基督教"本色化"运动产生了广泛的影响。从教育思
想看，经过此次运动，"教育为国家主权"、"教育与宗教相分离"、"教育国家
化"三大教育原则通过教育法令被正式确立下来，这奠定了现代教育的基础。
从教育制度上看，经过此次运动，中国在反对不平等条约、争取和维护中国教
育主权、清除外国势力对本国教育的干扰和侵害方面，迈开了具有开创意义的
第一步，为新中国建国后系统、彻底地解决教育主权问题起了前驱先路的作
用。同时，通过这次运动，政府也形成较成熟的私立学校管理体制。收回教育
权运动与同时交叉进行的非基督教运动一起，对基督教在中国的发展形成了强
大的冲击。它促使中国教徒特别是基督徒教育者进行反省，为教会学校的中国
化、世俗化、社会化，以及中国基督教的"本色化"，均起了极大的推动
作用。

二

有关 20 世纪 20 年代收回教育权运动问题的研究，前人已作了一定的探
索，取得了不少值得后来者重视的成果。早在该运动进行时期，曾任《文社》
月刊编辑的中国基督教学者张仕章即撰有《收回教育权运动的研究》一文①。
他将该运动划分为"萌芽时期"（从 1922 年 3 月蔡元培发表《教育独立议》
至 1923 年 2 月余家菊发表《教会教育问题》）、"预备时期"（从 1923 年 2 月
余家菊发表《教会教育问题》至 1924 年 4 月广州"圣三一"学校风潮发生及
6 月广州收回教育权运动委员会成立）、"成立时期"（从 1924 年 6 月广州收回
教育权运动委员会成立至 1925 年 3 月《中华教育界》"收回教育权运动号"
出版）、"调和时期"（从 1925 年 3 月《中华教育界》"收回教育权运动号"
出版至该年 11 月北洋政府教育部公布"外人捐资设立学校请求认可办法"）、
"改进时期"（从 1925 年 11 月北洋政府教育部公布"外人捐资设立学校请求
认可办法"起）共 5 个时期，并分析了参与该运动的国家主义派、共产主义

---

① 张仕章《收回教育权运动的研究》，《青年进步》第 92 册，1926 年 4 月。

派、基督主义派、金钱主义派对该运动的主要态度。以教育史研究见长的舒新城，也在运动尚未结束的 1927 年，由中华书局出版了其著名的《收回教育权运动》一书，以 7 章的篇幅对该运动的由来及其它相关问题进行了较系统的探讨。书后"附录"一节，辑录了当时报章杂志上发表的有关该运动的论文与参考资料题目。以上两种论著，可称得上是国内学术界关于收回教育权运动研究的最初成果，如今它们本身也均已作为重要史料而为研究者所征引。

舒新城而后，国内对该运动的研究在很长时期内归于沉寂。20 世纪 70、80 年代以来，台、港、日本及美国学者出版了一些研究非基督教运动、教育思想及教会大学史的论著，其中绝大部分著作内容已涉及到此一运动。如叶嘉炽所著《宗教、民族主义与中国学生：1922～1927 年中国的非基督教运动》一书①；瞿立鹤所著《清末民初民族主义教育思潮》一书②；杰西·格·卢茨（J. G. Lutz，又译作罗滋、鲁珍晞）所著《中国教会大学史（1850～1950 年）》一书③及《中国民族主义与 1920 年代之反基督教运动》一文④；叶仁昌所著《近代中国的宗教批判：非基运动的再思》⑤ 及《五四以后的反对基督教运动——中国政教关系的解析》两书⑥；日本学者山本达郎和山本澄子夫妇合著《中国的反基督教运动（1922～1927 年）》一文⑦；石川祯治《1920 年代中国的"信仰"——1922 年反基督教运动的意味》⑧；石川启二《1920 年代中国的国家主义教育论和收回教育权运动》⑨；杨翠华著《非宗教教育与收回教育权运动（1922～1930）》一文⑩。尤其是杨翠华的文章，为系统研究收回教育权运动的论文。杨文对该运动的进程及影响，有颇具深度的绍述与分析。但遗憾的是，该文对收回教育权运动发生的深层原因却并未深入探究。

----

① 原书为英文，中译本迄今未见。该书的节选文章《宗教与中国民族主义：民初知识分子反教思想的学理基础》，见张玉法主编《中国现代史论集》（六），台湾联经出版公司 1981 年版。

② 台湾中央供应物出版社 1984 年版。

③ 中文版由曾钜生译，浙江教育出版社 1987 年版。

④ 见张玉法主编《中国现代史论集》（六），第 211～234 页，台湾联经出版公司 1981 年版。

⑤ 台湾雅歌出版社 1988 年版。

⑥ 台湾久大文化股份公司 1992 年版。

⑦ 见张玉法主编《中国现代史论集》（六），第 191～209 页。

⑧ 石川祯治《1920 年代中国における"信仰"のゆくえ——1922 年の反キリスト教運動の意味》，《1920 年代の中国》，1995 年 9 月。

⑨ 石川启二《一九二〇年代中国における国家主義教育論と教育權回収運動》，载阿部洋编《日中教育文化交流と摩擦——戦前日本の在華教育事業》，第 52～57 页，第一書房，昭和 58 年（1983）版。

⑩ 见张玉法主编《中国现代史论集》（六），第 235～289 页，台湾联经出版公司 1981 年版。

　　由港台及海外学者所发轫的研究非基督教运动与教会大学的学术热潮，在80年代中期相继传至大陆。在其影响下，国内学术界对上述问题的研究很快由冷趋热。1988年以来，在华中师范大学近代史研究中心章开沅先生等人的大力推动下，教会大学史研究迅速成为近现代史研究领域新的学术增长点，同时也带动了与此相关的教会教育史、基督教史、非基督教运动等问题的研究。近20年来，在上述领域，已取得一大批具备相当水平的学术成果。如章开沅主编《中西文化与教会大学》、《文化传播与教会大学》、《社会转型与教会大学》，顾学稼等主编《中国教会大学史论丛》，吴梓明编《中国教会大学历史文献国际研讨会论文集》，章开沅、马敏主编《基督教与中国文化丛刊》（已出6辑），王忠欣著《基督教与中国近现代教育》，何晓夏、史静寰著《教会学校与中国教育近代化》，高时良主编《中国教会学校史》，吴洪成著《中国教会教育史》，杨天宏著《基督教与近代中国》（该书增订本名为《基督教与民国知识分子》），胡卫清著《普遍主义的挑战——近代中国基督教教育研究》，段琦著《奋进的历程——中国基督教的本色化》，梁家麟著《广东基督教教育（1807~1953）》，及由香港中文大学吴梓明主编的《基督教教育与中国社会丛书》（已出7辑），由章开沅主编的介绍性书籍《教会大学在中国丛书》（已出7本），由华中师范大学教会大学史研究中心主编的资料性文献《教会大学史研究丛书》（已出13本）等等。至于研究论文，则多不胜述。周洪宇、张云芳曾统计了1961至2003年有关教会教育的回忆文章、研究文章及评述文章，即达742种之多，其中绝大部分是近20年来的成果①。

　　总之，近20年来，尽管国内学术界关于教会教育、教会大学史、非基督教运动等问题的研究硕果累累，但具体到收回教育权运动，却是十分薄弱的。迄今为止，尚无研究该问题的专著出版。李华兴主编《民国教育史》、高奇主编《中国教育史研究·现代分卷》、霍益萍著《近代中国的高等教育》等教育史研究著作，虽均涉及收回教育权运动，但篇幅有限。目前关于收回教育权运动较详实的研究，是前述杨天宏和胡卫清的有关著作。杨著详细考察了该运动兴起的历史背景、教会学校风潮、教育家在该运动中的表现、北伐战争对该运动的影响等问题，其中不乏精彩之处②。胡著以丰富的外文资料而见长，该书

　　① 周洪宇、张云芳《中国教会教育史研究文献要目（1961~2003）》，章开沅、马敏主编《基督教与中国文化丛刊》第6辑，第399~443页，湖北教育出版社2004年版。
　　② 杨天宏《基督教与民国知识分子》一书之第四、五两章集中讨论了收回教育权运动，人民出版社2005年版。

以历届政府对教会学校的政策及教会方面的反应为中心，详细评述了 20 至 30 年代基督教教育的发展变化①。研究论文方面，据笔者不完全统计，截止到 2006 年，直接研究这一运动的相关文章尚不足 20 篇②。这些十分有限的文章涉及到收回教育权运动的历史背景、学校风潮、国民党政府关于教会学校的政策及某些地区或某个学校的收回教育权情况等少数几个方面。通读这些文章，阅者不免有零散之感，难以使人获得有关该运动系统性、整体性的认识。细绎收回教育权运动研究薄弱的原因，无非有两点：其一，该问题从学科属性上看具有交叉性，它虽然横跨了教育、历史两个学科，但在各自学科中又属边缘问题。教育研究者与历史研究者往往过于固守自我领地，画地为牢，一些交叉性较强的问题因之被长期搁置起来。其二，对非基督教运动和收回教育权运动不作区分，混收回教育权研究于非基督教运动研究之中。众所周知，20 年代相继发生的非基督教运动与收回教育权运动，在很多方面存在关联性。一般论者均认为，收回教育权是非基督教运动发展至第二阶段的主要标志和运动的主要内容。如杰西·格·卢茨就认为："1920 年代的第二个非基督教运动为'收回教育权运动'。这个运动比之第一个运动来说，持续时间较长，组织较好，而且得到较广泛的支持，其目标并不仅是基督教本身，更是针对基督教团体所办

---

① 胡卫清《普遍主义的挑战——近代中国基督教教育研究（1877~1927）》一书之第四章涉及到收回教育权运动，上海人民出版社 2000 年版。

② 主要有：徐则浩《一九二五年芜湖教会学校学潮概述》，《安徽师大学报》（哲社版）1984 年第 1 期；刘建新《大革命前后青年学生收回教育权的斗争》，《长江论坛》1985 年第 2 期；晓钟、安闽《反奴化教育的收回教育权运动》，《党史研究与教学》1986 年第 5 期；傅长禄《大革命时期收回教育权运动初探》，《史学集刊》1988 年第 1 期；木易《从东吴大学看"收回教育权运动"》，《苏州大学学报》（哲社版）1989 年第 4 期；杨恒源《重评 20 年代初"收回教育权运动"》，《扬州大学学报》（人文社科版）1990 年第 1 期；陈三鹏《国民革命时期潮汕的收回教育权运动》，《韩山师范学院学报》1991 年第 2 期；顾学稼《华西协和大学的收回教育权运动》，载《中国教会大学史论丛》，成都科技大学出版社 1994 年版；刘兆伟《论帝国主义在东北的殖民教育与东北人民收回教育权的斗争》，《沈阳师范学院学报》（社科版）1994 年第 4 期；杨大春《南京国民政府的教会学校政策述论》，《苏州大学学报》（哲社版）1999 年第 2 期；胡卫清《南京政府与收回教育权运动》，《聊城师范学院学报》（哲社版）2000 年第 3 期；文庸《收回教育权运动与对基督教教育事业的评价问题》，"基督宗教来华与中西文化交流"学术研讨会论文，2000 年 8 月，未刊稿；杨大春《东吴大学向中国私立学校转变过程述论》，《档案史料与研究》2002 年第 3 期；李兴韵《二十年代广东国政府对教会学校的"收回"——以广州私立培正中学为例的研究》，《开放时代》2004 年第 4 期；林洁丹、关威《潮汕地区 20 世纪 20 年代的收回教育权运动》，《韩山师范学院学报》2004 年第 4 期；赵以坤、李全彩《民国政府收回教育权述论》，《徐州师范大学学报》（哲社版）2006 年第 4 期；杨天宏《民族主义与中国教会教育的危机——北洋时期收回教育权运动之背景分析》，《社会科学研究》2006 年第 5 期。

的学校。"① 杨天宏也认为1924年兴起的收回教育权运动"不过是中断了一年之久的第一阶段非基督教运动的继续"②。正惟如此，所以研究者往往以对非基督教运动的研究代替对收回教育权运动的研究。笔者认为，收回教育权运动虽导源于非基督教运动，是非基督教思想日益深化和非基督教运动深入发展的合理产物，但作为一场教育运动，它毕竟有着自己的兴起逻辑、理论基础与发展趋向。如台湾学者王成勉所说："收回教育权运动的发展，在非基运动中与众不同之处，即是其在教育上有一套观念。这套观念源自国家主义派的教育理念，而且有力的挑战了教会学校的立场，并激起教会人士的反思。"③ 换句话说，这两次运动在爆发原因、指导思想、最后结果等方面各具特点，不能完全等量齐观。因此，极有必要在学术上开展对收回教育权运动的独立研究。

三

以反教会教育、收回教会学校教育权为主旨的收回教育权运动，是近现代中国教育发展史上极重要的一页。研究这一运动的历史成因与发展过程，分析各参与群体对运动的态度及表现，阐明历届中国政府对教会学校政策的演变，不但有助于人们丰富对中国近现代教育史的研究，其对中国近现代社会史、思想史、宗教史的研究也不无裨益。同时，随着当今世界全球化进程的加速，维护国家教育主权与文化主权也愈来愈成为紧迫的现实。回顾中国近现代教育主权损害及收回的历史，总结其经验教训，也将为今天的人们更好地处理教育主权问题提供一定的借鉴。这也正是本书写作的旨趣所在。

本书以一个历史研究者的视角，从一般研究历史运动的方法入手，力图将收回教育权运动置于近现代中国特殊的历史背景下，全面分析这一运动的起因、发展演变、最后结果及其深远影响。笔者在正式研究之前，曾设想了本书力图解决的几个重要问题：（一）收回教育权运动的远因、近因及其与非基督教运动的关系；（二）各政党及社会团体在收回教育权运动中的不同作用；（三）历届政府对教会学校的政策演变；（四）收回教育权运动对中国教育的

① 杰西·格·卢茨《中国民族主义与1920年代之反基督教运动》，见张玉法主编《中国现代史论集》（六），第220页，台湾联经出版公司1981年版。

② 杨天宏《基督教与民国知识分子》，第189页，人民出版社2005年版。

③ 王成勉《寻求宗教与国家间的平衡——论一九二〇年代有关基督教大学教育的检讨》，见林治平主编《中国基督教大学论文集》，第98页，台湾宇宙光传播中心出版社1992年版。

影响；（五）教会教育的利弊得失及其总体评价；（六）如何认识教育、宗教、国家三者之间的复杂关系。书成后，笔者自感前四个问题已经解决，而后两个问题或限于篇幅或限于能力，目前仍未能圆满解决，是为至憾之事。

本书由七章组成。

第一章为"收回教育权运动兴起的背景"。主要从近代中国教育权的丧失与教育主权观念的兴起、"教育和宗教分离"学说的输入、近代知识分子非基督教思想的发展演变、西方国家主义教育思想的传入、清末民初政府对教会学校的政策演变等五个方面，阐述收回教育权运动发生的远因。

第二章为"非基督教运动的发生与收回教育权运动的酝酿"。1922年2月，以反对基督教为主旨的第一阶段非基督教运动正式爆发。该运动上承新文化运动时期思想界讨论宗教问题之余绪，下启收回教育权运动，在当时思想界产生了广泛的影响。在第一阶段非基督教运动进行之时，以蔡元培、张宗文、张耀翔、余家菊、陈启天等人为代表，部分论者已逐渐将斗争矛头对准教会教育，非基督教运动已初步显露出由一般反基督教逐步向反教会教育跃进的迹象。

第三章为"收回教育权运动的兴起"。1924年4、5月间，以奉天人民开展收回南满铁路附属地殖民学校教育权的斗争和广州"圣三一"等教会学校风潮的发生为标志，收回教育权运动正式爆发。全国各地随即纷纷响应，从而引发了全国性的教会学校风潮，也使一度沉寂的非基督教运动再起风波。收回教育权运动发生后，1924~1925年，中华教育改进社、全国省教育联合会连续通过数个反教会教育的议案，促进了该运动向深入发展。

第四章为"国家主义教育派与收回教育权运动"。在收回教育权运动中，以余家菊、陈启天、李璜、杨效春等为代表的国家主义教育学派，起到了思想领导和运动中坚的作用。本章较全面地阐述了该派的形成原因、成员构成、主要思想，并重点介绍了该派参与的"收回教育权论战"。

第五章为"收回教育权运动的高涨"。1925年五卅运动后，收回教育权运动进入高潮，中国基督徒转变了对该运动的态度，北洋政府教育部也颁布了有关收回教育权的法令，这标志着该运动已取得部分实质性的成果。本章还重点分析了国民党、共产党、青年党与收回教育权运动的关系。

第六章为"收回教育权运动的尾声"。1927年，随着北伐的顺利进行，国民党势力扩展至全国。受其政策影响，喧闹一时的非基督教运动由此转入低潮，收回教育权运动也渐入尾声。广东国民政府教育行政委员会、南京国民政府大学院及教育部先后颁布涉及教会学校的多个法令，严促其立案注册。绝大多数教会学校因之被迫向中国政府立案，收回教育权运动的目标基本实现。

第七章为"余论"。南京政府教会学校政策实施的结果，是绝大部分教会学校最终均向政府立案注册，这标志着20年代收回教育权运动的结束。但对收回教育主权这一重要问题来说，却并未划上句号。建国初期，新中国政府坚持"教育主权"、"教育和宗教分离"、"教育国家化"的基本原则，并根据形势的变化调整了对教会学校的政策，将其改为公办。完全、彻底地收回教育主权，这一近现代国人的教育梦想，最终在中国共产党的领导下得以实现。本章对收回教育权运动的历史地位也作了总结性的评述。

最后需要说明的是，尽管笔者在搜集资料方面已竭尽全力，但由于僻处西北，研究条件十分有限，所以本书未能充分利用有关档案文献与外文资料。同时，限于笔者的能力，本书肯定有许多不完善之处，深望读者批评指正。

CONTENTS 目 录

第一章

收回教育权运动兴起的背景

第一节　近代中国教育权的丧失与教育主权观念的萌发

一、教育权的涵义

所谓教育权，依照我国研究教育法的知名专家劳凯声的解释，"是教育法律关系主体之一的权利人为满足自己的利益而根据自己的意志作出的作为或不作为，或者要求他人作为或不作为的能力或资格"。在教育法律关系中，具备这种能力和资格的权利人大体上有三类：一是代表国家利益的政府机构，二是代表特定社会群体利益的社会团体、组织或个人，三是代表家庭（或家族）利益的监护人。因此，教育权也可相应地划分为三类：一是由政府代表国家行使的教育权利，可称为国家教育权；二是由社会团体、组织或个人行使，而代表社会特定群体利益的教育权利，可称为社会教育权；三是由家庭成员（尤其是监护人）行使的代表家庭利益或家族利益的教育权利，可称为家庭教育权[①]。

上述三类教育权利中，社会教育权与家庭教育权由于仅代表个人或有限群体利益，因之具有单一的私法权性质，即只有职权而无主权，权利人在行使教育权利时不能与国家主权相悖；而国家教育权由于代表无限群体利益，因之它具有复合的公法权性质，即它是由较抽象的教育主权和较具体的教育职权两部分构成。

国家教育主权，是统一的、无所不包的国家主权不可或缺的重要组成部分。与国家主权的概念相对应，它在内涵上是指"一个国家所拥有的独立自

---

① 劳凯声主编《变革社会中的教育权与受教育权：教育法学基本问题研究》，第139页，教育科学出版社2003年版。

主处理其内外教育事务的最高权力"。具体又表现为教育立法权、教育行政权、教育司法权、教育发展权四大方面的内容。

①教育立法权。即国家制定基本教育制度、教育方针、有关教育的法律法规和基本政策的权力，为国家固有的权力。

②教育行政权。行政权是行政主体执行法律、管理国家事务和社会事务的权力。教育行政权应包括国家对教育事务的宏观调控权和微观管理权。所谓宏观调控权指国家根据国民经济发展状况和社会发展需要制定教育发展规划和对教育机构的布局进行调整的权力。微观管理权则指国家对教育事务的具体管理，包括一般教育管理、教育监督和非常时期的教育征收（将非国有教育机构收归国有）等。

③教育司法权。它是指国家对涉及教育事务的案件享有司法管辖权。根据司法的"属地管辖"原则，一切在本国领土上所发生的教育纠纷、教育案件，本国政府当然享有司法管辖权。而因本国公民、团体、社会机构在境外办学而发生的教育纠纷、教育案件，本国政府则不拥有司法管辖权。

④教育发展权。它包括对内的教育投资权、教育举办权与对外的教育平等权、教育独立权。教育投资权是国家根据本国国情决定对教育进行投入和资助的权力。教育举办权是国家作为投资主体或通过合法授权的方式，允许社会组织或个人举办各类教育机构向本国公民提供教育服务的权力。对外的教育独立权和平等权，主要适用于国家涉外教育交流、教育贸易。依据本国与外国或国际组织签署的有关协定，本国有权向境外输出本国的教育服务，外国或有关国际组织也可对本国输入教育服务，但这种教育交流、教育服务必须坚持平等、对等的原则，不得损害本国教育的独立自主。

毫无疑问，国家教育主权的主体是国家。国家不仅对教育拥有积极的权能，即可以占有、使用、收益和处分教育；而且也可以行使其消极的权能，即排除一切非法的侵犯。但国家毕竟是个抽象的、不清晰的集合，权利无法被具体界定到个人。因而，要实现国家教育主权，国家必须把教育统治权和教育管辖权委托给中央政府；而中央政府不可能直接控制如此之广、如此之多的教育事务，所以它又必须委托给中央政府有关部门（特别是教育部门）和地方政府。换言之，国家教育主权只有具体化为国家或地方有关机构的实权和职权才能实现。当然，从权利获得的来源和合法性上看，国家教育主权的获得只以国家主权的获得为先决条件，它不需要具体的法律授权；而国家和地方有关机构的具体教育职权的获得，则必须符合公法权的一般原则——"法律授权即拥有"，即它不能自动获得，而需要相关的实体法授权，否则就是不合法的。

二、西方列强攫取在华教育权

关于近代外人是否取得在华教育权的问题，近代著名教育家姜书阁持否定态度。他在 1933 年出版的《中国近代教育制度》一书中曾指出："惟关于设学之条文，则只同治七年（一八六八年）《中美续约》第七款载有'美国人可以在中国按约指准外国人居住地方设立学堂，中国人亦可在美国一体照办'一语。按其文义，当指外国人可以在其居住地设校教育其本国人，并非自由设学教育中国人。此外，则条约中并无外人得在中国自由设校教育华人之规定，而何以此种教会学校竟与教堂并存而遍布全国？"① 他认为，外国传教士在近代中国所获得的，"只有传教权而无设立学校权"。但仔细翻检有关资料我们可以发现，姜氏此论并不符合史实。

近代外人在华兴学设校，肇始于 1839 年布朗夫妇在澳门创办的"马礼逊学堂"。该校学生最多时达 42 名，近代名人容闳就是该校首批招生的 6 名学生之一。从时间上看，该校从 1839 至 1850 年共存在 11 年，所以论者称之为"近代中国本土上第一所教会学校"②，无疑是名实相符的。但从宗教上说，该校创办时，清政府对天主教的禁令尚未解除；从教育管理上说，该校的开办也并未征得当地中国官厅的同意，而是一种私自行为。因此，这样一所教会学校的出现，当时已经违反了清政府的宗教政策，在实际上也损害了中国教育主权。

外人正式取得在华教育权，是在鸦片战争后。中英《南京条约》和中美《望厦条约》中，并无片言只语涉及教育之事，盖因英美两国此时关注的焦点只在贸易方面。而在 1844 年中法所订立的《黄埔条约》中，第一次涉及到教育问题。该条约第 22 款规定："佛兰西人亦一体可以建造礼拜堂、医人院、周急院、学房、坟地各项，地方官会同领事官，酌议定佛兰西人宜居住、宜建造之地。"第 24 款又规定："佛兰西人亦可以教习中国人愿学本国及外国语言者，亦可以发卖佛兰西书籍，及采买中国各样书籍，亦可延请士民教习中国语言，缮写中国文字，与各方土语，又可以请人帮办笔墨，作文学、文艺等功课。"③ 依照上述规定，法国人取得"学房"（实指校舍）建造权和开展教学

---

① 姜书阁《中国近代教育制度》，第 156 页，商务印书馆 1933 年版。
② 田正平主编《中外教育交流史》，第 132 页，广东教育出版社 2004 年版。
③ 王铁崖《中外旧约章汇编》第 1 册，第 62 页，三联书店 1957 年版。

之权,这是外人实质上攫取在华教育权之始。1845 年订立的中英《上海租地章程》第 10 款也有类似规定:"洋商租地后,得建造房屋,供家属居住并供适当货物储存;得修建教堂、医院、慈善机关、学校及会堂;并得种花、植树及设娱乐场所。"① 由于西方列强在中国享有"片面最惠国"待遇,加之道光皇帝已在 1845 年 2 月 2 日发布上谕"驰禁"天主教,因而包括西方传教士、教会在内的个人或团体,也都通过这些条约取得了在华教育权。随着清政府对天主教(基督教)的驰禁,相关法律条文的调整也在所难免。同治九年(1870),刑部删去"传教治罪"的旧例,续纂新例,其内容改为:"凡奉天主教之人,其会同礼拜、诵经等事,概听其便,皆免查禁。"②

第二次鸦片战争后,外人在华教育权进一步扩展,主要体现在其设校范围由沿海扩至内地,而其条约依据主要是《中法续增条约》和《中美续约》。1860 年签订的《中法续增条约》(即中法《北京条约》)第 6 款规定:"即晓示天下黎民,任各处军人等传习天主教,会合讲道,建礼拜堂,并将滥行查拿者,予以应得处分,又将前谋害奉天主教者之时听充之天主堂、学堂、茔坟、田地、房廊等件应赔还,交法国驻扎京师之钦差大臣,转交该处奉教之人,并任法国传教士在各省租买田地,建造自便。"③ 该条文中最后一句"并任法国传教士在各省租买田地,建造自便",系法国使团中担任翻译的一位传教士私自添加的,而法文本中原无④。但正是这一句话,使西方教会取得在中国内地建造房屋、设学兴校之权。1868 年 7 月 28 日《中美续约》第 7 款规定:"嗣后中国人欲入美国大小官学学习各等文艺,须照相待最优国之人民一体优待;美国人欲入中国大小官学学习各等文艺,亦照相待最优国之人民一体优待。美国人可以在中国按约指准外国人居住地方设立学堂,中国人亦可在美国一体照办。"⑤ 姜书阁认为此一条款实际上"当指外国人可以在其居住地设校教育其

---

① 王铁崖《中外旧约章汇编》第 1 册,第 67 ~ 68 页,三联书店 1957 年版。
② 《西教入华始末》,李刚己《教务纪略》卷二,上海书店 1986 年版。
③ 王铁崖《中外旧约章汇编》第 1 册,第 67 页,三联书店 1957 年版。
④ 美国学者赖德烈和史式微均认为,在中文本中做手脚者系法国传教士艾嘉略;中国学者王中茂则认为系法国传教士德拉马与法国人美理登。两说分见顾卫民《近代中国的保教权问题》,章开沅、马敏主编《基督教与中国文化丛刊》第 5 辑,第 174 页,湖北教育出版社 2003 年版;及王中茂《西方教会内地置产条款作伪考辨》,《世界宗教研究》2005 年第 1 期。另,此事直至 1895 年南洋大臣张之洞请人翻译美国国会有关文件时才发现而公之于众,引起清政府的重视,但当时法国公使施阿兰以时过境迁为由,拒绝纠正。
⑤ 王铁崖《中外旧约章汇编》第 1 册,第 263 页,三联书店 1957 年版。

本国人，并非自由设学教育中国人"。但细绎原文，除一定的地区限制外，本条并没有对美国人所设学堂的性质、办学层次、教育对象、教育内容、管理方式等作出明确限制，因此只能作宽泛理解。换句话说，美国人既可以在中国设立教育美籍人士的学校，也可以设立教育中国籍人士的学校。

要言之，从法理上说，根据前述有关条约，西方各国（包括西方传教士、教会势力）实际上获得了几乎不受任何限制的在华教育权，这一点似无庸置疑。清末曾在学部供职的张元济，也对外人获得在华教育权持明确肯定的态度。他在致学部官员的信函中说，根据中法《黄埔条约》和《中法续增条约》有关条文，"是国家已明许外国人在国内设立学堂，且明许教士设立学堂矣"，且"约文仅有学房学堂字样，甚为浑括，并未指定何种学堂"①。

此外，在认识近代西方列强攫取在华教育权问题时，我们还需指出以下几点：

第一，近代外人所取得的在华教育权，在性质上属于"条约特权"，而非"非条约特权"。

第二，近代外人在华设校兴学、教育华人，这是对中国教育主权的一种极大破坏。但从整体上考察，中国教育主权在近代是部分丧失，而非全部丧失。

20 年代中期收回教育权运动期间，围绕中国教育主权丧失问题，学界有过辩论。一些教会教育家声称："吾国政府中固有教育部，吾国社会上固有自立学校，外国人初未尝干涉之禁止之也，故不能谓为已失教育权"。而余家菊等人则强调，这种观点谬在"以全称混特称"。由于教会学校等外国办学机构的存在，中国教育主权已不能在领土全范围内顺利行使，教育权已经部分丧失②。现在来看，余家菊等人的观点无疑是极为正确的。主权虽然是不可分割、不可侵犯的，但它的存在也不可能是"要么全有，要么全部丧失"的僵化形式。由于西方列强的侵略及其"以华治华"政策，近代中国在国际上陷入"半殖民地"的泥潭。所谓"半殖民地"，实质是指国家的半独立，国家主权的各个方面如政治主权、经济主权、文化主权、法律主权、军事主权等，都处于一种半有半无的状态，教育主权也不例外。

第三，在近代西方列强攫取在华教育权的同时，根据条约规定，中国也相应地取得在个别国家的兴学设校权。如前述《中美续约》规定："美国人可以

---

① 《就学堂章程草案致学部堂官书》，《张元济诗文》，第 128 页，商务印书馆 1986 年版。
② 《收回教育权问题答辩》，《余家菊景陶先生教育论文集》，第 279 页，台湾慧炬出版社 1997 年版。

在中国条约按约指准外国人居住地方设立学堂，中国人亦可在美国一体照办"①。不过，由于近代中国国势衰弱、财力竭穷，此一十分有限的在外教育权也从未行使过。

三、近代中国教育主权丧失的因由

首先，近代中国国势及武备衰弱。诚如 20 年代余家菊在《教会教育问题》一文中所指出的，"教育权之丧失乃武力侵略之当然的结果"，"既败之后，订条约，修和好，割地赔款，且予取予求，莫知所止，而制人生命之教育权，彼长于灭人国家之西方人岂反有置之不闻不问之列的么？"②

其次，近代之初国人及政府主权观念不明。近代民族国家构成的四大元素（领土、人民、主权、政府）中，主权是最基本的元素，它是一个国家所具有的独立自主处理内外事务的最高权力，也是近代外交制度的基础。近代意义上的主权意识，早在 17 世纪时便已成为西方近代国际关系和国际法的价值准则。反观中国，因受传统民族、"天下"观念的制约，近代之初朝野上下无不充斥着"君临万邦，四夷宾服"式的"天朝上国"之论，缺乏列国并存、独立自主和平等交往的主权国家观念。直至第二次鸦片战争后，在外患频仍和丧权辱国的强烈刺激下，处处被动吃亏的中国才萌生了最初的主权意识，要求根据国际公法原则与外国平等交往。在总理衙门的组织下，1864 年，由传教士丁韪良等人合译的《万国公法》出版，"主权"一词正式进入国人视野。但此时"条约格局"早已大定，维护主权、争取平等已困难重重。主权观念的缺失和滞后，是近代中国各项主权丧失的根本原因。

再次，国人教育观落后。教育观是一个整体概念，它包括对教育的内涵、目的、结构、功能、规律、地位、作用等多方面的具体认识。教育与民族、国家、社会的关系，或者说，教育在国家系统中承担什么样的角色，无疑是教育观的核心。传统中国是一个君主专制的国家，而非人民主权的国家，反映到教育上，就是自古以来，统治者视教育为"建国君民"、"化民成俗"的必要手段。此种教育观，只肯定了教育维护统治的作用（教化人民与为封建统治阶级培养后继人才），而教育对整个国家、民族、社会的重要意义，则被深深遮蔽。两汉以后，受儒学思想特别是科举制度的强大影响，教育对于个人乃至家庭的重要作用得以凸现，但它仍与民族、国家的整体利益有着巨大的差距。在

---

① 王铁崖《中外旧约章汇编》第 1 册，第 263 页，三联书店 1957 年版。
② 《教会教育问题》，《余家菊景陶先生教育论文集》，第 240～241 页，台湾慧炬出版社 1997 年版。

科举导向之下，国人重教尚学乃至皓首穷经，其孜孜以求，不是以一己之长振兴国家、民族，而是追求个人的功名利禄。诚如教育家陈登原曾经指出的，此种教育"无非在豢养士子，不要犯上作乱，安分守己，谋所以辅佐治术，安定政治。所谓作育人才，尚其余事"①。近代以来，此种空疏无实、严重扭曲的教育观虽不断遭到有识之士的批评，但在科举未废、封建君统与道统未能根本动摇的社会整体氛围之下，它仍得以长期延续。无数士人依旧埋头八股，专注功名，以读书入仕为己任，而罔顾民族危亡与社会进步。

总之，近代之初，受陈腐落后的传统教育观的影响，国人仍不明教育对于国家强盛、民族振兴、社会进步的重大而积极的作用，统治者更不可能站在攸关国家主权完整与民族千秋基业的角度上，去竭力维护中国教育权不受外力破坏。在鸦片战争后的数十年间，清廷朝野上下对事关"天朝尊严"和"国体"的一些枝节小事（如谈判地点、礼节、使节），必与西方列强事事计较，而对诸如教育等此类重大国家利益则随意相让，听任外人予取予求，这充分体现了封建统治者的腐朽与传统教育观的落后。

四、清末教育主权观念的萌生

在近代中国报刊中首次提到"教育权"一词，当推 1901 年梁启超在《清议报》第 100 册上所刊发之《异哉所谓支那教育权者》一文。梁文指出：

吾尝读泰西各报纸，日日宣言曰：必如何如何乃能握支那之商务权，必如何如何乃能握支那之交通权（铁路轮船等）、练兵权，吾甚怪之，甚厌闻之。近读日本各报纸，日日宣言曰：必如何如何而后能握支那之教育权，吾愈益怪之，愈益厌闻之。②

文中"教育权"一词，显然借自近邻日本。1901 年 9 月出版的《教育世界》第 9 册上，有罗振玉《教育五要》一文。作者在此文中也提出"教育之权不可授之外人"，认为教育与开矿、修路一样，是国家的主权，没有授与外人的道理。1902 年，张元济在其致友人的函中，也使用了"教育之权"一词。他说：

吾尝闻美人言曰：支那财赋之权在英，军事之权在德，教育之权吾美人其

---

① 引自杨齐福《西方教育思想东渐与近代教育观的生成》，《淮阴师范学院学报》（哲社版）1994 年第 4 期。

② 《异哉所谓支那教育权者》，《清议报》第 100 册，1901 年 12 月 21 日。

勿失之。斯言之可畏也，国家之岂恃教育以维系之，此为何事，岂可授之外人者？①

当时《新民丛报》上还有过"学权"、"教育学问之权"等提法②。

以上"教育之权"、"学权"、"教育学问之权"的说法，或因出于私人信件，或因辞不达义，使用频率皆不高；惟有"教育权"一词，得到国人广泛认可而在社会上传播开来。1904 年后，报刊上有关外人干预中国教育权的报道明显增多，如 1904 年《警钟日报》的文章《论日人操握中国教育权》，1907 至 1908 年《外交报》的三篇文章《论外人谋我教育权之可危》、《论各国以国际竞争争夺中国教育权》、《申论外人谋握我教育权之可畏》，1909 至 1910 年《教育杂志》的两篇文章《俄人亦欲占我教育权》、《外人之谋我教育权》等，显现出此时国人教育主权观念已确然而兴。

海外近代思想史大家王尔敏曾经指出："近代中国一切新观念的创发，大体以时代的醒觉为基础，由于能认清世变的严重，而后才会设想适应世变的方法。"③ 仔细审绎不难发现，20 世纪初国人教育主权观念的生成，主要是出于以下因素的推动和催化：

第一，近代主权观念和国家观念的形成，为国人教育主权观念的萌生奠定了基础。据学者考证，国人近代主权意识的明确形成，始于 1864 年丁韪良译《万国公法》出版后。而近代国家观念的基本形成，则大体以 1898 年康有为组织"保国会"为标志④。在《保国会章程》中，康有为明确提出"保国、保种、保教"三大口号，呼吁人们保全"国地"、"国民"、"政权"、"国教"，表明维新派知识分子民族意识、国家意识日趋自觉，一种不同于以往"忠君爱国"，而以"土地、人民、主权、政府"为构成基本要素的新的国家观念已经形成。20 世纪初，随着伯伦知理《国家论》等国家学理论的广泛传入，新知识分子的主权观和国家观较前更趋完善，为此期教育主权观念的生成奠定了基础。

第二，甲午战后国人教育观的进步，对教育主权观念的产生起到了助推作

---

① 《答友人问学堂事书》，璩鑫圭等编《中国近代教育史资料汇编·教育思想》，第 367 页，上海教育出版社 1997 年版。

② 夏晓虹辑《饮冰室合集集外文》（上册），第 86 页，北京大学出版社 2005 年版。

③ 王尔敏《中国近代思想史论》，第 11 页，社会科学文献出版社 2003 年版。

④ 李华兴等著《索我理想之中华——中国近代国家观念的形成与发展》，第 156、191 页，安徽教育出版社 2005 年版。

用。如前所述，19 世纪 90 年代以前，国人尚未脱传统教育观的窠臼，其认识整体上不免肤浅落后，尤其是关于教育与民族、国家、社会的关系，甚少探究。甲午战后，受战败刺激，中国教育出现革新之机。开明士绅普遍认为，"近者日本胜我，本非其将相兵士能胜我也，其国遍设各学，才艺足用，实能胜我也。"① 一些朝廷官员也认为，"国于天地，必有与立，言人才之多寡，系国家之强弱"，要求"推广学校，以励人才而资外侮"②，表明时人已能从国家强弱的角度来看待学校教育的作用，这无疑是一大进步。19 世纪末 20 世纪初，清廷加大教育改革力度，派员系统考察日本学校教育，成立了"学部"这一专司教育的中央机构，并颁定学堂章程，废除科举制度。这些重大举措推动了人们对教育的理论探索。此时，以《教育世界》杂志为代表，人们广泛译介日本及西洋的教育著作，从中汲取相关的教育观念和教育理论，逐步实现了由传统教育观向近代教育观的转化，这对教育主权观念的形成起到了推动作用。

第三，对东西方列强教育侵略的警惕，催发了国人维护教育主权的民族自觉意识。20 世纪初，帝国主义列强在镇压中国的义和团运动后，其对华政策呈现出调整的趋向，从主"瓜分"到倡"保全"，加强了包括教育侵略在内的文化渗透活动。如美、英等国提出"减免"庚款，兴办教育事业等。其包藏祸心，无非在于"把中国学生的留学潮流引向美国，并不断扩大这股潮流"，企图"从知识上与精神上支配中国的领袖的方式"，"控制中国的发展"③。

在当时东西方列强中，日本的动向尤其引人注目。出于对西方列强有可能排斥日本而独占中国、进而严重影响其在华利益的恐慌，20 世纪初，"争夺中国教育权"之论喧腾于日本学界与政界。如早在 1898 年 3 月德国强租中国胶州湾事件发生后，日本学者外山正一即发出警告，认为"日本国民应树立支那存亡与我国自身安危实有切实关系的观点"。戊戌变法时曾滞留中国的伊藤博文，归国后也向日本政府建议保全中国，"展开积极的对华外交"。1901 年 1 月 29 日，清政府发布上谕，实行新政，这被日本舆论看成是控制中国的一次大好良机。日本《教育时论》上发表的《清国教育问题》一文认为，清廷

① 康有为《请开学校折》，资料丛刊《戊戌变法》（二），第 218 页，上海人民出版社 2000 年版。
② 李端棻《请推广学校折》，陈学恂主编《中国近代教育史教学参考资料》（上册），第 425 页，人民教育出版社 1986 年版。
③ 《詹姆士给美国总统罗斯福的备忘录》，陈学恂主编《中国近代教育史教学参考资料》（下册），第 252 页，人民教育出版社 1986 年版。

新政，百废待兴，需才孔急，但因本国教育落后，"势不得不依赖外国人士"。果如此，"我国人以同文同种、唇齿相依的关系，更易得到清国政府及人民的信赖而礼聘，或为顾问，或为教师……就取得各种便利利益来说，欧美人士实不能与日本同日而语。"日本"帝国教育学会"会长辻武雄在《清国教育改革案》一文中，也发出"日清两国士夫，协同讲求教育，此乃当今之急务"的论调。正如当代日本学者细野浩二所分析指出的，此种论调的实质，"即是明治末期日本争夺清朝中国主权之一的教育权的同义"①。

东西方列强的此种侵略新动向，引起正在苦苦追求国家独立之中国学者的高度警惕。当时《教育杂志》上的一篇文章，从日本制订韩国教科书编写方针这一事件中，径直提出"教育可以灭人国"的骇世之论，要求国人关注中国教育独立问题。该文认为，曩昔列强多取军事灭国之法，"然兵力足以制胜于一时，不能使亡国之民，永不反侧"。而近世列强之灭人国者，"翻然变计，或以外债，或以商业，尤善者莫如教育"，"盖外债、商业之结果，使其民困苦颠连无以为生，则铤而走险，势所必至。困兽犹斗，况为国乎？"该文接着对列强教育侵略的危害性作了申论，说：

至于教育则不然，塞其耳，蔽其目，窒其心思，更宠之以虚荣，诱之以微禄。在受者亦得之而安享之，虽生之不知世界事，及死犹存感激心。如是则高掌远遮，任吾玩弄，任吾驱策，而莫敢谁何矣。即有一二孑遗，挟其众浊独清之抱负，奔走呼号，不难血以刀踞，或投畏豺虎。于是蚩蚩者，莫予毒也矣。英之于印度，不令习政治军事，法之于安南，乃试以科举，皆前鉴也。②

1904年《警钟日报》的一篇文章也指出，与欧美各国夺我利权相比，"日本之于中国，其实业之权远逊于欧美诸国，于是日人求逞其志者，不得不争教育之权，以与欧美实权相制，此日本近日之阴谋。"这种阴谋的阴险之处，即在于无形中使中国人通过"耳濡目染"而生"崇拜日人之心"，"崇拜日人之心深，则鄙夷中国之念切。虽造就成才，亦仅为日人之完全奴隶而已。"③《外交报》也警告国人，"庚子以后，彼所心营目注，专以教育为当务之急"，"建设学校矣，推荐教员矣，美其名曰扶植中国之文明，切其辞曰实行博爱主义"，实则"在挑起我国人种族之恶感，而离析其敌忾同仇之心态，使移其对

---

① 阿部洋编《日中教育文化交流与摩擦——战前日本の在华教育事业》，第52~57页，第一书房，昭和58年（1983）版。

② 《教育可以灭人国》，《教育杂志》第1卷第9期，1909年10月。

③ 《论日人操握中国教育权》，《警钟日报》1904年9月14日。

外之竞争，用诸对内，以完全一统之中国，千百分歧如印度末造之群侯然，而后能压以兵力遂其豆剖瓜分之秘计耳。"① 无疑，对列强教育侵略的警惕使国人开拓了认识的新境界，"教育乃国家主权之一"成为先觉者的共识。

然而，我们也必须注意到，此时教育主权观念虽已兴起，但总体上仍不免肤浅。主要表现在：人们关注的重点显然只集中于外人如何争夺中国教育权及对中国有何危害上，而对教育主权的具体涵义及其法理依据等深层次问题，却大多未予深究。理论的贫乏，无疑影响人们对有关问题的思考。如当时教会学校已悄然坐大，但学界却几乎无人关注，这不能说与此时国人关于教育主权的肤浅认识无关。

民国之初，时移势异，国人对教育主权的讨论渐趋沉寂。1912 年，时供职于商务印书馆的庄俞，曾发表《论教育权》一文，对民国教育权的归属与保障，作详细申论。他说：

国之强否，视主权之所属。事之行否，亦视主权之所属。主权失则国日衰，而事日隳。盱古衡今，不有以揽权而败者乎？又不有以丧权而败者乎？际此百端待理之秋，使主权者不得其当，国之安危有难言者矣。教育为立国之基，教育又为行政之一，是何待言。惟此教育权果谁为之主，宜令全国教育界人人知之而人人明之。不然，专制时代之教育界尚有统一之象，共和时代之教育界转呈分裂之机，是则主权无所隶属之见端，抑亦主权者无完全之能力故也。

他比较了中美两国的国情，认为两国虽在诸多方面存在相似之处，但美国"教育权不属中央而属之州政府，且有不属州政府而属之市政厅"的制度，却未必适合中国。其原因在于，"以天真烂漫之国民屈处于专制政体之下历数千年，其知教育为急务、不受教育为奇辱者，千百而无什一。稍具知识之徒大抵为权利所惑，不问事理如何，要以攘权为第一义。如此程度，如此现象，而欲以至重且要之教育，盲从北美，而付之各地，岂其可哉！"在教育权问题上，他明确反对地方分权，认为"今日之教育权，非集于中央不可。集于中央，将谁主之？则行政权属之教育部，立法权属之国会是也。"② 庄俞此篇论述教育权的文章，尽管只涉及对内教育权的分割而未涉及对外教育权的独立，但仍不失为极重要的文献。遗憾的是，当时学界对该文几乎没有什么回应。学界再

---

① 《申论外人谋握我教育权之可畏》，《外交报》第 210 册，1908 年 6 月 3 日。

② 庄俞《论教育权》，《教育杂志》第 4 卷第 3 号，1912 年 4 月。

次掀起讨论教育主权的高潮，乃在 20 年代特别是收回教育权运动前后。

第二节　"教育和宗教分离"学说的输入及其特点

一、近代西方国家"教育和宗教分离"的过程

　　教育的基本功能是传播知识、培养人才，为民族发展和国家昌盛服务。但在 16 世纪以前政教合一、基督教一统天下的西欧，教育被认为是"圣俗"事务而非"世俗"事务。此时的教育是宗教教育而非国民教育，其内容严重脱离国计民生，与国家、民族和个性发展没有直接关系。16 世纪以后，随着王权的加强、市民阶级的兴起与社会多元主义的抬头，人们开始重新审视教会、国家、教育三者之间的关系。由此引发的宗教改革运动、思想启蒙运动和资产阶级革命运动，对三者之间的关系进行了影响深远的调整，有力地促进了教育的世俗化、国家化，并最终实现了"教育权力由教会到国家的转移"①。

　　德国是西欧各国中较早实现教育和宗教相分离的国家。早在 16 世纪的宗教改革时期，著名宗教改革家马丁·路德就发表《为基督教学校致德国市长和市政官员书》及《论送子女入学的责任》，主张教会应从属于国家政权，教会人员是国家臣民。他还认为国家政权不仅应管理世俗事务，而且应管理精神事务，政府应该承担管理学校的职责。他甚至提出国家有权强迫儿童入学的主张。在其影响下，普鲁士政府开始介入教育事务。1717 年，普鲁士大帝里德里克·威廉一世颁布教育法令，规定教育乃国家事务而非教会及地方事务，并支持建立了 1000 余所乡村学校。1787 年，普鲁士成立了专门的国家教育管理机构——国家教育委员会。1794 年，普鲁士政府颁布了《民法典》，以法令的形式初步确立了"教育和宗教分离"的原则。该法典第 12 章为教育专章，其中第 1、2、9 条法令规定：①学校和大学都是国家组织。在学校中要把有价值的科学知识传授给年轻一代。②唯有得到国家的认可和批准，方可创建学校。③所有公立学校和教育机构都应该接受国家监督，永远接受它的考核和检查②。不过此后的很长一段时间，教会在教育领域中的势力依然很大。19 世纪60、70 年代，自由主义者要求教育彻底脱离教会控制的呼声日益高涨。1872年普鲁士政府教育部颁布法令，规定所有教育机构，无论是公立学校还是私立

---

① 博伊德·金《西方教育史》中译本，第 182 页，人民教育出版社 1985 年版。
② 李立国《宗教改革与西方教育现代化的起源》，《清华大学教育研究》2003 年第 6 期。

学校，均统一由政府管理，由政府而非教会任命视察员。这一法令标志着德国最终实现了教育与宗教的分离。

在英国，国王亨利八世于 1534 年实行宗教改革，与罗马教皇公开决裂，建立了英国国教。当时曾经关闭了为数众多的天主教学校，将其办学资金移作它用。此后，设立和管理学校的权力一直由英国国教会掌管，政府基本上不太过问教育。17 世纪中后期，洛克等启蒙思想家开始倡导"政教分离"（Separation of Church and State）。但对于教育、宗教是否分离的问题，思想家们似乎缺乏关注，结果是"这一时期没有任何一位作家感到有必要立即建立国家的教育体系，英国传统要求人们有选择学校与教师的自由，当时的社会思想是宁要自由而不肯接受官方的控制"①。此时英国的宗教领袖笃信教育和宗教是不可分离的，国家的接管必将导致教育的世俗化。进入 19 世纪，受欧洲大陆国民教育和国家主义教育思潮的影响，英国政府也开始干预教育事务。1833 年，英国议会首次通过议案，决定由政府拨款 2 万镑资助开办学校。19 世纪 30 年代后，政府对教育的干预明显加强。1869 年，激进主义者组成"全国教育联盟"，主张取消教派学校，建立国家主导的教育体制。他们要求由国家实行强迫、免费、义务的初等教育。而天主教、国教会、卫理公会等教会保守主义者则在同年组成"全国教育协会"，这一派坚持教会、教派学校是进行普及初等教育的主要机构。两派斗争的结果，是 1870 年 2 月政府通过一项具有妥协性质的教育法案，规定初等教育由国家组织实施，但同时也承认私人及教会等公众团体的办学权。总之在英国，由于教会与国家之间的权力之争不如欧洲大陆国家那样激烈，这反而迟滞了其国家教育体制的确立。在英国，教育和宗教实质上从未实现真正意义上的分离。

美国的情形与英国较为相似。自殖民地时期开始，美国的学校与宗教就有着不解之缘，哈佛、普林斯顿等大学最初均是由教会资助兴办或以培养神职人员为主的。教会享有充分的兴学设校的自由，教育内容也几乎是围绕宗教信仰而组织的。1791 年 9 月 24 日，美国国会通过"宪法第一修正案"。这部法案极短，英文只有 46 个字，而涉及宗教的只有 16 个字，即："Congress shall make no law respecting an establishment of religion, or prohibiting the free exercise thereof"，中文直译为"国会将不制定确立国教或禁止宗教自由活动的法

---

① S·E·佛罗斯特《西方教育的历史和哲学基础》中译本，第 355 页，华夏出版社 1987 年版。

令"。① 美国总统杰弗逊 1802 年曾在他的一封信中对此法案的原旨作了如下说明："宪法之所以禁止立法机关确立国教或信仰，乃是要在国家与教会之间，建立一道分离的隔墙。"② 不过，这部法案虽被人们视为"政教分离法"，但从教育方面来说，它的象征意义实大于实际意义。因为这一法律只是禁止宗教团体组织在公立学校等具有国家性质的学校中开展宗教活动，至于私立学校，则取完全放任态度。即便在公立学校中，宗教知识的传授与学生的自愿读经、祈祷活动实际上也不禁止。许多教育家、思想家、政治家认为学生的读经祈祷活动属于信教自由，政府无权干涉。总之，美国是一个实行温和"政教分离"的国家，政府对学校教育与宗教的关系问题也一直比较谨慎，并没有作出明文规定。直至 20 世纪，宗教团体仍享有较多地参与教育事务的权力。

在欧美各国中，法国是实行教育和宗教分离最严格、最彻底的国家。大革命之前，法国教育几乎全部被天主教会所垄断。当时天主教会在法国拥有庞大的势力，革命之前的教士已占法国全国总人口的 0.5%，18 世纪法国天主教会总资产占法国总财富的 1/3，教会地产占法国全部土地面积的 1/5，这使其有足够的人力和财力控制教育。教会对教育的独占受到了启蒙思想家的强烈批评，拉夏洛泰、魁耐、爱尔维修、卢梭、米拉波、塔列朗、孔多塞、福禄倍尔、罗兰、达兰贝尔等思想家，均先后提出以国家教育替代教会教育的主张，以实现教育的世俗化。其中以拉夏洛泰和魁耐的有关主张对后世影响尤大。拉夏洛泰（1701～1785），著名法学家，曾任法国布列塔尼高等法院代理检察长、检察长。1763 年 3 月 24 日，他向地区高等法院提交《论国民教育或年轻人的学习计划》（该书同年出版时改名为《论国民教育》），其内容公诸于世后，曾受到伏尔泰、狄德罗等人的赞扬。拉氏明确指出，教会是国家的危险敌人，教会教育严重脱离实际，致使年轻人不了解世界、国家、社会。他们甚至根本就不想学习这方面的知识。他主张，国民教育应由国家组织进行，因为国家有教育其国民的不可推卸的责任，国家的后代应由国家来教育。魁耐（1803～1875），法兰西学院著名教授，19 世纪后半期法国教育世俗化运动的重要倡导者，其主要代表作为《世俗社会的世俗学校》。在此书中，他直言不讳地指出：

近代科学是如何形成的？是经过与教会的科学的决裂。民法是如何形成

---

① 转引自董小川《20 世纪美国宗教与政治》，第 26 页，人民出版社 2002 年版。
② 转引自董小川《20 世纪美国宗教与政治》，第 29 页，人民出版社 2002 年版。

的？是经过与教会法的决裂。政治体制呢？是经过与国教的决裂。近代社会的各种成分都是在从教会的控制之下解放出来之后而获得发展的。这些成分中最重要的一项——教育，仍有待获得解放。综上所述，为了制订教育法规首先就要把它与宗教教育完全分离开来，这一点难道不清楚么？①

在 1789 年大革命中，法国革命政府颁布了诸多教育改革法案，内容涉及没收教会财产、解散教会团体、取消教会对学校的控制等方面。至 1792 年底，旧学校荡然无存。1799 年拿破仑上台后，对教会的政策有所缓和。1802 年，拿破仑与罗马教皇签订著名的《教务专约》，承认天主教会在法国的合法存在，允许其从事宗教及教育工作，但要求教士必须效忠法国。至 19 世纪 30、40 年代，资产阶级自由派人士基佐、卡诺先后出任教育部长，他们均主张在学校实现政教分离，学校课程不得讲授宗教内容，而由教士在学校以外的宗教场所讲授。1878 年，受大革命思想影响极深的茹尔·费里出任内阁总理，后三度担任教育部长。在其执掌教育权柄期间，他大刀阔斧实行教育改革，积极推进教育与宗教的分离，强调国家的世俗化"必须从学校的世俗化开始"②。1880 年 3 月 18 日和 1882 年 3 月 28 日，法国政府两次颁布法令，规定：取消教会人员的施教权和管理学校的权力；私立学校必须得到国家承认，公私立学校学生均接受同样受教年限、同样教学内容的教育；取消公立学校的宗教课；学校每周除星期天外抽出一天免除学生课业负担，以便到教堂去接受其父母所希望的宗教教育。不过，法国政治、教育与宗教的分离过程至此并没有划上句号。鉴于天主教势力有所回潮，20 世纪初，法国又掀起新一轮反对教会干涉国家事务的运动。1901 年 7 月，法国颁布《结社法》，在教育方面虽允许教会团体可以举办学院，但强调其办学必须得到国家的许可和监督，办学目的不能与国家政体相悖。1902 至 1904 年间，法国政府断然关闭了不按政府指令办学的教会学校，有数万名教士被驱除出学校。1905 年 12 月 9 日，法国颁布《教会与国家分离法》，法案规定取消一切用于教会的国家、省、市镇的拨款；教会占用的公共建筑一律归还给国家；教会不得干预国家事务，只能管理宗教组织；中小学校的费用要登记入册，学校只能在课外进行宗教活动。这项法案不仅使国家行政机构与教会分离，事实上也使教育机构与教会分离。至此，经过两个多世纪的奋斗，法国成功地建立了与宗教势力彻底分离、具有高度中央集

---

① 夏之莲主编《外国教育发展史料选粹》（上），第 380 页，北京师范大学出版社 1999 年版。
② 端以美等《法国现代化进程中的社会问题》，第 290 页，中国社会科学出版社 2001 年版。

权性质的国家主义教育体制。

除上述四国外，西欧各主要国家也大约在20世纪前完成具有各自民族特色的教育与宗教分离。如荷兰政府1806年发布的一项法令规定，所有学校取消讲授经典的宗教课程，宗教教育只能依据学生家庭之信仰在校外实施。奥地利政府1869年5月14日发布法令，规定宗教课程原则上只能由教士承担，世俗教师不能在正常教学中传布宗教。如果缺乏足够的教士，世俗教师也可承担宗教教育的工作，但须由学生家庭根据个人意愿向学校教师请求。瑞士1874年通过的《联邦法》第27条规定："公立学校必须允许任何信仰的学生出入，而不应对于他们的良心和信仰的自由有所妨害。"意大利政府1877年7月15日颁布法令，取消所有学校有关经典和宗教历史的必修课，学校对于各种宗教采取中立态度。比利时政府于1831年制订的宪法中，也确立了自由主义者和教会都能接受的政教分离方案。

此外，近现代亚洲的日本、土耳其在西欧各国的影响下，也经历了类似的历史过程。19世纪后半期，日本在教育方面深受德国教育国家化思潮的影响，其标志就是1890年10月30日日本天皇颁布的"教育敕语"。它以"尊王爱国"为主旨，实质上宣扬中央集权式的国家主义教育。该敕语颁布后，日本教育界上下积极执行，当时惟有基督徒不屑一顾，甚至消极抵制，这使人们开始怀疑"基督教是否与日本国体相悖"。1892年11月，曾留学欧洲的学者井上哲次郎在《教育时论》上发表《耶稣教违反敕语及国体》一文，强调"敕语的主导思想是国家主义"，而"耶稣教违反国家精神"；日本的固有伦理是"世间的道德"，而耶稣教主张"无国别的未来主义"，是一种"出世的道德"，与敕语的精神完全背道而驰。此文发表后，很快在日本国内出现了"教育和宗教问题的争论"。1893年，井上哲次郎再撰长文《教育和宗教的冲突》，将文章分寄给20多家杂志社，表示将与基督徒论战到底。在论战中，井上哲次郎利用欧洲思想家关于教育和宗教相分离的种种学说，并结合他在欧洲的所见所闻，对基督教徒的辩解进行了驳斥。诚如论者所说，"井上的观点对日本教育发生了很大的影响，甚至于从此以后在教育领域及社会上引起了敌对基督教的风潮。"① 1899年，日本文部省颁布第12条训令，规定："普通教育与宗教分离在学政上尤为重要。所有依据官方公立学校及学科课程的法令规定所设

---

① 王桂位《日本教育史》，第174页，吉林教育出版社1987年版。

之学校，即便在课外也不允许传授宗教教义和举办宗教仪式。"① 据此，依据《中学校令》、《高等女学校令》而得以设立的教会学校，其生存陷入两难的困境：要么取消宗教教育，维持政府承认的正规学校的名义；要么坚持宗教教育，但学校将从此沦为政府不承认的非正规学校。结果除少数外，大多数教会学校选择了后一种。但是，"因为不属于正规学校，这些学校在招生方面还是受到很大的打击"②。

与中国一样，承继奥斯曼帝国衣钵的土耳其在近代也背负着"病夫"之名，多次惨遭西方列强的蹂躏。1918 至 1923 年间，凯末尔领导发动了资产阶级革命，废除了哈里发制、素丹君主制，建立了共和国，实现了土耳其民族的新生。凯末尔曾于 1910 年赴法国考察，对法国的政教制度较为熟悉。根据他的提议，1924 年 3 月 4 日，土国民议会通过有关法律，撤消教法事务部、教会地产基金部。同年，土政府决定关闭教会学校（包括外国教会学校），实行世俗教育，统一国家教育管理。当时，全国总计有上千所法国、美国、希腊等国传教士所办的学校被迫关闭。1928 年 4 月 10 日，土国会断然通过《政教分离法》，取消了土耳其宪法第 2 条"伊斯兰教是土耳其国教"的规定，强调宗教信仰属于个人自由，与国家无关。这一法案的通过，实际上标志着土耳其彻底实现了政权、教育与宗教的相分离。

二、清末"教育和宗教分离"学说的初步输入

文献记载表明，西方"教育和宗教分离"思想早在戊戌年前后就传入我国，此时与传教士有一定交往的郑观应、在《万国公报》担任林乐知助手的华人编辑任廷旭及维新派知识分子梁启超，可能是中国最早接触到这一观点的少数几个人③。郑观应所著《盛世危言》初版于 1894 年，该书《传教》篇中言道：

西字日报论教士之擅权、教民之梗化已成尾大不掉之势。意大利尊之而国库匮，西班牙尊之而内乱生，法兰西尊之而党祸起。西人之有识者，虑其为变，思有以裁制之。故意乘法人兵败、教王失援，遂据罗马都城，收教堂产

---

① 佐藤尚子《关于日中教会学校的比较教育史》，见田正平等主编《教育交流与教育现代化》，第 388 页，浙江大学出版社 2005 年版。

② 佐藤尚子《关于日中教会学校的比较教育史》，见田正平等主编《教育交流与教育现代化》，第 388 页，浙江大学出版社 2005 年版。

③ 1890 年美国传教士李承恩在《教会学校的历史、现状与展望》一文中，曾提到今后"要谨防宗教和教育分离论"。但揆诸全文，李承恩此言实与西方"教育和宗教分离"公理无关，而另有所指。

业，而吞并之机动矣。布鲁斯绳以新法，废其教堂；奥斯玛加定教士不得干预国事，停其公费，而排斥之令严矣；荷兰则更改书院章程，不受教士约束，不读教书；德意志则致书教王，以监督为煽惑人心，违背国法，其国儒士鲁所及浮特勒耳，皆著书数万言，痛诋教士。特以积习相沿，无术以善其后。①

该文主要史实显然来自于与作者有交往的传教士，郑观应在转述时难免有误，如文中的"鲁所"，无疑是指法国启蒙思想家让·卢梭，作者误为德人；"浮特勒"，则似指普鲁士国王腓特烈·威廉一世，作者误为儒士等。但无论如何，该文初步涉及到近代西方教会失势、政教分离、教育与宗教分离等事实，虽片言只语，亦属难得。此外，由任廷旭与林乐知合译日本森有礼编著的《文学兴国策》，作为《中东战纪本末》一书的附录，于1896年由上海广学会出版。该书多处介绍了美国式的教育和宗教分离，如"美国兴学之成法，未尝专重某教以强国人尽读其书也，但求合于自然之教道，任令各教同学，期于道会其通，不于教标其异也"②，"论公学之教法……来学者无论何教之人，皆不另设功课以教之"③。不过，由于绍介过于简略、隐晦，这一思想当时并未引起中国学者的广泛注意。

梁启超则是通过乃师康有为接触这一思想的。1896年前后，康有为曾托人往日本购置大量书籍，并将其中的主要部分令其长女同薇译之，并编成《日本书目志》15卷（1898年春出版），供其弟子参阅。在这批日文书籍中，有一本涉及到西方教育和宗教分离事实，即由日本学者平田东助与平塚定二郎据德国法学家伯伦知理所著合译的《国家论》，收在《日本书目志》第5卷"政治门"中。梁当时撰有《西学书目表序例》及《西学书目表后序》，表明他对乃师搜罗的这批日文书籍有着强烈的兴趣，有可能读到平田本《国家论》。据有的学者研究，平田本《国家论》全书共5卷，卷五题为"国家及教会"，共分6章，"其中讨论了历史上国家与教会关系的沿革，近世的学说及国家与教会之主权等问题。"④ 笔者在国内惜未亲见平田译本，但从梁启超1901年出版的《清议报》第94、95合册上所发表的《国家思想变迁异同论》一文中，对教育和宗教分离有比较清晰的论述这一事实来看，作为国家主义者的伯伦知理，在《国家论》中肯定有不少关于西欧政教分离、教育与宗教分

---

① 郑观应《盛世危言》，第164~165页，中州古籍出版社1998年版。
② 森有礼编、任廷旭与林乐知译《文学兴国策》，第56页，上海书店出版社2002年版。
③ 森有礼编、任廷旭与林乐知译《文学兴国策》，第60页，上海书店出版社2002年版。
④ 郑匡民《梁启超启蒙思想的东学背景》，第232页，上海书店出版社2003年版。

离的论述。但可以肯定，由于此时梁与康正热衷于"保孔教"，伯伦知理关于西欧政教分离思想的论述多与其兴趣不合，故对梁当时几乎没有产生明显的影响。

20 世纪前 10 年间，是近代中国接受外国思想文化影响最大之时期。以日本为中介而摄取西方文化，是此期中国思想界的一大特征。诚如梁启超所说："壬寅癸卯间，译述之业特盛，定期出版之杂志，不下数十种。日本每一新书出，译者动数家，新思想之输入，如火如荼矣。"① 在此背景下，对西方"教育和宗教分离"思想与史实的介绍也渐次迎来高潮。

1901 年 6 月，在王国维、罗振玉主办的《教育世界》第 3 册上，刊出时任日本《教育时论》杂志主笔辻武雄的文章——《支那教育改革案》。文中提出改进中国教育的措施之一，即"勿使教育与宗教相混杂"，"严禁宗教入于学校，如佛及天主、耶稣等均不宜入。盖宗教与教育不两立，有妨于教育。且修身立行，以孔教足矣。宗教有害于教育，他日再行详述之。"② 据笔者查考，该文虽存在内容过于简略等局限，但它却是在中文中第一次正面提到"教育和宗教分离"这一教育公理。

不久，梁启超在《清议报》第 94、95 合册上发表《国家思想变迁异同论》，对此也有所措意。他在文中以列表的形式比较了欧洲"中世"与"近世"国家思想的诸多相异之处，如：中世"国家由教徒之团体而成，故以教派之统一为最要，凡异教、无教之徒，不许有政权，且虐待之"，而近世"宗教无特权，无论公法、私法，皆与教派不相涉，国家有保护信教自由之责任，无论何种教会，不得禁止凌害之"；中世"耶稣教国，以教会为形而上者，故视之也尊，以国家为形而下者，故视之也卑，教主之位在国王之上，教士之位在平民之上，常享特权免常务"，而近世国家"对于教会而有独立之地位，且能以权力以临教会，其施行法律也，一切阶级皆平等，教士不能有特优之权"；中世"教育少年之事皆由教会管之，各专门学亦归宗教势力范围"，而近世"国家委于教会者，仅宗教教育耳，若学校则国家之学校也，一切专门学皆脱宗教之羁绊，国家保护其自由"③。梁当时在思想上处于曲折起伏之中，因此，文中关于宗教与国家、教育之关系的论述，梁只是转述伯伦知理的看法

① 朱维铮校注《梁启超论清学史二种》，第 79～80 页，复旦大学出版社 1985 年版。
② 辻武雄《支那教育改革案》，《教育世界》第 3 册，1901 年 6 月。
③ 梁启超《国家思想变迁异同论》，《清议报》第 94、95 册，1901 年 10 月 12、22 日。

而已，并不表明梁就接受这一观点。但无可否认，以梁在当时中国思想界的影响，此文的清晰论述对国人认识教育和宗教关系仍有着重大的启蒙意义。其后，学界对此始渐关注。如《新民丛报》第6号"问答"栏，曾刊出署名"高邮夏夏子"的读者针对该报第4号一个注释的询问。原注为"欧洲十四五世纪时学权由教会散诸民间情形正与此同"，而这位读者的问题是："不知学权何由自教会而散，其情形若何，乞全录其事实"。《新民丛报》的编辑对此很重视，作了回答，认为教会失去"学权"，"实欧洲开化第一关键"①。

严格来讲，前述《教育世界》等杂志关于西方"教育和宗教分离"的介绍，仍显零散而不系统。此一情况直至1906年前后中国报刊对法国政教分离、教育和宗教分离事件的报道，才有了根本改观。20世纪初，法国开始实行最严格的政教分离及教育、宗教分离政策。1901年7月，法国颁布《结社法》，对教会团体兴办学院进行严格限制。1902至1904年间，法国政府断然关闭了不按照政府指令办事的上千所教会学校，有数万名教士被驱除出学校。1905年12月9日，法国颁布《教会与国家分离法》，法案规定取消一切用于教会的国家、省、市镇的拨款，教会占用的公共建筑一律归还国家，教会不得干预国家事务，只能管理宗教组织，中小学校的费用要登记入册，学校只能在课外进行宗教活动。法国政府的上述举动，震惊欧亚，"兹事虽若小，然实全世界历史之一大结束也"②。当时，《外交报》、《万国公报》、《东方杂志》、《新民丛报》、《法政杂志》、《直隶教育官报》等主要中国报刊，均以不同方式对此进行了报道或评论。

《外交报》和《新民丛报》是较早报道这一事件的。《外交报》反应最快，早在1904年2月出版的第68期上就以"法国禁约教会"为题进行了报道，第69期又刊出《书法国禁约教会事后》长文予以评论。《新民丛报》则以"过去一年间世界大事记"为题，从"问题之由来"、"动议之通过"、"决议"、"结论"四个方面对这一事件进行概括性报道。《外交报》、《新民丛报》关于此事报道的主要特点是，二者均把关注点，放在法国"政权"与"教权"两大权力此消彼长的历史及法国裁抑天主教对中国今后的影响方面，而对教育和宗教分离问题，基本未提及。

《万国公报》于1906年三次报道法国政教分离事件，且一次比一次详细。

---

① 夏晓虹辑《饮冰室合集集外文》（上册），第86页，北京大学出版社2005年版。
② 《过去一年间世界大事记》，《新民丛报》第78号，1906年2月。

第 206 册所刊出的《法国政教分离之原因》一文，基本可以代表传教士对该事件的看法。该文作者认为，对于此次事件，"远东之人，有盲于西方之情形者，辄谓法国之待教会如此，真所谓二十世纪为宗教衰微之时代矣。不知为此言者，实未达宗教之派别与欧洲各国民族及政体之现状者也"。作者在详细回顾了法国政教纷争历史后，又掉转笔锋，发泄其对中国官学堂"尊孔读经"的不满："今中国之人，恒以本教仇敌他教，即用教以分别人类，又于学校定例中特著他教人不得入学肆业之条，而强其必拜儒教之教主，何与法国政府之用心相背而驰也？夫法政府所以学校必由国立者，使人皆受国民之教育，国立则无教可分也，中国乃视其国为儒教所专有，非儒教者即非中国之人民，不得进国学，其暴虐亦甚矣。然则儒教之宗旨尤甚于罗马教，而中国之政教分离以法国之法待之，未知当在何日也？"最后，他要求"中国朝廷保护圣教（指基督教——引者）无所偏袒，平待各教无所歧视，此乃一国之义务也。若于各教有彼此之分，在政府之目中，即政教杂糅而不分矣。"① 细绎其论不难看出，《万国公报》完全是站在传教立场上言说的。他们对所谓信教自由、传教自由、基督徒入学自由斤斤计较，对中国的国法民俗说三道四，但对当时教会学校不向中国政府注册、不受中国政府监督、侵犯中国教育主权的事实却只字未提，完全暴露了其粗暴干涉中国内政的殖民主义心态。

《东方杂志》也刊出多篇文章，对法国政教分离进行浓重报道。《东方杂志》报道的主要特点是内容全面，形式多样。从内容上看，不仅有关于法国政教分离的背景分析，更有对 1905 年《政教分离法》、1901 年《禁止教会教育法》、1802 年《教务专约》等法律原文的翻译，非常便于人们相互参阅，提高了信息传播的质量。从形式上看，《东方杂志》不仅转载其它报刊的文章（如 1904 年第 2 期《书法国禁约教会事后》一文，原刊于《外交报》第 69 期；1906 年第 12 期《论法国限制教会学堂事因及宗教过去未来之状况》，原刊于 1905 年 11 月 1 日《南洋日日官报》），而且还登载海外留学生来稿（如 1907 年第 2 期上刊出的《法国政教分立新律》、《法国政教分立新律现今之结果》、《法国政教分立新律之原因》二文，系留法学生陈篆②的投稿）。有些文章虽非直接报道，但也涉及了此事（如第 7 期上刊出的《论消释教案之机

---

① 《法国政教分离之原因》，《万国公报》第 206 册，1906 年 3 月。
② 陈篆（1877～1939），福建闽侯人，字任先，号止室。1904 年赴法国留学巴黎大学，1907 年获法学士学位。民初，曾先后任外交部外政司司长、驻墨西哥公使、外交次长、代总长等职。1920 至 1927 年任驻法公使。

会》、《宗室熙钧请收回教权上那中堂血书》）。如从教育的角度看，这些文章中，有两篇较富于价值：一是《法国政教分立新律之原因》。该文简要分析法国教会教育与国家宗旨相悖，正确指出它是导致法国实行教育与宗教分离的根本原因。二是《论法国限制教会学堂事因及宗教过去未来之状况》。作者认为，1904 年法国政府颁布的禁止教会学校 6 条规定，"可谓严切"，不啻是对教会的"釜底抽薪之策"："夺其教育之事，限其徒友之数，复检束其财产之权，而其主眼，则在禁收二十一岁以内之人。盖不欲以宗门迷信，陷溺有用之青年，迨至弱冠，皆受过国家之教育。心志已定，托业已成，复愿束身而执教役者，鲜矣。"另外，作者指出，法国削夺教会教育之权实际上彰显出宗教由盛趋衰这一社会发展大势。作者认为，以社会进化而论，人类迄今经历了三大时期：自第 5 至 15 世纪，为迷信神权时期；16 至 18 世纪，为理想推测时期；19 世纪为科学实验时期。作者强调，"此三大时期者，皆于无形之中推排前进，而不可以人力挽回者也。已至理想之世，则不能再还于神权之世；已至实验之世，则不能再还于理想之世。使耶稣之十二使徒今日再生，而欲以千年前神权之说教诱人民，而与今日发明之实理相背而驰，可断断必其无济也。是故处今之时势，而宗教家欲永存其教，难矣。"他的最后结论就是，宗教"自然淘汰之势，所不可避也"。① 应该说，像这样站在社会进化论的高度评说法国教育和宗教分离事件的文章，在当时并不多见，它将国人对于教育和宗教关系的认识推进至一个新的高度，并开启民初非宗教教育之先声。

要言之，1905 年法国政教分离及关闭教会学校事件，对国人认识国家、宗教、教育三者之间的关系提供了一个新的契机。人们不仅强调，此事件乃中国根本解决教案问题之转机，政府应把握这一机会，"急行遣使罗马，敦请教皇简派华人为我国总主教，统摄列邦在华之传教士，自立教会，自保教堂，勿劳他国过问"②；而且还合理地引出"禁止教会兼任学务乃世界大势"及"宗教自然淘汰之势所不可避"等结论，凸显出国人教育观、宗教观愈益深化。其后，提倡中国教育应与宗教（包括固有宗教与外来宗教）分离的主张屡屡有之，如 1910 年蒋维乔发表《论教育与宗教不可混而为一》，从理论上对宗教和教育作了明确区分。他认为，"宗教者，明人与神之关系者，其教义虽因派别而不同，然其尊重灵魂，轻视肉体，大率各教皆同……其仪式则为祈祷，

---

① 《论法国限制教会学堂事因及宗教过去未来之状况》，《东方杂志》第 2 卷第 12 期，1906 年 1 月。
② 《宗室熙钧请收回教权上那中堂血书》，《东方杂志》第 4 卷第 7 期，1907 年 9 月。

为赞美，有时兼及人伦行事，特旁及之余义耳，所谓出世间的也"，而教育则不同，它"以陶冶人类为本旨，而明人与人之关系者也……教育必授人以智识、道德、技能，使身心均齐发达，而造就适于今日社会之人材，所谓入世间的也"。在他看来，出于为社会培养人才之需要，学校教育"必例种种学科以教之"，而宗教教育出于一神信仰之目的，"如博物、物理、化学等科新发明之学说，多与宗教不相容，则毋宁置而不讲"，二者实不可混而为一①。

三、民国初期"教育和宗教分离"公理的再度传入

进入民国，"教育和宗教分离"思想在中国的传播进入新的阶段。这一时期介绍西方"教育和宗教分离"的论著甚多，主要有：刘以钟《论民国教育宜采相对的国家主义》（1912），杨昌济《余归国后对于教育之所感》（1914），许崇清《国民教育析义》（1917）及《国民教育方针草案》（1926），张宗文《教育与宗教》（1922），周太玄《无所谓宗教》（1922年，为论文集），左舜生《法国彻底的排斥宗教教育》（1924），余家菊《教会教育问题》（1923）及《教育建国论发微》（1924），陈启天《国家主义与教育》（1924），吴俊升《国家主义的教育之进展及其评论》（1925）等。其中，又以蔡元培、李璜、张宗文三位学者倡说最力。

蔡元培于1907年赴德留学，期间曾到法国考察教育。1913至1916年，他又携家人在法旅居3年。这些经历使他对法国的教育制度极为熟悉，其教育观深受法国的影响。归国前后，他在教育方面思考重点之一，即是中国如何借鉴法国教育独立制度的问题。1916年3月29日，他在"华法教育会"上发表演说指出：

欲考察各民族之教育，常若不能不互相区别者，其障碍有二：一君政，二教会。二者各以其本国、本教之人为奴隶，而以他国、他教之人为仇敌者也。其所主张之教育，乌得不互相歧异？现今世界之教育，能完全脱离君政及教会障碍者，以法国为最。法国自革命成功，共和确定，教育界已一洗君政之遗毒。自一八八六年、一九零一年、一九一二年三次定律，又一扫教会之霉菌，固吾侪所公认者。②

1917年，他又致书《新青年》杂志，对法国"教育和宗教分离"作了

---

① 蒋维乔《论教育与宗教不可混而为一》，《教育杂志》第1卷第10期，1910年9月。
② 《华法教育会之意趣》，《文化融合与道德教化——蔡元培文选》，第252页，上海远东出版社1994年版。

说明:

　　自一八八六年至一九一二年,法国厉行教育与宗教分离之政策。凡国立学校中,关系宗教之分子,一律排除。现在从小学至大学,任事者并无教会之人。此外反对宗教之学说,时有所闻。自福禄特尔以来,不一而足也。盖法国立学校,虽排除宗教分子,而教会仍有私立学校之自由也。①

　　1917 年 4 月和 1922 年 3 月,蔡元培更发表著名的《以美育代宗教说》及《教育独立议》两文,明确揭橥"以美育代宗教"及"教育应超然于政党、宗教势力之外"两大口号,从而引发了国人关于教育问题的大讨论,有力地促进了国人教育观念的进步。关于这一点,学术界已多有研究,此不赘述。不过,笔者在此需要强调的是,此两文显然是受了法国"教育和宗教分离"思想的影响。

　　李璜早年就读于教会学校震旦大学,1919 至 1924 年赴法留学,后任教于武汉大学、北京大学、四川大学等学校,是国家主义派的主要成员之一。1925年 2 月,他在《中华教育界》上发表《法国教育与宗教分离的经过——其用意及其效果》长文。该文共分四个部分:第一部分是关于法语"教育与宗教分离"一词(laïeïte,中文译作"拉衣西特")的由来及欧洲其它国家"教育和宗教分离"情况的简介;第二部分是近代欧洲"公共教育"、"民主主义教育"思潮的兴起;第三部分是法国近代"教育和宗教分离"的具体经过;第四部分是由法国"教育和宗教分离"而得之教训及国人应有的认识。其中,关于教训,他归纳为以下三点:其一,"教育权虽重在精神方面,而直接间接关系于国家前途甚大";其二,"民主与神宰两种思想无法相容";其三,"宗教思想终抗不过民主主义"。他强调,"我们中国今日如果要除去现在以及将来内争外患的根源——不要使一国国民因教育不同而精神分歧、思想异致",必须向法国学习②。

　　张宗文③所著《教育与宗教》收入周太玄所辑《无所谓宗教》一书中。该文内容有三个方面:其一,申说教育与宗教的区别。张宗文强调,世界文明的发展,人类的进化,都是"教育陶冶教化的结果","教育是启发人类的本能和性理,引导指教向有秩序的个人自由意志上去发展自己的自由思想;从明

---

　　① 《致新青年记者函》,《蔡元培全集》第 3 卷,第 24 页,中华书局 1984 年版。

　　② 李璜《法国教育与宗教分离之经过——其用意及其效果》,《中华教育界》第 14 卷第 8 期,1925 年 2 月。

　　③ 张宗文,浙江人,20 世纪 20 年代初留法学生,后加入中国科学社,其余情况不详。

确的判断力，推论到自然现象，以寻求科学真理的发现"。从这个意义上来分析教育的真义，"不是由一种迷信的崇仰，来范围人类思想上的自由，和不依理性的侵犯个人的精神"。反观基督教，"亦不过一时代迷信的崇仰"，它主要"利用驯养的方法，来宣传他的教旨和维持他的信仰，使人类思想不能超出他的势力范围"。所以基督教学校"不外专为造就盲从无力量的机械人和养成顺从的信徒，强迫灌输机械陈腐的知识，甚至于蔽塞判断的力量和个人的智慧，不是谋人类的发展"。其二，反驳世界基督教学生同盟所鼓吹的"合宗教、教育二者为一"的谬论。张宗文指出，宗教是宗教，教育是教育，二者决不能相合，"教育若参有了宗教的色采，他就要失了他的精神"，因为教育的本质是自由、开放的，受教育者全凭个人的自动和个性的自由来进行事实判断，"定真伪的从违"。这种判断决不容许外界的干涉和裁判。他问到："试问基督教会办的学校他们是采用这种教育的真旨么？允许学生从科学上寻出论证来推定或反对基督教的谬断么？废除读神秘的圣经和跪十字架前祈祷的形式么？学生的思想不受基督主义裁判么？"回答均是否定的，因此教会学校"为的是宣传宗教，不是教育"。世人若认为教会学校是教育，"那么和尚尼姑教他们的徒弟念佛经，也是教育！"其三，批评国内某些教育家对教会学校的赞扬。张宗文进一步指出：

但现在中国社会上所尊为第一流的教育家……他们对于教会学校并不深察其办法，是不是合于教育的真理！是不是适于时代的思想！以及科学知识的成分如何！他们似乎以这些问题都不是教育的要点！他们却惑于校舍的雄壮，学生服色的整齐，其实这不过外观或较优于国家学校，他们就不分青红皂白，盲目的满口赞扬，甚至说教会学校的成绩比国家学校好。他们还有些愿意送子弟进教会学校，去读圣经，做礼拜，反不以为怪！他们对于教育观念的薄弱，也可想见！他们赞扬教会学校，不但在关于教育集会的时候，代他们捧场，就是在他们教育名著里或报章杂志上，也替他们鼓吹。我们细心去读他们的大著，便知道他们的见解和思想了。在二十世纪的时代，中国社会上仰望的第一流教育家，居然还有赞扬基督教学校胜于国家教育的高见！他们的冒牌新文化的思想也可揭穿了！这是中国教育家的思想破产！也是中国教育的前途不幸！①

上述蔡元培、李璜、张宗文等人文章发表时，中国正处于"非宗教运动"及"收回教育权运动"逐步高涨之时。在反对宗教教育、收回外国教会学校

---

① 张宗文《教育与宗教》，周太玄辑《无所谓宗教》第 37~40 页，1922 年 8 月法国印行。

的运动中，中国急需借鉴西方各国处理教育和宗教关系的有关经验。蔡、李、张等人的文章，正好适应了这一需求，因之产生了较为积极的社会影响。

值得注意的是，此期中国学界除对法国"教育与宗教分离"予以持续关注外，对当时土耳其"教育和宗教分离"事件也倾注了相当的热情。土耳其在近代也有"亚洲病夫"之名，多次惨遭西方列强的蹂躏瓜分。1918 至 1923 年，凯末尔领导发动了土耳其资产阶级革命，废除了哈里发制、素丹君主制，建立了共和国，实现了政教分离。1924 年，土政府关闭了外国教会学校，实行教育和宗教相分离，推行教育世俗化，并统一了国家教育管理体制。当时，《申报》刊出署名为"心史"的文章《收回教育权》，予以评论。此外，《向导》先后刊出陈独秀的评论《土耳其放逐教主》及《投降条件下之中国教育权》；《中华教育界》也刊出高君宇《土耳其封闭土国境内外国教会学校》及杨效春、周太玄合撰之《新土耳其的收回教育权运动》，进行评论。"心史"的文章指出：

土耳其为新兴之国，朝气蓬勃，一跃而入于独立不羁之位置。凡东方病夫向有之一切沉疴，若外国驻兵，若领事裁判权，若不平等之税则，洛桑议约，一举而空之，久已动世人之惊叹。最近乃以收回教育权为不受投降条件中最末之一权利。……外电并谓国际间尚受投降条件之支配者，现惟有中国一国。[1]

高君宇则感叹道：

土耳其政府并不排斥外国教育，所排斥的是十字架教育而已。我国十字架教育方兴未艾，政府不闻有取缔方法，而前年小小一点"非宗教同盟"运动时，尚遭一般人的非难，以为有背"信教自由"之旨。嗟夫！中国人的豁达大度何至于斯极！[2]

无可否认，土耳其实行教育与宗教分离、收回外国学校的史实，对于正在艰难从事收回教育权运动的中国人民来讲，既是一个喜讯，又是一种鞭策。论者强调，与中国命运相似的昔日"西亚病夫"土耳其，既然能断然关闭外国在土学校，"不受投降条件之支配"；而有着四万万人口的中国，又何能允许列强与外国教会势力攘夺中国教育主权！土耳其政府和人民能做到的，中国政府和人民也应当能够做到。《中华教育界》上的一篇文章就说："土耳其的学

---

① 心史《收回教育权》，《申报》1924 年 4 月 26 日。

② K. J（高君宇）《土耳其封闭土国境内外国教会学校》，《中华教育界》第 13 卷第 12 期，1924年 6 月。

校已收归自办了，而谓我中华民族的教育不应该脱离教会势力吗？而谓我中华民族的教育不能脱离教会势力吗？"① 广州学生也放声呼吁："西方病夫土耳其人民，已经起来大声疾呼收回教育权了。东方病夫的中国人呀！速醒！速起！"②

可以说，此时关于土耳其与法国"教育和宗教分离"事件的报道相得益彰，对激励国人反对教会教育、从事收回教育权运动，起到相当积极的作用。

四、近代中国"教育和宗教分离"学说传播的特点

通观近 30 年的输入历程，"教育和宗教分离"思想传播具有如下特点：

其一，从时间上来看，西方"教育和宗教分离"思想在近代中国之传布，大体以 1917 年为界，前期略显平淡，学界反响不大；而后期因与此时非宗教运动、收回教育权运动相结合，又得蔡元培等教育家的鼓呼，学界对此关注日增，形成讨论之高潮。

其二，从倡说人物来看，除蒋维乔、刘以钟等少数几人外，清末民初一些一流的思想家、教育家、政治家，对此着墨并不多。如清末民初思想界巨子梁启超，1896 至 1905 年曾通过日译伯伦知理《国家论》多次接触过这一思想。他虽对伯氏其他思想津津乐道，而惟对其关于政教分离、教育和宗教分离的思想却绝少提及，其主编的《清议报》、《新民丛报》上也一直未刊载这方面的内容。章太炎于此时倡"国粹"、反"孔学"不遗余力，但对此也无所措意。《新青年》杂志创办的最初几年，陈独秀等新文化人批判本国孔教火力十足，而对西方基督教则绝少涉及。一些思想家对此不甚关注，其原因除个人学术兴趣外，主要尚有两点：一是中国与西方具有不同的政教传统、教育传统，中国知识分子没有类似于西方长达 1000 多年的政权与教权斗争的痛苦经验。相反，几千年来儒学一统，钳制思想，却是其所熟知的。二是清末民初教会学校虽逐渐成长，但"当时一般的知识阶级，只知对于基督教十分藐视，绝不注意它能有何种的发展"③。至 1917 年蔡元培的有关文章发表后，基督教会借教育之舟载福音之道的危害性才渐为思想家所注意而受到诟病。

其三，从具体内容来看，西方思想家所谓"教育和宗教分离"，在更多意义上主要是指宗教团体、宗教组织与教育的分离，而非宗教知识与教育的分

---

① 杨效春《基督教之宣传与收回教育权运动》，《中华教育界》第 14 卷第 8 期，1925 年 2 月。
② 《广州学生收回教育权运动委员会宣言》，《向导周报》第 72 期，1924 年 7 月 2 日。
③ 吴雷川《基督教与中国文化》，第 139 页，青年协会书局 1940 年版。

离。西方教育界一般反对在公立学校正常教学中进行宗教说教和宣传，但对私立学校宗教教育则取不干涉的态度，对公立学校学生课外的祈祷等宗教性等活动也较为宽容。总之，在西方各国，实行教育与宗教分离后，二者仍存在着千丝万缕的联系。中国的情形却与此不同，自这一思想传入后，从一般倡说者到政府教育行政部门，基本上都主张在所有学校及教育活动中禁止宗教教育和宗教性活动。较之西方，中国也许是世界各国中实行最严厉、最彻底"教育和宗教分离"政策的国家。其中的原因，可能还是中国文化有着强烈的人文主义、世俗主义传统，中国知识分子对宗教有一种近乎与生俱来的厌弃感。鲁迅先生曾说："人往往憎和尚，憎尼姑，憎回教徒、憎耶教徒，而不憎道士。懂得此理者，懂得中国大半。"① 面对清末以来中国社会的道德诸问题，一些知识分子不约而同提出"以科学代宗教"（陈独秀语）、"以哲学代宗教"（冯友兰语）、"以美育代宗教"（蔡元培语）、"以社会不朽代宗教"（胡适语），说明此种传统对他们的影响。同时，近代中国思想界激进主义、保守主义长期双峰对峙，而处于其间的自由主义思想发育艰难，一直未成气候。

其四，从斗争锋芒来看，由于宗教信仰的一致性，近代西方并不存在外国教会势力干涉本国教育的问题，因之其所谓"教育和宗教分离"，主要是指向本国教会势力。在近代中国，情形则有所区别。近代以来西方传教士纷至沓来，在中国设学兴校，它们独立于中国教育系统之外，成为中国教育的一大痼疾。因此，近代国人提倡"教育和宗教分离"，其斗争锋芒主要是向外而非向内，这与西方有着根本的区别。

第三节　近代知识分子非基督教思想的嬗变

一、"西教鄙屑不足道"

基督宗教历史上曾四度入华，但前两次规模与反响均极小，中国知识分子还谈不上所谓"非基督教"问题。明末清初之际，因耶稣会士东来，基督宗教（此时称为天主教）第一次与中国文化、社会、制度发生实质性的、和平的、平等的交流、融合与冲突。当时一些正统士大夫如徐昌治、钟始声、杨光先等，分别著印《圣朝破邪集》、《辟邪集》、《不得已》等书，予以批判。不

---

① 鲁迅《而已集杂感》，第 99～102 页，人民文学出版社 1973 年版。

过，此时士大夫"反教"，实含强烈"反西学"成分①，在许多方面仍与鸦片战争后知识分子的非基督教不可同日而语。

近代之初，西方列强凭藉坚船利炮打开中国大门，而基督教传教士也藉不平等条约"传教宽容"条款驶驶东来。对再度入华的基督宗教，第一批"睁眼看世界"的知识分子，其基本反应是敌视、批判。如最早倡导"师夷长技以制夷"的魏源，在其名著《海国图志》中，曾广泛介绍了许多西方先进的地理知识，但他对基督教却力斥其非，认为其"鄙屑不足道"②。对明季以来国内反教者捕风捉影而讹传的天主教"男女共宿"、"吞受药丸"、"取精炼银"等说法，魏源亦津津乐道，不以为疑。姚莹在《复光律原书》中也指责天主教为"邪教"，认为"天主邪教，明禁已久，一旦为所挟而复开，其他可骇可耻之事，书契以来，所未有也"③。夏燮著《中西纪事》，对基督教攻击也不遗余力，并大量摘引社会上有关教中妖术的种种想象，认为"此固邪教中必有之事"④。当时，对基督教惟一能取义理和平实态度予以评说者，惟梁廷枏一人。梁著《海国四说》一书，其《耶稣教难入中国说》一节，对基督教的历史、基本教义、主要经典、教规教礼以及《圣经》中的主要故事等，有较丰富的绍述。从其所著不难看出，梁的态度与时人有所不同。他对囊昔一些反教士大夫的偏激之词与社会谣传均摒而不取，其对基督教在西方社会所起的积极作用也有较多肯定。然而，梁对基督教教义的评价也并不高。他认为基督教"其为言也浅"、"其为事也虚"，"且其教主之种种异迹，姑无论仅从千百年后得诸传闻，就令事事不诬，不过中国道流之戏幻"⑤，如论"性道大原"、"圣贤彝训"、"古今治乱兴亡"、"日用伦常之道"，则远不及中国孔孟圣教，故"难入中国"。

综而观之，近代之初20余年间，中国主流知识分子对基督教采取敌视与批判态度，整体上对基督教评价较低。当时中西初步接触，国人获得有关西方的知识无疑是相当有限的，因此此期知识分子更多地是凭藉夷夏之辨、儒学优越论与明季以来士人反教的经验等传统知识与视野来审视基督教，这导致其对基督教的认识整体上不免肤浅、稚嫩。此时，知识分子还谈不上以西学看待基

① 孙尚扬、钟鸣旦《1840年前的中国基督教》，第268页，学苑出版社2004年版。
② 魏源《海国图志》卷十五，"天主教考"，同治六年柳州陈氏重刊本。
③ 资料丛刊《鸦片战争》（四），第531页，上海人民出版社1957年版。
④ 夏燮《中西纪事》，第36页，岳麓书社1988年版。
⑤ 梁廷枏《海国四说》"序"，中华书局1993年版。

督教，也没有论及西方列强藉基督教对华实施宗教侵略的问题。

第二次鸦片战争后至 19 世纪 90 年代初的 30 年中，中国社会出现了三大变化：一是清廷实施洋务新政，在军事、经济、教育与外交层面开始向西方学习，这既推动了西学的传播又促进了国人对西方认知的深入；二是在不平等条约"合法"庇护之下，西方基督教势力开始大规模进入中国内地。一方面，他们或创报办刊，或设学兴校，或施医赠药，并通过各种方式接近中国士人，企图影响其思想；另一方面则租买田产、兴建教堂，甚至蛮横霸道，纵容教民为非作歹，遂酿成无数民教冲突。历史地看，此期是近代中国教案发生最频、最集中的 30 年；三是国人主权观念初步生成，关税自主、废除领事裁判权、修改不平等条约等渐成时人关注的焦点。受其影响，以早期维新派为代表的知识分子的基督教观也出现了明显变化，最突出者，即是指陈基督教为"邪教"或以民间种种讹传非基督教的文字基本没有了，而肯定基督教在西方社会所起积极作用的文字逐渐增多。从其著述看，一些知识分子如陈炽、郑观应等人，曾主动了解过基督教相关历史，他们甚至对近代以来基督教在西方日益衰微也有相当的知悉①。另一些知识分子如容闳、王韬等人，则与传教士相识相交，并受洗为基督徒。以上这些因素的存在，不免影响此期知识分子对基督教的看法。

从非基督教来看，此时早期维新派主要从两个方面批判基督教：

其一，从儒学优越感出发，继续贬斥基督教义理肤浅。如洋务先驱冯桂芬，曾提出"采西学"、"制洋器"的主张，他认为算学、重学、光学、化学等西学，"皆称格物至理"，而西方基督教却"率皆猥鄙无足道"②。冯之后，如王韬、郭嵩焘、薛福成、郑观应等人，也均有此看法。如王韬虽受洗为基督徒，对传教士也屡有称颂之词，但具体到基督教义理，评价却是"皆不出儒教之宗旨"。郭嵩焘对基督教也无好感，在复友人函中，他认为其教义系窃自佛教，"其精微远不逮中国圣人，故足以惑庸愚，而不能以惑上智。士大夫诚恶之，惟当禁吾民使不从教"③。陈炽的看法较郭更乐观，他认为"通商者西人之智也，传教者，西人之愚也，欲假传教以蛊中国，则尤愚之愚也"，其原因在于中国孔孟圣教昌明，对于外来基督教，中国士人"稍有知识者所不为，

---

① 赵树贵、曾丽雅编《陈炽集》，第 140 页，中华书局 1997 年版。
② 冯桂芬《校邠庐抗议》，第 55 页，上海书店出版社 2002 年版。
③ 《复姚彦嘉》，《郭嵩焘诗文集》第 202 页，岳麓书社 1984 年版。

彼所得者皆顽钝"①。郑观应对基督教也是相当轻蔑的,他说:"彼佛老浮游之论,天主天方荒唐牵强之词,何足与我中土圣道王言相比拟?"②

其二,从反侵略、维护国家主权的角度认识基督教对中国的损害。如在《易言》中,郑观应就认为"洋人之到中国,不远数万里,统计十余国,不外通商、传教两端。通商则渐夺中国之利权,并侵中国之地;传教则侦探华人之情事,欲服华人之心……而教民交涉之案迭起,其中煽害,倍甚通商"③。王韬也强调"自泰西诸国议和立约以来,通商传教,二者并行,……传教士深入内地,足以摇动人心,簧鼓世欲,其害至于渐渍而不可治"④。容闳、郑观应、王韬等人还积极进言,要求政府与外国重订约章,废止领事裁判权,禁止传教士干预中国内政。如容闳指出:

彼天主教在中国势力,已不仅限于宗教范围,其对奉教之中国人,几有管辖之权。教徒遇有民刑诉状事件,竟由教会自由裁判,不经中国法庭审理。是我自有之权,已于法律上夺去一部分也。是实不正当手段,若不急谋防范,则涓涓不塞,将成江河。故政府当设法禁止,此后无论何国教会,除关于宗教者外,皆不得有权以管理奉教之中国人。⑤

由前所述不难看出,19世纪后30年知识分子非基督教思想较前已有一定的进步。他们摒弃近乎荒唐的"妖魔化"基督教的做法,初步认识基督教势力在中国大举扩张而带来的危害性,要求维护国家主权,显现其非基督教已从单纯的文化层面而向文化与政治两个层面共同推进的理路。知识分子非基督教思想的这一变化,无疑是与此时中国现实紧密合拍的。

二、"西政西学与西教无涉"

19世纪最后10年,随着列强侵略的变本加厉与国人"尊西抑中"风气日亟,中国社会民族与文化双重危机开始凸现,国人民族主义思潮由此勃兴⑥。针对基督教的宗教侵略和传教士的宗教说教,以康、梁等为代表的维新派知识分子针锋相对,除力倡"创教"、"保教"欲与其争衡外,还提出"西政西学

① 赵树贵、曾丽雅编《陈炽集》,第140页,中华书局1997年版。
② 夏东元编《郑观应集》(上册),第491页,上海人民出版社1982年版。
③ 夏东元编《郑观应集》(上册),第121页,上海人民出版社1982年版。
④ 王韬《弢园文录外编》,第119页,中州古籍出版社1998年版。
⑤ 容闳《西学东渐记》,第78页,湖南人民出版社1981年版。
⑥ 对民族与文化双重危机及国人近代民族主义兴起的分析,可参阅拙著《文化民族主义与近代中国》,人民出版社2003年版。

与西教无涉"之论，从理论层面对基督教进行批判。不过，因维新派"创教"、"保教"说，重在阐发孔教义理而不在批评基督教，所以本书只重点讨论"西政西学与西教无涉"之论。

19世纪中后期，传教士从"以学辅教"的用意出发，利用近代西方在科技上的优势，极力宣传西政、西学等源于西教，企图以此来吸引急于想了解西学的中国知识分子，使其在接受西学的同时接受基督教。当时，在传教士主办的一些报刊如《中西教会报》、《教会新报》、《万国公报》中，充斥着"基督教为格致之源"、"基督教为国政之本"、"教道为本，格致为末"、"教为源，学为流"之类的浓厚说教。如1890年林乐知在为韦廉臣所著《格物致知论》所写的序言中就强调：

> 泰西古昔救主未生以前，尚不知有格学也，迨救主降生之后，天道未及流传之处，问以格学亦茫乎若迷，久之而天道推行渐广，格学之研究始精。是可知天道与格致学同条共贯，若舍天道而学格致，犹采果实而遗其根，食乳而离其母，必不可得之数也。①

关于国家政治与宗教之关系，林乐知在一篇译文中明确指出，"教与政相表里，其教道如何，则其政治亦必如何矣；教与政又相为终始，其教道既为如何，或变为如何，则其政治亦必随之矣"。该文还强调，"教道实为国家之真命脉矣，无教则不能立国，国之盛衰，皆为教道所结之果也"②。除报刊宣传外，传教士也通过印刷书籍向中国士人兜售这些观点。如传教士韦廉臣曾著《格物探原》6卷，其内容先登载于1873至1876年《教会新报》、《万国公报》相关各期，广学会成立后，又出单行本。1889年，广学会将1004部《格物探原》与1200份《万国公报》一起，"平均分送给举行科举考试的杭州、南京、济南和北京"③。上海徐家汇天主教也曾印行《物理推原》一书。关于此二书，梁启超在《读西学书法》中特别提及，说："《格致探原》，《物理推原》，皆教门之书，将一切事物，归功天主，益其本意也。惟所言万物蓄变之故，多凿可听。"④

---

① 林乐知《格物致知论序》，《万国公报》第13册，1890年2月。
② 林乐知译《论政教之关系》，《万国公报》第170册，1903年3月。
③ 熊月之《西学东渐与晚清社会》，第555页，上海人民出版社1994年版。
④ 《读西学书法》，夏晓虹辑《饮冰室合集集外文》（下册），第1168页，北京大学出版社2005年版。另，梁（包括下文中提到的易鼎）此语中《格致探原》当为《格物探原》之误，晚清并无《格致探原》一书。此点熊月之先生已指出，见《西学东渐与晚清社会》，第400页，上海人民出版社1994年版。

这里应该指出的是，从人类社会发展史来看，宗教与科学、政治以及文化、道德的关系，是一个颇为复杂的问题。历史上特别是近代以前，宗教与人类科学、文化、政治的发展实结下不解之缘，它们既相互区别、相互对立，又相互促进、相互依存，可以说"你中有我，我中有你"，难分彼此。因此，单纯地讲科学与宗教无关，或说宗教促进了科学的兴起与发展，虽于史有征，但无疑又是片面的。近代以来，随着理性伸张与"政教分离"思潮的勃兴，宗教对于人类的作用由强趋弱。此时在欧美，制度化宗教已与世俗科学、政治、教育等实现脱离，而只有道德化的宗教在潜层次还在发挥影响。明乎此，即不难发现上述传教士"基督教为格致之源、为国政之本"说法之局限：

其一，在论说时对古代与近代、中国与外国均不作区分，既回避欧洲中世纪摧抑科学、压制王权与民权的事实，又不提中国古代在没有基督教的情况下也取得了较为辉煌的科技成就。

其二，对近代欧美各国政教分离、教育与宗教分离等史实，也颇为忌讳，不提一字。

其三，从偶然性事实推导出必然性结论。英国著名科学史专家李约瑟在谈到现代科学与基督教关系时曾指出，"虽然欧洲的宗教和现代科学确实是在同一个文明体系中产生出来的，但是，这只是历史上偶然性的联系，并不存在着必然的因果关系"，其理据在于"历史的起源并不说明有内在的不可分割性，只要历史的进程已经确定，那么，其他世界观即使不比基督教更适合（如像道者），至少也同样的适合于科学的发展"①。征诸李约瑟之言，传教士的上述说法无疑在逻辑上是有着很大漏洞的。当然，传教士之所以有前述诸多局限，并不是因欠缺相关知识而导致的无心之失，乃是出于宣教需要有意为之。

以康、梁为代表的维新派知识分子，此时与传教士有过多次接触，其维新思想与基督教和传教士也颇有渊源，但他们对传教士将西方文化一切归功于基督教的观点，却并不信从，甚且强烈反对。囿于当时历史条件，维新派知识分子对西方文化的认识尚属肤浅，他们一般喜欢把"西学"分成"政"、"艺"两个层次，而视基督教为西学范畴以外的东西。如康有为在万木草堂讲学时，一面向其弟子大力宣讲引进西学的必要性，又一面极力声言"泰西之文学、治术、技艺诸门，皆自希腊始，与诸教无关"②。其致朱一新的信中也认为，

---

① 李约瑟《四海之内》，第73页，三联书店1987年版。
② 上海市文物保管会编《戊戌变法前后——康有为遗稿》，第135页，上海人民出版社1986年版。

"西人学艺,与其教绝不相蒙","彼国教自教,学艺政制自学艺政制"①。梁启超在《西学书目表序例》中,也把"西教"排斥在西方文化系统之外,"言教之书不著录"。在梁看来,西方文化包括"西学"、"西政"两大方面,"西学"具体包括算学、重学、电学、化学、声学、光学、汽学、天学、地学、全体学、植物学、医学、图学等,而"西政"则包括史志、官制、学制、法律、农政、矿政、工政、商政、兵政、船政等②。概言之,在康、梁等人看来,"西学"攸关治乱兴衰,是富民强国之学,中国若想步西方后尘跻于强国行列,必须大力引进、吸收;同时,西学中所蕴含的种种义理,又多与中国固有之学(如"孔子之学"、先秦诸子学)颇相契合,引进西学非但无损于中学自身的发展,而且是一种有益的补充。相反,"西教"义理浅薄,且与中国孔教相抵触,中国必须拒弃。康有为曾说,"彼《新约》、《旧约》之浅鄙诞妄,去佛尚远,何况六经之精微深博乎?其最大义,为矫证上天,以布命于下,亦我六经之余说,非有异论也"③。

当时,对传教士提出系统批判的是湖南与广东两位维新知识分子易鼐、刘桢麟。1898年,易鼐于《湘学报》发表《论西政西学治乱兴衰俱与西教无涉》一文。作者申明他撰写此文的原因有二:一是一些先前拒斥西学的士人,今"略阅西史数焉,慑其强大之威,骇其技艺之巧,平日本于中国古圣贤之书,未有心得,至此乃荡然而失据。因慕西人之政学,并袒西教,谓其一切制度,悉本耶稣,如《格致探原》、《物理推原》诸书,将一切事物,归功天主";二是近日传教士,对中国维新,多所筹画,其言虽"皆以慈心苦口,警醒愚蒙","然提倡宗风者不出郑志,种种谬说,归美教宗,无耻之徒,于是夷其衣服、夷其举动并夷其心思,肆狂罔忌,且龂龂然议我尼父矣。"因此,他觉得有必要撰文陈述"泰西政学原本与其治乱之由、兴衰之故","并辨其无关西教,俾学者知所取择,庶政变、学变而教不变"。关于西学的起源,易文强调"学术萌芽,要皆在炎汉以前,耶稣未降之世",与基督教没有什么关系;相反,基督教与科学在诸多方面相背,"耶稣不谈物理,只知敬天以祈福,言天地万物为一全能主所造,是与地学家金石泥沙、动植诸物,或为一原质所成,或为数原质所成之说,大相凿柄。"关于近代西方科学发达的原因,

① 《答朱蓉生书》,《康有为全集》(一),第1040页,上海人民出版社1987年版。
② 《饮冰室合集》文集之1,第123页,中华书局1936年版。
③ 《答朱蓉生书》,《康有为全集》(一),第1040页,上海人民出版社1987年版。

他认为"其权全在君相之鼓舞，与教务并不相谋也。说者或以为学源于教，谬矣"。关于国家兴乱与基督教的关系，易鼎指出，国家富强在于君民相通，发奋图强，与教道无关。他举日本为例证说，日本"原奉神道教，甲午一役，论者推其与英伦三岛并峙东西，可见国家之强弱，不与基督教之从违也"。值得注意的是，他还敏锐地认识到，西方各国政与教虽相分，但在侵略中国这一点上却是相互借重，"政府借教徒为腹心，游历以探国势，蛊惑以变民情；教徒资政府为羽翼，常则畀以国币，变则胁以兵力，是西政与西教狼狈相依，藉以墟人国，绝人种，灭人教"。他最后的结论是，中国"亟宜师其政以堤其教，无厌其教而屏其政，乃可以保国保种保教"[①]。

不久，刘桢麟也在《知新报》刊出《论西学与西教》一文，暗与易文相应。刘氏主要从四个方面指出"西学之与西教无关"：其一，"格致之学，无关于西教"。"泰西自希腊强盛时，当中国成周之世，文物即已大开"，以苏格拉底、柏拉图、欧几里德等为代表的诸多先贤，或"穷理格物之学"，或发明"理学"，或"测知日月食交周……"，"皆见于彼教未出数百年之前，故今日西人之言格致学者，靡不导源于希腊古籍"。其二，"政治之学无关于西教"。"若夫政治之学，自印度、埃及、希腊，创为文字典制，荜路蓝缕，递嬗相沿"，至罗马崛兴，拟税法、修工程、定历法、办书院、广通商、立善政，以及"创拉丁文，造定律法，文字典章，范围欧洲诸国数千年莫能外"，而此时基督教方始萌芽，"奉天救世之主，且遭荼戮，又何与于人家国之事哉？"其三，"西学之兴无关于西教"。文中回顾了近代科学产生的历程，强调培根、哥伦布、麦哲伦、哥白尼、瓦特、弗兰克林、牛顿、富尔顿、史蒂芬森等诸多科学家对科学的推动，认为对近代科学，"彼土传道之士，方且引为宗教，夸耀吾华，而不知实自倍根一布衣倡导之力以致之也"。其四，"西学之盛无关于西教"。刘桢麟强调，欧洲在近百年以前，"一切新学，虽有端倪"，但因政治守旧，民气未张，加之"教皇威权，恣肆横悍，钳制列邦，凡立君施政，必请命乃行。其有变法更新者，则咒之诟之，以为干天之戮，愚民酷虐之状，言之难罄"。自拿破仑出现后，其"主开新不主守旧，主变动不主安静，削教皇之权，倡民主之政，穷兵黩武，震动全欧"。他在位20余年，"立养民之善政，改律法之旧章，一切制度，靡不更新"，"实开极大治机"。所以，今日欧

---

① 易鼎《论西政西学治乱兴衰俱与西教无涉》，《湘学报》第28~34册，1898年2月21日~4月21日。

洲文明之盛，"推原其始，未始非拿波仑创定规模，有以激厉而表率之也"①。

另外，除易、刘二氏外，康有为的学生陈千秋也曾著书批判。据梁启超说："亡友陈君通父（字千秋），著有《耶稣教平说》一书，未成而卒。其第四篇曰：泰西政事原于罗马，与耶稣无关考；其第五篇曰：泰西艺学原于希腊，与耶稣无关考。可谓持平之论矣。"②

美国学者保罗·科恩在《剑桥中国史》中指出，"十九世纪末期传教士最失败的，是在对中国人宣扬下列主张：西方的学术、制度以及随之俱来的富强，乃是植根于基督教"，但这只是传教士的一厢情愿。中国维新派知识分子"极愿意购买传教士所贩卖的事物，但是他们却不愿意接受这些事物所附带的条件。"③ "西政西学与西教无涉"说，无疑是整个19世纪中国知识分子对基督教最切中要害的批评之一。维新派知识分子从探索西方文化的源流入手，凭藉此时传入的西方知识，对基督教与西方科学技术、基督教与西方政治、基督教与西方国家强盛与社会进步等问题，进行较为系统且不失中肯的评价。尽管此时大多数维新派知识分子仍不明近代西方政教分离、教育与宗教分离等史实，其所据材料也不够丰富，这在一定程度上制约了此说的战斗力；但他们对科学源流、富强之本、国政大原等问题的考辨，仍在很多方面有力地廓清了传教士强加于基督教与西方文化之上的种种迷雾，还原了二者的本来面目，这对国人认识基督教、学习西方均是大有裨益的。惟其如此，传教士对此论甚为恐惧。1904年谢卫楼在《万国公报》上说，"若将基督教，与太西新学歧分为二，中国专习新学"，实属谬论。"圣道实贯于新学之中，融合无间，究难相分也"，"圣教之讲论，虽不在乎新学，而新学仍受圣教之感化"。他的结论是"基督教若与新学同传于中国，其活泼感人之能力，足令新学得其善美之成效"④。

当然，维新派在宣传"西政西学与西教无涉"之论时，也不无瑕疵。如刘桢麟说："夫泰西诸学，为吾孔子六经所包，与吾周秦诸子相合，原原本本，海内著述之士，类能考之，且言之累叠，无待鄙言。"⑤ 此种"西学源于中学"之情结，除严复外，在此时维新派知识分子中普遍存在。在本质上，

① 刘桢麟《论西学与西教无关》，《知新报》第49册，1898年4月11日。
② 《读西学书法》，夏晓虹辑《饮冰室合集集外文》（下册），第1168页，北京大学出版社2005年版。
③ 张玉法主译《剑桥中国史》（10），第692~693页，台湾南天书局有限公司1987年版。
④ 谢卫楼《论基督教于中国学术更变之关系》，《万国公报》第166册，1904年10月。
⑤ 刘桢麟《论西学与西教无关》，《知新报》第49册，1898年4月11日。

这种说法是以华夏中心主义对抗传教士的欧美中心主义，以孔教优越感对抗基督教优越感，体现出维新派知识分子仍存在着自大虚骄的文化心理。

三、"若耶若回，则又心理之所不容"

20世纪初至新文化运动发生前的15年，中国知识分子非基督教进入一个相对平稳的时期。一方面，世纪之初发生的庚子事变创巨痛深，它终于促使较多的中国人冷静下来，由"野蛮排外"转而主张"文明排外"，知识界对基督教的态度也逐步趋缓。另一方面，这15年中，政治风潮迭起，立宪与革命，专制与共和，复辟与反复辟，以孔教为国教等，不免分散知识分子的注意力，"对基督教的批判已经不是中国思想政治建设之急务，国人转而将注意力放到了国内政治问题之上"①。较比晚清和新文化运动时期，此期关于非基督教的论述并不多，这无疑给后人认识知识分子非基督教思想增添了不少的困难。但如果仔细爬梳资料，此时知识分子非基督教思想之理路仍有迹可寻。

第一，反思近代教案发生的原因及其经验教训，主张文明排外反教。1904年《警钟日报》上的一篇文章指出，近代以来中国教案层见叠出，小则失财，大则失地，"而教案一端，遂足以促中国瓜分之祸"，作者认为其发生"非宗教上之关系，乃政治上之关系也"。他认为，历史上进入中国的异域宗教如佛教、回教，亦曾广布经文、建立祠宇，"而中国人民绝无攻教之举"，而耶稣教入中国即长期遭到国人抵抗，其根本原因在于列强借"耶教"而"分植势力，欲干预中国政事"②。该文虽然并没有直接批评基督教，但它揭示出近代教案的发生与列强的侵华政策息息相关，此点无疑是正确的。稍后，严复于《外交报》先后发表《论南昌教案》与《续论教案及耶稣军天主教之历史》两篇文章，对近代教案发生的原因、天主教历史，进行了较翔实的探讨。严复认为，近代一些教案之发生，虽与西教"争政权、握利柄"有关，但亦由于吾国"愚民失教"而起。所谓"失教"，系指一般无智识民众的盲目排外、情绪失控而致滥杀无辜。基于此，严复提出，"吾愿今日聚众昌言爱国之演说家，与夫治国保民之守宰，诘奸督究之警察军人，皆以此案为前车，而于出话施令之时，怜吾国小民之失教而顽愚，且置文明排外之谈，而亟图教育之所以普及"③。文中"且置文明排外之谈"一语，并不表示严复反对"文明排外"，

---

① 杨天宏《基督教与民国知识分子》，第41页，人民出版社2005年版。
② 《论中国教案之原因》，《警钟日报》1904年9月27日。
③ 严又陵《论南昌教案》，《外交报》137期，1906年3月29日。

而是指少空谈、谋实事，从教育入手提高国民素质，而这正是此期有识之士的共同呼声。如1907年《四川》上的一篇文章就认为，"自白色人种东来，挟其殖民政策、侵略政策、经济政策，以驰逐于亚陆一隅，而所缘为导火线者，恒持传教之力"。在这种情况下，国人既知"外人利用宗教以构隙"，则"当为实力的竞争，勿为虚气的暴动"，从政治、教育、军事、实业各方面"着着进行"[1]。

第二，从教育的角度，初步认识教会学校的危害。20世纪以前，由于传教士在西学宣传中对欧美近代政教分离、教育与宗教分离等相关史实的故意回避，以及国人对教育权观念的相对隔膜，致使人们尚不能认识教会学校对中国教育主权的侵犯和损害问题。在1900年以前，没有一篇针对教会教育的批评。时移势异，至20世纪前15年，这一情况有了明显的改变。1901年6月，《教育世界》第3册上刊出日本学者辻武雄《支那教育改革案》一文。文中提出改进中国教育的措施之一，即"勿使教育与宗教相混杂"，"严禁宗教入于学校，如佛及天主、耶稣等均不宜入。盖宗教与教育不两立，有妨于教育。且修身立行，以孔教足矣。宗教有害于教育，他日再行详述之。"[2] 稍后，梁启超在《清议报》第94、95合册上发表《国家思想变迁异同论》，系统地介绍了德国政治学者伯伦知理的有关思想，其中提到欧洲中世纪"教育少年之事皆由教会管之，各专门学亦归宗教势力范围"，而近世欧洲"国家委于教会者，仅宗教教育耳，若学校则国家之学校也，一切专门学皆脱宗教之羁绊，国家保护其自由"[3]。1906年前后，《外交报》、《万国公报》、《东方杂志》、《新民丛报》、《法政杂志》、《直隶教育官报》等主要中文报刊，更对当时轰动世界的法国政教分离、教育和宗教分离事件，作了翔实、全面的报道。西方政教分离、教育与宗教分离史实与知识的传入，无疑极大地开拓了国人认识基督教的新视野和新境界，从理论和实践上，均为此期知识分子非基督教提供了新的助力。1903年《浙江潮》上的一篇文章，已注意到基督教对中国的教育侵略问题。该文认为，中国官立学堂有限，"绅商富有力者又悭吝成性，求田间舍、为子孙计而不肯创立私学堂"，学堂寡少，"致教会反客为主，以握我教育权"。就教会学校来看，咸同以来，耶稣、天主两教在我国各省遍设学堂，

---

① 梧生《排外与仇教》，《四川》第1期，1907年12月。
② 辻武雄《支那教育改革案》，《教育世界》第3册，1901年6月。
③ 梁启超《国家思想变迁异同论》，《清议报》第94、95合册，1901年10月。

"以教在会者之子若女"，一些非教徒"利其以西人授西语也，利其取修之薄也，利其卒业后得以谋衣食也，亦辄趋之若鹜"，其结果是"数十年间，不知为中国造成几许奴隶"①。1907 至 1908 年，《外交报》先后刊出《论外人谋我教育权之可危》、《论各国以国际竞争争夺中国教育权》、《申论外人谋握我教育权之可畏》3 篇文章，关注列强的教育侵略问题，认为"通商诸埠，西人私塾林立，不待言矣，势力伸张，骎骎普及于内地……各省教会之托名善、创办私学者，更不可胜数"，不及 10 年，"吾恐委巷圜阓之童孺，将尽舍国庠而入西校矣"②。1910 年，蒋维乔明确提出"教育与宗教不可混而为一"③；1912 年，刘以钟也建议教育应以"相对的国家主义"为其宗旨，"无论法人私人，或宗教团体所设立之学校，均须受国家之监督，遵照学校规程，不得施宗教教育及其仪式"④。蒋、刘二人的上述观点虽并不全针对基督教，但其主张实开 20 年代收回教育权运动之先声，其积极意义自不可低估。

第三，摈除基督教于宗教建设之外。19 世纪末，以康、梁为代表的维新派曾提倡"创教"、"保教"，后虽失败，但由此而引发的中国需不需要宗教、中国需要什么样的宗教问题，却在整个 20 世纪留下了强烈的反响。20 世纪初，针对国人道德日坠、信仰失落、精神愈益困穷之现实，为救时弊，知识界时有人倡发"宗教建设"、"宗教改革"、"复兴宗教"之论，著名者如章太炎，曾先后写了《无神论》、《建立宗教论》、《革命之道德》等文章，革命党人蓝公武在民初也撰有《宗教建设论》一文。此时《东方杂志》等刊物，对此也有所措意。不过，在此期关于建设中国宗教的初步讨论中，论者似乎对基督教仍坚持一贯排斥的态度。如 1907 年《东方杂志》上的一篇文章对宗教的存在持肯定态度，认为"大地之上，以一群而竞存于无量数群之中，非徒恃手足之烈与智巧之出众也，盖必有结其心于无形之地者，夫而后其群乃萃而不可涣，所谓无形之心者何事乎？宗教是已"。作者认为，中国国民精神荏弱，"非有至专一之宗教，莫能为力"。他强调，佛教基本已融入中国之中，"若耶若回，则又心理之所不容"，最适合中国的还是孔教⑤。梁启超、章太炎则倾

① 《杭州美国浸礼会蕙兰书院学生退校始末记》，《浙江潮》第 4 期，1903 年 5 月 16 日。
② 《论外人谋我教育权之可危》，《外交报》第 185 册，1907 年 8 月 23 日。
③ 蒋维乔《论教育与宗教不可混而为一》，《教育杂志》第 1 卷第 10 期，1910 年 9 月。
④ 刘以钟《论民国教育宜采相对的国家主义》，《民国经世文编》（七），第 4156～4166 页，北京图书馆出版社 2006 年版。
⑤ 蛤笑《保孔教说》，《东方杂志》第 4 卷第 10 期，1907 年 11 月。

向于提倡复兴佛教。如章太炎认为，基督教"神者非由现量，亦非自证，直由比量可知"，他指陈基督教的唯神论完全是一种虚构，其思想基础是"崇奉一尊"。他提出"今之立教，惟以自识为宗"，即以佛教惟识宗为宗①。梁启超认为，基督教"于欧洲文明甚有关系焉，然今亦成退院之僧，于国家主义时代，颇不适用，且其经累次枝节，与吾民族几冰炭不相容，其不可行，无待言也"②。蓝公武的主张则独树一帜，他要求"以中国民族为教"。在他看来，佛教义理虽"精微高妙"，但亦有不足取者；回教"原于耶教"；中国道教"老庄虚无以外，杂以神仙怪谈，今复流而日下，其教益不足言"；孔孟儒学则本非宗教。关于基督教，他认为，"耶教圣典，惟新旧二约，去其道德之说，则多语神怪荒唐而无可稽考"，"惟其教义，则实浅薄而不足道者也"。他批评基督教"原罪说"、"创世纪说"、"天堂说"，皆属"乖谬"，强调："今人徒震欧美之强，而即谓耶教教义果足以渡世济人。殊不知耶教之能昌大，以其教徒之能缪力，非以其教义之能诏人。且今日西人之崇耶教，又何尝奉其教义而行之哉"。他指出，《圣经》中言要爱敌人，但现实中西人却杀人如麻；《圣经》中言要仁恕，而现实中西人却以权利义务为重。如此种种，自相"刺谬"，中国人实难信从③。

四、简短的反思

以上简要概述了鸦片战争至新文化运动发生前主要知识分子对基督教的态度。回顾这一历程，历史给我们呈现的是这样一幅奇妙的图景：自鸦片战争以来，除少数受过西式教育且又不排斥宗教的新知识分子（如何启、胡礼垣）对基督教尚能予以不同程度的接纳外，绝大多数主流知识分子对基督教或冷漠、或敌视、或拒斥、或批判，基本不相信甚至否认其在道德、教育、社会、国家诸方面的有益价值。对一种外来思想学说采取共同的排斥与拒绝态度，这在中外文化交流史上并不多见。这种表面惊人的一致背后究竟隐藏着什么样的秘密？如果考虑到近代以来中国社会与知识界"趋新"、"尊西"风尚日炽④，对西方文化各部分（军事、经济、制度、教育、社会思想等）之认同感不断

① 汤志钧编《章太炎年谱长编》（上册），第225页，中华书局1979年版。
② 梁启超《论教育当定宗旨》，璩鑫圭等编《中国近代教育史资料汇编·教育思想》，第259页，上海教育出版社1997年版。
③ 蓝公武《宗教建设论》，《民国经世文编》（八），北京图书馆出版社2006年版。
④ 罗志田先生《传教士与近代中西文化竞争》一文对近代中国社会"趋新"、"尊西"风气有较翔实的讨论，见《历史研究》1996年第6期。

趋于强化的史实，中国知识分子对同样来自西方的基督教却予以拒斥，实显得尤为突出而耐人寻味。

近代中国知识分子之所以如此鄙视和排拒基督教，细绎而论，主要有以下三点原因：

第一，对基督教缺乏深入了解，影响了近代知识分子对其的科学评价。1925 年，在非基督教运动第一轮风波刚刚过去之后，时任《清华周刊》编辑的贺麟即告诫人们：

旧日反对宗教传播的唯一方法，为屠杀传教士，焚毁教堂，其失之也愚；今日抵制宗教侵略唯一的方法为组织非基督教大同盟，其失之也鲁。均非抵制宗教传播的善法……故居今日而言反对宗教传播，非另辟蹊径不为功。据余管见所及，以为反对外来宗教传播之最和平、最公正、最有效的根本方法厥为研究基督教。

他认为，研究基督教可从五个方面入手：一是耶教个人的研究，如耶稣的生平传略，耶稣的十二个弟子，耶稣是否死在十字架上；二是对于新旧约的研究，如新旧约的文学价值及其神话的研究、伦理学研究，天主教与新教的沿革和异同，中译新旧约的研究；三是教会及教会学校的研究，如教会与帝国主义、教会与资本家、教会与男女社交、教会与旅馆宿舍或游艺场；四是教徒的研究，如教徒的操行、教徒与罪犯、外国传教士与拓地者、外国教徒欺压中国平民、包揽词讼的调查；五是教义的研究，如基督教与国家主义、基督教与社会主义、基督教与进化论及科学、基督教与回教及佛教教义的比较等[1]。如果抛开其对非基督教大同盟的苛责不论，贺麟所指出的"反对宗教传播的根本方法在于研究宗教"这一结论，确系明智之见。

囿于传统模糊性思维方式和经验式判断，近代中国知识分子对基督教的了解往往满足于道听途说、浅尝辄止，欠缺深入探索的勇气和耐心，这严重阻碍了其对基督教的详细、全面的理解。他们并没有认识到，作为世界三大宗教之一和西方社会盛行的主要宗教信仰体系，基督教自有其富于智慧、符合人性、推动社会发展的一整套学说、义理乃至精神。比如被称为基督教信仰"最大诫命"、"爱人如爱己"的博爱，就是一种人类伟大的普遍之爱。这种博爱在道德上维系着西方社会的生活秩序和人际关系，增强着人们相互间的认同感和

---

[1] 《论研究宗教是反对外来宗教传播的正当方法》，贺麟《文化与人生》第 146～148 页，商务印书馆 1988 年版。

共存感。同时，它也为社会群体及发展所必须有的个人责任感和义务提供了道德保障。再比如基督教的理性精神，它本来是为信仰而服务、为上帝存在进行论证的。但有了理性精神，人们认为上帝的创造是完美的，上帝的安排是有序的，世界一切万物均是上帝安排好供人类"驱使"的，人们可以认识世界万物的秩序和规律。这无疑赋予了人们探索自然世界的激情和兴趣，成为西方自然科学发展的一种重要动力。由于缺乏探寻基督教历史的兴趣，新文化运动前，在主流知识分子浩如烟海的众多著作中，甚至找不出几本相关的研究著作来。近代初期的梁廷枏、维新派知识分子唐才常与严复，分别著有《耶稣教难入中国说》、《各国教门源流考》、《续论耶稣军及天主教之历史》等 3 篇较有份量的文字，勉强可以称得上是对基督教历史的研究。这些研究本身也是极为粗浅的，粗浅到甚至对基督教中的新教、旧教也分不清楚。至于对基督教义理、基督教宗教人物的研究，则更是个空白。中国学者对基督教历史、基督教人物及思想的研究，实际迟至 20 世纪 20 至 30 年代，才开始起步。在非基督教运动和收回教育权运动的刺激下，以吴雷川、徐宝谦、范子美、诚静怡、刘廷芳、赵紫宸、王治心、谢扶雅、徐宗泽、方豪等为代表的基督教学者，积极进行文化反省和理论探索，形成了基督教研究的学术群体，产生了如《基督教哲学》（赵紫宸，1926）、《诸教研究》（谢扶雅，1926）、《宗教哲学》（谢扶雅，1928）、《中国文化与基督教》（王治心，1927）、《基督教与中国文化》（吴雷川，1936）等一批名著。

　　由于缺乏相关知识，近代知识分子一般对基督教与基督教会、传教士与帝国主义侵略者不作区分，这极易将基督教会的传教与帝国主义列强的侵华混同对待，从而影响甚至扭曲了基督教在人们心中的形象。基督教与基督教会、传教士与帝国主义侵略者，它们是既有联系也有区别的概念。诚如杨天宏先生所说，"尽管有人认为没有教会，基督教将不复存在，但两者终究不完全是一回事"，"将两者混为一谈，不仅犯了文化常识的错误，而且容易得出全盘否定基督教文化的极端结论"[1]。从基督教整个发展历史来看，为人们所诟病的基督教的诸多弊端往往是基督教会所为，这一点在近代中国也不例外。如贩卖鸦片、搜集情报、鼓吹对华战争、要挟中国政府、参与议和甚至篡改和约等等，这方面的例子可以说是不胜枚举（如前文所提及的法国传教士对《中法条约》中文本的篡改。此外，美国传教士伯驾、裨治文参与了中美《望厦条约》的

---

① 杨天宏《基督教与民国知识分子》，"自序"，人民出版社 2005 年版。

谈判和签订，另外两个传教士卫三畏、丁韪良也身与中美《天津条约》的起草，对其中"宽容条款"的纳入贡献巨大）。中美《天津条约》签订后，包括传教士在内的西方人士一片欢呼，以至于连美国历史学家赖德烈也承认，"条约不仅使传教士，而且也使中国信徒归于外国权力的保护之下。它势必使中国信徒脱离中国政府的管辖，而使教会团体成为一些分布在全国各地而受着外国保护的'国中之国'：因此，'宽容条款'的效果，对基督的名并不是很光彩"。他尖锐地指出："教会早已成为西方帝国主义的伙伴"①。问题是，在鱼目混杂、良莠不齐、总数超过数千名的来华传教士大军中②，既有如上所述的侵华积极分子或帮凶，也有诸如嘉约翰、傅兰雅这样不少的真诚帮助中国人民的善良正直之士。因此，笼统地将传教士视为帝国主义侵华的先锋队，并不合适。遗憾的是，在新文化运动前，知识分子大多没有、而且也不准备具备对基督教进行理性判断的知识和能力。知识的储备是思想变动的前提，没有基督教知识，要中国知识分子对其产生兴趣并进而认同，这无疑是不可能之事。

第二，受儒家人文主义思想的深刻影响。梁漱溟先生在总结中国文化的特点时指出："几乎没有宗教的人生，为中国文化一大特征"③。中国文化具有世俗性、人文性的特征，这一点中外学者几乎没有异词。当然，中国文化之所以具备如此特征，还是拜儒家所赐。众所周知，儒家思想一直比较淡漠甚至蔑视崇拜超人力量的宗教。儒家学说在其产生之初并不是宗教，经汉代董仲舒改造后也只是刚刚具有宗教的雏形。再经宋明理学洗礼后，其宗教化进一步加强。但从始至终，儒家终未完成向宗教的转变，儒家一直缺乏严密的宗教组织和较为完善的宗教教义。儒家思想的核心——伦理道德学说，也并非戒律和教规，而是通过"克己"、"内省"以达圣人之境的道德自律要求。儒家的创始人，对超自然力量是很冷淡、很怀疑的。章太炎认为，"仲尼所以凌驾千圣，迈尧、舜轹公旦者，独在以天为不明及无鬼神二事"④。孔子曾说："未知生，焉知死？"⑤ 其弟子也强调"子不语怪力乱神"⑥。孟子也说："乐则生，生则恶

---

① 赖德烈《基督教在华传教史》，第279~280页。转引自罗冠宗主编《前事不忘后事之师：帝国主义利用基督教侵略中国史实述评》，"前言"，宗教文化出版社2003年版。

② 1840年在华基督教传教士约有20人，1889年增至1296人，1905年达到3445人。见杰西·格·卢茨著、曾钜生译《中国教会大学史（1850~1950年）》，第6页，浙江教育出版社1987年版。

③ 《梁漱溟先生教育文录》，第46页，山东乡村建设研究院1935年版。

④ 汤志钧编《章太炎政论选集》（上册），第120页，中华书局1977年版。

⑤ 《论语·先进》。

⑥ 《论语·述而》。

可已，恶可已，则不知足之蹈之，手之舞之。"① 他们肯定现实人生、肯定生之可乐，主张在现存的世界里来安顿人生，来表现人的最高价值。这既是儒家的平凡之处，也是儒家的伟大之处。必须承认，这种人本主义理念，与崇拜超人力量，幻想在现实世界以外找答案、找出路的宗教观念，在很大程度上是对立的，因此儒家文化客观上对宗教的存在与发展是有较大抑制作用的，对克服整个社会的精神偏执和宗教狂热，贡献颇大。儒家人文主义的人生态度深刻地影响着中国知识分子的心理，长期以来，正统士大夫阶层确实缺少西方社会那种对至上神的无限依恋之情及对彼岸世界的浓厚关注，除对佛道的一些义理稍有兴趣外，基本不相信宗教的力量，甚至认为宗教是有害于社会的。中国知识分子人文主义的人生态度，使西方传教士的传教活动遭受到空前的冷遇和困难，以至于英国来华传教士杨格非（又名杨笃信、杨约翰）无可奈何地说："中国人似乎是我所见到和了解到的最漠不关心、最冷漠、最无情、最不要宗教的民族"②。

第三，受华夏文化中心主义和儒学中心主义的影响。传统知识分子和士大夫在处理内外文化关系方面，一直存在着两个突出的情结：一是建立在"夷夏之辨"基础上的华夏文化中心主义，认为华夏中原王朝的文化是天下最高、最优的文化，是各民族学习的榜样；二是以三纲五常、人伦道德为核心的儒学中心主义，认为儒家思想是世界上最完备最高级的思想学说和知识体系。特别是儒家的道德学说，更是中国文化之魂和国人立国安身的根本，没有任何其它的思想学说或知识体系可以凌驾其上。这两种文化心理基本反映了古代中国人处理内外文化关系的逻辑理念和运思原则，也可以说是国人在文化上构筑的两道防线。两千多年来，知识分子与正统士大夫就是仰仗这两道防线来对付各种棘手的文化问题的。如汉唐时期中原文化与西域文化的冲突，魏晋以降以儒、道为代表的中国传统文化与来自南亚次大陆的佛教文化之间的冲突，以及明末清初因传教士东来而引发的"中学"与"西学"之争等。近代以来，由于鸦片战争后西方资本主义列强日甚一日的政治、经济、文化侵略，使中国民族、传统文化的生存环境日趋恶化。昔日"天朝上国"处处受辱，疆土日削，主权日丧，国势日渐衰蔽。在这一背景下，中国知识分子的文化自足意识和文化中心情结不可避免地受到冲击，已成势所必然。但几千来中国文化与儒学的高

---

① 《孟子·离娄上》。
② 转引自顾长声《从马礼逊到司徒雷登》，第189页，上海人民出版社1985年版。

度发展所带来的根深蒂固的优越感与处理内外文化关系所积累的丰富经验，并不会一下子消去，近代知识分子文化心理的变迁是一个长期的过程。笔者认为，在经受以新文化运动为发端的西方文化全面洗礼之前，近代知识分子的华夏文化中心主义与儒学中心主义的心理与思想，或显或隐，还是顽强地存在着的。早期的"中体西用"论、"中学西源"说自不必论，甚至19世纪末康梁的"保孔教"主张，20世纪初国粹派倡言"国粹、国学、国魂"，都可以看作是中国知识分子在顽强地坚守着自己的文化防线。总之，在新文化运动前，知识分子大多数对国学或儒学仍存较强的文化信心，其信守、维护中国正统思想神圣性和权威性的使命感较强，这导致其对来自西方的基督教采取冷淡甚至敌视的态度。

第四节　清末民初国家主义教育思想的传入

一、国家主义与国家主义教育

"国家主义教育思想是从政治上的国家主义产生的。"[1] 国家主义，英文中作Nationalism，与"民族主义"同词同义。作为一种情愫和思想，国家主义的涵义相当丰富、复杂，它可以表现为对共同风俗习惯与共同历史文化、共同语言、共同疆域的认同与追求，也可以表现为对政治、经济、文化、教育独立与国家安全的热望与期求，或对于抽象而超现实的社会有机体——"国家"献身一切的强烈爱国主义情感。作为一种意识形态，国家主义与众不同之处在于，除坚持"国家至上"这一根本原则外，它的具体内容随时随地而变，几乎任何能够满足"国家至上"的历史与现实"材料"都可以为其所取所用。需要指出的是，国家主义与民族主义在英文中之所以没有严格区分，主要是因为近代西欧各国均属单一民族制国家，其政治单元与民族单元是同一、重合的，所谓"一个民族，一个国家，一种国魂"，既是一种浪漫主义的思想原则，同时也是西欧各国政治社会的现实形式。而在近代以来的中文语境里，"国家主义指的是那种以民族主义为唯一准则，而排斥其它主义与思想的观念与主张，可以说，国家主义是一种极端的民族主义"[2]。

国家主义教育思想源于18世纪中叶启蒙时代的法国，盛行于19世纪的欧

---

① 舒新城《近代中国教育思想史》，第323页，上海中华书局1929年版。
② 胡卫清《民族主义与近代中国基督教教育》，《石河子大学学报》2001年第2期。

洲及东方日本，其主要代表人物是法国的拉夏洛泰、孔多塞、基佐、茹尔·费里以及德国的费希特等。18 世纪发生的启蒙运动开辟了人类历史的新时代，"人类理性成功地向'神授的'统治者、教士、预言家、《圣经》及其他宗教著作的权威性发起了挑战。"① 启蒙思想家在政治上依据自然法提出人人生而自由平等、天赋人权的原则，所以在教育方面，必然提出教育世俗化、国家化、民主化的主张。据统计，从 1760 至 1789 年间法国有 161 种讨论教育的书籍出版，绝大部分著者均赞成教育应由国家控制②。如拉夏洛泰《论国民教育》，罗兰《呈国会的教育报告》，狄德罗《俄罗斯大学计划》，卢梭《关于波兰政府与改革的筹议》等。这些著作的共同精神，乃是反对教会垄断教育，主张国家应该实施普及教育，使所有公民均享有平等的教育权利，公共教育应由国家单独设立的机构领导与管理，国家主义教育思想由此在法国勃兴。法国大革命以及整个 19 世纪，经过塔列朗、孔多塞、拿破仑、基佐、茹尔·费里等思想家、教育家、政治家的共同提倡和努力，法国最终确立了国家主义教育体制。除法国而外，德国、日本在 19 世纪也确立了国家主义教育体制，而且更强调中央集权。

近代国家主义教育思想，在内容上主要有以下四大方面：其一，突出强调教育的社会功能，认为它是传递历史文化、增强国民爱国心、促进社会发展进步的必要和惟一的工具；其二，主张教育普及，认为只有让所有的儿童受教育，才能消除愚昧无知的现象；其三，提倡国家开办和管理教育，认为教育应从教会转移到国家手中，国民教育管理是国家的基本功能；其四，要求建立权威性的国家教育行政机构来保障国民教育的实施③。由上述四点看，教育国家化、统一化、中央集权制是法德国家主义教育体制的主要价值取向，这与以自由、民主、分权为核心的英美民主主义教育体制无疑存在着较大的差异。

国家主义教育思想，其长其短均是很明显的。其长无疑在于义务教育、公民教育、社会教育、爱国教育比较完善且系统，有利于培养人民爱国、爱族思想。其短则在于过于强调国家与民族利益、强调个人对政府和权威的服从，不免忽视个人利益和个性自由与独立。在民主政体之下，这一缺失尚可以通过其它途径弥补。而在专制政体之下，过分强调国家至上，则可能被统治阶级所利

---

① S·E·佛罗斯特《西方教育的历史和哲学基础》中译本，第 322 页，商务印书馆 1987 年版。
② 端木美《法国现代化进程中的社会问题》，第 267 页，中国社会科学出版社 2001 年版。
③ 单中惠主编《西方教育思想史》，第 281～282 页，山西人民出版社 1996 年版。

用，成为其专制愚民的思想工具。也正是在这一意义上，20 世纪 20 年代前后，美国两位著名教育家孟禄与杜威，对国家主义教育思想和教育体制都有过批评。孟禄指出，国家主义与共和主义（又称民主主义）为近 200 年来支配世界教育的两种学理，"此二主义常暗争竞，然其发生，各有特殊地点"。他认为，"欧洲大陆为采用独裁制之国家主义之代表者，申言之，即欲以政府之意志，而造成国民性，使国民一如机器，专供其利用指挥，所有学校之课程教法，均属一致，教员学生无置喙余地。美国则为共和主义之代表者，主张各个人须自由发展其个性，所采制度，县乡统一，盖美国教育乃个人的自由的，而非独裁的。"① 孟禄在这里简单比较了国家主义与共和主义（或称民主主义）两种教育思想的不同，实际上也暗含了他对国家主义教育思想的批评。相对而言，杜威的态度似更明确。1916 年，杜威明确批判德国的国家主义教育"用'国家'代替人类，世界主义让位于国家主义。教育的目的是塑造公民而不是塑造'人'"，认为德国"从小学各个年级到大学的各个学院，整个学校都是培养爱国的公民、士兵和未来的国家官吏，教育过程被看作纪律训练的过程，而不是个人发展的过程"。在杜威看来，在国家主义教育思想主导下，德国教育的社会效率提高了，教育更普及，但教育的民主性却同时被抹杀了，个性独立自由没有了，个人变成了屈从某种政治权力和所谓国家意志的工具②。

总之，如从国家主义与国家主义教育思想的起源与内容上来考察，不难看出，两者实为二而一、一而二的关系。教育观念体现着人们对教育与国家、教育与社会、教育与家庭、教育与个人等方面关系的认识，但这种认识不是凭空产生的，说到底它植根于人们的世界观、国家观与价值观。从这个意义上说，国家主义无疑是国家主义教育思想的哲学基础，而国家主义教育则是国家主义在教育领域的必然要求和具体表现，脱离意识形态国家主义的所谓国家主义教育是不存在的。

二、清末民初国家主义教育思想的传入

近代中国国家主义教育思想兴起于 20 世纪初年。1901 年，罗振玉指出，"长国家之势力，增人生之知识，必自教育始"③，他认为国家应从义务教育入手来确定方针，如果不施行义务教育，"则国人不知国与民之关系，则爱国之

① 孟禄《共和与教育》，《新教育》第 4 卷第 4 期，1922 年 4 月。
② 杜威《民主主义与教育》，第 99～104 页，人民教育出版社 1990 年版。该书在美首版是 1916 年。
③ 罗振玉《教育私议》，《教育世界》第 1 册，1901 年 5 月。

心何由而生?"①。罗氏上述之言,已经具有教育国家化的倾向,但未明确提出国家主义。1902 年,《新民丛报》第 1 号所载《本报告白》,强调该报的三大宗旨之一,即是"以教育为主脑,以政论为附从","但今日世界所趋,重在国家主义之教育,故于政治亦不得不详"②。该文出自梁启超之手,表明他对此时世界教育大势有一定了解,但究竟什么是国家主义教育,仍未知其详。1906 年,该刊发表了署名"光益"、译自日本学者八木光贯所著《国家主义教育》的一篇译稿,文中对国家主义的起源、发展、变迁等进行了较为系统的介绍,指出:

此教育主义,谓教育之目的,在于国家,保持国家之安宁幸福,力图其荣繁进步者,国家主义教育之理想也。又国家主义之教育,以教育当为国家之事业,凡教育必要之准备,皆在国家事业之中。盖谓教育所以为国家养成有用之人物,而其事业乃国家宜自当其任者,此国家主义教育之本领也。③

1907 年 8 月 18 日《津报》刊出《论平民主义与国家主义之废兴》一文,强调今日为帝国主义侵略时代,"处此时代,苟犹用平民主义,致令国内纷乱,势必鹬蚌相争,渔翁得利,何能自立图存。唯有国家主义盛行,则上下一心,遐迩一体,国人皆互相团结,壮其合群之魄力,发其爱国之精神,然后众志成城,急公仇而缓私仇,先国事而后家事,其国未有不盛,其种未有不昌者也。故欲致和平之幸福,为伟大之国民,必自尊重国家主义。"④ 同年,刘显志发表《论中国教育之主义》,该文简要介绍了个人主义、社会主义、国家主义三种教育思想的来源与内涵,认为"国家主义之教育,以培养国民之责任心及经济能力政治能力,为必不可缺之条件矣"⑤。自此而后,"国家主义"与"国家主义教育"渐为学界所熟知,近代中国国家主义教育思潮由此而生。

在学界初倡"国家主义教育"的同时,清政府亦在实际上推行此类主张,实现政府对教育的控制。20 世纪初,清政府在教育方面所实行的一系列措施,多带有国家主义的色彩。如颁定"癸未学制",意在统一全国学校系统;成立学部,意在统一国家教育权;废除科举,表明清政府教育方针已由"造就少数之人才"向"造就多数之国民"实现挼转;而 1906 年 3 月 25 日发布的由

---

① 罗振玉《教育赘言八则》,《教育世界》第 21 册,1902 年 3 月。
② 夏晓虹辑《饮冰室合集集外文》(上册),第 75 页,北京大学出版社 2005 年版。
③ 光益《国家主义教育》,《新民丛报》第 94 号,1906 年 12 月 30 日。
④ 《论平民主义与国家主义之兴废》,《东方杂志》第 4 卷第 8 期转载,1907 年 9 月。
⑤ 刘显志《论中国教育之主义》,《中国新报》第 6 期,1907 年 7 月 18 日。

严修拟定的《学部奏请宣示教育宗旨折》，"第一次以国家文告的形式确认了国民教育和普及教育的概念"，其浓重的国家主义思想倾向更为论者所共认①。

显然易见，无论是此时学界对"国家主义教育"的鼓吹，还是清政府在教育上实际所推行的国家主义政策，其思想来源均直接取资于近邻日本。19世纪后期，日本先后颁布《教育令》、《学校令》、《小学令》、《教育敕语》等教育法令，参照欧美各国特别是德国的国家主义教育制度，并结合日本天皇制的君主立宪国体，逐步确立了以"尊王爱国"为核心、具有浓厚国家主义色彩的国民教育体制。这种教育体制对于刚刚遭受甲午与庚子之痛而苦寻强国之道的中国人来说，无疑是适逢其时，起到了巨大的示范作用，因之受到了留日学生、新学知识分子、政府赴日教育考察官员的一概推崇。人们认为，日本维新逾30年，兴学教育成效显著，"其国制虽未必极达文明，而良可导我先路"②，因之未加仔细鉴别而匆忙引进效仿。

民国元年，教育部召开临时教育会议，讨论教育方针和宗旨。针对蔡元培等人提出的"军国民主义"、"德育主义"、"美育主义"、"实利主义"、"世界观"（世界主义）等新教育方针，福建省代表刘以钟、吴曾褆曾联名提出《请决定相对的国家主义教育方针案》，以示反对③。刘以钟的具体主张体现在他随后撰写的《论民国教育宜采相对的国家主义》一文中。该文说：

近者民国成立，国体变更，国家之位置，人民之趋向，皆与往昔不同。故教育制度及其精神，亦必新陈代谢，非由根本上改革，建巩固不拔之基民国教育之新纪元不可。学制系统、学校规程诸问题，皆关系至大，不可不先行议定。然必有先决之前提，然后论断有标准。而讨论之结果，成一系统。故当以先行决定教育方针为第一要务。

他认为时人提出的"实利主义"、"军国民主义"、"人道主义"、"德育主义"、"美育主义"、"世界主义"等方针，虽能言之成理，持之有故，但这些"皆教育内容上主义"，"非形式上主义"。什么是"形式上主义"呢？刘以钟将其定义为"说明教育与个人及社会国家之关系，而批示教育内容之方针

---

① 关晓虹《晚清学部研究》，第312～313页，广东教育出版社2000年版。

② 林炳章《癸卯东游日记》，吕顺长编《晚清中国人日本考察记·教育考察记》，第563页，杭州大学出版社1999年版。

③ 我一（庄俞）：《临时教育会议日记》，舒新城《中国近代教育史资料》（上册），第298页，人民教育出版社1981年版。刘以钟（1888～1918），福建闽侯人，时任福建教育司次官。其生平可参见闽教厅《刘以钟传略》，《第一次中国教育年鉴》，第426页，开明书店1934年版。

者"。换言之，他认为教育方针更多地要着眼于教育与国家、民族、社会、个人关系这种宏观层次，而非具体的微观层次。从这一思考出发，他认为世界各国所定教育方针不外"个人主义"与"国家主义"两种，中国目前宜采取"相对的（即调和的）国家主义"。以下该文从"学理上根据"、"历史与国势之考究"、"国民性之观察"、"国体上之研究"等四大方面，对民国教育实行国家主义方针的必要性进行了申说。最后他认为，中国要想真正实现国家主义教育，必须做到：第一，教育方针当视国家行政方针为转移。如国家彼时财力单薄、生计困难，政府行政方针必以振兴实业为图，教育方针也应趋重实利主义；如国势阽危、军备缺乏，政府施政方针必以整军为要图，受其影响，教育方针也应以加强军事教育、养成信守规律为主。第二，国民道德以国家为中心，爱国爱群、信守规律、勇往进取为国民必备的基本道德。第三，教育行政权集中于中央。高等专门及大学由教育部设立管理；省立中等及地方之中等以下学校由教育部巡视监督而辅助之；中国赴外留学生统一由教育部派遣；法定教育机关的组织与其权限，悉由教育部规定。第四，小学教育为国民共同基础，故因采用单一制，统一教学。第五，宗教教育与国家主义相背，"学校教育全脱宗教之范围，是世界之趋势"，民国教育必须与宗教分离，一切学校须受国家监督，不得施宗教及宗教仪式，除大学哲学科外不得有违反国定道德要旨的宗教讲演①。

总而言之，无论从哪个角度看，该文均可称为近代中国第一篇全面阐述国家主义教育理论的文献。不过，由于此时中国教育正处于转型期，事繁多变，所以刘氏的主张当时并未引起时人的足够重视。此时教育界的状况，如舒新城所言，为"实用主义教育与职业教育思想当位"。迨及欧战发生，"国际和平之声浪，充满于国内教育界人士底言论中，国家主义无复有人提倡。"② 国家主义教育思潮在教育界的复兴，要等到 20 年代初国家主义教育学派形成以后。

第五节　晚清民初政府对教会学校的政策

教会学校作为私立学校的一种，对其予以有效管理乃是现代民族国家所拥

---

① 刘以钟《论民国教育宜采相对的国家主义》，《民国经世文编》（七），第 4156～4166 页，北京图书馆出版社 2006 年版。

② 舒新城《近代中国教育思想史》，第 320 页，上海中华书局 1929 年版。

有的合法权利，但在"西强中弱"、国人教育主权意识萌生较迟的近代中国，这无疑是一个"知难行亦难"的问题。晚清时期，政府对完全独立于中国政教体制之外、"外国化"十足的教会教育先是极不重视，后来虽然有所认识，但只能无可奈何地采取"不干涉亦不承认"的消极抵制之策。民初 10 年间，政府从"不作为"转向"有所作为"，针对教会学校制订出一些具体管理办法，意在将其纳入中国教育体制之内，无奈得不到教会方面的积极响应。

一、晚清时期政府对教会学校的政策

诚如有的学者所指出的，"清政府在 20 世纪前数十年内并没有确立一套专门针对基督教教育的政策"①。直至 1906 年，清政府专司教育的学部，才给各省督抚发了一篇只有 150 余字的简单咨文，勉强算是有了明确的教会学校政策。清政府对教会学校的政策出台较晚的原因，主要有以下几点：

首先，是政府官员对国家教育主权、教育和宗教分离、世俗教育与宗教教育的关系及地位等涉及教育的重大问题自觉较迟。教会学校是外国人在华设立的一种特殊的教育机构，其活动横跨教育、宗教两大领域，它同时牵涉到法律意义上的主权问题、宗教意义上的政策问题和教育意义上的管理问题。可以说，教会学校问题的复杂性与棘手性，远在一般教育问题之上。如果没有对上述诸问题较成熟的认知与思考，就谈不上有相关政策的制定。晚清，近代化的国家教育管理机构——学部，正式成立于 1905 年 12 月，而国人对教育主权、教育与宗教分离等问题的自觉，也不过是 20 世纪初年的事。较比学界知识分子，政府官员对新生事物的敏感度和反应能力，又更为迟缓。因此，如果考虑到上述因素，清政府关于教会学校政策制定较晚就是可以理解的了。

其次，20 世纪前，教会教育由于规模有限，尚未引起国人与政府足够的重视。鸦片战争后，教会学校在中国逐步兴起。但迄至 19 世纪末，它在中国的规模并不大。据统计，1866 年，基督教在华学校共 63 所，学生 944 人；天主教在华学校共 12 所，学生在 231～330 名之间②。到 1876 年，基督教教会学校学生为 5975 人，1889 年增加到 16836 人③。在这几十年的发展中，教会学校主要局限于中小学，而且其发展受制于人力、财力的匮乏及中国社会的环

---

① 胡卫清《普遍主义的挑战——近代中国基督教教育研究（1877～1927）》，第 343 页，上海人民出版社 2000 年版。
② 李楚材编《帝国主义侵华教育史资料——教会教育》，第 12、32 页，教育科学出版社 1987 年版。
③ 陈学恂主编《中国近代教育史教学参考资料》（下册），第 380 页，人民教育出版社 1987 年版。

境，所以其规模十分有限。19 世纪 80 年代以后，教会开始试办高等教育，出现了十几所所谓的教会大学或学院。但诚如美国专门研究中国教会大学史的学者杰西·格·卢茨所指出的，"在 1900 年前没有一所真正达到大学水平……而且许多学校最后解散或改为中学或初级学院。"① 1896 年，时任山东巡抚的李秉衡在给朝廷的奏章中说，"由各国教士就教民之稍能识字者使为教师，即因其所住房屋为教学之所。名为教堂，实则破屋数间，室如悬庐。"② "破屋数间，室如悬庐"数字，明显体现的是一种不足为虑的态度。总之，在 19 世纪，教会学校还无法引起国人的足够关注，政府更未将其视为统治威胁予以明确规范管理。

再次，与政府对基督教的政策密切相关。晚清，清政府并没有出台一项专门针对教会学校的法规，而对基督教的传教、外国教士的活动等，却屡有章程或规定出笼。这一方面表明清政府对基督教在中国发展颇为忌惮，试图有所限制。另一方面，也凸现出清政府视教会教育为基督教传教事业的一部分，倾向于将其作为一个整体，予以通盘考虑。就晚清政府对基督教的政策而言，有的研究者已指出它经历了三个阶段的变化，即鸦片战争前为"禁教"，19 世纪40 至 60 年代为"限教"，19 世纪 60 年代后为"宗教宽容"。不过，即使是在19 世纪 60 年代后实行"宗教宽容"时代，清政府对基督教的实际态度仍是消极限制，"明为保护，暗为防范"，企图达到"不禁之禁"的效果③。这一政策反映到传教士身上，就是严格禁止其在官办教育文化事业中从事任何的传教活动。例如，清政府在给京师同文馆总教习丁韪良的聘用合同中就有"不得传教"的字样④。

时移势异，进入 20 世纪，清政府面临着新的形势：

其一，教会教育初成气候，已对官办教育和清廷的统治构成一定威胁。据统计，1905 年基督教学校学生达 57683 人⑤。到辛亥革命前夕，基督教教会学

① 杰西·格·卢茨著、曾钜生译《中国教会大学史（1850～1950 年）》，第 28、30 页，浙江教育出版社 1987 年版。

② 李秉衡《民教案件应由地方公断教士毋许干预片》，龚书铎主编《中国通史参考资料》（近代部分）下册，第 164～165 页，中华书局 1985 年版。

③ 王立新《晚清政府对基督教和传教士的政策》，《近代史研究》1996 年第 3 期。

④ 丁韪良《同文馆记》，朱有瓛《中国近代学制史料》第一辑，第 188 页，华东师范大学出版社1983 年版。

⑤ 陈学恂主编《中国近代教育史教学参考资料》（下册），第 380 页，人民教育出版社 1987 年版。

校学生人数达到 102133 人①。教会学校学生剧增的原因，主要是此时教会学校办学质量的提高、国人对基督教敌视的减弱，以及因清末新政所激发的对通晓西学、外语类人才的旺盛需求。教会教育的快速增长，使国人从以前的漠视转向重视。如 1904 年《东方杂志》上的一篇报道指出：

夫中国近年以来，外邦人士多在中国兴学，而以教会为尤甚。然观其所造人才，大抵以教徒为最众。即有一二稍有智识者，亦大抵濡染西人耳目，日以媚外为事，不知爱国为何物。则所造人才亦仅供外人使用而已，于我国果何益乎?②

这位论者明显对教会学校持批评态度。相较而言，政府官员更多地则是担心教会学校藉此收拾中国学子人心，恐对国家不利。如 1906 年浙江洋务局官员世增说：

查教会所设学堂，颇多隐患。然处此形势，亦断难禁其设立，惟有力争调查之权。堂内教育章程须遵中小学堂格式。教自为教，学自为学，不得强学徒必须奉教。如能恪遵部章，似宜咨请学部，奏请一体给予出身，以期笼络学徒，使为国家之用。③

这位官员建议"教会所设学堂，宜归地方官调查"。可以看出，随着教会教育的发展，政府不可能再指望"不禁之禁"的老办法了，而必须筹思他策。

其二，此时清政府开始举办新式学堂，继之废科举、立学部、定宗旨，新式教育渐呈规模。在这一过程中，官办教育与教会教育的接触日广，其矛盾随之产生。比如西人对官立学堂"拜孔"的异议，就是这种矛盾的典型反映。清政府在其颁定的《学务纲要》、《奏定学堂章程》等教育法规中，均给予孔子、儒学以特殊的地位，要求中小学堂"宜注重读经，以存圣教"。1901 年 9 月，山东巡抚袁世凯上《奏办山东大学堂折》，要求学堂内"应恭祀至圣先师孔子暨本省先儒，每月朔望，由教习率领诸生行礼，并宣讲《圣谕广训》，以束身心。若恭逢万寿圣节，暨至圣先师孔子诞日，均齐班行礼，以志虔恭"④。这得到清政府的首肯，"通行各省，立即仿照举办"。但却遭到传教士的抗议，担任山东大学堂西学总教习的美国传教士赫士，就愤而抗议并辞职⑤。再如，

① 转引自胡卫清《普遍主义的挑战——近代中国基督教教育研究（1877～1927）》，第 64 页，上海人民出版社 2000 年版。

② 《教会兴学》，《东方杂志》第 1 卷第 9 期，1904 年 11 月。

③ 《清末教案》第 2 册，第 874 页，中华书局 1998 年版。

④ 璩鑫圭、唐良炎编主编《中国近代教育史资料汇编·学制演变》，第 42 页，上海教育出版社 1991 年版。

⑤ 《东抚周覆赫士书》，李刚己《教务纪略》卷四下，第 11～12 页，上海书店 1986 年影印本。

对教会学校中国学生的待遇问题。政府是否承认这些学生有升入官立学校学习的资格；这些学生是否也有获得与官立学校学生同等的各种奖励资格（包括授予功名与官职、给予选举与被选举权、给予应留学考试的参加资格等）紧迫的现实，也在催促政府给予明确的回答。

其三，1906年初，英人拟在北京设立协和医学堂和协和医院，并通过其公使向清政府外务部和学部提出立案的要求。学部对这件事非常重视，要求英人"将堂开办年月、教科课程、学生人数呈报"，"本部派员考查"。果与定章相符，即准予立案，"将来毕业时，与官立学堂一律办理"。学部当时的想法是，由对协和医学堂的对策"推论各国教会所立学堂亦应一律看待，将学生收回己用"①。协和医学堂呈请立案一事，已逼迫政府尽快拿出处置教会学校的具体办法。

其四，20世纪初，国人教育主权观念初步生成，其维护中国教育主权的热情也日益高涨。此时，西方"教育和宗教分离"思想也输入中国，不断有人倡说。这些均为政府处置教会学校提供了一定的理论基础。

正是在上述背景下，制订教会学堂章程一事正式提上了议事日程。1906年，学部曾拟就章程草案，并在学部官员和学部咨议官（即顾问）范围内征求意见。该章程草案的详细内容已不可考，但通过张元济《就学堂章程草案致学部堂官书》一文，我们可以窥其若干面貌。下面即摘录该文的部分内容：

谨按章程各条，大都以裁抑外人，勿令有妨我国政教为旨。保存国粹，完我主权。陈义至高，极可钦佩。惟立法贵于能行，而外交尤宜审慎。……是国家已明许外国人在国内设立学堂，且明许教士设立学校矣。约文仅有学房学堂字样，甚为浑括，并未指定何种学堂。是第四第五第八第九等条，与条约未能符合。宜酌者一。

外国人所设学堂遍于各地，无不与教堂相附。盖亦视为传教之一事。……恐不能令其移归使馆界及租界以内。宜酌者二。

原议亦谓此项章程颁发以后，或外国人出而反对，或虽不反对而竟不遵行，确为事实之所有等语。然仍定此章程者，无非欲张我国固有之权也。然元济窃谓，欲张主权，宜就切实可行之处为之。而不宜于空虚无着之处为之。且此项章程一出，设外国人据以上所列约文来争，责我违约，恐将无词以对。鄙见目前断断不宜发布，且俟后来机会可也。

---

① 《关于教会学校章程致学部堂官书》，《张元济诗文》，第123页，商务印书馆1986年版。

李君景濂、汪君康年、彭君绍宗皆主不干涉，然于外人所设学堂有所疑忌。然元济窃谓可以不必。以宗教言，用近日信仰自由之旨，便无罣碍。……以政治言，则欲谋国，必愚其民。政法海陆军之学，皆所以觉民强国之具。盗兵寇粮，彼岂无惧。谓有来者，欢迎不暇，而何必拒绝之也。

查日本于外国人在境内所设学堂，绝不干涉。……固由日本教育宗旨不欲牵涉宗教，然亦未始非因国力不足，故为退让也。此正日本外交之妙，似可师法。凡外人所立学堂，听其自便。一面赶紧定立各学堂章程及奖励章程，奖励之法只能用学士博士名号，以官立大学堂卒业者为限，其他无论官立公立私立概称某学堂卒业生，不加奖励。将来选为官吏，必须别加考试。如此则外国人所设学堂之学生，亦皆就我范围，而不能全然抛弃中学矣。……①

该文有这样几点值得注意：首先，该文透露出学部制定教会学校章程的根本用意是"欲张我国固有之权"，所以也就顾不上外国人反对不反对、遵守不遵守的问题了。该章程的主要精神是"裁抑外人，勿令有妨我国政教"，"保存国粹，完我主权"。从以上方面看，学部官员对教育主权已有一定的认识，他们主张对教会学校实行严格管理，其办学不得侵害中国主权和现行的政教制度。弄清这一点很重要，因为论者往往对晚清政府的教会学校政策颇多指责，认为其缺乏维护中国教育主权的意识，而实际上当时清政府对其是有所认识的。第二，该文有"恐不能令其移归使馆界及租界以内"，表明学部拟定的教会学校章程草案中，有要求现存各种教会学校"移归使馆界及租界以内"办学的规定。从这一条看，规定还是相当严厉的。第三，该文中提到李景濂、汪康年、彭绍宗、戴展试4人。其中李景濂时任学部总务司案牍科主事，汪康年时任学部咨议官，其他2人不可考（似亦为学部官员或咨议官）。这表明该章程曾在一定范围内被广泛讨论。第四，就张元济来说，他对教会学校总的态度是效仿日本的做法，对其"不干涉"，"听其自便"。但通过不给奖励、别加考试等方法，既可以阻止中国学生过多地挤向教会学校求学，又可以引导教会学校学生重视"中学"。对于学部制定的教会学校章程，张元济也认为颁布的时机尚不成熟，"俟后来机会可也"。为何此时不能颁布呢？张元济主要担心的是在政府已明许外国教士有办学权且教会学校已成事实的条件下，该章程会遭遇外人冷遇。要么其直接反对，要么其根本不理睬。与其流为一纸空文，不如等时机恰当时再颁行。

---

① 《就学堂章程草案致学部堂官书》，《张元济诗文》，第128～129页，商务印书馆1986年版。

显然张元济的意见说服了学部官员，该章程此后并未出台。1906 年 8 月，学部给各省督抚正式下发了一个有关教会学校的咨文：

为咨行事。普通司兼办专门、实业两司案呈：照得教育为富强之基，一国有一国之国民，即一国有一国之教育。匪惟民情国俗各有不同，即教育宗旨亦实有不能强同之处。现今振兴学务，各省地方筹建学堂，责无旁贷；亟应及时增设，俾国民得有向学之所。至外国人在内地设立学堂，奏定章程并无允许之文；除已设各学堂暂听设立，无庸立案外，嗣后如有外国人呈请在内地开设学堂者，亦均无庸立案。所有学生，概不给予奖励。①

从该咨文内容看，学部基本采纳了前述张元济的意见，对教会学校暂时取"不干涉亦不承认"的态度，听其设立。但学部仍明确强调两点：一是政府 1904 年颁布的"奏定章程"② 中，并未明文允许外国人在内地设立学堂。此句的言下之意，是教会学校的设立明显不符中国政府的规定。二是对所有教会学校学生不给奖励，以示其与官立学校学生的区别。

总的来看，第一，该咨文体现出清政府对教会学校的矛盾心理：既认为教会学校不符中国政府规定，想予以严格管理；但碍于当前的形势，又颇感无可奈何。两难之下，只能在承认既成事实的前提下，尽量采取消极抵制的做法，即不受理教会学校的立案申请，也不给予教会学校学生与官立学校学生同等的待遇。第二，该咨文提出的对教会学校"不干涉亦不承认"的办法，实质是一种回避问题、拖延解决的办法。采取这种办法，政府虽有不得已之苦衷，但从长久来看，只是徒增后来中国政府解决教会学校问题的困难而已，而根本无法控制教会教育的过快增长和对中国教育的冲击。显而易见，当教会教育在中国逐步坐大之时，清政府再想将其纳入国家教育体制之内或直接取缔，难度无疑更大。第三，该咨文也并非一无是处。文中明确说明对教会学校毕业生不给奖励，这无疑是告诫中国学生不要去教会学校就读，否则会在授予功名、官职、应留学考试及省议会选举等方面丧失资格。学部的这一规定对教会教育是一种沉重打击。当教会学校毕业生大量被排斥于中国政治与教育体制之外，只

---

① 《学部咨各省督抚为外人设学无庸立案文》，舒新城主编《中国近代教育史资料》（下册），第 1065 页，人民教育出版社 1981 年版。

② 胡卫清先生认为该咨文提到的"奏定章程"，当指 1871 年总理衙门提出的《商办传教条款》（或称《传教章程》），见胡卫清《普遍主义的挑战——近代中国基督教教育研究（1877～1927）》，第 353 页，上海人民出版社 2000 年版。但揆诸上下文意，笔者认为它似指 1904 年 1 月清政府批准颁行的《奏定学堂章程》。

能去像教会学校、洋行、外国人控制的文化事业部门就业时，教会教育的吸引力、影响力必然下降，而这恰恰是传教士们最不愿看到的。

基于此，一向无视中国教育主权的教会方面，对此也做出了反应。该咨文公布不久，传教士主办的《汇报》就发表了《论学部定外人在内地设立学堂之新章》一文，指责学部此规定是对教会学校的一种"钳制"之策①。英美传教士纷纷通过朱尔典（英国驻华公使）、柔克义（美国驻华公使）向清政府外务部提出，"会内学堂书院自行考试毕业生，所发之文凭，中国学部应与官立学堂一律同等，又请贵部、学部设法定章，如会内学堂书院有愿照法办理者，可由学部派员稽查，是否按照奏定章程教授。再，学堂学生或升级，或毕业，于其考试时，学部亦可派员观试，使贵国学部知其程度，将有明效。"对此，学部咨文外务部，声明"本部遵守奏章"，外国人设立学堂概不承认，"稽查考试之责，所请毕业升级出身与官立学堂一律办理，碍难照办"②。福州传教士也向中国政府提出类似要求，当时有关方面的回答是："北京教育部已发出明确的指示，大意是，由外国人控制或建立的学校不准在教育部注册，其毕业生也不予承认，因为中国不希望鼓励外国人干涉本国的教育，以防止阻碍治外法权的废除。"③ 总之，从教会方面的反应看，清政府拒绝给予教会学校学生"国民待遇"的政策还是产生了一些积极效果，最起码使教会方面开始初步认识到，长期疏离于中国教育体制之外自行发展，并非最佳选择。

二、民初政府对教会学校政策的调整

民初 10 年，是中国政局和社会激烈变革的时期。辛亥革命与共和肇建，曾使人们对中国的前途充满期待，但宋教仁被刺、孔教运动、袁世凯盗国、丁巳复辟、军阀混战等乱象接踵而至，又使人们的心理处在极度的痛苦与挣扎之中。处此混乱不堪变局中之中国教育，也难免不受政局牵累，成为某些人争权夺利的牺牲品。如在民初的两年中，仅教育总长一职就先后五易其人，任职时间最长的蔡元培、范源濂两人，也只有 6 个月左右。继任的刘冠雄、陈振先，均是兼署。教育行政人事的频繁更迭，显然对于教育方针、政策、法规的稳定性和贯彻执行是极为不利的。

---

① 《论学部定外人在内地设立学堂之新章》，李楚材编《帝国主义侵华教育史资料——教会教育》，第 613～614 页，教育科学出版社 1987 年版。

② 中国第一历史档案馆藏《清朝外务部档案》，案卷号 3555。

③ 《教务杂志》第 38 卷，第 104 页，"教育专栏"。转引自杰西·格·芦茨著、曾钜生译《中国教会大学史（1850～1950 年）》第 196 页，浙江教育出版社 1987 年版。

　　从对教会学校的政策上说，民初教育部继承的是清政府遗留下来的烂摊子，而且面临着相异的形势：其一，教会教育此时发展更快。1912 年，据统计教会学校学生已达 138937 人。到 1920 年，更达 245049 人，8 年间几乎翻了整整一倍①，其快速增长的速度令人惊讶。另据统计，1917 年外国人所办学校的学生数占中国同级学校学生总数的情况是：初等学校占 4%，中等学校占 11%，而高等学校占 80%②。对教会学校的规范管理的任务日益紧迫。其二，1912 年 3 月 12 日颁布的《中华民国临时约法》中规定："中华民国人民一律平等，无种族、阶级、宗教之分别"，"人民有信教之自由"。换言之，中华民国建国伊始，即宣布实行世界各国均公认的"信教自由"制度，国家不干涉公民的个人信仰，教徒与非教徒均为民国公民，相互平等。其三，1912 年初，南京临时政府发布一系列法令，要求各地废止小学读经和跪拜孔子之礼，禁用前清所颁行的各种教科书，"学校教员遇有教科书中不合共和宗旨者，可随时删改"。同年 9 月，教育部发布《教育宗旨令》，停止前清"忠君尊孔"的旧宗旨，而定新宗旨为"注重道德教育，以实利教育、军国民教育辅之，更以美感教育完成其德"③。民国新教育方针的颁布及一系列配套措施的推行，等于切断了儒学与国民教育、国民信仰的直接联系，实质上象征着几千年来儒学享有的独尊地位的正式寿终正寝。考虑到这样的背景，前清"不干涉亦不承认"的旧政策与民初的新形势明显已不相符，适当调整对教会学校的政策势在必需。

　　可能是基于类似的认识，民初，教育部对于教会学校，尽管表面上继续延续晚清"不干涉亦不承认"的政策，但在实际工作中却并非完全消极，而是积极准备进行调整。据郭秉文 1915 年的记述，闻教育部当时"已派委员往日本考察"教会学校④。传教士主办的英文《教务杂志》也说，1912 年教育部曾派遣特别代表团到日本去考察学习其对传教学校的办法，并了解基督教教育与政府之间的关系⑤。1915 年 6 月 8 日教育部进行全国教育统计时，也曾通咨各省区教育厅局，强调"外人在内地设立之各种学校，其编制多与部令章程

---

① 陈学恂主编《中国近代教育史教学参考资料》（下册），第 380 页，人民教育出版社 1987 年版。
② 陈学恂主编《中国近代教育史教学参考资料》（下册），第 380 页，人民教育出版社 1987 年版。
③《教育杂志》第 4 卷第 7 号，"法令"，1912 年 10 月。
④ 郭秉文《中国教育制度沿革史》，第 119 页，商务印书馆 1922 年版。
⑤ P. W. Kuo, "Co – operation between Mission Schools and Government Schools", The Chinese Recorder, Vol. XLVI (1915), p. 172.

不合，但既办教育统计，对于此类学校自不能不特别注意"①。这些考察和教育统计，我们不妨视作是新政策出台前的必要准备。

民初政府对教会学校政策的正式调整始于1917年。该年5月12日，教育部以第8号布告的形式发布了《中外人士设专门以上同等学校考核待遇办法》。其中说：

查京师及各省区中外人士创设私立各种学校往往有学科程度较中学为高，而学校之名称及科目与大学校令第三条或专门学校令第二条未能尽符，然其实力经营亦有未便湮没者。本部为推广教育起见，特将此项学校订定考核待遇之法如下开各条。特此布告。

一、此项学校办理确有成绩者，经本部派员视察后得认为大学同等学校或专门学校同等学校。

二、此项学校学生修业年限须在三年或三年以上。如设有预科者，其预科修业年限须在一年或一年以上。

三、此项学校呈请本部认定时，应将左开事项详造表册，在京师者径呈本部，在各省区者呈由行政长官转报本部。

1. 目的。

2. 名称。

3. 位置。

4. 学科。

5. 职员及学生名册。

6. 地基及校舍平面图。

7. 经费及维持之方法。

8. 开校年月。

四、经本部认定后，该校毕业生得视其成绩，予以相当之待遇。②

通读该布告可以明显地看出，此时教育部对教会学校的政策已明显有变，从过去消极被动式的"不干涉亦不承认"，已调整为积极主动式的引导其立案注册。该布告的另一积极内容是准备将教会学校纳入私立学校范围内予以管理，这也符合世界各国的通行做法。但该布告也有一个重大疏忽，就是对包括

---

① 《各省区有外人设立之各种学校应造调查表报部》，教育部编《中华民国教育法规汇编》，第73页，台湾文海出版社影印本。

② 《中外人士设专门以上同等学校考核待遇办法》，《政府公报》第581号，1917年5月14日。

教会学校在内的所有外人所设学校的宗教课程与宗教活动，没有进行明文限制。欠缺这一规定，无疑会给立案工作和管理工作带来很大的麻烦。后来可能是教育部发现了这一点疏漏，所以又于1919年3月26日发布第6号布告说，"凡外国人在内地所设专门以上学校，不以传布宗教为目的，且不列宗教科目者，准其援照私立专门学校规程或大学规程及专门以上同等学校待遇法，呈请本部查核办理"①。

对于教育部的上述立案要求，教会方面显然未予理睬。所以1920年11月16日，教育部又在第11号布告中说：

查近年以来，外国人士在各地设立专门以上之学校者，所在多有。其热心教育，殊堪嘉许。惟是等学校，大半未经报部认可，程度既形参差，编制时复歧异，以致毕业学生，不得与各公立私立专门学校毕业学生受同等之待遇，滋足惜焉。兹为整理教育、奖励人才起见，特定外国人之在国内设立高等以上学校者，许其援照大学令、专门学校令以及大学专门学校各项规程办法，呈请本部查核办理，以泯畛域，而期一致。②

对比1917、1920年前后两个布告，后一报告在口气上似乎更为缓和、恳切，丝毫没有"如不立案注册即如何如何"等严厉的语气。

以上教育部布告主要针对教会大学或专科以上学校。针对教会中学的专门法令延至1921年才出台。该年4月9日，教育部以第138号训令的形式发布《教会所设中等学校请求立案办法》，要求教会所设中学须向中国政府立案，接受中国政府管辖，否则"未经本部立案，学生毕业后，不能与其它公私立学校学生受同等之待遇"。具体立案要求是：

一、学校名称应冠以私立字样。

一、中学校应遵照中学校令、中学校令施行规则办理。实业学校应遵照实业学校令、实业学校规程办理。

一、中等学校科目及课程标准，均应遵照。如遇有必须变更时，应叙明理由，报经该省区主管教育官厅呈请教育部核准。但国文、本国历史、本国地理不得呈请变更。

一、关于学科内容及教授方法，不得含有传教性质。

一、对于校内学生，无论信教与否，应予以同等待遇。

---

① 《教育部布告第六号》，《政府公报》第1131号，1919年3月29日。
② 《教育部布告第十一号》，《政府公报》第1710号，1920年11月19日。

一、违反以上各条者，概不准立案。即已经立案，如有中途变更者，得将立案取消。①

1921 年，时任教育总长的范源濂，曾在"直隶山西基督教教育会"上批评教会教育，认为"教会学校强迫做礼拜和读圣经违背中国宪法，因为中国宪法保障公民信仰自由"，并指出教会学校"迄今仍自成一体，与中国的体制不完全相符。它们形成一个特殊的群体。这实在是件令人遗憾的事。"② 他向传教士呼吁应向政府立案。

对于上述中国政府的政策，教会方面并非没有一点反应。1917 年，之江大学曾召开校董事会会议，指定一个委员会调查注册问题的可行性③。华东基督教教育会也于 1919 年成立了一个由葛德基主持的特别委员会，"研究政府承认基督教学校的问题"。据该委员会当时的研究结果，认为"学校立案的利益，胜于不立案。"④ 1921 年 12 月，趁教会教育考察团和美国教育家孟禄在华访问，由葛德基主持的该委员会代表中华基督教教育会与北洋政府方面就教会学校的承认问题作了一次初步会谈，但会谈在宗教问题上立刻陷入僵局。教会方面不愿在这个问题上做出让步，因而此次所谓的承认谈判便搁置了下来。

如何评价民初政府积极要求教会学校立案注册的政策呢？首先，应该肯定的是，民初政府方面已经进行了较积极的努力，试图认真解决教会学校问题。从 1912 年民国成立至 1922 年非基督教运动爆发的 10 年间，教育部先后发布的针对教会学校的布告或训令至少有 4 个，显示出政府对此问题的重视程度。其次，从各布告的内容看，尽管有禁止传教等限制，但此时中国政府对教会学校的立案注册，总的来说是极具诚意且在条件上相对宽松优厚，如后来缪秋笙所指出，"只要教会学校请求考核承认，政府宽大为怀，不分中外，一视同仁，准予依照私立学校手续办理。"⑤但教会方面显然未能体察中国政府的良好诚意，也未预见到不立案注册会给自身带来的一系列不利后果，而是基本上采取拒绝立案的态度。这一自大态度最终将自己推到火山口上，付出了惨重的代价。可以说，丧失民初立案注册的大好时机，是教会方面的最大失策。

---

① 《教会所设中等学校请求立案办法》，《政府公报》第 1844 号，1921 年 4 月 12 日。
② 王立新《美国文化渗透与近代中国教育——沪江大学的历史》，第 156～157 页，复旦大学出版社 2001 年版。
③ 胡卫清《普遍主义的挑战：近代中国基督教教育研究（1877～1927）》，第 369 页，上海人民出版社 2000 年版。
④ 缪秋笙、毕范宇《中等教育的过去与现在》，《中华基督教教育季刊》第 5 卷第 4 期，1929 年 12 月。
⑤ 缪秋笙、毕范宇《中等教育的过去与现在》，《中华基督教教育季刊》第 5 卷第 4 期，1929 年 12 月。

第二章

非基督教运动的发生与收回教育权运动的酝酿

第一节 从反"孔教"到讨论宗教问题

一、民初孔教运动始末

1912 至 1918 年前后,以康有为及其弟子为中坚,掀起了一场声势浩大的以孔教为"国教"的运动。其论争之激烈,涉及阶层之广泛,规模之大,均甚为突出,它对当时的社会政治与文化都产生了极其深远的影响。

1912 年元月中华民国南京临时政府成立后,著名教育家蔡元培先生出任教育总长一职。他就职伊始,即对民国教育问题发表谈话,认为:

满清时代有所谓钦定教育宗旨者,曰忠君,曰尊孔……忠君与共和政体不合,尊孔与信教自由相违。

他主张代之以"军国民主义"、"实利主义"、"德育主义"、"美育主义"、"世界观"等五大新教育方针[①]。1912 年初,南京临时政府依据民主共和原则颁布一系列法令,要求各地废止小学读经和跪拜孔子之礼,禁用前清学部所颁行的各种教科书,要求"学校教员遇有教科书中不合共和宗旨者,可随时删改"[②]。同年 7、8 月间,教育部在北京召开临时教育会议。9 月,教育部发布《教育宗旨令》,强调"注重道德教育,以实利教育、军国民教育辅之,更以美感教育完成其德"[③]。戊戌维新以来一直以鼓吹孔教为己任的康有为,在海外获悉"若坠重渊",认为这是中国文化史上亘古未有之"奇变",因此他从

---

① 《对于新教育之意见》,《临时政府公报》第 13 号,1912 年 2 月 11 日。
② 陈学恂主编《中国近代教育史教学参考资料》(中册),第 167 页,人民教育出版社 1987 年版。
③ 《教育杂志》第 4 卷第 7 号,"法令",1912 年 10 月。

日本写信给在国内的弟子陈焕章①等，指示他们"趁方今旧学士夫诸生遍于全国"，"立孔教会以振之"②。不久，由陈焕章、麦孟华、梁鼎芬、沈曾植等人发起，孔教会于1912年10月7日在上海正式成立。该会以"昌明孔教，救济社会"为宗旨，推康有为为会长，陈焕章任总干事。该会很快在教育部、内务部获准立案，其基层组织发展很快，国内主要中心城市如上海、北京、天津、济南、青岛、南京、南昌、西安、贵阳、桂林、成都、武昌、兰州、长沙、福州、齐齐哈尔、香港、澳门，一些县如南汇、川沙、泰县、太仓，以及海外的纽约、东京、南洋各地，均成立了支会。从1912至1914年，类似的组织在全国各地纷纷出现，主要有：济南的"孔道会"，仍推康有为为会长，军阀张勋为名誉会长；太原的"宗圣会"，由景梅九，郭象升等人发起；北京的"孔社"与"孔道会"。前者以徐琪为社长，饶石顽为副社长；后者以康有为为会长，王锡蕃为副会长。此外还有扬州的"尊孔社"，青岛的"尊孔文社"，香港的"孔道大会"等。正如时人所评论的，上述这些组织"虽名称或异"，"大抵鉴于民德之堕落，不离提示华夏宗风者"③，即均以"尊孔"为其主旨。

随着各种尊孔组织的成立，一场声势浩大的以孔教为"国教"的社会请愿运动也粉墨登场。从1913至1918年，孔教运动大致经历了两个阶段：第一阶段为1913至1914年，主要围绕1913年的"天坛宪草"而进行；第二阶段从1915至1918年，主要以1916年第一届国会制宪为中心而展开。

1913年3月，曾任广西优级师范学校监督、国立广东高等师范学校校长的廖道传上书袁世凯，提议"尊孔教为国教"，认为"民国肇兴，开中国前古未有之局，虽应于世界之进化，而实本于吾国固有之道德"，明确提出"定孔教为中华民国国教，孔子为教主，祭则配天，永立国极"，并"选派儒生，往各国传教"，"以资普化"④。这是国内最早的一篇以孔教为国教的请愿书，引起强烈反响。8月15日，由陈焕章、严复、梁启超、夏曾佑、王式通领衔，以孔教会名义向国会递交请愿书，呈请"定孔教于国教，立于宪法"。他们认为，"立国之道，本在乎道德"，"而中国之道德，源本孔教，尤不容有拔本塞

---

① 陈焕章曾留学于美国哥伦比亚大学，获博士学位。其博士论文题为《孔子及其学派的经济原理》，1911年在纽约出版。

② 《致重远书》，上海市文物保管会编《康有为与保皇会》，第369页，上海人民出版社1982年版。

③ 《全国阐扬圣道各会社纪略》，柯璜编：《孔教十年大事》卷之七，"纪事"，太原宗圣会1924年刊本。

④ 廖道传《请尊孔教为国教议》，《孔教会杂志》第1卷第7号，1913年8月。

源之事。故中国当仍奉孔教为国教。"①。嗣后黎元洪、阎锡山、冯国璋、朱瑞、张勋等 10 余省都督或民政总长先后通电支持孔教会的要求。如时人所说：

自孔教会一上书，各省军政民政各长官，莫不攘袂而起，甲也一电请定国教，乙也一电请定国教。识字之文史，电请国教；目无一丁之武夫，亦电请国教，何传染如是之剧也。②

在一片要求定孔教为国教的喧闹声中，反对者也不乏其人。章太炎撰《驳建立孔教议》，认为孔学非宗教，孔子非教主，1913 年他在北京开国学讲座，申明本会"与宗教绝对不能相混"，"凡入孔教会者不准入会"③。许世英上书认为"尊孔子之道，尊孔子之学则可也，以孔道孔学为国教则大不可也"④。艾知命认为"以孔教为国教"，则第一，"激起宗教之纷争"；第二，"破坏五族之共和"；第三，"违背民国之约法"；第四，"阻碍政治之统一"。他要求国会"力维大局，勿听浮言，持平公决"⑤。1913 年 10 月，国会宪法起草委员会基本完成起草工作，其宪法草案（天坛草案）第 19 条规定："国民教育以孔子之道为修身大本"。从这一条文内容看，它无疑是对孔教派与反孔教派采取一种妥协的立场，照顾了孔教派要求用法律形式规定孔学在国民教育中占有特殊地位的情绪，但又未明确规定孔教为国家宗教。这一企图调和两派的内容，反而引起两派的不满意，为 1916 年孔教运动的再度高涨埋下了种子。

1916 年 8 月 1 日，第一届国会在被袁世凯强行解散两年半后复会，继续进行宪法起草工作。陈焕章、张尔田、林传甲等人于 9 月上书，重提定孔教为国教之事，强调"中国若果不亡，则孔教必为国教；孔教若不为国教，则中国必亡"⑥。孔道会名誉会长、山东军阀张勋也利用 13 省区督军联合会徐州会议召开之际，请康有为代拟了"定孔教为国教"电文，向国会施压。11 月 12 日，陈焕章等人在北京纠集了国会议员 100 多人成立"国教维持会"，通电各

① 《孔教会第一次全体大会代表陈焕章、严复、梁启超、夏曾佑、王式通等上两院请定孔教为国教书》，《孔教十年大事》卷之八，"书电"，太原宗圣会 1924 年刊本。
② 丁义华《教祸其将发现于中国乎》，《民国经世文编》（八），北京图书馆出版社 2006 年版。
③ 见顾颉刚《古史辨自序》，河北教育出版社 2000 年版；《记太炎》，《远生遗著》（下册），卷三，第 225 页，商务印书馆 1984 年增补影印本。
④ 许世英《反对孔教为国教呈》，《民国经世文编》（八），北京图书馆出版社 2006 年版。
⑤ 艾知命《上国务院暨参众两院信教自由不立国教请愿书》，《民国经世文编》（八），北京图书馆出版社 2006 年版。
⑥ 《孔教会国教意见书》，《昌明孔教经世报》第 2 卷第 3 号，1923 年 4 月。

省督军"一致主孔教为国教"①。在孔教会策动下，一度平息的孔教运动再度高涨，据当时《申报》一篇文章称，从1916年9月至1917年1月的4个月间，宪法会议收到的有关定孔教为国教的电函数量相当可观，"闻不下一万三千件"②。在北京、上海都有"拥护孔教会"、"国教请愿团"之类的组织。1917年3月，孔教会联合全国16个省的有关尊孔组织成立"各省公民尊孔联合会"，推康有为、张勋任名誉会长，陈焕章为会长，联合行动。

随着第二次孔教运动的高涨，反对者的队伍也日渐壮大，除章士钊、蔡元培等共和派知识分子外，此时最引人瞩目的，就是以陈独秀、李大钊为代表的资产阶级激进民主主义者也加入反对者行列，成为当时反孔教运动的中坚力量。陈独秀在《新青年》上连续发表了《驳康有为致总统总理书》、《宪法与孔教》、《孔子之道与现代生活》、《再论孔教问题》等论文，从信仰自由、思想自由、民主政治等方面予以驳斥。此外，新文化阵营中的其他人，如易白沙、吴虞、钱玄同、刘半农、鲁迅、李大钊、高一涵等，也从各种角度对孔教、孔学、孔道予以猛烈批判和否定。一些基督教、天主教等宗教人士也据理力争，要求保障人民"信教自由"的天赋权利。1916年1月，教会中的一些著名人士，如马相伯、雍剑秋、诚静怡等人一起组织了"宗教自由社"，联合各教会在北京对孔教会的活动提出抗议。他们还邀请了东正教、回教、佛教这些平素极少往来的有关人士，进行共同斗争。天主教及新教人士又另组"信教自由协会"，争取到百余名国会议员的支持。其数量较之"尊孔"议员毫不逊色。特别是天主教学者马相伯先生，十分活跃，积极代各教区撰写反对定孔教为国教的有关请愿书，曾明言"以洪宪之专横，剥夺民权，犹不敢删除约法上信教之自由，乃一区区代议佣，竟敢起而剥夺之"③。他并指出：

窃闻国土问题，重于国粹。皮之不存，毛将焉附故也。乃宪法草案，于国土则不举疆域之名，殆虑列强之疑问也。而于国粹，则独动举孔子之道，孔子之教，以强迫通国人民，即不虑有保教治外法权者之责问，独不虑回、蒙、藏等因背优待条件，而生心乎？凡仇视征服国民者，始不准受高等教育，犹不准与台等考试也。今明知基督教民，宁死不受他教之教育，而草案第十九条第二项竟反宪法之常，特地规定国民教育以孔子之道为修身之大本，是仇视基督教

① "专电"，《申报》，1916年11月14日。
② "专电"，《申报》，1917年1月11日。
③ 《保持约法上人民自由权》，朱维铮主编《马相伯集》，第258页，复旦大学出版社1996年版。

国民也。天下事不平则鸣，能保列强有保教治外法权者，始终放任，不过问乎？公民等为爱国起见，为尊重宪法起见，故力请删除该项，以免来日之纷纭。不然，约章上之信教自由俱在也，即教育信仰上自由俱在也，何必自民国二年以来，争持不已？想宪法会议诸君，明达者多，公允者多，即孔教会徒断无仇视我基督教民之心，为此谨具请愿书。①

由于社会舆论、宗教团体的强烈反对，宪法会议从 1916 年 9 月 15 日至 1917 年 3 月业经数次投票，赞成者均不足三分之二，国教动议未获通过。1917 年 4 月后，国会与国务院因对德参战问题而起纷争，以后再也没有讨论过这个问题。从社会上看，尽管此后孔教会等尊孔组织还不断进行鼓躁，但由于康有为、张勋等孔教会与孔道会头目直接参与了 1917 年的丁巳复辟运动，因而人们对其"以孔教为国教"的主张也普遍厌弃。1918 年以后，喧闹一时的孔教运动趋于沉寂。作为孔教会重镇的康有为也声称"鄙人以病躬不任，恐致陨越"，于 1918 年辞去会长职务。

二、少年中国学会关于宗教问题的讨论

喧闹一时的孔教运动，虽在 1918 年后归于沉寂，但由此引发的宗教价值问题，却引起关心国事的知识分子进一步的思索。如胡适当时对此问题就颇为关注，其在日记中记道：

今人多言宗教问题，有倡以孔教为国教者，近来余颇以此事萦心。

他并且列出"立国究须宗教否"、"中国究须宗教否"、"如须有宗教，则以何教为宜"、"如复兴孔教，究竟何者是孔教"、"今日所谓复兴孔教者，将为二千五百年来之孔教欤"、"苟欲革新孔教，其道何由"、"吾国古代之学说，如管子、墨子、荀子，独不可与孔孟并尊也"、"如不当有宗教，则将何以易之"等八大问题，准备予以深入研究后，再下结论②。马相伯当时也指出：

数年以来，社会上莫不疾首相告曰：风俗浇漓，纪纲废弛，世道人心，大坏大坏！关心国是者，思从而补救之，以为非有宗教不可，遂殷殷相劝，大声疾呼曰：提倡宗教！提倡宗教！革命之前既如是，光复以后，宜其稍有进德，稍见进化矣，乃人心世道之坏，尤有甚于昔日者。于是一般忧国之士，复大倡其议曰：要宗教！要宗教！此亦云教，彼亦云教，宗教一事，乃成一如火如荼

---

① 《代拟反对孔道请愿书》，朱维铮主编《马相伯集》，第 261～262 页，复旦大学出版社 1996 年版。
② 《胡适留学日记》卷三，第 84～85 页，岳麓书社 2000 年版。

之问题。①

约从1917年开始，《新青年》发表了一系列讨论宗教价值的文章，如蔡元培的《以美育代宗教说》，陈独秀的《基督教与中国人》，胡适的《不朽——我的宗教》等。1918年3月，《新青年》在"文学革命的反响"专栏，刊出署名"王敬轩"（本无其人，实为钱玄同等创作出的反对文学革命的人物）给该刊编辑刘半农的信，说："观贵报对于西教，从不排斥，以是知贵报诸子殆多西教徒，各是其是，亦不必置辩。"刘半农因之复信进行解释：

本志记者，并非西教徒，其所以"对于西教不加排斥"者，因西教之在中国，不若孔教之流毒无穷，在比较上可暂从缓议。②

《新青年》同人这一"双簧戏"，喻意深刻。它表明《新青年》前此斗争矛头虽在"反孔"，但对于"西教"流毒中国的问题，他们同样十分关注。一俟"反孔"任务完成，即移枪口对准"西教"。

中国主流知识分子向来耻谈宗教，而为何自反孔教运动开始对宗教（特别是对基督教）问题关心起来？张钦士在《国内近十年来之宗教思潮》一书中，曾指出以下5点原因：

第一，自民国改建以来，一般知识阶级多觉悟到要使中国现代化，绝非仅采取西洋的技术与制度所能为力，必要把国人的根本思想完全欧化。但是西洋文化除科学与民治两种精神外，是否包含宗教，确是一个不易解决的问题，因之遂引起讨论宗教在文化上地位的问题。第二，反对上列一派主张的人们，则以为中国的精神文明优于西洋文化，极力提倡中国固有的宗教或采取各教的优点创设新宗教。孔教会尤主张以儒教为国教。因之引起两派互相讨论。第三，因新文化运动的结果，对于社会上一切思想、制度都要取批评的态度，重新估定价值，宗教自然要在讨论之列。第四，民国成立以来，基督教中人举行大规模的布道运动，用种种方法引人加入教会，因之就有一部分人，发生很大的反感，朱执信的论文即为其中的一个例证。第五，少年中国学会，因限制宗教徒入会，引起对于宗教问题讨论的兴味。③

历史赋予五四新文化运动以反思宗教价值及其意义的任务，而这项重大任务当时具体又是由"少年中国学会"完成的。

① 《宗教在良心》，朱维铮主编《马相伯集》，第149页，复旦大学出版社1996年版。
② 《文学革命的反响》，《新青年》第4卷第3号，1918年3月。
③ 张钦士辑《国内近十年来之宗教思潮》，"序"，燕京华文学校1927年刊本。

少年中国学会是五四时期出现的最重要的社团之一，"在当时出现的诸多青年社团中，它会员最多、分布最广、历史最长、影响最大，聚集了青年学子和其他社团中的许多精英分子"①。其100多位成员②，日后在中国现代政治、经济、学术、教育、文化等领域中均属翘楚之辈，影响至为深远。1920年7月，由左舜生、李大钊、恽代英、余家菊、黄玄、孟寿椿组成的少年中国学会第二届评议部，通过了曾琦、左舜生提出的"不准信仰宗教者入会"的议决案，称：

> 巴黎同人提议，凡有宗教信仰者，不得介绍为本会会员。……此条全体通过，以后同人不得介绍任何宗教信仰者为本会会员，并请已入会而有宗教信仰者，尊重此条议决案自请出会。③

但这一结果很快遭到时在日本读书的会员田汉的反对，他向该案的提议人曾琦写了一封反对的长信，认为评议部此举"草率"、"武断"、"专制"，要求取消此案，并以"退会"相威胁。该信后以《少年中国与宗教问题》为名，发表在《少年中国》月刊第2卷第8期"宗教问题号"上。田汉的抗议引起评议部诸人的反思，促使他们慎重对待这一问题。评议部决定将此一问题学术化，组织会内外人士对此进行深入研究，其发布的公告说："本会评议部通过一个议案，是'凡有宗教信仰者，不得介绍为本会会员'，要许多会员觉得宗教问题是世界上一个尚待解决的问题，应该细心的加以研究讨论方可决定，于是拟由各地会员开专会以讨论之。"④ 学会当时邀请了周作人、王星拱、梁漱溟、李石曾、屠孝实、陆志韦、刘伯明等学者进行专门讲演，也向英、美、法、日的一些学者，如罗素、罗曼·罗兰、詹姆士等人请教宗教问题，会员自己也撰写了不少这方面的研究文章。会内外对于宗教问题的研究和讨论成果集中体现在《少年中国》出版的3期"宗教问题号"（分别为第2卷第8期、第11期和第3卷第1期）上。3期"宗教问题号"共发表文章29篇，由此形成了近现代中国关于宗教问题的首次讨论热潮。

---

① 吴小龙《少年中国学会研究》，"前言"，上海三联书店2006年版。

② 关于少年中国学会会员总数，学界尚有争议。张允侯等主编的《五四时期的社团》（一）记为121人，见该书第239~241页，三联书店1979年版；而李璜记为117人，见《学钝室回忆录》（上卷）第53~55页，香港明报月刊社1979年版。

③ 《评议部纪事》，《少年中国》第2卷第4期，1920年10月。

④ 《北京方面的报告》，《少年中国》第2卷第7期，1921年1月。

关于此次宗教问题讨论的具体细节，学术界已有丰富的研究成果①，笔者无意在此赘述。但有两点需要指出：

一是此次讨论更多地属于学理的探讨，较少政治化、情绪化色彩。张钦士曾将1917至1927年中国知识分子对宗教的态度划分为三个时期：1917至1921年为第一个时期；1922年为第二个时期；1923至1927年为第三个时期。他认为，"第一期多偏于理性方面，第二期多偏于感情方面，第三期多偏于意志方面。"第一期所发表言论文章，"多取科学的态度，少意气之争"，所讨论的问题集中在"现代化的中国要不要宗教"这一个大问题上，"后此两个时期，多以此时期所发表的文字，为理性上的依据。"② 张氏此一评论大体是符合实际的。综观这一时期的讨论，基本坚持了平和、理性、科学的学理态度。讨论伊始，《少年中国》月刊的编辑就表示："我们对于宗教问题，完全当它是一个问题，取纯粹研究的态度；我们不愿意遽为无研究的反对或肯定，亦不愿意对于反对或肯定两面演讲有所轩轾。"③ 在这一原则指导下，参与讨论的学者从宗教的定义、宗教的起源、宗教信仰与宗教经验、宗教的功用与利弊、科学与宗教的关系、宗教的未来及其替代物、新宗教诸角度，运用哲学、社会学、人类学、文化学、伦理学、心理学、宗教学等多种方法剖析宗教问题，探讨其得失利弊。在此次讨论中，论者对宗教的态度各不相同，大体上可以分成反教派、肯定派两大类。反教派以王星拱、李石曾、周太玄、恽代英、李璜等为代表，还可以算上此前的蔡元培、陈独秀、胡适、朱执信等人。肯定派则主要有梁漱溟、屠孝实、刘伯明、周作人、田汉等少数人。但不管是反对派还是肯定派，均能从宗教本身立言。尽管其研究也只是很初步的，但较之新文化运动前知识分子对宗教的不屑及此后非基督教运动时期对宗教的一概否定，已属难能可贵，显现出五四新一代知识分子宽广的中西文化视野与认真的求真态度。

二是日后成为提倡"收回教育权"的几个关键人物，如李璜、周太玄、余家菊、曾琦、左舜生等，在此次讨论中不仅都有文字发表，而且在文中都提到外国教会教育的危害问题。如陈启天在《我们不该反对耶教与其运动吗?》一文中就指出：

---

① 可参见杨天宏《基督教与民国知识分子》（人民出版社2005年版），及李永春《〈少年中国〉与五四时期的社会思潮》（湖南人民出版社2005年版）相关章节。

② 张钦士辑《国内近十年来之宗教思潮》，"序言"，燕京华文学校1927年版。

③ 《少年中国》第2卷第8期，"编者按"，1921年2月。

我们深觉中国文化前途，大有让我们自由创造的余地。却近年来被耶教及其运动的采色弥漫全国，致我们有两种痛心的感想，不能不起而反对。一，教育的一部分为耶教所垄断难于完全独立，自由发展。教会学校以只知宗教不知教育的教徒办理，自难有良好的教育出来。他们的目的不在办教育而在传教。以故真心办教育而不提倡宗教的人才难以见容于教会学校。稍为调查教会学校实况的，就知他在教育上的障碍了。我们现在天天提倡教育独立，而不反对耶教在学校宣传与以传教为目的的学校，是未免重视教育对于政府不能独立的弊害，而轻视教育不能离宗教而独立的弊害了。我敢大声疾呼以请提倡教育独立的先生们，应大家起来反对耶教运动，然后可以达到目的。二，耶教运动足以钳制思想自由使人生无穷的苦痛。教会学校思想不能自由，是人人所公认的，其实何只在教会学校时不能享受思想自由，就是出了教会学校也不能享受思想自由。[1]

可以看出，陈文虽很简略，但他所提出的教会教育损害中国教育独立的观点，仍一语中的，抓住了问题的要害，显现出其视野已与一般人不同，这也昭示了今后宗教问题讨论的新方向。

第二节　非基督教运动的爆发

一、世界基督教学生同盟第 11 次大会在中国的召开

世界基督教学生同盟（World's Student Christian Federation）是一个国际性的基督教学生团体，由美国人穆德于 1895 年发起成立。它以各国基督教学校大学生为主要活动对象，其目标是"联合全世界的学生运动"、"搜集世界各国关于学生宗教情况的情报"、"领导学生承认耶稣基督为唯一救主，成为他的信徒；加深学生的精神生活；征募学生往全世界推广天国的工作"[2]。同盟总部设在日内瓦。1897 年，中国基督教青年会和中国基督教女青年会联合以"中国基督教学生运动"的名义加入该组织，并首次派出 1 名代表（福州神学教员丁敏望）出席了在美国马萨诸塞州威廉斯敦举行的第 2 届大会。至1907 年日本东京第 7 届大会时，中国各校会派出的代表已骤升至 70 人。1913年美国墨航湖第 10 次会议上，经中国代表的极力争取，同盟决定 1916 年第

---

[1]　陈启天《我们不该反对耶教与其运动吗?》，《少年中国》第 3 卷第 9 期，1922 年 4 月。
[2]　顾长声《传教士与近代中国》，第 351 页，上海人民出版社 1981 年版。

11 次会议在中国举行。后因第一次世界大战爆发，此次会议最终推迟至 1922 年才召开。

该同盟前 10 次会议，有 8 次均是在欧美举行，在亚洲的日本、土耳其各举行过 1 次。为何该组织选中当时国弱民穷的中国举办第 11 次会议？据此次大会策划者穆德事后自供，这是由于他"认清那中国是反基督教运动斗争的重要据点"①。时担任大会筹备工作的顾子仁也说：

欧洲方面，虽有很重要的理由，请求这次大会聚在欧洲，但是同盟方面，竟能了解远东学生事业的紧急，决意牺牲一切，把大会聚在中国。中国最近三、四年来各种派别的新思想、新运动、新精神，已经遍满了中国的学生界。这样的情势，现在正在蓬勃酝酿彷徨之中，不久快到具体的归宿。我们若能利用这个机会，把大会中最有实益的势力，去感导中国的学生界，使他们得到安心立命的磐石，那实在是我们无上的天职了。②

可见其选中中国，既有争取中国学生、扩大该组织影响的目的，也存在有意识挑战中国社会（特别是知识界）的意图。为了迎接会议的召开，中国教会的一些刊物如《生命》月刊等，发表了一些文章表示欢迎。中华基督教青年全国协会的机关刊物《青年进步》，更在 1922 年 2 月刊出"世界基督教学生同盟大会号"，对世界基督教学生同盟和中国基督教学生运动的历史、世界基督教学生同盟第 11 次大会宣言、会议总题及分股讨论题目等作了全面解析。由以徐宝谦、吴雷川、李荣芳、赵紫宸、刘廷芳、简又文等"北京证道团"所属基督教知识分子所主办的《生命》月刊，也在 1922 年 3 月出版特号③，对该大会的召开表示欢迎。

1922 年 4 月 4 至 8 日，世界基督教学生同盟第 11 次大会在中国北京国立清华学校举行，有 32 个国家的 146 名代表参加，另有中国代表包括列席者 550 多人，王正廷为会议主席，余日章为中国代表主席。由于开幕前上海"非基督教学生同盟"和其他一些反教组织扬言要对该会进行破坏，所以北洋政府特派步兵统领亲宰大批军警到会议现场进行保护。大会的主题是"基督在世界重建中"，代表们共分成 7 个小组讨论以下专题：国际与种族问题；基督教与社会及实业界之改造；如何向现代学生宣传基督教；学校生活之基督化；

---

① 顾长声《传教士与近代中国》，第 301 页，上海人民出版社 1981 年版。
② 顾子仁《世界基督教学生同盟第十一次大会宣言》，《青年进步》第 50 期，1922 年 2 月。
③ 《生命》第 2 卷第 7 期。

学生在教会中的责任；如何使女界基督教学生同盟在世界中成为更强有力团体之一。在 6 个专题之下，尚列有 66 个具体讨论的问题。会议举行期间的 4 月 7 日，北洋政府总统徐世昌在总统公府接见了出席会议的代表。会议闭幕后，大会又组织各国代表到中国各地参观游览。

参加、服务于此次会议的不少中国学者随即写下了自己的感想，1922 年 4 月 21 日出版的《清华周刊》就载有沈宗濂《对于世界学生基督徒同盟大会的感想》、徐秀葆《同盟大会纪略》、胡竟铭《我对于世界基督教学生同盟第十一次大会所得的感想》、吴景超《一星期的招待员生活》等人的文章。胡竟铭在文中说：

一、世界基督教学生同盟并非帮助资本家的组织

大会之前十几天，非基督教学生同盟会发出宣言，指世界基督教学生同盟为帮助资本家的一种组织。其实这只是捕风捉形的话。世界基督教学生同盟何尝有丝毫资本家的气味？这次到会代表中，因为没有钱而去特别劳苦作工半年或竟一年之久。即以所获工资，充旅华费的，不知凡几。并且会议中，声声反对的就是资本主义，极力主张的也就是打破资本主义。难道这种人就是资本家的走狗？……

二、世界基督教学生同盟并不是被欧美各国所摈弃的集会

非基督教学生同盟又指世界基督教学生同盟是被欧美各国所摈弃的集会。说他们在外国找不到地方开会，所以跑到中国来，这也未免太小看人了……况且他们这次在中国开会，乃是八年前中国代表所请求来的呢！……

三、世界基督教学生同盟乃是"世界大同"的先锋

……我们感受最大的快乐就是：各国的代表，都破除了各国间的界限、猜嫉、仇恨，而成为兄弟姊妹。……

四、世界基督教学生同盟不应受反对

……因为这个同盟，并不是一个教会的同盟。……这个集会，并不是一个宣传基督教的集会，乃是同志的一种研究的、讨论的、连欢的集会。①

令胡竟铭感到不解的是，这样一个"研究、讨论、连欢"的会议，这样一种反对资本主义、爱好和平、追求"世界大同"的组织，何以激起中国知识分子的强烈反对，以至于引发出一场持续数年之久的非基督教运动呢？其实

---

① 胡竟铭《我对于世界基督教学生同盟第十一次大会所得的感想》，《清华周刊》第 244 期，1922 年 4 月 21 日。

这不仅是胡竟铭等人感到困惑的问题，而且当时教会方面和后世学者也大多不解其意，只能用"情绪化"予以解释。当代学者杨天宏对此进行了纠正，认为"显然与教会方面为配合此次大会召开所作宣传中公布的大量信息有关。这些信息集中于《中华归主》调查报告之中，同时又散见于各种教会报刊之上"，使"中国知识界人士普遍感到了教会事业对中国社会的严重侵害"，因之趁此次会议召开之机而最终爆发成一场规模巨大的"非基"运动。这个解释虽然比教会方面所言"情绪化"之论更显合理，但仍不能令人完全满意。一个显而易见的问题是，《中华归主》由商务印书馆于1922年4月正式出版，而上海"非基督教学生同盟"却早在1922年2月26日即已成立，北京"非宗教大同盟"也于1922年3月11日即已成立，其成员何以得见《中华归主》一书的内容？《中华归主》及1922年由商务印书馆出版的另一本书《中国基督教教育事业》（即"巴顿报告"的中译本），确实在随后进行的非基督教运动中被人们广泛引用，但在1922年4月前，它无法充当直接的导火线。实际上，最初刺激人们从事非基督教的，并非《中华归主》，而是前述《青年进步》"世界基督教学生同盟号"。美国学者杰西·格·卢茨就认为，"正是这期刊物引起了上海一些学生的注意，促使他们成立非基督教学生同盟"①。

最近，学者陶飞亚提出新看法，他认为苏俄、共产国际与中国非基督教运动关系较大②。1922年3月9日《先驱》上所刊登的《非基督教学生同盟宣言》，明显体现了两个特点：一是从资产阶级与无产阶级的阶级斗争角度来反基督教，二是从反对帝国主义的立场来反基督教。这可清楚看到此宣言是受列宁的帝国主义理论的影响，而当时只有共产国际代表才能对列宁的理论有如此清楚地理解。另外，1922年5月22日共产国际驻华代表利金，就在华情况给共产国际执委会远东部的报告中，也明确指出：

英国人的报纸，一开始想对这场运动保持沉默，而当运动规模之大已使它们不能保持沉默时，便对运动进行了特别恶毒的攻击。它们断定，整个非基督教运动只不过是一个隐蔽布尔什维克的屏幕，它们的这种看法是完全正确的。运动的基本力量确实是我们的共产主义小组和社会主义青年团。非基督教同盟只不过一个合法的挡箭牌，使我们能够公开地和广泛地进行宣传活动。

---

① 杰西·格·卢茨著、曾钜生译《中国教会大学史（1850~1950年）》，第207页，浙江教育出版社1987年版。

② 陶飞亚《共产国际代表与中国非基督教运动》，《近代史研究》2003年第5期。

上海中央局建立了由 7 人组成的专门委员会，来对这场运动进行实际领导，它制定了详细的运动计划，可归纳为以下五点：1. 组建合法的非基督教青年同盟，其中央机构设在上海；2. 制定同盟章程；3. 召开非基督教组织代表大会；4. 通过派我们的同志以基督教代表身份参加会议来从内部破坏基督教代表大会；5. 通过派我们的同志参加基督教同盟地方组织来瓦解基督教同盟。①

虽然目前还未发现更直接的证据，说明上海"非基督教学生同盟"就是受中国共产党上海地方组织或中国社会主义青年团直接指示而成立的；但陶飞亚的这一观点仍为人们重新认识这一问题开辟了新的思路。

除此而外，笔者认为，世界基督教学生同盟大会将会址选在北京清华学校，也是激起中国知识界强烈反对的一个重要原因。1922 年 3 月 15 日，上海"非基督教学生同盟"致北京清华学校及全国各校的通电中说："且北京不乏耶教会场，清华为国校，非教会所立，又焉能供一教之用"。② 3 月 20 日，北京"非宗教大同盟"发表的通电也有"近闻世界耶教学生第十一次会议，今年四月，又欲举行于我北京首都之地……"的字样③。这次会议开幕之时，北京"非基督教同盟"给清华学生发出一封信，抗议用国立大学的设备为宗教服务。信中说，中国政府允许一批基督徒学生安顿在首都，真太令人羞耻，同时认为这是违反教育和宗教分离原则的④。4 月 9 日，北京"非宗教大同盟"在毗邻清华的北京大学组织反宗教大集会。由于参加集会的蔡元培"因足疾不能站立演讲"，所以由萧子升宣读了其演说词。蔡的演说词除强调教育应该和宗教相分离外，也对基督教利用清华学校开会表示不满⑤。分析以上材料可以看出，当时知识界对基督教方面将会议安排在北京清华学校是极为反感的。他们反感的原因主要有两点：一是北京是中国的首都和政府驻地，不应该成为外国基督教的宣教场地；二是清华是国立学校，不允许宗教势力掺杂入教育之中。如果考虑到五四以来中国社会民族意识与教育独立意识均在急剧膨胀的事

① 《利金就在华工作情况给共产国际执委会远东部的报告》，中共中央党史研究室第一研究部译《联共（布）、共产国际与中国国民革命运动》（1），第 91～92 页，北京图书馆出版社 1997 年版。

② 《非基督教学生同盟通电》，《先驱》第 4 号，1922 年 3 月 15 日。

③ 《非宗教大同盟第一次通电》，张钦士辑《国内近十年来之宗教思潮》，第 196 页，燕京华文学校 1927 年版。

④ 杰西·格·卢茨著、曾钜生译《中国教会大学史（1850～1950 年）》，第 209 页，浙江教育出版社 1987 年版。

⑤ 蔡元培《非宗教运动——在北京非宗教大同盟讲演大会的演说词》，《觉悟》1922 年 4 月 13 日。

实，那么，这种在教会人士视为"区区小事"的事件却被中国知识界理解为"反帝爱国"之大事，即是合乎情理的。事实上，在整个 20 年代，像这样由最初的一件小事积累酝酿而成大冲突者，还有多起，总体上均是当时"西强中弱"，国人尤其是知识界民族主义情绪过分亢奋的表现。

二、非基督教运动的爆发

在得知世界基督教学生同盟第 11 次会议即将于中国召开的消息后，以张国华为代表的上海一批具有"布尔什维克"倾向的青年学生，于 1922 年 2 月 26 日邀集各校代表召开会议，决定成立"非基督教学生同盟"。由于材料缺乏，该组织成立的一些细节情况已不可考，但有证据表明，中国社会主义青年团上海支部可能参与了此事。① 该组织制订了专门的《章程》，并拟就了《宣言》和《通电》，最后均由社会主义青年团机关刊物《先驱》第 4 号（即"非基督教学生同盟号"）全文刊登。其《宣言》说：

我们反对"世界基督教学生同盟"。我们为拥护人们幸福而反对"世界基督教学生同盟"。我们现在把我们底真态度宣布给人们看。

我们知道，基督教及基督教会在历史上曾制造了许多罪恶……我们知道：现代的社会组织，是资本主义的社会组织。……而现代的基督教及基督教会，就是"帮助前者掠夺后者，扶持前者压迫后者"的恶魔。

我们认定：这种残酷的，压迫的，悲惨的资本主义社会，是不合理的，非人道的，非另图建造不可。所以我们认定这个"助桀为虐"的恶魔——现代的基督教及基督教会，是我们底仇敌，非与彼决一死战不可。

世界的资本主义，已由发生，成熟而将崩坏了。……于是，就先后拥入中国，实行经济的侵略主义了。而现代的基督教及基督教会，就是这经济侵略底先锋队。

各国资本家在中国设立教会，无非要诱惑中国人民欢迎资本主义；在中国设立青年会，无非要养成资本家底善良走狗。简单一句，目的即在于吮吸中国人民底膏血。因此，我们反对资本主义，有时必须反对这拥护资本主义欺骗一般平民的现代基督教及基督教会。

"世界基督教学生同盟"，为现代基督教及基督教会的产物。他们预计于本年四月四日，集合全世界基督教徒，在北京清华学校开会。所讨论者，无非

---

① 杨天宏《基督教与民国知识分子》，第 105～106 页，人民出版社 2005 年版。

是些怎样维持资本主义及怎样在中国发展资本主义的把戏。我们认彼为污辱我国青年，欺骗我国人民、掠夺我国经济的强盗会议，故愤然组织这个同盟，决然与彼宣战。

学生诸君！青年诸君！劳动者诸君！我们谁不知道资本主义底罪恶？我们谁不知道资本家底残酷无情？现在眼见这些资本家走狗在那里开会讨论支配我们，我们怎能不起而反对！起！起！大家一同起!!!

其致北京清华及全国各校的《通电》称：

北京清华学校诸君暨全国各学校学生诸君公鉴：自文艺复兴以来，人智日开，宗教日促，是以政教分离及教育与宗教分离之说，日渐弥漫于欧洲。彼昏不悟，仍欲移其余孽于域外，以延长其寄生生活；政府巨商，以利其为殖民之先导；于是四福音书遂挟金铁之威，以临东土。金铁奴我以物质，福音奴我以精神。东南文盛之区，悉变而为耶教化、资本化，无复清宁之气，岂不可悲！华府会议，辱我至矣；上帝慈悲，世界基督教学生同盟无端集合于我弱国之首都。吾爱国青年之血泪未干，焉能强颜以颂上帝。且北京不乏耶教会场，清华为国校，非教会所立，又焉能供一教之用。此而不拒，中国无人矣！伏乞诸君发为谠论，共斥横逆，以期永洁我青年教育界。①

不难看出，《宣言》政治色彩浓厚，文中提到"资本主义"、"资本家"、"有产阶级"、"无产阶级"等词，带有较明显的马克思主义影响的痕迹，多半是熟悉这一思想的人所为。

上海非基督教学生同盟的行动，很快得到北京知识界的响应。3月11日，北京大学一批学生宣布成立"非宗教大同盟"，并在3月20日发表了《通电》及《宣言》。其《通电》中称"教毒日炽，真理易泯，邪说横行，人道弗彰。我国本为无教之国，乃近代受害，日趋日深。……同人等特发起组织非宗教大同盟。依良心之知觉，扫人群之障雾；本科学之精神，吐进化之光华。同盟宗旨，仅非宗教。既无种族国家男女老幼之别，尤与一切党派作用无关。同志加入，一体欢迎；分途组织，亦为会友。"在这份通电上签名的有北京各学校的非宗教同人共79人，其中包括李石曾、萧子升、李大钊、缪伯英等人。其《宣言》中除用大量篇幅批判宗教外，再次提到："我们组织非宗教大同盟，实属忍无可忍。同盟宗旨，仅非宗教，不牵涉一切党派，亦丝毫无他作用，尤

---

① 以上均见中国新民主主义青年团中央委员会办公厅编《中国青年运动历史资料》第1册（1915年～1924年），第109～117页，1957年印本。

无种族国家男女老幼之别。信教与非教，中无两可之地。凡不迷信宗教，或欲扫除宗教之毒害者，即为非宗教大同盟之同志。"① 4 月 1 日，该组织又发表第二次宣言，特别指出：

外国人有些疑想我们的非宗教运动，或不免含有"排外"的性质，如同以前义和团一样。这是大大的错了。我们要很诚恳的对他们说：我们的非教，只是为着"非宗教"三字。我们都是学界受了知识的人。我们对于友邦，无不是很亲善的，何至再有"排外"的愚见！……我们同盟的组织，是以"信教"与"非教"作界线的，不是以国家作界线的，又何从而想到"排外"呢？②

如果将北京"非宗教大同盟"这些通电、宣言，与上海"非基督教学生同盟"的宣言作一比较，可以看出，二者虽然都将斗争矛头对准世界基督教学生同盟第 11 次大会，但在团体名称与成员构成、主要口号、理论依据诸方面已有显著的变化。最明显的，一是上海方面的宣言带有浓厚的马克思主义思想色彩，而北京方面的宣言则打出了"科学反宗教"的旗帜；二是上海方面直接了当地提出"非基督教"，但北京方面修改为较为笼统的"非宗教"；三是北京方面参加的成员中虽然有马克思主义者，如李大钊、邓中夏、陈独秀等，但绝大多数是新文化运动中其它思潮的代表，包括无政府主义者、国家主义者、自由主义者，如蔡元培、李石曾、王星拱、吴虞等。段琦、杨天宏等学者注意到了这种变化，并对此给予了积极的肯定。段琦认为北京的非宗教大同盟"实际上延续了新文化运动的反宗教思想，也正因为这一原因，它能吸引较多的知识分子，特别是青年学生参加，对全国产生的影响较上海的非基督教同盟要大得多"③。杨天宏则认为北京方面在上海方面的基础上所作出的调整，"适应了中国社会现实条件以及学生运动的状况，将北京的反教运动置于较为广泛的社会基础之上"④。

北京非宗教同盟通电发表后，京津各地学生、青年、知识分子、文化界教育界名流纷纷响应。据 1922 年 3 月 28 日北京《晨报》报导，"非宗教大同盟

---

① 《北京非宗教大同盟宣言及两次通电》，张钦士辑《国内近十年来之宗教思潮》，第 193～196 页，燕京华文学校 1927 年刊本。

② 《北京非宗教大同盟宣言及两次通电》，张钦士辑《国内近十年来之宗教思潮》，第 197 页，燕京华文学校 1927 年刊本。

③ 段琦《奋进的历程——中国基督教的本色化》，第 189 页，商务印书馆 2004 年版。

④ 杨天宏《基督教与民国知识分子》，第 117 页，人民出版社 2005 年版。

通电及宣言后，各学校各团体通电响应，连篇累牍。……该同盟所收函电，当多至数百件，皆用团体或个人名义加入，……其中学界名流于 24 日加入注册者有蔡元培，25 日注册者有王星拱，26 日注册者有吴虞、汪精卫、胡汉民、张溥泉、陈独秀及北大各校教职员数十人……京津各校非宗教之热心者，曾将该同盟通电、宣言等翻印多份，就地分发，广为联络。海外新声书社已编印非宗教丛刊……其中有：蔡子民、王星拱、李石曾、萧子升、罗章龙、陈仲甫、周太玄等分别写的'非宗教论'、宗教与自由教育、罗素与勃拉克之非宗教论。"京津沪三地以外，保定、唐山、太原、南昌、南京、芜湖、杭州、厦门、广东、湖南等地学校也相继成立非基督教或非宗教团体，召开演讲会，出版宣传品。尽管这些活动的参加人员多限于知识界，也未能阻止世界基督教学生同盟大会在北京清华的召开，但却由此形成了一场声势浩大的全国性非基督教运动的热潮。

第三节　收回教育权运动的酝酿

一、反教会教育、收回教育权的初倡

从 1922 年 3 月至 1924 年 3 月这两年间为非基督教运动的第一阶段。此一阶段非基运动的主要特点是以青年学生为基本力量、高潮持续时间不长。从 1922 年 3 月运动初兴，4、5 月间达到高潮。7 月份以后，据美国驻华大使 Jacob G. Schurmanrn 的观察，"民众对非基运动已失去兴趣"①。年底，非宗教大同盟也停止了活动，此后社会上只有"零零碎碎的这种运动"。第一阶段非基运动旋起旋灭的原因，正如时人指出的："第一，他们原是为反对当时'世界基督教学生同盟'在北京开会而组织的，'世界基督教学生同盟'闭会了，他们的对象没有了；第二，没有永久机关和出版物指导和联络这种运动。"② 在第一阶段非基督教运动中，知识界除集矢于世界基督教学生同盟第 11 次大会、猛烈批判基督教外，还就信仰自由与非基督教运动是否合理两大问题进行了论辩③。除此而外，一些学者和教育团体对教会教育问题也开始关注。

---

① 转引自梁家麟《广东基督教教育（1807～1953）》，第 205～206 页，香港建道神学院 1993 年版。
② 秋人（张秋人）《反对基督教运动的怒潮》，中国新民主主义青年团中央委员会办公厅编《中国青年运动历史资料》第 2 册（1925 年），第 11 页，1957 年印本。张秋人时为共青团三大选举的团中央非基督教部主任。
③ 参见杨天宏《基督教与民国知识分子》，第 137～157 页，人民出版社 2005 年版。

早在 1917 年就首倡"以美育代宗教"的教育家蔡元培，连续在 1922 年 3、4 月发表《教育独立议》和《非宗教运动》，吹响了反教会教育的号角。《教育独立议》指出：

教育是帮助被教育的人，给他能发展自由的能力，完成他的人格，于人类文化上能尽一分子的责任，不是把被教育的人，造成一种特别器具，给抱有他种目的人去应用的。所以教育事业，当完全交与教育家，保有独立的资格，毫不受各派政党或各派教会的影响。

教育是进步的，凡有学术，总是后胜于前。因为后人凭着前人的成绩，更加一番功夫。教会是保守的，无论什么样尊重科学，一到圣经的成经，便绝对不许批评，便是加了一个限制。

教育是共同的，英国的学生可以读阿拉伯人所作的文学，印度的学生可以用德国人所造的仪器，都没有什么界限。教会是差别的，基督教与回教不同，回教又与佛教不同。不但这样，基督教里面，天主教与耶稣教又不同。不但这样耶稣教里面，浸礼会、美以美会……等等派别的不同。彼此谁真谁伪，永远没有定论。止好让成年的人，自由选择。所以各国宪法中，都有信仰自由一条。若是把教育权交与教会，便恐不能绝对自由。所以教育事业，不可不超然于各派教会以外。

但是什么样可以实行超然的教育呢？鄙人拟一个办法如下：

大学中不必设神学科，但于哲学科中设宗教史、比较宗教学等。各学校中，均不得有宣传教义的课程，不得举行祈祷式。以传教为业的人，不必参与教育事业。①

蔡元培写作此文的最初动机，是教育界此时热议的"教育独立"问题而不是非基督教问题，但由于此文发表恰值非基运动期间，所以产生了广泛的社会影响。4 月 9 日，他在《非宗教运动》中更明确地说，"我所尤反对的，是那些教会的学校同青年会，用种种暗示，来诱惑未成年的学生，去信仰他们的基督教"，"我的意思，是绝对的不愿以宗教参入教育的"②。

继蔡元培后，将基督教与教育问题联系起来进行批判的是汪精卫。汪氏时任广东军政府顾问、广东教育会会长。北京非宗教大同盟成立后，他曾致电发起人李石曾，列名支持。1922 年 3、4 月间，他连续发表《力斥耶教之三大

① 蔡元培《教育独立议》，《新教育》第 4 卷第 3 期，1922 年 3 月。
② 蔡元培《非宗教运动——在北京非宗教大同盟讲演大会的演说词》，《觉悟》1922 年 4 月 13 日。

谬》、《非宗教论》、《社会教育与信仰》、《国民教育之危机》的文章或谈话。特别是其《国民教育之危机》一文，认为：其一，教会学校"办学的目的，在于制造信徒，故于国民教育，当然不顾"；其二，教会学校"办学的主动人，多是外国人，试问外国人能替我们施行国民教育吗？"此外，教会学校对于诸如中国历史和国文的教授，"觉得没有兴味，故此任意的忽略和轻蔑。甚者加以糟挞"。以致于"学生在这种学堂里受这种教育，他心目中只知有上帝，何尝知有中国。他心目中中国是一个极不堪的国度，何从发生爱中国的思想和感情"。故汪精卫认为，"教会没有权利随意将中国幼年子弟来做信徒的材料"，也"没有权利于他所办学校内排斥中国幼年子弟所必须的国民教育"。他提出了三条限制和取缔教会学校的办法："（一）教会不得建设中小学。极端让步，教会所建设之中小学，只许收容教会子弟，凡非教会子弟，禁其入学。教会子弟在教会所建设之中小学毕业者，不得视为曾受过国民教育。（二）于大学设宗教科，供学生研究。因为中小学生时代，没有研究的时代，故此研究宗教，可从其所好。（三）凡传教只许于其礼拜堂中行之。因为礼拜堂是传教的地方，可以听其为所欲为。"①。由于此时汪精卫已是国民党内重要的领导人物，所以他对基督教和教会教育的批评在当时也是颇引人瞩目的。

张宗文、张耀翔也较早谈及这一问题②。由罗章龙等编辑、于1922年出版的《非宗教论》一书中收有北京大学心理学教授张耀翔《反对宗教》一文，他提出7条改进基督教教育的意见，其中多数是与教会教育相关的：废止强迫读经；废止强迫祈祷；废止幼儿洗礼；废止用耶稣门徒称呼儿童；废止监牢式的修道院；教会学校须一律遵守教育部部章；传教士在外国演说劝捐不得故意毁坏中国名誉③。

稍后迅速成长为国家主义派代表的左舜生、陈启天、余家菊、李璜等人，也在此时的讨论中触及了这一问题。如左舜生在《拥护自由与非宗教》一文中，就批判教会"强迫十几万教会学校的小孩子同他们做礼拜，做祈祷，服从迷信，便是对信教的学生特别优待，减少学费，派送出洋，以备养成将来的牧师神父，或在社会上巩固教会势力的人物。便是对许多不愿做礼拜的教会学校学生不许升学，不许读书"④。不过，左、陈等只是偶一涉及，没有引起社

① 《汪精卫之国民教育论》，《广东群报》1922年4月21日。
② 张宗文的观点见本书第一章第二节。
③ 张耀翔《反对宗教》，罗章龙编《非宗教论》，第66~67页，1922年6月北京印行。
④ 左舜生《拥护自由与非宗教》，《觉悟》1922年4月10日。

会反响，而真正明确提出反对教会教育且引起社会响应的，无疑要数余家菊。1923 年 3 月，余家菊在《中国教育的统一与独立》一文中首次提出"收回教育权"口号。1923 年 9 月，余又在《少年中国》月刊第 4 卷第 7 期上发表著名的《教会教育问题》，这是收回教育权运动史上一篇重要的文献。该文器论宏通，立意深远，文字较长，主要提出了以下观点：

第一，强调"于中华民族之前途有至大的危险的，当首推教会教育"问题，认为帝国主义列强对华武力侵略的"前驱"就是传教牧师。

第二，揭露教会对华实施教会教育的企图。文中引用基督教在华教育调查团报告原文，指出"教会学校是彻头彻尾为宗教之传播而设立"，基督教学校之目的在于"将来使中国成为一个'基督教国家'"，是使中国"在未来之若干世纪中成基督教之大本营"。

第三，陈述教会教育对中国的危害。文中分四个方面进行了说明：其一，教会教育是侵略的。余家菊认为，基督教本是"侵略的宗教"，只知有己，不知有人，凡信仰基督的，都是上帝的儿子，凡信仰异教的，都是野蛮民族。其二，基督教制造宗教阶级。基督徒入教以后，除上帝及耶稣外不得崇拜第三者，不能了解异教，不能表同情于第三者，"又加以教堂之耸立，钟声之铿锵，仪式之频繁"，日久慑服麻木，容易执著成见，不能自拔。其三，教会教育妨害中国教育之统一。教会教育之目的是合中国变为一基督教之国家，"基督教要用教育来培植基督教，天主教要利用教育来培植天主教，假使回教、佛教都如此坚执，丝毫不肯放弃。试问，中国之教育，成何局面？中国之前途，成何光景？"他并引用了《中国基督教教育事业》一书中所附之关于中国基督教教育组织结构的两幅表图，说："看罢上列二表后，略一想像其用力之勤，设计之密，而不惊心动魄者，不是麻木不仁，就是甘心媚外。从此后，中国教育界，将永为两重制度所支配。"

第四，阐述"教育中立"的理由。他认为教育应实行"中立"的原则，此原则"在欧洲诸国，如法、德、瑞、俄等，早已实行。即」受宗教纠缠最为利害之英国，近年来实际上亦保持相当之中立"。文中分三个方面对实行"教育中立"的理由进行了申述：一是社会的理由。在古代，教育与讲学传道合而为一，教育事业因之是一种私人事业，其最高目的在于传道授徒。近代国家则"有见于教育是一国昌大之根源，亦是一国平安之要素"，于是普遍由国家经营教育，教育"是一种国家底职务且实施之主要目的是为国家"。现代教育事业，更公认为公众事业。教会学校强行将基督教灌入公众教育之中，"实属目无国家，滥用职权"。其结果是其他宗教群起效尤，最终"教育界为各宗教所分割，国家便反无所用其经营。国民精神为各宗教所分领，国家反无施以融合"。二是文化的理由。教育本是一种文化事业，其职能在启发受教育者，"使之能够领受已有的文化"，并以固有的文化为基础，创造新文化。宗教与教育势不两立，混宗教于教育之中，教育的上述功能即失其作用。三是教育的理由。教育的目的是养成健全的人格，所谓健全的人格"就是有极显著的自我一贯的个性，依此个性以主持经历，宰制运命。"而宗教是利用人们的情意与理智之不谐和，因而建立种种无稽之谈，繁琐之仪，以满足其情意上之要求，兼以压抑其理智之活动。故"生活于宗教中的人，其气质偏于阴柔的，就觉得浑身皆是罪恶，垂头丧气，俯首帖耳以来往寺院而听从教士之驱遣。其气质偏于阳刚的，就以为自身负有上帝的使命，卤莽灭裂，暴戾恣睢，以出入于人寰"，总之"其精神多少是变态的，其人格多少失其健全"。

第五，提出实现中国教育中立具体可行的措施。文中共提出五个方面的措施：

（一）于宪法教育章中明白规定教育于各宗教恪守中立

......

（二）施行学校注册法

教育事业本为国家事业，前已谈过。纵为事实上之便利计，不得不容允私立，亦必须有严格的注册法以管理之。不然，则外人尽可在中国实施离间教育而国人尚懵懵无所闻......注册法之范围甚宽，单就宗教言，须规定下列数点：

1. 校内不得有礼拜堂；

2. 不得教学生祈祷；

3. 不得设宗教课程，大学亦不得设神学院，只可设比较宗教学；

4. 不得用任何形式提倡宗教；

5. 教师不得同时做教士及任何形式之宗教运动者；

6. 不得聘请未经检定之教职员；

7. 不得有其他一切关于宗教宣传之事项；

8. 有违反注册法或迳自不注册者，由该校所在地长官封闭。

（三）施行教师检定法

......

1. 未经注册之学校毕业生不得为教职员；

2. 从事宗教事业者不得为教职员；

3. 在任教职员期间，有提倡宗教之行动者，立即撤回其检定许可证，且如法加以惩戒；

4. 未经注册之学校之教职员不得以教员资格参加省县教育会。

……

（四）严格施行义务教育法规

凡未经注册之学校者，不得视为已尽受教育之义务，其父母所应受之惩戒与完全不送子弟入学者同。

……

（五）未经注册之学校之各级学生或毕业生不得享受各该级学生或毕业生之权利

本条与第四条，同为消极的禁止教会之一法。其所可剥夺之权利约如下：

1. 依教育程度得来之选举权及被选举权；

2. 投考文官权；

3. 投考国、省立学校权；

4. 享受地方或国家补助权（如不得为师范生及官费留学生）；

5. 各种公共职务之被选举权，如国立或省立银行行员之类；

……

6. 不得享受在校生之权利，如国有铁路之减费票，公共图书馆之免费阅读等。①

本文后被收入余家菊、李璜合著的《国家主义的教育》一书中，由中华书局于 1923 年 10 月出版。这篇文章及这本书，在当时学术界产生了强烈的反响，引起了不少人的共鸣。陈启天后来说："民国十二年我们尚未提出国家主义以前，余家菊即在杂志上做文章开始提倡收回教育权。这篇文章发表后，并辑入《国家主义的教育》中，很能引起教育界素来留心教会学校问题的朋友之注意与研究。"② 陈启天的话是可信的，恽代英在 1923 年 12 月发表的一篇文章中就谈到："有人说，便假令基督教不迷信，不免不彻底的毛病，有这种毛病的亦不止基督教。何以我们对于基督教特别反对呢？对于这一点，我最好介绍我的朋友余家菊做的一篇《教会教育问题》。他这篇文见《少年中国》四

---

① 余家菊《教会教育问题》，《少年中国》第 4 卷第 7 期，1923 年 9 月。
② 陈启天、常燕生《国家主义运动史》，第 106 页，上海中国书局 1929 年版。

卷七期，亦见中华书局出版的《国家主义的教育》书中。"①

二、社会团体有关议案的通过

在学界开始鼓吹反对教会教育、收回教育权的同时，1922年7月间召开的中华教育改进社第一次年会，通过了最初的一份关于这方面的决议案（详见下章）。除中华教育改进社外，少年中国学会、中国社会主义青年团等团体也做出了反应。1922年5月5至10日，中国社会主义青年团第一次全国大会在广州举行。会上通过的《关于教育运动的议决案》指出：

现在中国教育界到处布满了基督教的势力，以锢蔽青年的思想。而非基督教的青年学生在教会学校里面，常受种种不平等的待遇和压迫，我们为非基督教青年学生的利益计，应努力帮助他们在教会学校里面作平等待遇的运动，务使教会学校威胁利诱的假面具，尽情毕露而排除其势力于教育范围之外。②

少年中国学会则于1923年10月14日在苏州举行了第四届年会，到会的有陈启天、左舜生、恽代英、邓中夏等17名代表。由于在本年5月6日发生了"临城劫案"，帝国主义列强趁机提出"共管中国铁路"的干涉要求，所以本次会议通过的有关决议，带有明显的反帝爱国色彩。如《大会宣言》提出"中华民族的独立精神，日益堕落于不可问的境地。有人心的国人，应当猛醒啊！"会议还制订了少年中国学会纲领共九条，其中第三条内容是："提倡民族性教育，培养爱国家、保种族的精神，反对丧失民族性的教会教育和文化侵略政策。"③

总之，随着余家菊等人"收回教育权"的提出和中华教育改进社等团体有关决议案的通过，收回教育权运动已如箭在弦上，时刻待发了。

---

① 《我们为甚么反对基督教？》，《恽代英文集》（上卷），第394页，人民出版社1984年版。
② 《关于教育运动的议决案》，中国新民主主义青年团中央委员会办公厅编《中国青年运动历史资料》第1册（1915年～1924年），第139页，1957年印本。
③ 《苏州大会宣言》，《少年中国》第4卷第8期，1923年12月。

第三章

收回教育权运动的兴起

第一节　东北人民收回教育权的斗争

一、奉天教育界收回南满铁路附属地教育权始末

　　1905 年日俄战争后，根据双方签署的《朴茨茅斯条约》，沙俄私自将中国旅大租借权转让给日本，并将南满铁路（中东铁路长春以南至旅顺口）及其支线无偿转让。同年 12 月，日本迫使清政府签订《中日会议东三省事宜正约》及《附约》，正式夺取了旅大租借权、南满铁路及其他权益。在取得上述地区后，日本以"发展教育"、"培养人才"、"中日亲善"为名，开始设立小学堂和公学堂（专收 10 岁左右学生的学校），推行殖民教育。1915 年"二十一条"签订后至 20 年代初，日本进一步扩大了对中国东北的侵略，在南满铁路沿线和所谓"关东州"（包括大连、旅顺、金州、普兰店等地区）一带大搞"同化主义"，大肆举办殖民教育。时人评述，日本"年来因欧战告终，华府会成，武力侵略方式不适于用，因一变而取经济侵掠与文化侵掠手段。鼓舞企业，扩充教育，不遗余力。而对于教育一项，尤日夜不休，孜孜进行。添设公学堂与添设师范学堂之议，叠有所提。"① 据当时曾作忠的统计，日本在中国东三省共设有学校 484 所，学级 1616 个，教职员 2529 人，学生 68613 人。见下表②：

---

　　① 《东三省收回教育权之交涉》，《民国日报》（上海）1924 年 4 月 17 日。
　　② 此表见舒新城《收回教育权运动》，第 49 页，上海中华书局 1927 年版。为舒新城据曾作忠《日本在东三省之教育势力》一文有关数字而制成，曾文见《新教育评论》第 2 卷第 4～5 期，1926 年6～7 月。

表3-1 日本在东三省所设殖民学校简表

校　别	校　数	日学生数	华学生数
专教日人之学校	110	29408	
专教华人之学校	311		31429
日华兼收之学校	63	5184	2592
总计	484	34592	24021
百分比		50.51	49.49

具体到南满一带，日本共设有大学4所，中学13所，小学37所，另有实业补习学校32所，家政女学校11所，幼稚园28所，图书馆20处。这些学校莫不实施殖民奴化教育，其教材、教学用语全为日语日文，集体活动、行礼时必呼"天皇万岁"或"大日本帝国万岁"，"唱歌之歌词，悉为日本语，体操之口令亦用日本语，甚至年月日则书为大正几年几月几日"①。

日本在东北所推行的殖民教育，是日本帝国主义当时对华侵略的有机组成部分。此种教育之根本目的，无疑是从教育、文化上训练中国学生做日本的顺民、奴隶，泯灭其国家观念和民族意识，从精神上征服和奴役中国人民，以巩固其殖民统治。此种教育实已威胁到中国教育主权的完整和中华民族的生存，其危害性较教会教育有过之而无不及。面对这一殖民奴化教育的不断膨胀及其威胁，在五四运动影响下，东北学者和有识之士日益觉醒，率先在全国开展了收回教育权的斗争。

1919年9月，奉天省成立教育厅，谢荫昌被任命为教育厅长。谢荫昌（1876～1928），字演苍，江苏武进人，早年参加南社，曾在上海《中外日报》社任编辑，1903年留学日本，入明治大学学习经济。1905年到奉天学务处任编辑，并创办东北最早的中文报纸《大同报》。入民国后，在奉天教育司社会教育科、奉天巡按使署教育科任职。其丰富的教育经历，成就了他高人一筹的敏锐洞察力。上任不久，他即谈到收回南满铁路附属地教育权的问题："今南满铁路用地横贯我之中心，其所设附属中学，以日本语言文字编写历史地理教育儿童，年号则用大正，唱歌行礼则三呼天皇万岁，大日本帝国万岁之声彻于霄汉。我之昆季谓他人之父兄，为父兄者，有不为之痛心疾首之乎！坐视我之

---

① 邵俊文《日本在南满洲教育设施之一览》，《东北》第15期，1925年3月。转引自齐红琛主编《日本侵华教育史》，第437～438页，人民教育出版社2002年版。

子弟沦为外人而不思援。十年二十载之后，其亡国灭种之政策日益深……故奉省教育上应着手于从事者，即收回南满铁道用地国民教育权是也。"1923 年日本关东厅教育司拟在金州设立师范学校，谢荫昌闻讯后大惊，认为这势必对当地国民教育构成严重威胁，他随即召集教育界人士商讨对策，并提出《无中华民国国籍者，不得在奉省政权所及地域对于奉省人民施行师范教育、小学教育》一案，获得完全通过。1924 年春初，奉天教育厅选派视学邵进阶，省教育会也选派数位会员，共同赴南满及安奉铁路沿线实地"调查日人对于中国所施之小学教育，以资为收回教育权之参考"①。这些调查结果不久即在《东北》等报刊上发表，其触目惊心的各种数字及中国学生"其国家观念完全化为乌有"的残酷事实，使学界上下"已一体认为日本在奉省强占之教育权有收回之必要"。

面对奉天教育界日趋高涨的收回教育权呼声，日方颇感不安。日本当局一方面散布"一若因收回教育权之关系，中日间即需起若何重大反感与问题"之类的威胁言论，另一面派人到奉省教育厅质询，并强硬表示"日本绝不放弃在奉设立公学堂及师范学堂"②。1924 年 3 月，日本驻奉天总领事赤塚正助开始与谢荫昌会谈南满铁路附属地教育问题，谢表示：

一国之国民精神，根本一国之历史精神。无论何国家，决无他国越俎以教其国民之理。铁道用地固犹是中国之土地，铁道用地以内之人民，固犹是中国之人民。中国人民而施以贵国之国民教育，在贵领事于心安乎？③

他据理力争，驳斥了日本的无理要求。4 月上旬，日本组织国内中小学校长共 200 余人到东北考察，意在夸耀其附属地教育之成绩。教育厅长谢荫昌接见并宴请了考察团，还发表了即席讲话，再次为收回教育权进行正义辩护。谢指出：

东三省东邻帝国主义之日本，西邻苏维埃主义之俄罗斯，两国主义之相背驰，奚啻千里，世界各国四周环境之变化离奇，莫过于中国之东三省。东三省人民处此环境，负教育之责者，惟有努力唤醒人民之自觉、自谋、自动、自决。深望与中国友好之日本，为东亚大局长治久安计，尊重中国自觉、自谋、自动、自决之精神，勿对于中国国民教育施以何等之作用，则中日两国人民之

---

① 《东三省收回教育权之交涉》，《民国日报》（上海）1924 年 4 月 17 日。
② 《东三省收回教育权之交涉》，《民国日报》（上海）1924 年 4 月 17 日。
③ 潘鹄年《演苍年史》，第 22 页，吉林吉东印刷社铅印本。

福也。

他强调"日本在东三省南部，创设医工大学，中国人已尽量欢迎。惟有铁道用地创设公学，用中国之不良教师施以非中、非日之教育，近更有创设师范之议，三省人士疑虑颇多。夫一国之国民教育决不容他国人干预，乃世界公理"①。

随着舆论鼓吹的渐次高潮，奉天省教育厅也加快了收回教育权的步伐。4月11日，教育厅宣布，为收回教育权，今后外国人在东北设立学校，必须经省教育厅批准，中国教育不准外国干涉；外国人在奉天省设立学校必须遵照中国有关法规。谢荫昌还在全省教育会年会上宣布：禁止中国少年和儿童到日本学校读书，非中国公民在中国学校中担任小学教师的应该退出，国民教育完全应由中国人自由办理。4月22日，奉天省教育会召开临时会议，决定组织"奉天收回教育权委员会"，推举方蔚东、梅佛光、王化一3人为委员会起草员。4月26日，省教育会又于报社召开第二次临时紧急会议，正式选举省教育会会长冯子安为收回教育权委员会委员长，《东北》杂志编辑主任张镜玄为副委员长。该委员会下属总务、调查、研究、宣传四个分部，并成立《收回教育权》月刊编辑部，编辑部部长由盛桂珊、梅佛光担任，计划每月出刊一次，每次发行2000份以上。会议还做出如下决议：第一，在报纸上大造舆论，揭露日本在东北推行奴化教育的事实，通知全省教育机关组织演讲会，以中华教育会为后援，继续坚持斗争。第二，组织满铁附属地教育实况调查委员会，公开调查结果，向省府提出收回教育权的建议。第三，由教育会发动各界向省议会请愿，督促省府与日本交涉。第四，督促省府收回教育权，设立中国学校，拨款办学。第五，禁止中国儿童进入日本学校学习②。为扩大影响，求得全国各界的支持，该委员会发表了宣言，说：

日本对于我中国之侵略政策，我同胞早已了然于心，而其政策之最恶毒者，莫如文化侵略。我东省人民受文化侵略之毒尤烈，请为同胞诸公一陈之：日本在旅大所设之公学校，提倡中国女生裹足，不准中国教员讲爱中国；故学生至毕业，但知有清国，有大日本帝国，而不知有中华民国；金州之学校多有警察旁听席，不准教员讲爱国，更不准讲爱中华民国，如敢有违，立即停止其

---

①　《东三省收回日用地教育权问题》，《申报》1924年4月16日。

②　《奉天收回教育权运动之进行概况》，《教育杂志》第16卷第6期，1924年6月；及齐红琛主编《日本侵华教育史》，第434页，人民教育出版社2002年版。

讲演，且加惩罚。其意实欲使中国青年完全变为日本人。南满铁路公司及日本国家出资奖励，凡中国学生之稍寒者，不收学费，毕业后且尽力为其介绍职业。故日本学校日益发达，而中国学生失其爱国心者乃日益多。入满铁附属地及旅大金州，问青年学子，泰半不知中华民国，曾入日本小学校，初级中学之学生，大都称美日本帝国而鄙薄中华民国。倘长此不设法补救，二十年后，东三省不亡而自亡。同人瞻视前途，不寒而慄！为此有收回附属地教育权之运动，要求当局取缔学生考入日本所设立之小学，师范及初级中学。望各省热心爱国之同胞加以援助，电奉当局促成此举，并请各省受日本文化侵略程度未至如东省之深者早为之防，使日本此种恶毒政策徒劳无功，则非特奉省之幸，亦中华民国之幸也。①

5月8日，谢荫昌又召集省立各学校校长，讨论加快收回教育权的具体办法。会议提出了四项主张：其一，南满铁路沿线之日本所设公学堂，应改为各该地方之中国国民小学校；其二，各小学校所用教科书及教授法与训练法，应准据奉天小学校施行细则办理；其三，各校长以及各教员职员，应由奉天教育厅遴选；其四，各小学校之经常费及其他经费，由南满铁路支出，其预算决算等，应受奉天教育厅之许可。

但对于以上各条，日方当局并不认可。南满铁路公司反对尤力，其教育负责人发表谈话狡辩称："南满铁路沿线之华人教育，决无文化侵略之意味，亦绝非为宣传帝国主义而设，其目的盖以中日共同利益为本旨……不论中国方面如何主张，决不许其收回。"② 由于日本对奉天当局施加强大压力，教育厅被迫下令"禁止讨论收回教育权问题"，有关报纸也被逼停刊。处于内外交困之中的谢荫昌，也自感"兹事失败，弃职以谢国人"，于6月初即辞去教育厅长的职务③。

谢荫昌辞职后，奉天收回教育权运动曾一度沉寂。但进入1925年，随着全国反教会教育、收回教育权运动的高涨，奉天地区收回教育权运动又重新活跃起来。1925年8月，奉天收回教育权委员会连续召开两次会议。9月，该委员会通过了五条措施：一是省署完全负责管理各项交涉事宜，并予以适当之援助；二是省署饬财政厅准拨大宗款项，作添设学校及维持收回教育权委员会之

① 《奉天收回教育权委员会宣言》，《教育与人生》第29期，1924年5月5日。
② 《奉天收回教育权运动之进行概况》，《教育杂志》第16卷第6期，1924年6月。
③ 皓：《奉天教厅长辞职消息》，《申报》1924年6月10日。

用；三是教育厅通令解散教会小学，并禁止教会创办小学；四是教育厅饬各县视学及教育事务员调查各地外人所办理之小学校，酌量情形，协同各县知事，在外人设教之处添设小学校等。这些措施后来不同程度地得到执行，在奉天外国教会经营的中小学校及外国人在东边道及吉林省办的朝鲜族学校，被东北当局勒令关闭。另派中国校长前去重新办学，强制实行中国的教育规章制度。1926 年，东三省特别行政长官张焕相，下令设置教育管理局，并任命李绍庚为局长。8 月 21 日，行政长官发出最后通牒，命令俄国人在中东铁路关闭其学务处，将其所辖各学校移交给东三省教育管理局予以管理。东北当局还另作出如下要求：一是中国学校的教学管理，只能依据中国法令施行。二是俄国方面的学校教学管理，不得违反中国法令，其教学所用书籍，必须向中国教育局申报备案，取得认可后方准使用。三是教育经费必须交中国教育局，中俄各得一半，这是符合"奉俄协定"的平等原则的。

二、意义及影响

1923 至 1926 年奉天收回教育权运动，虽然未能完成最初规定的任务——反对日人殖民教育、收回南满附属地教育权，但它仍然在中国近现代教育史上留下浓重的一笔。

首先，这一运动揭露了日本帝国主义及其它外部势力干涉、侵略中国东北教育的阴谋和事实，从而促进了东北教育界和知识界的民族自觉与教育自觉。

其次，这一运动也取得了较好的实绩，收回了西方教会及俄人所办的中小学校，维护了中国的教育主权。

再次，更重要的是，此一运动由于开展较早，因之也产生了全国性的影响，在一定程度上推动了全国收回教育权运动的发生。如论者所说："奉天各界反对日本教育扩张的斗争，虽然没有反对基督教的色彩，但是在维护国家教育主权这一点上，其诉求与内地日渐高涨的民族主义呼声若合符节。"① 全国舆论特别是一些有影响的教育舆论刊物，一直关注着奉天人民的斗争，并给予了声援。如 1924 年 5 月广东学生会曾致电奉天收回教育权促进会，说：

奉天教育促进会公鉴：国际帝国主义之侵略我华也，垂八十年于兹矣。综其侵略方式有三，日政治侵略日经济侵略日教育侵略。政治与经济之侵略，属于物质的，虽极残酷，多已为我人所察觉，而谋所以抵抗。独有教育侵略，毒

---

① 杨天宏《基督教与民国知识分子》，第 211 页，人民出版社 2005 年版。

深见难。数十年来，外人藉传教为名，于中国境内遍设教会学校，力求物质上观瞻之完备，以引诱中国良好青年，施以不合时代违背国情之奴隶教育，以广制洋奴人才，使其拱手让国而无悔。其为险毒，无以复加。诸公高瞻眼举，发为收回教育权运动，以救国本。敝会同人，深表同情。决视能力所及，共作一致之运动，务期华域以内之教育权，不致旁落。尚望地北天南，互相提策，使救本之图，成为全国普遍之运动，中华前途实利赖之。①

《民国日报》、《中华教育界》、《教育杂志》、《政治周报》、《向导》、《中国青年》、《教育与人生》等刊物登载了不少文章，及时介绍了这一运动的进展情况。通过这些报道，已经从事或将要从事反教会教育、收回教育权运动的人们，得到了不少启示和鼓舞。如恽代英在《中国青年》上指出："最近奉天的官厅教育界不正在进行从日本争回南满沿线的教育权么？张作霖纵有一万个不是，在这一件事上，应当全国一致的督促他，援助他。一切对于中国人的教育，都不允许任听外国人自由办理，这是又一次的民族革命啊。"② 陈独秀在《投降条件下之中国教育权》一文中，也对奉天收回教育权的行动表示充分的支持，提出："我们希望奉天人，收回教育权更进一步，勿以小学师范为界。我们更盼望全国教育界，不但对于日本在华文化事业应该怀疑，对于英美在华教育侵略也应该反对，就是对于教员中美国化的留美学生及教徒也应该廓清"③。奉天收回教育权运动，事实上成为全国收回教育权运动的先导。

第二节　教会学校风潮与非基运动的再兴

一、广州教会学校学生的反教风潮

教会学校学生基本未参与1922年的非基运动，其主要原因是教会学校内部管理极严，学生"平日处于强权之下，对于爱国运动，类多隐忍未行"④，所以"入民国以来，学潮为教育上之一大问题，而亦最难解决之问题，教会

---

① 《粤学生会同情收回教育权运动致奉天收回教育权促进会电》，《民国日报》（上海）1924年5月29日。
② 《广州"圣三一"学生的民族革命》，《恽代英文集》（上卷），第520~521页，人民出版社1984年版。
③ 《投降条件下之中国教育权》，《陈独秀文章选编》（中），第466页，三联书店1984年版。
④ 《三育大学全体出校学生宣言》，《民国日报》（上海）1923年5月16日。

学校竟能独免。"① 1923 年 5 月上旬，为纪念"五九"国耻，由美国基督复临安息日会创办的上海三育大学学生，向校方请假一周，准备集会纪念，"聊表民气"，但却遭到校方的反对。该校师范部主任夏威尔扬言"既入教会读书，应当断绝国家关系，爱国二字断无存在之余地"，并说"本会宗旨，断不容何人有国家之观念"。校方准备开除学生，经学生多次交涉，均遭拒绝。5 月 13 日，校方以断炊为手段，迫令学生出校。事后，离校学生在上海《民国日报》发表《三育大学全体出校学生宣言》，将事件真相公布于众。不过，由于此次风潮恰好发生在非基督教运动的低潮期，加之三育大学本身没什么知名度，所以该事件当时并没有造成明显的社会反响。

真正对非基督教和收回教育权运动具有决定意义的，是 1924 年 4、5 月在广州发生的"圣三一"和"圣心"两所教会学校的风潮。圣三一为英国基督教圣公会所创办的一所教会学校，1924 年 3 月，该校部分学生受非教会学校的影响，要求成立学生会，实行学生自治，但却遭到校方的反对。英籍校长表示："没得我的同意，何敢擅自发起组织学生会！"当学生们前去质问时，他更猖狂地说："是英国人的学校，有英领在广州，断不徇你们的情，任从你们中国人自由。"对于校方的表态，学生感到愤怒，一致议决要组织学生会，不达目的不罢休，并推举代表与校方继续谈判。学校当局非常恐惧学生组织起来对其不利，所以力阻其成立，表示"学生会是有政治意味的，不准组织"。学生遂即宣告罢课。4 月 9 日，学校当局宣布放假，开除了几名学生积极分子，并明令凡参加罢课者均不得在学校内住宿，禁止学生集会，企图以此平息风潮。但学生们表示："我们受惯奴隶教育的人，人家或者以为感觉迟钝，然而，已经令我们不能再忍受了。如果我们永远低头，听从洋大人的命令，我们知道：全国同学与各界同胞，必将骂我们没有血气"②。4 月 23 日，《向导周报》等报刊登载了该校学生的斗争宣言：

我们——圣三一同学，谨以最诚恳的态度，忠忠实实地报告我们所受的可怜的压迫与痛苦于亲爱的全国同学，尤其是同受煎熬于外国人所办的学校的同学，以至于全国同胞，使明白帝国主义者对中国人苛待，帝国主义者侵略中国教育的可痛，与在外国人所办的学校学生底可怜，而起来援助我们，并且反对那"奴隶式"的教育，反对帝国主义者的压迫与侵略。

---

① 《湖南反对教会学校之怒潮》，《中华教育界》第 14 卷第 8 期"国内教育新闻"栏，1925 年 2 月。
② 张桐《1924 年的教会学校风潮》，《觉悟》1925 年 2 月 25 日。

宣言最后提出其主张目标是："在校内争回集会结社自由；反对奴隶式的教育，争回教育权；反抗帝国主义的侵略。"① 1924 年 5 月，他们又发表第二次宣言，表示"我们是始终坚持前次的宣言与向校长提出之三条，而尤其是要争回教育权"②。

继圣三一后，广州圣心学校也发生风潮。圣心是一所法国天主教会所办的学校。为纪念"五七"国耻，圣心学校学生派出代表请求学校放假半天，在校内开演讲会，竟遭法籍校长的拒绝。这位校长说："中国命运已由华会（华盛顿会议）决定，无须你们去救！"已有圣三一学校风波在前，所以圣心学校当局的这种表态犹如火上浇油，激起了学生们极大的义愤。全体学生不顾学校当局的制止，遂自动停课举行集会，并组织了学生会。5 月 9 日，学校当局将赞成组织学生会的学生一律驱逐出校，并无理辞退了支持学生的教师张元恺。但学生们没有屈服，800 多名学生集体退学，还向社会发出了两次宣言，揭露帝国主义利用教会学校实施文化侵略的危害。他们说：

> 法教士挟其帝国主义之淫威，实行文化侵略以制造法国顺民。其为祸之酷，非至亡国灭种不可。同人等备受荼毒，痛恨非常，揭其阴谋，通电全国，势必竭力反抗，奋斗进攻，全国青年联合起来，实行收回教育权，反抗文化侵略，打倒外国帝国主义。③

圣三一和圣心两校学生反教会教育、收回教育权的正义行动，得到了国、共两党及社会各界力量的支持。国民党方面，圣三一风潮发生初期，国民党中央党部工人部长廖仲恺、组织部长谭平山即召见了罢课学生代表，表示坚决支持学生们的爱国行动。4 月 12 日，圣三一学生又派三位代表前往大元帅府，请求政府收回教育权，取缔帝国主义者所办的学校。关于这次面见孙中山的情况，当事人之一的梁福文事后回忆：

> 四月十二日，我们三位代表向省长及大元帅请愿，要求收回教育权，要求取缔帝国主义者所办的学校。……中山先生在请愿文里作了亲笔批示："中国现在是没有自由的，汝等应牺牲自己的自由，而得到外国人之学问为是。汝等行动虽属幼稚，惟其志可嘉，今既被革，只有投学于他校而已；着邹海滨为之安置。"④

---

① 《广州"圣三一"学生宣言》，《向导周报》第 62 期，1924 年 4 月 23 日。
② 《广州"圣三一"学生第二次宣言》，《向导周报》第 67 期，1924 年 5 月 28 日。
③ 《圣心学生第二次宣言》，《民国日报》（上海）1924 年 6 月 26 日。
④ 梁福文《记大革命时期广州圣三一学校的反帝学潮》，《广州文史资料》第 16 辑，第 169 页，政协广东省广州市委员会文史资料研究委员会 1965 年版。

中国共产党方面，圣三一宣言发表后，党及团组织主办的一些刊物如《向导周报》、《前锋》、《中国青年》等，先后发表了多篇文章，赞扬学生爱国反帝的行动，呼吁各地迅速开展非基督教和收回教育权运动。广州团组织也通过《新学生》杂志发表《援助圣三一同学告国人书》等文章。5 月底，团广东区代表大会通过《广州报告的决议案》，指出当前的一项任务就是"设法派同志加入青年会活动，并联络非教会学校反对基督教，及收回教育权运动"①。广州团组织、新学生社和广州学联会还派出代表，前往圣三一等校慰问，并安排罢课退学学生分别转读广东高师、执信、工程等校。张元恺等人也创办远东英文书院，收容退学学生。

为加强对这一运动的组织和领导，6 月 18 日，广州学联发起成立"广州学生会收回教育权委员会"，这是继奉天收回教育权委员会后全国成立的第二个类似的专门组织。该委员会发表了《宣言》，认为"帝国主义者侵略弱小民族和半殖民地的国家，最高明最狠毒的方式，不在乎政治上以亡人国家，而在乎无形的文化侵略之手段，以达其有形的经济侵略之目的"。宣言指出，现在外国人在华所办的学校至少在 2000 所以上，学生人数亦有 10 万以上，"教育侵略，比任何形式的侵略都要厉害得多"，它"使中国学生洋奴化"，"忘了其种族、国家、历史、政治、社会的观念"，因此"要求收回一切外人在华所办学校之教育权"。并提出四条"最低限度"解决办法：其一，"所有外人在华所办之学校，须向中国政府注册核准"；其二，"所有课程及编制，须受中国教育机关之支配及取缔"；其三，"凡外人在华所办之学校，不准在课程上正式编入、讲授及宣传宗教，不许强迫学生做礼拜念圣经"；其四，"不许压迫学生，剥夺学生的集会、结社、言论、出版等自由"。宣言最后呼吁：

不看我们华侨在南洋所设立之学校，要受英人美人荷人的限制么？华侨学校所教的学生，都是我们自己的中国人，外国人还要来限制来压迫，何况我们中国内地的中国学生为外人施与他们侵略主义而设的教育而不收回！西方病夫的土耳其的人民，已经起来大声疾呼收回教育权了。东方病夫的中国人呀！速醒！速醒！快些起来收回外人在华所办之教育权呀！②

该会成立后，积极援助广州各教会学校学生的收回教育权运动，发动各校学生支持教会学校学生向政府请愿，对动员广大青年学生投身这一运动起到重

---

① 广东省档案馆、广东青运史研究委员会办公室编《新学生社史料》，第 39 页，1983 年印行本。

② 《广州学生收回教育权运动委员会宣言》，《向导周报》第 72 期，1924 年 7 月 2 日。

要作用。

"自圣三一圣心等等教会学校发生风潮以后，震动全国，群晓然于外人在国内自由兴学，其弊甚大，直接侵犯教育主权，间接影响民族独立，故一时反抗文化侵略、取缔教会学校之呼声甚高。"① 继广州发生教会学校风潮后，湖南、河南等省份也发生多起教会学校风潮。

在湖南，益阳信义中学、长沙雅礼大学、福湘中学、雅各中学、成智中学、醴陵中学等学校均发生风波，但风波的起因各不相同。信义中学的风潮，主要是学生要求撤换教员未遂而致。福湘女校风潮，则因校方开除学生自治会会长而起。雅各、益智两校的风波，纯因学生要求学校向政府立案而"学校不予照准"而起。雅礼则因一位外籍教师在试图解决足球赛纠纷时打了学生一记耳光这一"小事"，而激怒学生。当学生们集会抗议时，校方宣布开除一名学生领袖，并将两名学生留校查看。这进一步激化矛盾，最终有100余名学生愤而退学。退学学生并向校方提出4项条件：（一）此次被开除学籍之30余名同学，一律恢复准其上课。除不及格与违犯所规定条例外，不得无故开除。（二）学生会由学生自行组设，完全独立。（三）圣经班定为选科。礼拜与否，由各人自由。（四）限于（民国）14年4月30日以前立案。学生们强调，如果学校承认以上4条，则立即上课，"否则绝无调解余地"②。在湖南省学联会、湖南省教育会等团体的支持下，雅礼退学学生与雅各、益智等校退学生联合组织成立"湖南教会学校退学同学联合会"，积极进行筹款、转学，并准备向教育部呈文，"要求否准教会学校立案"。岳阳湖滨大学中学部外籍教师在向学生讲授历史时，"至鸦片战争之战，并颇多鄙中国之辞，并谓中国自己种烟，何能禁止外人。外人运烟来华，系属当然。"这激起了听课学生的愤怒，也几乎酿成罢课退学的风波③。

五卅运动前湖南所发生的反教会教育风波中，有两件事较为突出，值得一述：

第一件事，是1925年1月间发生的教会学校退学学生转学证书的发给问题。湖南教会学校发生退学风波者，约有七、八校之多，退学学生达数百人。离开教会学校后，他们的惟一出路即是转学国立或私立学校，继续其未完成的

① 《湖南反对教会学校之怒潮》，《中华教育界》第14卷第8期"国内教育新闻"栏，1925年2月。
② 《雅礼学生罢课以后》，《大公报》（长沙），1924年12月17日。
③ 《岳阳湖滨大学亦几发生风潮》，《大公报》（长沙），1924年12月30日。

学业。但由于中国政府不承认教会学校，所以在法律和程序上，各级教育行政机关不能给其提供转学证明，各级学校也不得招收此类"非法"学生。这虽是此前教会学校拒绝向中国政府立案注册所导致的必然后果，但真正的受害者却是教会学校退学学生。1925 年前，湖南省教育司一直拒绝给教会退学学生提供转学证明。1925 年初，衡阳籍省议员颜方珪出任代理教育司长，他曾对湖南学生联合会、教育主权维持会等团体代表表态："政府发给教会学校退学学生转学证书，本人未做教育司长前，即极力主张，接事后，即行颁发。"① 但不久他对转学证的态度即"翻异"。颜氏"翻异"的原因，主要在于有关法律上的扞格："本以发给转学证书，至为妥当。后至司详为调查，始觉该三校既未经政府备案，即不承认该三校所发之毕业文凭为有效。若发转学证书，即无异承认学生在该校之修学年限中国政府业已认可，未免自相矛盾。"为解决这一死结，湖南省教育司转请省教育会制发转学证，"再呈由本司加盖'湖南教育司验明'字样"②。省教育会对该问题也极为重视，经慎重研究，最终决定不制发转学证书，而是改发公函"交各该退学学生收执"，公函并呈省教育司备案。对于这样的反复，退学学生自然很不满意，他们齐集省教育会、教育司向有关官员质问。有关人员不得不耐心解释，代理司长颜方珪也再三担保"转学如有问题，由我负全责"。至此，退学学生才接受这一处理办法。1 月20 日，省教育会正式向退学学生发放公函，"计雅礼共发一百三十七份，益智学生共发六十余份，雅各学生共发百余份"③。湖南教会学校退学学生的转学问题，因此得以解决。

第二件事，是 1925 年 3、4 月份发生的抵制教会学校参加全省第 8 届运动会。湖南省第 8 届运动全预定于 1925 年 4 月 1 至 4 日在衡阳举行。该年 3 月，湖南省学生联合会通过《拒绝教会学校加入全省运动会》的决议，得到各学校体育会的一致赞同。岳云、明德、兑泽、育才、复初、湘江等校纷纷向大会筹备处致电，要求执行。大会筹备处对此主张"绝对赞同"，当即"函致各教会学校届时请勿加入运动"④。但此举引起了湖南基督教教育会的强烈抗议，该会向大会筹备处表示：

按全省运动会之性质，一方为提倡体育，一方为预备华中运动会选手。除

---

① 谦公《湖南教会学校风潮尚未平息》，《申报》1925 年 1 月 19 日。
② 谦公《湖南教会学校退学风潮近讯》，《申报》1925 年 1 月 30 日。
③ 谦公《湖南教会学校退学风潮续志》，《申报》1925 年 1 月 31 日。
④ 《全省运动会拒绝教会学校》，《大公报》（长沙），1925 年 3 月 22 日。

以运动为职业者外，无论工商学军政各界，凡具有运动资格者，均可报各加入。此项条例，业经公布在案。教会学校学生，自当一体待遇。果根据何种理由，应屏诸运动会之外，此誓不能承认者一。宗教自由，载在约法。教会学校诸生，同为湖湘子弟，同属中华国民。果犯何项之法条，须剥夺其公民资格，而不许加入全省运动会。循诵电文，大惑不解，此誓不能承认者二。至谓各学生见解不一，恐生误会，致滋事端，则维持会场秩序，贵处应负有完全责任，似不可藉辞推诿。若执此为不能加入运动会之理由，更未免贻笑大方。矧值此教会学校风潮迭起之时，盲从附和者极众。贵处为政学界领袖所组织，方宜排难解纷，曲为解释，岂可推波助澜，继而鼓惑，此誓不能承认者三。综此三大理由，经敝会议决通知各教会学校，仍一律报名加入，正义所在，不容退避。①

同时，湖南基督教教育会还向省长赵恒惕请愿，要求主持公道。赵恒惕认为"此次全省运动会，照章不以学校学生为限。乃闻各校学生，竟有不准教会学校学生加入之主张，殊与章程事理，均有未合"，所以于3月31日下令准许教会学校参加②。但对于教会学校拿到的这个"尚方宝剑"，运动会筹备处却仍然不买帐。运动会开幕前一天（3月31日）下午，当湖南基督教教育会会长赵运文率多名教会学校运动员代表来衡阳，试图加入时，被大会筹备处以"现在时间太促，已无办法"为由，予以拒绝。赵运文等人最终向大会送达一封抗议公函后，悻悻而归③。不仅如此，至1926年5月常德第9届全省运动会时，出于同样原因，湖南教会学校再次被大会拒绝④。湖南全省运动会对教会学校的排斥，是湖南省收回教育权运动中一个突出的事件。教会学校虽手握省长命令而仍然被拒，凸显出社会各界对教会学校的强烈反对心理。

在河南，受第10届全国省教育联合会在开封召开的刺激，开封南关济汴中学爆发了声势浩大的反教会学校运动。该校原为美国浸礼会所立，"其设备不周，课程缺乏，贱视中文，重视英语。而对于圣经尤百端逼迫胁诱，责令背诵"。其校长施爱理爱财如命，人称"死爱利"。他只关心圣经、英语课的教学，对于学生提出的其它任何添置要求均予以拒绝。当学生们提出购买人体模型时，施氏即答以"破开你们自己的头来试验！"当学生们要求集会、言论自

---

① 《全省运动会不许教会学校加入之反响》，《大公报》（长沙），1925年3月25日。
② 《全省运动会仍准教会学校加入》，《大公报》（长沙），1925年4月2日。
③ 晋甫《全省运动会特派记者第六函》，《大公报》（长沙），1925年4月4日。
④ 《教会学校函请加入运动会》，《大公报》（长沙），1926年5月4日。

由时,他更对以"中国人不配讲自由!"① 而且,这位施校长还喜欢克扣学生膳食费用,对违犯纪律的学生动辄毒打辱骂甚至罚钱。对此,该校学生早生怨望之心。在 1924 年 10 月前,该校学生曾两次进行反抗,但均被校方解散。1924 年 10 月中旬,全国第 10 届教联会在开封召开,会上通过了《学校内不得传布宗教案》及《取缔外人在国内办理教育事业案》等议案。该校学生"值此教育大会舆论流行,益澎渤而不可制止",遂于 11 月初召开全体会议,选出代表,向校方正式提出 13 项交涉要求:(1)济汴学校须在河南教育厅立案。(2)圣经以后必得减少。(3)每日礼拜不得侵犯信教自由,为强迫作查经等事。(4)施夫人不得妄加干涉学生事情。(5)中学依新学制,课程各班未有者一律加添及试验器等。(6)在教员学生面前须承认骂人罪恶。(7)洗澡室应当改良扩充。(8)学校必须设备养病室并请校医。(9)学生有过,按过之大小记过或革除。不得用专制手段打人或罚钱。(10)学生请假出校不得没收膳费。(11)事须论理,不准拿校长名义压迫学生。(12)学生在校内得自由言论、自由结社。(13)学校规则必须通过学生团体方能成立②。施爱理推诿不办,遭到学生围攻殴打。次日,施爱理招集中国巡警把守校门,并开除90 多名学生代表。学生认为"代表为全体之公举,革彼等不啻革全学生也",于是 200 多名学生愤而离校,并发表了离校宣言,向社会公布真相。济汴中学学生反教会教育风潮,"实为取缔教会学校通过教联会后之第一壮举"③,在省内外产生了很大的反响。风潮发生后,河南社会各界纷纷予以支持。开封非基督教大同盟在河南第一师范召开会议,通过决议援助退学学生,"勒令施爱理发还学生缴纳各费行李,再求各中学许其转学"。冯庆升等 250 多名省内教育界名流也发表援助宣言。《新中州报》也连续刊出日评,攻击教会教育,要求收回教育权。

除广东、湖南、河南三省外,徐州、南京、福州等城市均发生了反教会教育的怒潮,其简况如下表④:

---

① 余盖《河南实行反教会学校运动》,《醒狮周报》第 9 号,1924 年 12 月 6 日。

② 《开封南关济汴中学第三次散学之原因》,《嵇文甫文集》(上册),第 29~30 页,河南人民出版社 1985 年版。

③ 《取缔教会学校案通过教联会后之第一壮举》,《嵇文甫文集》(上册),第 28 页,河南人民出版社 1985 年版。

④ 此表据舒新城与杨翠华的有关统计综合制成。舒新城的统计见《收回教育权运动》,第 81~82 页,上海中华书局 1927 年版;杨翠华的统计见《非宗教教育与收回教育权运动》,载张玉法主编《中国现代史论集》(六),第 247 页,台湾联经出版公司 1981 年版。

表 3 – 2　五卅以前教会学校风潮情况

省别	校　名	主办人国籍	风潮原因	风潮情形	时　期
广东	广州圣三一学校	英	当局禁止举行五九国耻纪念	罢课	1924 年 5 月
	广州圣心学校	法	同上	同上	同上
江苏	徐州培心学校	未详	校长殴辱学生	同上	同上
	南京明德学校	未详	当局禁止参加五九游行	一部分学生退学	同上
福建	福州协和中学	未详	同上	全体退学	同上
河南	开封济汴中学	美	各门学科付阙如，独重视圣经，中学二年免中文，学生质问被辱	殴校长全体学生出校	1924 年 11 月
四川	重庆广益中学	未详	特重圣经，不重他科	18 班全体 45 人退学	同上
湖南	长沙雅礼大学	美	要求向政府立案	罢课后退学	1924 年 11 月
	长沙雅各中学	美	同上	同上	同上
	长沙成智学校	美	同上	同上	同上
	长沙遵道学校	美	同上	同上	同上
	湘潭益智中学	美	同上	同上	同上
江西	九江圣约翰学校		校长因学生欠缴罚款及赔款，令停伙食	教员持刀与学生争执，学生受伤，全体退学	1925 年 2 月
安徽	芜湖圣雅各中学及圣雅各初中		学生要求学校向官厅立案，改圣经为选科，改祷告为自由	罢课，发表宣言	1925 年 5 月

二、非基同盟的重建和非基运动的再兴

　　教会学校学生反教会教育、收回教育权的怒潮，使沉寂一时的非基督教运动迎来了转机。1924 年夏，上海浸会书院的几名学生因与学校发生冲突，被

校方勒令退学，这些学生开始筹划组织"非基督教同盟"①。8月，该同盟正式成立，同盟发起人为柯柏年、吴稚晖，以柯伯年、高尔柏、唐公宪、张秋人、徐恒耀为同盟执行委员。据杨天宏先生研究，当时加入该同盟的还有廖仲凯、汪精卫、师复、邹鲁、杨贤江等著名人士②。该同盟的宗旨为"秉爱国之热忱，具科学的精神，以积极的手段，反对基督教及其所办一切事业"。其发表的宣言说：

> 我们所以要反对基督教，在一般意义上，也和反对其他宗教一样。他们都号召一个虚伪的和平观念，他们所希望的幸福，都在未来世界：天宫、西方、天国等。现世界一切生灭荣枯，都由神为天定，无关人力之短长；以此暴君不必反抗，富豪不必与争，率全世界劳苦平民，信神安命，但知心荣天国，不防身陷水火。这是何等世界，这是何等罪恶！各种宗教都有些同样的罪恶，而基督教组织特强大，其为害特深广，所以应该特别反对基督教。在特殊意义上，封建时代基督教列在特权阶级，资产阶级扑灭当时的特权阶级，本亦攻击基督教。乃因自身已成为特权阶级，遂转而保留利用它。第一，用它麻醉本国的工人阶级，使信社会之贫富出于神意，不应以阶级之争，破坏现社会制度；第二，用它麻醉被征服的殖民地、半殖民地民众，使信他们的兵舰、军队是为了赠送上帝的福音、赠送教育及一切文化而来，不为抢劫金钱而来，使对他们永远感恩戴德，不思反抗。第二个作用，正是我们中国人不得不特殊反对基督教之最大理由。神父、牧师头里走，军舰、兵队后面跟，圣经每页上都写着"送枪炮来，送银子去"。八十年来这种传教、通商的现象，我们怎能够忘记！近年来他们布教方法日臻巧妙，由教会，而学校，而医院，而青年会，而社会服务团，而童子军，而平民教育，日益遮掩其传教面目，深入社会，迷惑无数青年，只看见他们拿来些学校医院的经费，而不看见他们拿去比这些数十百倍的投货投资的利益。此外更危险的是：一般神父、牧师，他们回到外国，形容尽致的演讲中国人之愚蠢、野蛮，无论是布教与教育，有意的或无意的，都宣传其国际资本主义的国际观念，以破坏中国民族觉悟与爱国心。所以我们应该于一切宗教中特别反对基督教。③

该组织还以《民国日报》副刊《觉悟》为言论鼓吹阵地，发行《非基督

---

① 查时杰《民国基督教史论文集》，第178页，台湾宇宙光出版社1994年版。
② 杨天宏《基督教与民国知识分子》，第236页，人民出版社2005年版。
③ 《非基督教大同盟宣言》，《觉悟》1924年8月19日。

教特刊》。据谢扶雅的统计，从 8 月 19 日至 12 月 25 日，该刊共出 20 期，刊载了 61 篇反教文章①。该组织又与《中国青年》杂志社联合编印《反对基督教运动》小册子，内有杨贤江《反对基督教运动》、李春蕃（即柯柏年）《传教与帝国主义》、梅电龙《基督教与中国》、蔡和森《近代的基督教》、朱执信《耶稣是什么东西》等 5 篇文章。在上海"非基督教同盟"的影响下，湖南、湖北、河南、四川、江西、浙江、山东、山西、直隶、广东等省也先后成立了类似的非基督教组织。有些地区的非基督教组织还直接打出"非基督教同盟××分会"的旗号，在组织和宣传策略上都受到上海非基同盟总部的领导。

随着上海和各地非基同盟组织的重建，非基督教运动在全国各地逐步恢复，至该年 12 月底"非基督教周"时达到高潮。"非基督教周"最初是由上海非基督教同盟李春蕃等人倡议提出的。1924 年 12 月 9 日，他在《非基督教周》一文中提议：

非基督教同盟，定耶稣生日前后那一礼拜为"非基督教周"。……我们非基督教运动，是一年三百六十日无时无刻不进行的，决不是在"非基督教周"这七日做些非基督教运动，而在别的日子就不闻不问！但是要在这七日更加努力，更加在民众一方面努力！②

他还提出开展活动的方式：一是"集合非基督教运动者和同情于非基督教运动的人，做大规模的示威运动，以引起民众注意"；二是"开公开演讲会，演讲基督教对于中国之危害，和非基督教运动在中国之意义。应设法吸引民众到会，演讲者宜通俗，不宜过于专门"；三是"印各种通俗传单，到民间去散布，以补助演讲会之不足，使民众人人都明白非基督教运动底意义重要"；四是，"努力将总部所印的小册子，在智识阶级中散布，并想法使他们加入非基督教运动队伍，命力做非基督教运动"；五是，"向对非基督教运动表示同情的人，解释团结之必要，劝他们加入本同盟，以扩大本同盟的实力"；六是，"其他方法"。③ 李春蕃的这一提议，得到了全国各地非基督教组织的积极响应，1924 年 12 月 22 至 28 日，基督教的圣诞节，事实上成了中国"非基督教运动节"。据时人报道：

（一）长沙的非基督教运动　示威游行人数达几万之多；组织传单队十二

---

①　谢扶雅《近年非宗教及非基督教运动概况》，《中华基督教会年鉴》第 8 期，上海中华全国基督教协进会 1925 年版。

②　李春蕃（柯柏年）《非基督教周》，《觉悟》1924 年 12 月 9 日。

③　李春蕃（柯柏年）《非基督教周》，《觉悟》1924 年 12 月 9 日。

队，计传单数十万张，共三十余种，杂以五色纸印就。口号为：1. 打倒基督教! 2. 取消教会学校! 3. 反对文化侵略! 4. 谨防基督教徒之麻醉毒!

（二）广州非基督教运动　游行人数数万，加入者分为六队；传单廿余万张分为两种，一种为耶稣诞日谨告国人，一种为耶稣诞日谨告基督徒，此外更有一种明信片上书各种反基督教口号。

（三）苏州的非基督教运动　午前各校有非基督之讲演，午后分队散发传单。

（四）九江非基督教运动　九江非基督教同盟，亦于圣诞节日热烈的作反对基督教的游行示威运动。

（五）上海非基督教运动　上海非基督教同盟，借复旦中学开非基督教大会，请多数学者讲演，从理论和事实均证明基督教是统治阶级的工具，分发传单，五时始散会。

同时耶诞节日正式成立非基督教大同盟的，也有好几个——绍兴、太原、宁波，他们于是日均有热烈的游行表示。[1]

上海非基同盟总部倡导"非基督教周"的做法，得到中国共产主义青年团中央的肯定。1925 年 1 月，该团第三次全国代表大会通过决议，决定"本团规定耶稣诞日（十二月二十五日）前后一星期为反基督教周"[2]。从 1925 至 1927 年，每逢圣诞节前后，各地团组织、学联、非基督教同盟都要举行类似的活动。

三、收回教育权的初步讨论

1924 年 5 月以后，随着奉天教育界和广州圣三一学校学生揭橥"收回教育权"口号，以《申报》和《时事新报》副刊《觉悟》为主要阵地，米星如、陈霆锐、邵力子、章渊若、张镜予等学者和新闻界人士，展开了最初的关于收回教育权的讨论。

这次讨论，主要围绕以下两个问题而展开：

其一，如何评价教会学校。教会学校在中国土地上已存在几十年，孰优孰劣，不同背景的人们自有不同的评价。有教会背景的学者张镜予竭力为教会学校辩护，他认为现在一般攻击教会学校者，说它"大施其阴谋手段，笼络青

---

[1]　欧阳继修（阳翰笙）《一年来学生运动之概况》，《中国学生》1925 年 6 月 26 日。

[2]　《反基督教运动决议案》，中国新民主主义青年团中央委员会办公厅编《中国青年运动历史资料》第 2 册（1925 年），第 58 页，1957 年印本。

年，以金钱利诱，使一部分的青年，无意入其彀中"。这些反教会学校言论，系出于鼓吹国民革命的缘故，因此纯属"无谓之至"。他说："就中国近百年教育史看来，教会大学无论如何不能失去他们的重要地位"，"他们所栽培出来的领袖人物在中国的政治上社会上不能算没有成绩。"更值得一提的是，他甚至提出"感激外人教育"的谬论："在漆黑一团的中国里，中国人自己不能办教育，反藉外国帮忙，一方面我们颇觉羞耻，他方面我们当有几分感激。"①此外，著名律师陈霆锐在其所发表的《论收还教育权》一文中，对教会学校的功绩也多有称许："以言今日在华之外国教育优点，亦多矣。循名核实，实事求是，此其教育上之优点也。整齐严肃，精神焕发，此其学风上之优点也。经济充裕，了无虚靡，此其办事上之优点也。升级入学，一准定则，此其编制上之优点也。"②

张、陈二人以上言论，共同之处是都为教会教育辩护，但也有区别。陈霆锐曾力主收回上海会审公廨司法权，为沪上"争回会审公廨四代表"之一③，其实本是一位爱国心极强的人士。他之所以为教会学校辩护，主要是对其内幕不了解，仅从表面立论。至于张镜予，则是一位有教会教育背景（毕业于沪江大学和燕京大学）的学者，故其美化教会教育甚至提出"感激"的谬论，实事出有因。针对这些错误言论，一位署名为"民治"的论者指出："那些比较'好不好'来替教会学校辩护的，简直是带了有色眼镜，只看见洋大人办的奴隶学校，而毫不介意，很大度地把'国家'忘掉了。"他认为，一个独立国家，应该有其教育的自主权。中国作为一个独立国家，其教育根本用不着什么传教的"洋大人"来代办，所以"外国人在中国办学校，是不准的"，不能因为教会学校办得好，中国就可以将它保留；办得不好，我们才去取消④。邵力子认为，外人教育之所以能有些成绩，"其最大原因乃由于外人在华势力之膨胀"。出于列强在华扩张侵略的目的，他们急需"娴熟英文英语且能顺从外人意旨为主"的各种人才，而此种人才之养成"自以外国学校为较宜"。因此，才导致外国学校的毕业生"在今日的职业界中，实占优越地位"，也造成

---

① 张镜予《中国教会学校的危机》，引自章渊若《读了一篇为教会学校辩护的妙文以后》，《觉悟》1924 年 7 月 2 日。

② 陈霆锐《论收还教育权》，《申报》1924 年 7 月 17 日。

③ 力子（邵力子）《论收还教育权》，《觉悟》1924 年 7 月 19 日。

④ 民治《讨论教会学校的先决问题》，《觉悟》1924 年 6 月 2 日。

"一般只图温饱的青年和希望儿子发财的父母"，对教会学校趋之若鹜了①。章渊若对张镜予也批评说：

> 张君！你还自认是中华民国国民吗？否则，何以发出这种"奴气直冲"的怪调呢！要实行"国民革命"，当然要推翻这种专造麻木不仁冥顽不灵的朽物的"奴隶教育"，免得为将来的障碍，这是探本索源的先决问题，而张君偏偏要说是"无谓""盲从"，那么为什么无谓呢？盲从谁呢？请有以语我来！你对于这种奴隶教育，不加反抗也罢，还要表示感激，我委实不知你受了什么恩惠而感激！②

以上批评无疑是极为中肯的。教会学校并不是一个简单的教育问题，而是涉及到教育、宗教、外交、文化特别是中外关系、民族意识等诸领域的极为复杂的一大问题。只注意教会学校的表面成绩，而忽视中国社会的现实，特别是忽视近代帝国主义对华实施文化教育侵略这一历史大背景，必然是"只见树木不见树林"。反观民治、邵力子等论者，是较为清醒的。他们将教会学校置于近代不平等的中外关系之下予以观照，强调讨论其优劣的先决条件，是维护中国教育主权，这无疑有助于克服一些人的错误之论。

其二，怎样收回教育权。关于此问题，论者的主张各有不同。陈霆锐认为，中国学校腐败不振，才导致青年学子尽入外国学校，"今吾国教育巨子不亟亟改进自己之学校，而力以淘汰教育上之败类为事，反诩诩然曰：收还教育权，此真舍本逐末。"他强调，"为今之计，惟有力图改进自己教育以为他人之模范"③，即通过改善本国教育来使外人自动退出。米星如对收回教育权的倡议持赞同态度，但具体到如何收回、由谁收回，他表示了担心：

> 所谓收回教育权之者，是将这"权"放在我们几个首先察觉的"爱国之士"（？）的手中么？是将交托在一般少知没识的平民手中么？抑是要归还给中国的政府呢？北京政府是中国政府吗？若使它（北京政府）接收了这个关系国家命脉的教育权，保它不会更加以摧残和破坏么？果能比不收回的时候更会好些么？再说，广州政府我们固然承认它是中国的政府，但若使它（广州政府）接办了这个关系国家命脉的教育权，保它能广施全国么？再说它现在（或一两年之后）果真就有接收的能力么？我们假设现在国内的教会学校的

---

① 力子（邵力子）《论收还教育权》，《觉悟》1924 年 7 月 19 日。
② 章渊若《读了一篇为教会学校辩护的妙文以后》，《觉悟》1924 年 7 月 2 日。
③ 陈霆锐《论收还教育权》，《申报》1924 年 7 月 17 日。

"执政"者，马上双手把我国的教育权如同从前番邦进贡似的送还我国，则接收它统辖它的，又果为谁人呢？

米星如最后强调，要收回教育权，必须要解决三个先决问题：一是"怎样救济青年物欲的思想，或更怎样去发展他们这种物欲！怎样拒绝外国物质势力的压迫，或更怎样伸张自己的势力！"二是"怎样去改造国内自家的学校，以代替教会学校"；三是"怎样建设有能力而负责的政府，以统治国家的教育权"①。在讨论中，另一论者邵力子也对依靠政府之力以收回教育权持怀疑态度，他说："而我们尤怀疑的，即今日所谓政府是否有心来实行此种事情（有心的政府，似群众又未供给以相当的力量）"。在他看来，最可靠的方法还是加强对群众特别是对青年的宣传，"全国人或全国的大多数人都明白了收还教育权的重要，教育权也就不难收还了。"②

由于此次讨论时值运动刚刚兴起之时，所以有关收回教育权的一系列深层次的问题并未充分揭橥。学界大规模讨论收回教育权问题，实质上是在以余家菊、陈启天等为代表的国家主义教育派形成以后。

第三节　教育团体与收回教育权运动

五四以后的现代中国教育社团，主要由实际从事教育的教育家及与教育密切的新闻、出版、文化活动家所组成，他们是中国社会的思想先觉者和文化精英分子，掌握和主导着当时社会的"话语权"，其所想所思、一举一动，对社会上层（政府当局）、下层（基层教育者及受教育者）影响颇大。政府教育政策的制定、贯彻执行，青年学子对新文化的学习，均须通过这批教育文化精英来具体实施。从这个角度上来说，教育团体及其周围所聚集的教育家群体，实是中国现代教育发展的中坚力量。尽管受时局动荡、战争频仍、经费拮据、交通不便等因素的影响，中国教育发展举步维艰、支离破碎，但在教育家的勉力维持下，中国教育负重前行，仍然取得一定的成绩。在20年代，中华教育改进社、全国教联会、各省教育会等教育社团十分活跃，在新学制制订、教育经费独立、庚款兴学、道尔顿制引进等教育事件中发挥了重要作用。而在参与及影响收回教育权运动的各种力量中，教育团体的作用同样不可忽视。

---

① 米星如《收回教育权的商榷》，《觉悟》1924年6月4日。

② 力子（邵力子）《论收还教育权》，《觉悟》1924年7月19日。

一、中华教育改进社有关收回教育权的决议

中华教育改进社成立于 1921 年 12 月 23 日，但实际活动是从 1922 年 2 月上海董事会会议召开才开始的。该社由实际教育调查社、新教育共进社、新教育编辑社合并而成，以"调查教育实况，研究教育学术，力谋教育进行"为宗旨，董事会成员主要有范源濂、蔡元培、袁希涛、张伯苓、郭秉文、黄炎培、李建勋、汪兆铭、熊希龄 9 人，主任干事为陶知行。该社在 1922、1924、1925 年三次年会上，均涉及到收回教育权问题。

1922 年 7 月 3 至 8 日，该社在济南召开第一届年会，全国 18 个省区、47 个城市的 300 多位教育家到会，共收到议案 307 件，其中在分组议决又在大会通过的共有 123 件①。在初等教育组讨论中，北京教育会代表胡适提交《凡初等学校（包括幼稚园）概不得有宗教的教育（包括理论和仪式)》之议案。该案得到陶孟和、丁文江两位代表的附议，案由是：

儿童当此时间受感力最强，而判断力最弱，教育家不应利用这个机会，灌输"宇宙中有神主宰"、"上帝创造世界"、"鬼神是有的，并且能赏善罚恶的"等等不能证实或未证实的传说；也不应该利用这个机会用祈祷、礼节、静坐、咒诵等等仪式来做传教的工具。总之，学校不是传教的地方，初等学校尤不是传教的地方。利用儿童的幼弱无知为传教的机会，是一种罪恶。

胡适等人提出的解决办法是："请公决后，由本社一面函达各教会学校及悟善社同善社等等宗教团体所设学校，一面文字的鼓吹主张此意。"会议讨论的结果，是代表一致认为"宗教本该听人家信仰自由，幼稚园、小学校向可照原案办理"②。与前文所述余家菊提出的带有激进色彩的反教会教育的办法相比，中华教育改进社通过的此项议案，明显既缓和又内容简单，反映出自由主义教育家在此问题上的温和审慎态度。虽然该案是否送达各教会学校，后人已不得而知，但作为当时最有影响的全国性教育团体通过此议案，其意义仍然是不可低估的，它至少表明一批知名的教育家对此问题已开始关注。

继第一次年会后，中华教育改进社第三次年会也涉及收回教育权问题，而且通过了一份措辞更严厉、内容更翔实的关于收回教育权的议案。

中华教育改进社第三次年会于 1924 年 7 月 3 至 9 日在南京东南大学内举

---

① 蔡元培《中华教育改进社第一次年会报告》及陶知行《中华教育改进社年会报告叙》，《新教育》第 5 卷第 3 期"第一次年会报告号"，1922 年 10 月。

② 《分组会议记录》，《新教育》第 5 卷第 3 期，1922 年 10 月。

行。据载，此次会议"计社员六百四十九人，年会会员一百十五人，邀请员二十五人，旁听员一百三十八人，又本会职员旁听者二十一人，总合九百四十八人"，可谓极一时之盛①。范源濂、马寅初、章炳麟、马君武及日本学者材泰贤等分别作了学术讲演。在会议召开前夕，国内奉天、国外土耳其收回教育权的报道已见诸报端，各地教会学校学生反教会教育、收回教育权的运动也正如火如荼地开展，这不能不给予此次年会以重大影响，此次会议的部分议案即与此相关。而实际上，由于参加此次会议的国家主义教育派（以陈启天、余家菊等为代表）、自由主义教育派（以陶知行、郭秉文等为代表）、教会教育派（以程湘帆、朱经农、吴哲夫、陈裕光等为代表）对收回教育权问题意见不一，所以有关议案的通过并非顺利，而是充满了斗争。余家菊事后曾说："今年中华教育改进社开年会于南京，吾人本国家主义的教育精神，提出收回教育权案，社中主持人以其不利于己也，百方阻挠之，顾终以公论所在，无法钳制，卒通过于大会。"② 陈独秀也说："教育改进社的右派分子，竟为全国青年的呼声所迫，容纳了左派分子之主张，通过了此案。"③

此次会议收到涉及收回教育权问题的议案共有三件：

一是由余家菊、郑贞文、汪懋祖、左舜生、黄仲苏、陈启天、谢循初、金海观、陈时、唐谷、王兆荣、常道直等 12 人提出的《请求力谋收回教育权案》，该案的案由及办法如下：

理由

（一）国家设立学校之目的虽多，而国家生命之绵延与国家命运之昌荣乃其目的之一。此可以各国振兴教育之历史证明之者也。若本国之内公然容许他国设立学校，势必有碍国民意识发展，此可证之国人对日与美感情显有异同而知。

（二）一国教育有一国教育之精神，非由久受本国教化熏染者担任其事，势必摧残国性，伤害国魂，何以立国？况外国之在我国办学者或挟于政治野心，或纯为宗教臭味，其努力所求者明明在同化我国乎！及今不图，何以善后？

（三）国家立国之要素有三，而主权为其一。近来各国已觉夺我司法权之

① 《中华教育改进社第三届年会纪略》，《中华教育界》第 14 卷第 1 期，"国内教育新闻"栏，1924 年 7 月。

② 余家菊《收回教育权问题答辩》，《中华教育界》第 14 卷第 8 期，1925 年 2 月。

③ 《收回教育权》，《陈独秀文章选编》（中），第 535 页，三联书店 1984 年版。

非，而有撤消领事裁判权之动议。司法权固重要，而关于国性存亡之教育，尤为重要；我教育界，岂可忽之！而令外人长此侵夺不加闻问乎？

（四）或谓外人在华办学意在助我，岂可以仇而拒之？殊不知助吾兴学可，而夺我教育权则不可。欧美各国固有接收外人之兴学捐款者，但绝不予以学校管理权，盖其违国家教育之旨趣也。我国华侨在外国之学校以教育自己之子弟，外国且设种种规条横加残摧，岂有外人在我国内地设学校教育我国国民而绝不干涉之理？

办法

（一）请求国会及教育部制定严密之学校注册条例；凡外人学校实行侵略或宣传宗教者一律不予注册。

（二）凡未经注册之学校学生不得享受已注册学校所享有之一切权利，如购地与津贴等。

（三）凡未注册之学校学生不得享受已注册学校学生所享有之一切权利如文官考试，公费求学，转学及充教师、官吏等。

（四）中小学教科书应将教育权之丧失列为国耻之一，直至教育权完全收回之后为止。

（五）凡不依学校注册条例注册之学校应限期封闭禁止其招收新生。①

二是由孙恩元提议、陈宝泉等22人附议的《无中华民国国籍者不得在中华民国领土内对于中华民国人民施行国民教育案》。该案列举了日本在南满所实施之教育，认为外人设校兴学"背反中国教育宗旨"、"危害中国儿童国家思想之基础"。其解决办法是：对于外人已经设立的学校，"经大会通过后，由本社通电各省区行政长官，及各团体协力酌核办法，早日收回"；对于未设之学校，"由本社呈请教育部通令各省区教育行政各机关，切实执行本项决议"，"由本社呈请外交部向各国声明"，"由本社通电各省区行政长官及各教育团体请协力切实禁绝"。②

三是由吴士崇③提议的《请取缔外人在中国设立学校案》。其内容为：

为提议事，查民族精神全在教育。教育失其权，即民族失其性，灭种惨剧，不难于无形中演成矣。吾国教会学校林立，其中教材之选择，学科之分

---

① 《第三届年会议决案》，《新教育》第9卷第3期"第三届年会报告号"，1924年10月。
② 《第三届年会议决案》，《新教育》第9卷第3期"第三届年会报告号"，1924年10月。
③ 吴士崇（1896～1976），字铁峰，又名吴德峰、吴铁铮，湖北保康人。湖北第一师范毕业，1924年2月加入中国共产党。时为崇实中学校长，并任湖北省教育会执行委员兼义务教育股主任。

配，与中国国情多不相符；且成立学校于中国，乃视教育官厅于化外。学校既不呈请备案，官厅亦不从事考核，岂非怪事？查华侨在各国属地设立教育华侨子弟之学校必须在其地方政府注册，而各国人之在中国内地设立教育中国人之学校反不在中国政府注册。是不独教育不合国情，即国际地位亦失其平等，是不得不严行取缔者也。且小学为地方教育，中学为普通教育，关系国民性之陶冶更无须他人越俎从事。南满中小学校收回自办之说已得日人一部份之同情。吾国正宜即起抗争，乘机将所有外人设立之各中小学完全收回自办。本社为研究教育团体，对于此事自不可忽视。拟一面电达各省教育会各法团一致进行；一面呈请教育外交两部严重交涉，将所有外人设立之中小学校一律停办或收回自办。其余专门大学限期在教育部注册，以重国权而维教育。是否妥当？敬希公决。①

以上三议案经陈莅庄、余家菊、高仁山、王毓兰、汪典存、陈尚意、孙恩元等7人组成的审查委员会审查，决定将第一、第三案合并，仍称《请求力谋收回教育权案》；在第二案"无中华民国国籍者，不得在中华民国领土内对于中华民国人民施行国民教育"下面增加"及师范教育"五字②。在教育行政小组通过后，两案被提交大会学术会议讨论。在大会学术会议上，国家主义教育派、自由主义教育派、教会教育派三派代表对《请求力谋收回教育权》一案争论激烈。陈启天、谢循初、金海观等国家主义者及赵叔愚（东南大学教育科教授、少年中国学会会员）等力主通过此案。

陈启天在发言中特别指出以下几点：其一，"教育目的在养成本国国民，外人设学乃养成外国国民。外人设学目的，为传教及侵略的"。其二，"现在中国教育政策，偏于放任，尤其对于外人设学特别放任，须设法改正，合中国教育完全受中国管理。"其三，"我国自有教育系统，而今又立一基督教育系统，此不啻划分中国教育为二。"其四，"教会在中国势力，设校七千三百八十二所，男生十四万三千九百七十人，女生六万二千九百七十人，共二十余万人。教会教育之计划，今且有侵略乡村教育之势，尤致力于中等教育。唯一目的，化化中国人为外国人。故就事实上有收回之必要。"③

而朱经农对收回教育权颇有微词，他认为：

---

① 《第三届年会议决案》，《新教育》第9卷第3期"第三届年会报告号"，1924年10月。
② 《分组会议记录》，《新教育》第9卷第3期"第三届年会报告号"，1924年10月。
③ 《中华教育改进社第三届年会纪略》，《中华教育界》第14卷第1期，1924年8月。

以教育化中国人为外国国民，自不赞成，然（一）是否信基督教，即非本国人？（二）即便如此，则办法方面有商榷，应以取缔为第一步，"收回"当有相当预备。取缔之道，即望外国立小学须采中国课程纲要，用中国教师，自不失国性。又应当注册，注册之方：（一）凡学校均当注册（二）注册标准须先审定课程。收回须视力之所能及，《中国基督教之教育事业》上宣告其教育不过为初步预备，将来仍归诸中国。今毫无准备，骤言收回，当加斟酌。①

陶知行在发言中则表示了一种中间派的态度。他赞同"中国教育应由中国人自办"的大原则，但认为目前国力薄弱，尚无法实现。对于教会教育损害中国国民性的问题，他认为当区分大学与中小学两种情况，初等教育诚然之，但教会大学"不足以迷惑学生"。他说自己也是教会学校出身，"然自问对国家无愧"。最后他提出 4 条修改意见：

第一条　请求政府制定严密之学校注册条例，使全国学校有所遵守。

第二条　注册分甲乙两种。凡学校及与学校相类之机关，须一律经过乙种注册。凡学校按照政府订定课程最低限度办理，并无妨碍中国国体情事，经视察无讹者，得行甲种注册。

第三条　凡未经甲种注册学校学生，不得享受已经甲种注册学校学生所享之一切权利。

第四条　凡外人借学校实行侵略，经调查确实，应由政府勒令停办未注册之学校学生不得享受已注册学校学生之一切权利。②

以上 4 条修正内容，经代表表决通过。当时，陈启天还提议增加第 5 条："凡幼稚园小学及中学有宣传宗教课程，或举行宗教仪式者，不予甲种注册"。但该条在表决时未能通过，只是决定"交董事会详细研究"。至于吴士崇提出的《请取缔外人在中国设立学校案》，会议认为可合并前案，不再讨论。

对于此次中华教育改进社通过的《请求力谋收回教育权案》，时人多不满意。陈独秀认为这一决议案："（一）总可以使个人感觉中国人心犹未死尽，无形的侵略究竟不像有形的军事侵略、经济侵略那样便当；（二）总可以使在外人势力之下麻醉久了的青年明白教育权应该收回，是中国教育界所公认，并不是什么过激派的主张。"但他又批评决议案"没有明白坚决的办法"③。萧

①　《中华教育改进社第三届年会纪略》，《中华教育界》第 14 卷第 1 期，1924 年 8 月。
②　《学术会议记录》，《新教育》第 9 卷第 3 期"第三届年会报告号"，1924 年 10 月。
③　《收回教育权》，《陈独秀文章选编》（中），第 535 页，三联书店 1984 年版。

楚女则针对陶知行所提出的"外人所设立之学校，含有侵略主义，查有实证者停办"一语提出批评，认为这一条绝对"要不得"，"外人在教育上、思想上侵略中国，几时曾有好多证据给你拿着？倘若思想上的鼓惑是有具体的证据可见的，则我们对于外国人所办的学校，久已应该和他们相见于审判厅了——又何劳改进社来倡言'收回'？又况且外人底侵略，在正义上，我们是不可一时忍的；何能如此迂腐，必待'查有实证'才去反抗？"①周太玄也说该决议案"仅得一种空空洞洞的结论，于教会教育丝毫无伤"②。但平心而论，较之第一届年会胡适等人的议案，本项议案实已有较大进步。这种进步既体现在决议案中明确承认和指出外人攘夺中国教育主权、实行教育侵略的事实，同时也体现于决议案制订的4条注册办法之中。由于中华教育改进社各成员政治和思想背景并不一致，其对收回教育权也存在赞成、反对、观望、冷漠等不同态度。在这一背景下，以陈启天、余家菊等为代表的国家主义教育派人士积极努力，克服了来自教会教育派方面的阻力，最终通过此一议案，实属不易。

1925年8月17至23日，中华教育改进社在太原山西大学举行了第四次年会。参加此次会议的代表，有团体社员12人，个人社员226人，邀请代表26人，年会会员288人，旁听员371人，总计923人③。陶知行在发言时曾提到，截止至此次会议前夕，中华教育改进社共有机关社员150个，个人社员2000余人④。可见该社已成为名符其实的人数最多、影响最大的全国性教育学术团体。值得一提的是，在此次大会上，以陈启天、余家菊、李璜等为代表的国家主义教育派"异常活跃"，"余家菊将自己所主编的《中华教育界》，变为国家主义派的宣传刊物，并配合上他们的机关刊物《醒狮》，大量地在会上赠人，不论大会职员和与会社员，几乎是人手两册"⑤。陈启天在会上提出《请依据国家主义明定教育宗旨案》，要求中国教育应以"养成爱国国民"为宗旨，具体应包括以下内容：一是"实施军事教育，以养成可以御侮靖难之强壮身体"；二是"厉行国耻教育，以培植御侮靖难之深厚感情"；三是"改进科学教育，以增益御侮靖难之基本知能"；四是"注意本国文史地之教育，以

① 《对于教育改进社年会底批评》，《萧楚女文存》，第165页，中共党史出版社1998年版。
② 周太玄《非宗教教育与教会教育》，《中华教育界》第14卷第8期，1925年2月。
③ 《第四届年会到会会员人数一览》，《新教育》第11卷第2期"第四届年会报告号"，1925年9月。
④ 陶知行《年会感言》，《新教育》第11卷第2期"第四届年会报告号"，1925年9月。
⑤ 曲子祥《中华教育改进社在太原召开第四届年会的情况》，山西《文史资料》编辑部编《山西文史资料全编》第1卷，第591～594页，山西人民出版社1998年版。

启迪发挥国性之独立思想"①。该案经修改后获得通过。余家菊也参与会议成立的"教育专章案起草委员会",这个委员会拟定了"宪法教育专章草案"共10条,在修改后也获得通过。其中"与收回教育权运动最有关系之团体意见,只改进社《宪法中应制定教育专章案》之一、二、四三条。"② 具体内容是:

第一条　教育事业乃国家的事业,由各中央政府及各省区经营管理,但于政府监督之下,私人或私法人亦得经营之。

第二条　全国教育应以发展国民性,培植健全道德,并养成强壮体格,陶冶职业知能,完成共和公民资格为主旨。

第四条　教育事业应超然于宗教及政党之外,并不得于学校上课时间教授宗教或党纲,亦不得举行宗教仪式。③

此次会议争论最激烈的要属《限制教会学校入社案》。按照该社简章第四条之规定,会员资格分4种:一是"机关"(即团体)社员。凡"担任本社每年合组费二百元以上者,但中等以下学校得合组费百元以上"者;二是"个人担任本社每年合组费二百元以上者";三是"研究学术有特别成绩者";四是"办理教育有特别成绩者"。凡具备以上4种资格之一者,"由本社社员三人以上之介绍,经董事会通过",即成为中华教育改进社的正式社员④。据程湘帆记载,在该届年会社务会议上,陶知行曾代表董事会对简章第四条所规定的团体社员资格提出修改意见,将其改为"(甲)高等专门以上学校及以全国为范围之教育学术团体、教育行政机关,岁任合组费二百元以上者;(乙)中等学校及以省为范围之教育学术团体、教育行政机关,岁任合组费一百元以上者;(丙)小学校及以县为范围之教育学术团体、教育行政机关,岁任合组费二十元以上者"。这一修正,意在降低入社门槛,以吸引"多数机关团体入社"。但是,"不料在我们讨论此扩充社员范围问题的时候,忽有提议者加以限制者。谓在董事会修正案下,拟加一但书,'但一切学校须取得本国法律上之资格者始得为机关社员'"⑤。文中提到的"提议者",即是国家主义教育派代表陈启天。陈启天当时表示,此案的本意在于"摈除教会学校于本社以外。

---

①　《分组会议议案汇录》,《新教育》第11卷第2期"第四届年会报告号",1925年9月。

②　舒新城《收回教育权运动》,第62页,上海中华书局1927年版。

③　《学术会议记录》,《新教育》第11卷第2期"第四届年会报告号",1925年9月。

④　《中华教育改进社简章》,《新教育》第5卷第3期"第一次年会报告号",1922年10月。

⑤　程湘帆《论本届中华教育改进社未成立之限制教会学校入社案》,《中华基督教教育季刊》第1卷第3期,1925年10月。

该教会学校机关社员一旦增多，不啻我国教育界中人任令他国人共管我国教育。"对陈启天这一提案，各方争持不下，只好将原定的社务会议延长一天，对此问题继续讨论。次日会议上，经过精心准备的陈启天，"更变本加厉而有以下之限制案提出"：

限制机关社员资格案

主文

本社社章第四条应附加以下之但书：

"但教会学校及教会机关或其他外人所办之学校及团体不得为本社机关社员，其已入社者得暂加容许，但不得有董事被选举权。"

理由

一，教育应与宗教分离，本社为全国教育之领袖机关，全国视瞻所系，不应许教会学校及教会机关加入而默认教会学校，使教育与宗教难于分离。

二，教育应由本国人自办，指导全国教育之本社，尤应由本国人自办，不宜许外人指导之教会学校或教会机关暗中纵操全国教育。

三，机关社员有董事选举及被选举权实为本社之主动机关，不宜让外人及教会之势力加入；否则教会学校及教会机关尽数加入为机关社员，则本社主权有潜移于外人或教会手中之虞，不可不预防也。惟已加入者可听其自便，但不得有董事之被选举权而已。

本案理由如上，非常之大，应请即日提交社务会议公决为要。

陈启天在发言中对此又作了4点说明：一是"本社为中华的，不是非中华的"；二是"教育与宗教分析为世界一大潮流"；三是"拥护本社之扩张故不得不先事预防"；四是"教会学校现为一般社会人士所不取，则本社自不能许其加入"。

对于陈的提案，教会教育派代表强烈反对，他们认为此次提案"无非排挤倾扎之作用而予教会学校以难堪，其用心不过借改进社来打倒教会学校，以宣传其国家主义"。一些自由主义教育派代表如刘瑞恒、赵鸿钧、熊希龄、查良钊等则担心，教会学校数量众多，若限制教会学校加入，不利于本社的发展，所以"都不以限制为然"。陈宝泉、陶知行、查良钊等代表，提议对原案进行一定的修正。陈宝泉建议将原案修改为"但外人所立之学校与机关及凡宣传宗教之学校不得为本社机关社员，其已入社者得仍其旧"，该修正案得到陈启天的附和。而陶知行、查良钊二位代表，则提议修改为"凡未经中国法律承认或注册之外人所办及含有政治侵略主义，或强迫学生学习服从党纲与宗教之学校不得介绍为本社机关社员"。最后会议进行表决，陈宝泉、陈启天提议的修正案，得 30 票；而陶知行、查良钊提议的修正案，得 20 票。二者均未达到规定的出席会议人数的四分之三，所以由陈启天提出的限制教会学校入社案，未能成功①。

该案未能通过的原因，主要是该社自由主义教育家占多数。虽然他们基本赞成收回教会学校，但并不想采取诸如立即取缔等过于激进的措施，而是希望改良教会学校，使其仍留在中国教育系统之内。

二、全国教育会联合会有关收回教育权的决议

全国教育会联合会是由直隶省教育会发起、以各省教育会及特别行政区域教育会为组织成员的全国性教育团体。它于 1915 年 4 月 23 日在天津宣告成立，其宗旨是"体察国内教育状况，并应世界趋势，讨论全国教育事宜共同进行"。该会每年开会一次，每次会议由各省教育会及特别行政区域教育会推选 3 人以内代表参加。从 1915 至 1923 年，该会在天津、北京、杭州、上海（两次）、太原、广州、济南、昆明共召开 9 次会议。这些会议讨论通过了许多与当时中国教育实际有密切关系的问题和议案，但均没有涉及收回教育权问题。

1924 年 10 月，全国教育会联合会第 10 届年会在河南开封举行。据记载，"本届年会原定自十月十日始，因时局影响，延至十五日。预拟派遣代表赴会者，有二十三省区，人数在六十人以上。迨开会时，仅到十四省区，共三十五人，殆亦受时局影响也"②。各省与会代表赴汴之艰辛、讨论之认真，均为往届所无。当时的报刊这样评论："赴会代表，其中如由陇赴汴，全属陆路，须行二十余日；滇桂则路及海陆，亦行二十余日；若黔赴汴，多至四十余日，路经川鄂，沿途频受危险，军队盘查，繁而且严。而桂代表且翻舟落水，行李全失，仅以身免。浙代表行至南京，复疑为侦探，扣留数日，迨该省来电，始行释放。似此不避劳苦险阻，跋涉万里，难能可贵……比及冯胡入京，政局顿变，汴垣空虚，一夕数惊，各代表仍然宁静，照常会议，直至议举行闭幕式而

① 程湘帆《论本届中华教育改进社未成立之限制教会学校入社案》，《中华基督教教育季刊》第 1 卷第 3 期，1925 年 10 月。另，《新教育》第 11 卷第 2 期（1925 年 9 月）所载《社务会议记录》一文，同样提到社务会议讨论陈启天之议案的情况。

② 《全国教育会联合会第十届年会概略》，《教育杂志》第 16 卷第 12 号，1924 年 12 月。另，关于代表省区的数字，各资料记载不一，如《中华教育界》就记为 19 个，见该刊第 14 卷第 8 期《第十届全国教育会联合会关于收回教育权之议决案》一文。

后已。既不因战事而不赴会，亦不因政变而半途散会，有始有终，无南无北，更无含带丝毫政治臭味及其他之作用，一心只为教育谋利益。"① 此次会议共通过38项议案②。在会上，河南省教育会代表提出《外人在中国办学应照中国定章办理案》，其内容是：

教育之事业，原无分于中外。乃近数年来，持国家主义者，外假传播文化之美名，实行其转移民心之私计。于所侨国内之居留地，莫不为之设立学校，而所用之教科，多不受居留政府之限制。以有益祖国之教材，编撰于其中，潜移其侨居国民之心理。浸润既久，人心之倾向，即随之变易。国家之基本，亦因之动摇，甚可危也。故各国思患预防，对于外人办学，多加以限制，如英属七州，有办学注册之条例；土国全境，有外侨办学之取缔。我国自与外人交通，许其传教，遂各就其地设学校焉。夫兴学原为善举，而教科之取材，办理之内容，多不遵照我国学制规程。我国亦不得视察之，取缔之。其侵夺教育权，已甚可耻。况教授不适于社会环境，则学生毕业后必不能收美满之结果，亦为可虑。兹拟办法数条于后，以次救正，是否有当，敬请公决：（一）凡外国人在中国办学者，应遵照中国学制办理，并应向学校所在地之最高教育官厅立案。（二）学校课程除礼拜日礼拜诵经外，一遵中国学制课程标准教授。（三）中国得有考察及取缔之权。（四）中国对于外人所设之学校，应与本国之学校，同等待遇。（五）由本联合会呈请政府向各国交涉。③

湖北省教育会代表也提出《请严行禁止外人在中国内地设立学校案》，其具体内容是：

民族精神全在教育，教育权失，即民族失其性，灭种惨剧，不难于无形中演成矣。吾国内地外人之学校林立，其中教材之选择，学科之分配，与中国国情全不相符，明示好意，暗图侵略，其种种恶迹至今逐渐暴露。吾国教育界亦渐觉醒，是以提倡收回教育权者颇不乏人。惟兹事体重大，非一二人之力所克奏效。尚祈吾国教育法团及名人学士对于此关系国家命脉之重要问题，加以特别研究。谨将理由及办法分述于左：

一、违背中国教育精神及宗旨……

二、学科陈腐不合时代潮流……

---

① 石荪《本届教联会之优点及应改良处》，《申报》1924年11月20日。

② 《第一次中国教育年鉴》，第174页，开明书店1934年版。另，《中华教育界》第14卷第8期之《第十届全国教育会联合会关于收回教育权之议决案》一文记为46件，似为提案数，而非通过数。

③ 《外人办学宜遵中国定章之议案》，《中华教育界》第14卷第3期，1924年9月。

115

三、轻视中国文……

四、危害学生国家思想之基础……

五、强迫学生信教……

六、侵害我国主权……

至其办法如左：

一、由全国教育会联合会呈请国会及政府向外人提出严重抗议，限期将外人在内地设立学校一律停闭。

二、由全国教育会联合会组织收回教育权委员会专办此事。

三、通告各省各法团请联合设立各地收回教育权委员会。

四、征集各外人学校之黑幕专刊登载，促起学生之觉悟。

五、改造国内自己之学校，以代替外人之学校。

六、谋学生毕业后之用途，不使赋闲以遂其物欲之思想。

七、呈请国会议决凡在外人学校毕业之学生，取消其为官吏、教师及选举被选举之公权。①

此外，湖南代表提交了《取缔外人设立教育机关案》，江西代表提交了《呈请教育部明白规定教会学校注册案》，热河代表提交了《外人在中国内地所建设关于教育的事业，中国政府加以限制或禁止之，或监督之，或竟完全收回案》。经过讨论，会议最终通过了《取缔外人在国内办理教育事业案》及《学校内不得传布宗教案》两项议案。《取缔外人在国内办理教育事业案》吸收了5省区提案的精华，强调外人在中国办理教育事业有四大危害：一是"侵犯我国教育主权"，二是"违反我国教育本义"，三是"危害我国学生之国家思想"，四是"忽视我国学生应有之学科"。该案最后提出11条取缔办法：

（1）外人所设学校及他项教育事业，应一律呈报政府注册。

（2）外人所设学校之设立事项，须合于我国颁行各项学校规程及各省现行教育法令之规定者，始准注册。

（3）外人所设学校及他项教育事业，须一律受地方教育官厅之监督与指挥。

（4）外人所设学校之教员，必须具有我国教育法令所规定之资格。

（5）外人所设学校征收学费，须依照我国部颁征收条例之标准，不得超过所在省区私立学校所收之数额。

---

① 《鄂教育会在教联会请禁外人设学之提案》，《中华教育界》第14卷第4期，1924年10月。

（6）未经注册各校之学生，不得享受与我国学校同等之待遇。

（7）未准注册各校，应由政府限令定期停办。

（8）外人所设学校，举行任何典礼仪式，须遵照我国颁行学校仪式规程办理。

（9）外人不得利用学校及其他教育事业传布宗教。

（10）外人所设学校及其他教育事业，得由我国于相当时期内收回自办。

（11）自本案实行日起，外人不得在国内再行加办教育事业。[①]

《学校内不得传布宗教案》则提出："乃近来一般人士，每假办学名义，于校内传布宗教，强迫学生讲读经文，举行宗教仪式，颠倒错乱，失学校教育之本意，起社会道德之纠纷"。该案制订了3条具体限制办法：一是"各级学校内，概不得传布宗教或使学生诵经祈祷礼拜等事"，二是"各教育官厅，应随时严查各种学校，如遇有前项情事，应撤销其立案，或解散之"，三是"学校内对教师学生，无论是否教徒，一律平等待遇"[②]。

1925年10月14至27日，全国教育会联合会在长沙举行第11届年会，出席代表共38人，来自于全国20个省区。各省区提议案共计82件，其中有29件获得大会通过[③]。由于五卅运动后教会学校学生纷纷罢课退学，对这一特殊群体如何救济成了当时社会的一大问题。在该届教联会上，湖北省教育会提出《请各省区行政官厅设法收容教会学校师生案》，内容为：

理由：自本联会议决取缔外人在国内办理教育事业案以后，各省收回教育权之运动，甚嚣尘上。虽取缔事件，行政官厅未能积极进行，而社会人士，因本年各地惨案影响，均有相当之努力。故教会学校学生退学之事，几于全国一致，此收回教育权之良好机会也。惟此事之动机，原于理智者半，激于感情者亦半；各省若无相当收容办法，使已退者，各安其所，未退者闻风兴起，则事过境迁热度骤下，将来成绩，未可乐观。窃以为各省区似宜酌设，或指定相当学校，以应各家长之祈向，广收师生，以免歧途之徘徊。盖现在教会学校学生，毅然退学，毫不返顾者，固不乏人。而犹豫观望迟疑不定者，亦所在多有。究其所以，大抵教会学校教师有所旋于其间，故退而复返者有之，流连不去者有之，事实昭彰，各省相同。若能师生兼顾，不特无所阻滞，且可收劝导

---

① 《全国教育会联合会第十届年会概略》，《教育杂志》第16卷第12号，1924年12月。
② 《全国教育会联合会第十届年会概略》，《教育杂志》第16卷第12号，1924年12月。
③ 《教联会昨日已举行闭幕式矣》，《大公报》（长沙），1925年10月28日。

之效，于收回教育权之前途，大有裨益也。办法：（一）指定或筹办相当学校，容纳教会学校退学学生。（二）教会学校中之教师，有愿脱离关系者，应广为聘用。①

北京教育会也提出《统一教育权建议案》，认为"自通商以来，外人教会化之学校，遍设各地，教权因而旁落。近来国人设立大中小各校者，亦复不遵章办理，而自为风气。长此以往，教育前途何堪设想。"该案要求整顿外人设立学校、私立学校及政府各部所办之学校，以统一教育权②。讨论的结果，《请各省区行政官厅设法收容教会学校师生》一案，"众无异议"，获得大会通过。而《统一教育权建议》一案，"同人公决不成立"，没有通过③。

以上概述了全国教育会联合会有关收回教育权议案的讨论与通过情况。相较中华教育改进社，全国教联会是一个有所区别的教育团体。"该会为各省诚朴的教育家所集合，较少名流的踪迹，亦不偏于一派一党，自然无所蒙蔽，能见其大。"④ 由于参加该团体之成员，多为各地教育会中既了解基层实际，又与基层教育行政部门联系密切的教育家与人士；所以，就社会基础、社会影响及其对实际教育工作的推动来说，该团体相较其它教育团体更有优势。从这个意义上看，该团体有关议案的通过，其对各地收回教育权运动的影响较为明显。左舜生当时对第10届年会通过有关收回教育权议案就给予了积极评价，"在举国兵戈扰攘的时候，我们的教育家还能够不忘国家百年大计，汲汲谋收回已经失落的教育权，这种精神实在值得我们赞美。"⑤ 并说：

按外人在中国藉办学传播宗教，并间接实现其政治的经济的阴谋，此年来吾人所痛心疾首认为我国前途重大危险之一，非严格加以排斥不可者。但今年吾人在中华教育改进社提出收回教育权一案，虽得多数通过，然讨论时怀疑者尚多，号称明达如范静生君即首先表示反对，可见积重难返，群众心理大抵同然。今年教联会竟有此种贤明的决议，吾人不能不为国家前途庆。吾人今后惟当力求得此案如何实行，务使外人了解吾人不徒能发理直气壮之议论，且有使吾人之主张形成国家实力之毅力，则全部教育权之收回殆指头间事耳。⑥

① 《第十一届全国教联会议决案全文（四）》，《申报》，1925年11月10日。
② 《本届各省区提案汇录》，《大公报》（长沙），1925年10月23日。
③ 《教联会第五次大会记事》，《大公报》（长沙），1925年10月24日。
④ 周太玄《非宗教教育与教会教育》，《中华教育界》第14卷第8期，1925年2月。
⑤ 舜生（左舜生）《收回教育权应注意的一点》，《醒狮周报》第3号，1924年10月25日。
⑥ 舜生（左舜生）《可注意的第十届全国教育会联合会》，《醒狮周报》第5号，1924年11月8日。

在全国教联会通过有关收回教育权议案后，一些省份如湖南、河南等省教育会很快成立了"教育主权维持会"、"收回教育促进会"等类似的组织，具体指导、推进本省的收回教育权运动。如湖南"教育主权维持会"由湖南外交后援会、反帝国主义大联盟、省教育会、省教联、省学联、平民教育促进会等各公团于 1924 年 12 月 18 日成立，其宗旨是"维持教育主权，制止文化侵略"，它主张"不准教会学校立案"①。1925 年元旦，广东"反基督教大同盟"组织会员数百人前往广东省政府、省教育厅及国民党中央执行委员会办公地请愿，要求设立"教会学校注册处"。广东省政府答应了群众的请愿，并要求教育厅拟定具体办法，从速设立。广东省教育厅决定按照此次全国教联会通过的有关议案办理，并拟订了两条具体意见：①宗教应与一般学校分离，无论公私立学校，一律不得以宗教经典列为学校正课课目；②人民信教须本良心上事实上之自由，宗教团体传布教义及举行仪式时，其所属学生之出席参加与否，概由其父兄保护者及学生自身决定之②。开封济汴、长沙雅礼等教会学校，也在该团体决议的鼓舞下，爆发了反教会教育风潮，有力地推动了两省收回教育权运动的开展。在教育团体和社会各界愈来愈强烈的收回教育权呼声之下，1924 年 12 月，教育部作出了"凡教会学校未经核准备案者，其毕业生投考国内各大学概不收录"的规定③。

---

① 《教育主权维持会成立》，《大公报》（长沙）1924 年 12 月 19 日。
② 《粤教厅取缔教会学校之办法》，《教育杂志》第 17 卷第 7 期，1925 年 7 月。
③ 《民国十三年教育大事总记》，《中华教育界》第 14 卷第 7 期，1925 年 1 月。

第四章

国家主义教育派与收回教育权运动

第一节　国家主义教育派的形成

一、国家主义教育派的形成与解体

五四运动前后直至 20 年代中期，受内外多种因素的驱动，中国思想文化界空前活跃，社会思潮异彩纷呈，新学派迭出，论争迭起。从教育界而言，平民主义、实用主义、科学教育、职业教育等新思潮大行其道，固然引人注目；但国家主义教育思潮的隐而复显与国家主义教育学派的出现，也同样不可忽视。

近代中国国家主义教育思想发轫于清末民初，罗振玉、梁启超、刘显志、刘以钟等学人曾先后措意，但一直未成思想界的主流。20 年代初，一些学者续其波、衍其流，继续鼓吹国家主义教育。还在 1921 年 11 月，时执教于南京高师的教育家徐则陵，即在该校教育研究会讲演《教育上之国家主义》，认为"今日之教育现状，教育无宗旨，故教材教法，都无根据。欲教育改良，须即定宗旨，以养成吾国文化，为国性之寄托。同时提倡大同主义，以救其偏。"[1] 1923 年 10 月，北平大学教授高仁山发表《教育与国家》一文，提出"更察欧洲自十八世纪末叶以至今日，各国教育所共有的宗旨，未有出国家主义的范围者；因思各国教育之特点，又为国家之魂胆，故对今日一团散沙之中国，教育宗旨，惟以陶铸国魂为第一义"[2]。在以上两文中提及的"国性教育"与"陶铸国魂"，其实质均是国家主义教育。但诚如舒新城所言，徐则陵与高仁山"虽曾提倡国家主义的教育，但并不作为一种唯一的信仰竭力宣传"，对此为

---

[1] 徐则陵《教育上应有之国家主义》，《教育汇刊》第二集，"讲坛"，1921 年 12 月。
[2] 高仁山《教育与国家》，《教育与人生》第 3、4 期，1923 年 10 月 29 日、11 月 5 日。

系统的研究与宣传的,要首推余家菊与李璜①。1923 年 8、9 月,留欧学者余家菊撰成《人格的动力》、《民族性的教育与退款兴学问题》、《基督教与感情生活》、《教会教育问题》等文,先后在《中华教育界》、《少年中国》月刊等杂志发表,从"发扬国民意志"、"鼓荡国民国家意识"、"排斥非国民教育"等角度对国家主义教育进行了初步的发挥。同期,另一位学者李璜也发表《国民教育与国民道德》、《国民教育与祖国观念》、《国家主义的教育》、《国民小学教师对于今日中国国家的使命》等文,强调以"国民教育"实现国民精神上之统一。1923 年 10 月,在时掌中华书局编译所新书部的左舜生之支持下,余、李将已刊、未刊共 7 篇文章汇编为《国家主义的教育》一书,作为"少年中国学会丛书"之一种,交中华书局正式出版。他们在该书序文中声明:

> 书中所用名词,如民族教育,国民教育等,彼此时有出入,但其所表现的主要精神则完全一致。主要精神为何? 就是国家主义之教育而已。②

该书出版后,在教育界和社会上引起了很好的反响,特别是余家菊对教会教育危害的剖析与"收回教育权"口号的提出,一时新人耳目,"很能引起教育界素来留心教会学校问题的朋友之注意与研究"③。民治当时说,自余家菊《国家主义的教育》一书出版后,"教会学校之应否存在于中国,遂成为一问题。自然,对此问题,还有其他的远因与近因,然所谓'滥觞',当推余君一文。"④ 在该书的影响下,原来不赞成或不了解国家主义教育的少年中国学会会员杨效春、舒新城、吴俊升等人,逐步趋归国家主义教育。如杨效春最初对国家主义持反对态度,但在与余、李通信讨论后,也表示赞同以国家主义为中国教育宗旨:"中国国势危弱,内争不息,外侮凭陵,是以教育者应该注意唤醒全国的分子,共救危亡,使中国能永久立于竞争的世界场上,而日趋兴盛强国。"⑤ 舒新城在《教育上的国家主义问题》中更直接说:

> 我敢将我长久存储于脑中的意念向一般教育者明白地说:要为人类全体谋幸福,要增进世界的和平,应当先从唤起中国国民自觉、团结中国国民一致以谋国家的独立与统一之国家主义的教育上着手;要内灭割据现象、外抗国家压

① 舒新城《近代中国教育思想史》,第 333 页,上海中华书局 1929 年版。
② 余家菊、李璜《国家主义的教育》,"序言",上海中华书局 1923 年版。
③ 陈启天、常燕生《国家主义运动史》,第 106 页,上海中国书局 1929 年版。
④ 民治《讨论教会学校的先决问题》,《觉悟》1924 年 6 月 2 日。
⑤ 《会员通信》,《少年中国》第 4 卷第 8 期,1923 年 12 月。

迫，而维持四千多年历史之中华民国之国运而增进其文化，也当以此唤起国民自觉、团结国民一致以谋国家的独立与统一之国家主义的教育上着手。①

所以，余家菊、李璜是20年代初明确主张以国家主义解决当时中国教育问题的两位学者，《国家主义的教育》一书的出版，也标志着国家主义教育学派开始形成。

1924年6月，陈启天从南京高师教育科毕业，入中华书局，出任教育界重要刊物《中华教育界》主编。他在主持该刊期间，确定以国家主义为办刊之方针②，并顺应时势，积极改革，很快团结、凝聚了一批热心于中国教育的学者。该刊于1925年2月第14卷第8期先推出"收回教育权运动号"，鼓吹该运动。该期还专门刊出"教育问题征求意见表"，列出10个问题，征求教育界人士从正反两方面发表意见，"以供将来讨论的参考"。这些问题有："今后中国教育宗旨应否含有国家主义的精神？""今后中国应否明定小学宗旨为实施国民教育？""各省教会学校应否收回由中国人自办？""今后中国中学以上学校应否酌量实施军事教育？""新制六年小学应否一律规定英语或他种外国语为必修科？""学校应否设有宣传宗教的课程与仪式？""有关国耻的史地教材应否酌量编入教本以激励民气？""中小学中国史地教授应否与外国史地教授并重？""留学生归国后应否由国家考试，颁给国家学位？""学校应否允许传教师假借教师的地位宣传宗教？"同时，该杂志还刊出"国家主义的教育研究号征文启事"，说：

近代东西列强皆以国家主义的教育作育国民，形成国性，使对外可为独立国，对内可为统一国。史实俱在，班班可考。我国自新教育输入以来，亦曾提倡国家主义，但未切实推行。至平民主义流行，忽又耻谈国家主义为后时，而全国教育遂失其主旨矣。近年少数有识之士引以为忧，乃复倡言国家主义，期以教育建国。究竟后时与否，实有研究之必要。因此本志拟于第十五卷第一期刊行国家主义的教育研究特号，盼海内外教育家于下列各题中任选一题或数题，专登本志，当厚酬现金以答盛意。

该杂志共列出多达28个问题，供应征者备选。根据这次应征的情况，《中华教育界》于1925年7至8月出版了"国家主义的教育研究号"（第15

---

① 《教育上的国家主义问题》，《舒新城教育论著选》（上），第412页，人民教育出版社2004年版。
② 《中华教育界》第14卷第1~6期中均刊登广告称："本志现请专人主编，特约名家撰述，增加门类，刷新内容，取材精审，立论切要，而主旨期以国家主义的教育再造中国"。

卷第 1、2 期）。应该说，在陈启天任主编期间，《中华教育界》大量登载有关反对教会教育及主张收回教育权的文章，使该刊几成为完全宣传国家主义教育思想的刊物，每期"销行至一万五千份以上"[1]，成为当时中国教育界发行量最大、最畅销的学术杂志，社会反响颇大。

同时，由曾琦主编的《醒狮周报》也于 1924 年 10 月 10 日在上海创刊，该刊辟有余家菊主持的"教育特刊"等专栏，登载了余家菊、左舜生、陈启天、古楳等人不少宣传国家主义教育思想的来件、演讲与短论。

在《中华教育界》、《醒狮周报》等刊物的影响下，1924 至 1925 年，国家主义教育思想在学界声势日隆。黄醒早在 1925 年初即评论道：如果说"科学与人生观的论战"为 1923 年中国思想界最突出的事件；那么"国家主义的勃兴"则是 1924 年"我国思想界的新活动"[2]。舒新城也说："在此时期，国家主义的教育思想已弥漫全国，虽然因政见问题，不能昂首于国民政府底辖地，但全国教育界无论其为赞成为反对，都把这件事当做一个问题，此种教育思想真可谓盛极一时了。"[3] 除上述两刊外，上海《时事新报·学灯》、《民铎》、《新教育》、《申报·教育与人生》、《时报·教育世界》等报刊杂志也发表了不少关于国家主义教育的文章。可以说，陈启天在《中华教育界》、曾琦在《醒狮周报》的办刊实践，既使陈启天等人最终完成了国家主义教育的理论建构，同时也为国家主义教育学派训练了干部、凝结了人气。国家主义教育派从最初的余、李二人到迅速成长壮大，应该说，与上两刊的推波造势有着直接关系。

国家主义教育学派的最终形成，无疑是"国家教育协会"的成立。1925年 7 月，余家菊、范寿康、唐谷、周调阳、李璜、舒新城、穆济波、李珀卿、左舜生、常道直、杨廉、祝其乐、陈启天、罗廷光、成荣章、古楳、曹刍、周邦道、李暄荣、杨叔明、李儒勉、彭云生、罗承烈、舒启元、章伯钧、张鸿渐、田培林等 27 人共同发起成立"国家教育协会"。在其成立启事中强调：

救国之道多端，而其根本则在教育，此考诸历史而可信，质之理性而无疑者也。惟是教育之途径甚多，教育之议论亦杂，吾人果欲以教育之功，救国家之危，则吾人于教育之措施应决然以国家为前提，殆无犹移之余地，于是则国家主义的教育尚矣。所谓国家主义的教育者，乃以拥护国权，发扬国光，陶铸

---

[1]　陈启天、常燕生《国家主义运动史》，第 107 页，上海中国书局 1929 年版。

[2]　黄醒《民国十三年我国思想界的新活动》，《大公报》（长沙），1925 年 1 月 1 日。

[3]　舒新城《近代中国教育思想史》，第 337 页，中华书局 1932 年版。

国魂，燮和国民为宗旨之教育也。信仰此主义而服膺此宗旨者，现已遍于国中，且各就其力之所能及而宣传并实行之，实为中国前途之一线生机。但兹事体大，非持久不足以有成，欲持久则同志间不可无砥砺夹持之功，而以勇猛精进相勖。兹事又极繁，非群策群力不足以有济。欲合群则同志之间亦不可无流通声气之法，而以分工合作相勉。且国人于国家主义的教育之主张尚有存疑观望者，吾辈应如何祛其疑虑，而获其赞助？同志中有研究无资，施展无地者，又应如何假以机会而助以工具？此皆宣传与实施之重要问题，而有待于同志之协力解决者也。因是不可无团体之组织，而国家教育协会以起，邦人君子，其有同情于本会宗旨者乎？盍起而共图之！①

该成立启事以《国家教育协会缘起及简章》为题，先后刊登在 7 月 9 日出版的《时事新报·学灯》、7 月 15 日出版的《醒狮周报》第 41 号及本年 8 月出版的《中华教育界》第 15 卷第 2 期 3 种报刊上。所不同的是，《中华教育界》所载"国家教育协会"发起人总数为 39 位，比《学灯》及《醒狮周报》的名单多出 12 位，新增的是李相勗、杨亮功、吴定良、刘乃敬、黄敬思、钟道赞、张元恺、游嘉德、齐国梁、刘拓、汤茂如及郜爽秋②。根据余家菊等人制订的简章，国家教育协会以"本国家主义的精神以谋教育的改进"为宗旨，设会务委员会主持会务。第一届会务委员由左舜生、李璜、舒新城、余家菊、陈启天分别担任，任期各不同。如左舜生任期 1 年，李璜 2 年，舒新城 3 年，余家菊 4 年，陈启天 5 年。该会并下设"收回教育权研究会"、"教育用书研究委员会"、"国家主义宣传委员会" 3 个专门委员会。于 1926 年初又增加了"国家教育政策委员会"，由该协会会务委员会"推定"余家菊、常道直、郜爽秋、常乃德、罗廷光、舒新城、古楳、陈启天等人负责研究，其他会员"亦可自由参加"③。而"收回教育权研究会"的简章是：

第一条　本研究会以力谋收回中国教育权为宗旨。

第二条　本研究会由国家教育协会会员之志愿研究收回教育权问题者合组之。

第三条　本研究会之事务如左：

一、研究调查并编辑关于收回教育权之书籍；

---

① 《国家教育协会缘起》，《中华教育界》第 15 卷第 2 期，1925 年 8 月。

② 《国家教育协会缘起及简章》，《学灯》1925 年 7 月 9 日；《国家教育协会缘起及简章》，《醒狮周报》第 41 号，1925 年 7 月 15 日；《国家教育协会缘起》，《中华教育界》第 15 卷第 2 期，1925 年 8 月。

③ 《会务消息》，《教育特刊》第 9 期，载《醒狮周报》第 71 号，1926 年 2 月 20 日。

二、督促国民与政府从速收回教育权；

三、解释国人对于收回教育权之疑难；

四、劝告国人勿送子女入教会及其他在华所设之学校求学；

第四条　本研究会由会务委员会聘定主任一人，主持本会事务。

国家教育协会的主要事务则为编撰书报、赴各地演讲、赞助青年同志团体等。该会成立后，先后出版发行《教育特刊》（附刊于《醒狮周报》）、《教育专刊》（附刊于《中华教育界》）、《国家与教育周刊》（独立出版）等刊物，均由余家菊主编。该会总部设于上海，各地满 10 人即可设立分会。据该会的简章，"凡具备下列资格之一，由本会会员二人以上之介绍，经会务委员会之同意并填入会志愿书者，得为本会会员：（甲）赞成本会宗旨，从事教育事业或研究教育学术者；（乙）赞成本会宗旨，对于本会事业有特殊援助者。"据该协会发布的会务消息，至 1925 年 12 月 26 日，"共有会员一百四十八人"[1]；到 1926 年 1 月 23 日，"共有一百六十人"，并在南京、北京、武昌、美国等地均设有分会[2]。

国家教育协会成立后，曾广泛征求会员，并公布"第一年计划大纲"，准备开展 6 项活动：一是发行教育特刊，二是发行教育专刊，三是发行国家教育协会丛书，四是分组研究编辑教育用书，五是组织各地分会，六是分赴各地讲演[3]。但好景不长，该团体维持至 1927 年，即告终结。据笔者查考，作为该团体的机关刊物，由余家菊、曹刍先后任主编的《国家与教育》周刊，实际只出刊 39 期，最后一期的出版时间是 1927 年 1 月 21 日。表明此时该协会遇到严重困难而被迫停刊。但此后，"国家教育协会"的名称还在报刊上出现过两次：一次是 1927 年 3 月 12 日，该日出版的《醒狮周报》第 124、125 两号合刊上载有《国家教育协会为共产党招致外患事告全国教师》一文。另一次是 1927 年 11 月，舒新城所著《收回教育权运动》一书由中华书局出版。该书封面题为"国家教育协会第七种"，这应当是当时有关书报杂志上最后一次提到"国家教育协会"的名称。随着《国家与教育》的停刊及国家教育协会的停止活动，其成员多星散各处，该派不可避免地走向解体。

1927 年后该派解体的主要原因是：

① 《国家教育协会通告第二号》，《教育特刊》第 3 期，见《醒狮周报》第 64 号，1925 年 12 月 26 日。

② 《会务消息》，《教育特刊》第 6 期，见《醒狮周报》第 68 号，1926 年 1 月 23 日。

③ 《国家教育协会通告第二号》，《教育特刊》第 3 期，见《醒狮周报》第 64 号，1925 年 12 月 26 日。

第一，领军人物的分离。作为该团体主要领导者的李璜、余家菊、陈启天、左舜生等人，从1926年下半年起因事而分离，很难聚合。1926年7月，国民革命军誓师北伐，中国南北政局开始酝酿大变动。在这种情况之下，青年党也图谋掌握军事武装。因此，从1926至1927年，该党"先后赴云南讲武堂、金陵军官学校、东北讲武堂、四川各军军事学校、日本士官学校及军事专科学校学习军事的同志，约有1000余人"①。李璜于1926年冬应成都大学、成都高师之邀，名义上赴川任教，实有联络四川军阀刘存厚、杨森、刘湘之意；而余家菊、陈启天、王师曾则在1926年7月应军阀孙传芳之邀，赴金陵军官学校任教，分别教授政治、法律、经济、历史、修身等课程，他们还替孙制定了"三爱主义"（即"爱国家、爱民族、爱敌人"）；左舜生则在1926年由中华书局资助，赴法留学一年。该派几位领军人物天各一方，联系不易，自然使国家教育协会很难开展正常活动。

第二，学术阵地的变化。如前所述，由陈启天主编的《中华教育界》、先由余家菊继由曹刍主持的《国家与教育》周刊及《醒狮周报》是该派的三大学术阵地。但在1926年底至1927年初，除《醒狮周报》仍能维持出版外，其它两刊均出现一定程度的变化。1926年11月，陈启天辞去了《中华教育界》主编之职。陈启天主政该刊期间（从1924年7月第14卷第1期至1926年11月第16卷第5期，共主编29期），曾利用其地位刊发了该派多篇文章，仅本人在《中华教育界》上就发表过20多篇②，可见其对该派的重要性。《国家与教育》周刊创刊后，"稿件由各地会员供给，经费由会员会费支给一部分外，举行会员特捐补充之"，出版后"分赠各会员一份"③。但对于一个学术刊物来讲，没有其它渠道，仅靠会员会费办刊，显然难以维持长久。该刊在上海、北京间曾两易其地，并两度附刊于《醒狮周报》，其原因很大程度在于节省成本。该会也曾几次发出启事，要求会员从速缴纳会费。如1926年11月20日发布的启事中说：

本会经济支绌万分，凡我会员务乞即将第二三年两年会费从速掷下（寄款请注明由静安寺邮局收），以利进行，至为盼祷。④

但即使如此，终因经费拮据而不得不于1927年1月21日出完第39期后

① 陈启天《寄园回忆录》，第297页，台湾商务印书馆1965年版。
② 陈启天《寄园回忆录》，第119~143页，台湾商务印书馆1965年版。
③ 《会务消息》，《教育特刊》第6期，《醒狮周报》第68号，1926年1月23日。
④ 《启事一》，《国家与教育》第30期，《醒狮周报》第111号，1926年11月20日。

寿终正寝。此两刊的变化，使该派失去了学术倚重中心，其影响颇为致命。

第三，政治环境的影响。20 年代初，中国南北对峙，各派军阀拥兵割据，政局纷扰，罗志田先生谓之"五代式的民国"①。但从学术文化上说，此期又恰是一个较为宽松、繁荣的时代。统治阶级对学术文化的统制尚不细密，学人之间的争鸣也较少党派色彩，这些均为包括国家主义教育派在内的各种知识分子创新思想、研究学术创造了良好的外部环境。但好景不长，1926 年秋后，随着国民革命的兴起与国民党势力从南至北的扩大，国民党政府对学术文化的控制逐渐趋于严厉。政治上，明确将国家主义派视为一个反动团体而予以禁止。如 1926 年 10 月 16 日国民党中央执行委员会发布命令说：

为遵令事。查近年一般思想落后之徒，结成所谓国家主义派，甘受帝国主义者与军阀官僚豢养，对于本党主义及国民政府之设施，日事诬蔑破坏。本会早既严加注意。惟闵其愚昧，且反对未大，无足以撼本党毫末，故仅通饬各地禁止该派醒狮报销售，俾免惑乱人民视听。乃现据国民革命军总司令部政治部留守主任孙炳文呈称，该派以我党政府仁慈为怀，仅饬禁止，不但不知悔悟，近且于我国民革命军势力进展中原之际，益加狂妄，为彼主人帝国主义者张目。倘再优容，其流毒不知伊于胡底。业经后方政治工作联席会议议决对付办法数项，请予察核令遵等由，当于第六十五次会议提出讨论，决议照办在案。除所呈各项另行办理不叙外，第二项为请训各级党部、党报一致努力反攻，以期扑灭邪说。并摘出各项，通令查照。希一奉到此令，即对该派开始攻击，或演说宣传，务使人民视听正确，邪说日就消灭，是为至要。此令。②

广东国民政府、国民革命军后方留守部门也制订了《反国家主义宣传大纲》，强调国家主义派"在客观上，完全成了帝国主义的走狗，中国国民革命运动的仇敌。每个忠实的革命同志，必须尽力的反对他。"③ 教育上，国民党也大力提倡"党化教育"，反对所谓"国家主义的教育"。在这一背景下，国家主义教育学派也不免受其牵连，多数人不得不放弃原有主张，另谋出路。总之，国家主义教育思潮及国家主义教育派从 1927 年后趋于沉寂，与国民党政府的政治文化政策趋向专制，是有密切关联的。

---

① 罗志田《五代式的民国：一个忧国知识分子对北伐前数年政治格局的即时观察》，《近代史研究》1999 年第 4 期。

② 《中国国民党中央执行委员会反对国家主义派命令》，李义彬编《中国青年党》，第 53～54 页，中国社会科学出版社 1982 年版。

③ 《反国家主义宣传大纲》，李义彬编《中国青年党》，第 53～54 页，中国社会科学出版社 1982 年版。

二、国家主义教育派主要成员稽考

关于国家主义教育派的成员人数与名单，一直未见有人提供。余家菊、陈启天、李璜、舒新城等该派主要成员，在各自回忆录中，也没有说明，这无疑给后人研究该派情况，造成了极大的困难。

国家主义教育派以国家教育协会为核心，但该协会会员的确切人数已不可考。由陈启天主编的《中华教育界》，曾出版"留学问题号"（第 15 卷第 9 期）、"师范教育号"（第 15 卷第 11 期）、"小学爱国教材号"（第 16 卷第 1 期）共三期专号。作为国家教育协会的"专刊"，这 3 期专号的作者绝大多数均是该协会成员。此外，先由余家菊主编、后由曹刍主持的《国家与教育》周刊，前后共出刊 39 期，载文约近 80 篇①，其作者全是该协会成员。另，《中华教育界》第 14 卷第 8 期"收回教育权运动号"，及第 15 卷第 1、2 期"国家主义的教育研究号"，分别刊发一组文章。这些作者多半是国家主义教育思想的积极鼓吹者，应当也视为此期国家主义教育学派的成员。

为便于研究，以下分别列出各相关名单。表 4－1 为国家教育协会发起人、《国家与教育》周刊各期作者及陈启天任主编时期《中华教育界》所出各"专号"作者名单。表 4－2 为陈启天任主编时《中华教育界》所出各专号文章篇目。

表 4－1 有关作者名单

国家教育协会 发起人名单	余家菊、范寿康、唐谷、周调阳、李璜、舒新城、穆济波、李琯卿、左舜生、常道直、杨廉、祝其乐、陈启天、罗廷光、成荣章、古楳、曹刍、周邦道、李暄荣、杨叔明、李儒勉、彭云生、罗承烈、舒启元、章伯钧、张鸿渐、田培林、李相勖、杨亮功、吴定良、刘乃敬、黄敬思、钟道赞、张元恺、游嘉德、齐国梁、刘拓、汤茂如、邰爽秋
《中华教育界》"留学问题号"作者名单②	陈启天、李璜、中九、李儒勉、常道直、王光祈、王崇植、周太玄
《中华教育界》"师范教育号"作者名单③	陈启天、余家菊、夏承枫、李清悚、张宗麟、顾克彬、程宗潮、沈子善、罗廷光、周天冲、舒新城

---

① 舒新城《民国十五年中国教育指南》统计为 63 篇，但这一数字显然没有包括 1927 年 1 月出版的《国家与教育》周刊第 37～39 期的文章数。见该书第 223 页，上海中华书局 1928 年版。

② 陈启天在该号《小引》一文中，明确说"本号的作者多是国家教育协会的会员"，又特意指出："中九君《日本留学问题》一文，乃会外特约，特此申明"。

③ 陈启天在该号《小引》一文中，强调"本号的稿件完全是由国家教育协会会员做的"。

《中华教育界》"小学爱国教材号"作者名单	余家菊、杨嘉椿、胡叔异、徐映川、胡钟瑞、向觉明、季禹九、黄竞白、任启珊、俞子夷、何元、乔一乾、刘昌峨、芮良恭、王景之、刘孟晋、李伯俊、吴文麟、王述之、马客谈、刘昌义、周翕庭
《中华教育界》"收回教育权运动号"作者名单	陈启天、余家菊、李璜、周太玄、杨效春、常道直、李儒勉、舒新城、吴俊升
《中华教育界》"国家主义的教育研究号"作者名单	陈启天、余家菊、李璜、廖世承、高仁山、祝其乐、范寿康、杨廉、程宗潮、鲁继曾、唐谷、常道直、杜定友、王庚、罗廷光、陆兆传、凌纯声、古楳、盛朗西、周天冲、杨效春、曹刍、李琯卿、穆济波、李儒勉、朱文叔、胡叔异、徐映川、吴俊升、张宗麟、范源濂
《国家与教育》周刊作者名单（包括《醒狮周报》中《教育特刊》的作者）	谢循初、张一勇、常燕生、李璜、侯兆麟、严恕、罗廷光、邱椿、余家菊、陈启天、刘炳藜、沈振家、杨廉、常道直、张大渡、古楳、陈东原、汪震、杨效春、叶方镇、乐增锴、阎浩吾、李辉光、曹刍、易君、王庚、吴毅、毛礼锐、梁荣滔、承志、益之、朗、沉之

表4-2 陈启天任主编时《中华教育界》各专号文章篇目

专号名称	卷期与时间	文章篇名	作者
收回教育权运动号	第14卷第8期（1925年2月）	我们主张收回教育权的理由与办法	陈启天
		收回教育权问题及答辩	余家菊
		伦理教育与宗教教育	李璜
		非宗教教育与教会教育	周太玄
		基督教之宣传与收回教育权运动	杨效春
		对于教会大学问题之管见	常道直
		教会大学问题	李儒勉
		收回教会中学问题	舒新城
		收回教会师范学校问题	杨效春
		收回教会小学问题	吴俊升
		法国教育与宗教分离之经过——其用意及其效果	李璜

专号名称	卷期与时间	文章篇名	作　者
国家主义的教育研究号	第15卷第1~2期（1925年7~8月）	刊行专号引端——国家主义的教育要义	陈启天
		教育上的国家主义与其他三种主义之比较	余家菊
		国家主义下之教育行政	余家菊
		国家主义的教育与伦理教育	李　璜
		中学实施军事训练问题	廖世承
		国家主义与公民教育	高仁山
		论教育上之国家主义	祝其乐
		近代日本教育与国家主义	范寿康
		近代德国教育与国家主义	杨　廉
		近代英国教育与国家主义	程宗潮
		近代美国教育与国家主义	鲁继曾
		丹麦的爱国教育家及其所提倡之学校	唐　谷
		国家主义与平民教育问题	常道直
		国家主义与实业教育及职业教育	唐　谷
		国家主义与图书馆	杜定友
		国家主义与学校体育的改造	王　庚
		国家主义与师范教育问题	罗廷光
		国家主义与中国师范教育的改造	陈启天陆兆传
		国家主义与中国的音乐教育	凌纯声
		乡村教育运动与国家主义	古　楳
		各国宪法规定国家教育权与教育政策之研究	盛朗西
		学校军事教育辨	周天冲
		国家主义与中学宗旨问题	杨效春
		国家主义与中学训育问题	曹　刍
		国家主义与中学公民教学问题	李琯卿

专号名称	卷期与时间	文章篇名	作者
	第15卷第1~2期（1925年7~8月）	国家主义与中学国文教学问题	穆济波
		国家主义与中学英语教学问题	李儒勉
		国家主义与中小学地理教学问题	朱文叔
		国家主义与小学宗旨问题	胡叔异
		国家主义与小学训练问题	徐映川
		国家主义与小学课程问题	罗廷光
		国家主义与小学国文教学问题	吴俊升
		国家主义的教育与小学取消英语的运动	李儒勉
		介绍赖士禄的《国家主义与近代教育》	张宗麟
留学问题号	第15卷第9期（1926年3月）	留学问题号小引	陈启天
		留学教育宗旨与政策	陈启天
		留学问题的我见	李璜
		留学教育的批评与今后的留学政策	李儒勉
		留美学生状况与今后之留学政策	常道直
		日本留学问题	中九
		法国留学政策	李璜
		留德学生问题	王光祈
		工科学生与留美	王崇植
		留美学生与秘密结社问题	常道直
		中国留学小史	舒新城
		留法学生近况	周太玄
师范教育号	第15卷第11期（1926年5月）	师范教育号小引	陈启天
		师范教育宗旨	陈启天
		师范教育行政	余家菊
		师范教育行政改造	夏承枫
		私立师范学校问题	李清悚

专号名称	卷期与时间	文章篇名	作者
	第15卷第11期 （1926年5月）	幼稚师范问题	张宗麟
		农村师范在师范教育之地位	顾克彬
		师范学校的训练问题	程宗潮
		初级师范学校课程之研究	沈子善
		师范生实习问题	罗廷光
		德美师范教育之新趋势	周天冲
		师范教育与科学的问题	周天冲
		中国近代师范教育小史	舒新城
		最近欧美高等师范教育之升格运动	罗廷光
小学爱国教材号	第16卷第1期 （1926年7月）	爱国教材在小学教育上的地位	余家菊
		我对于本志发行小学爱国教材号之希望	徐映川
		小学国语科应有的爱国教材	马客谈
		小学国语科中应有的爱国教材	胡钟瑞
		小学公民科应有的爱国教材	胡叔异
		小学历史科应有的爱国教材	向觉明
		小学历史科应有的爱国教材	徐映川
		小学地理科应有的爱国教材	任启珊
		小学校地理科应有的爱国教材	黄竞白
		小学社会科应有的爱国教材	杨嘉椿
		小学校算学科里的爱国教材	俞子夷
		小学图书科应有的爱国教材	何 元
		一篇国语科的爱国教材	芮良恭
		和平之劫（爱国儿童文学）	李伯峻
		最后通谍（爱国儿童文学）	吴文麟
		关税会议	刘昌义
		一篇语文科爱国教材的试教报告	乔一乾

续表

专号名称	卷期与时间	文章篇名	作　者
	第16卷第1期 （1926年7月）	爱国歌	王景之
		蔡松坡先生小传	王景之
		凯末尔将军	刘孟晋
		道尔顿制下史地科爱国教材时事的教学和预定教材之联络	周翕庭
		协动教学法处世生活中一个有关爱国教材的教学实例——三月十八日的那一天	王述之

　　据表4-1所列名单，如除去重复及个别署笔名者待考不计外，总计得101人，约占国家教育协会160人总数的63%。由于缺乏相关资料，上列101人中，部分人士生平已不可考，以下为其中62名可考成员的简况①：

表4-3　国家主义教育学派主要成员简表

序号	姓名	籍贯	生卒年代	学历	1925~1926年任职部门	已知参加团体
01	余家菊	湖北黄陂	1898~1976	北京高师毕业留英	中华书局编辑兼东南大学教授	少年中国学会、中国青年党
02	李璜	四川成都	1895~1990	震旦大学毕业留法	武昌大学、北京大学教授	少年中国学会、中国青年党
03	舒新城	湖南溆浦	1893~1960	湖南高师毕业	东南大学附中教师、成都高师教授	少年中国学会

　　① 本表据《少年中国学会改组委员会调查表》，见《五四时期的社团》（一），第508~529页，三联书店1979年版；及《少年中国学会会员名单》，见李璜《学钝室回忆录》（上卷），第52~55页；徐友春主编《民国人物大辞典》，河北人民出版社1991年版；陈玉堂编著《中国近现代人物名号大辞典》（全编增订本），浙江古籍出版社2005年版；顾明远主编《教育大辞典》（增订合编本），上海教育出版社1998年版；周家珍编著《20世纪中华人物名字辞典》，法律出版社2000年版；贾馥茗总编纂、国立编译馆主编《教育大辞书》，台湾文景局2000年版，以及其它若干文史资料而制成。

序号	姓 名	籍 贯	生卒年代	学 历	1925～1926年任职部门	已知参加团体
04	范寿康	浙江上虞	1895～1983	留日	中山大学、安徽大学教授	不详
05	穆济波	四川合江	1895～1978	成都高师毕业	东南大学附中教师	少年中国学会
06	左舜生	湖南长沙	1893～1969	上海震旦学院毕业	中华书局编译所新书部主任	少年中国学会、中国青年党
07	常道直	江苏江宁	1897～1975	北京高师毕业留美	东南大学教授	少年中国学会
08	陈启天	湖北黄陂	1893～1984	南京高师毕业	中华书局编辑	少年中国学会、中国青年党
09	古 楳	广东梅县	1899～1977	东南大学毕业	不详	少年中国学会
10	曹 刍①	江苏江都	1895～1984	南京高师毕业	东南大学附中教师	少年中国学会、中国青年党
11	李儒勉②	江西鄱阳	1900～1956	金陵大学毕业	东南大学附中教师	少年中国学会
12	彭云生	四川崇庆	1887～1966	就读四川国学院，辍学自修	成都敬业学院教师	少年中国学会、中国青年党
13	章伯钧	安徽桐城	1895～1969	武昌高师毕业留德	中山大学教授	不详
14	杨亮功	安徽巢县	1897～1992	北京大学毕业留美	留学生	少年中国学会

① 参见陈楚主编《当代田园诗选》，第307页，中国国际广播出版社1992年版。

② 参见李中《我的父亲——李儒勉》，《波阳文史资料》第4辑，第24～26页，政协江西省波阳县委员会1989年版。

序号	姓 名	籍 贯	生卒年代	学 历	1925～1926年任职部门	已知参加团体
15	唐谷①	广西灌阳	1897～1975	南京高师毕业	东南大学附中教师、中华书局编辑	少年中国学会、中国青年党
16	刘拓②	湖北黄陂	1897～?	北京高师毕业留美	留学生	少年中国学会、中国科学社
17	邰爽秋	江苏东台	1897～1976	南京高师毕业留美	东南大学附中教师、留学生	少年中国学会
18	吴俊升	江苏如皋	1901～?	南京高师毕业	东南大学附中教师	少年中国学会
19	王崇植	江苏常熟	1897～1958	上海工专毕业留美	浙江工专、南洋大学教授	少年中国学会
20	汤茂如	四川大竹	不详	北京高师毕业留美	留学生	少年中国学会
21	杨效春	浙江义乌	1897～1938	南京高师毕业	东南大学附中教师	少年中国学会、中国青年党
22	廖世承	江苏嘉定	1892～1970	清华学校毕业留美	东南大学教授、附中主任	不详
23	俞子夷	江苏吴县	1885～1970	上海南洋公学毕业	东南大学教授、附小主任	不详
24	杨叔明	四川崇庆	1894～1960	就读成都德文学堂	四川省立女二师校长	少年中国学会、中国青年党

① 参见唐肇华《荜路蓝缕育师表——忆教育家、广西师范教育开拓人唐现之》,《桂林文史资料》第17辑《人物专辑》,第165～173页,政协桂林市委文史资料委员会1991年版。
② 参见姚远等编《西北大学学人谱》,第314页,西北大学出版社1997年版。

序号	姓 名	籍 贯	生卒年代	学 历	1925～1926 年任职部门	已知参加团体
25	成荣章	不详	不详	南京高师毕业	四川省立女二师教务主任	不详
26	舒启元	四川长寿	1898～1970	北京大学毕业	重庆联中校长	后加入国民党①
27	罗承烈	四川涪陵	1899～1989	中国大学毕业	重庆联中教师	不详
28	周调阳	湖南武冈	1894～1964	北京高师毕业	湖南衡山岳云中学教师	不详
29	罗廷光	江西吉安	1896～1993	南京高师毕业	南京女一师教师	国光社②
30	邱 椿	江西宁都	1897～1966	清华毕业留美	北京女子高师教授	中国青年党③
31	盛朗西	上海青浦	1901～1974	东南大学毕业	东南大学助教	不详
32	李相勖	安徽桐城	1901～1971	清华大学毕业留美	留学生	不详
33	刘乃敬	安徽巢县	1893～1969	金陵大学毕业留美	留学生	不详
34	吴定良	江苏金坛	1894～1969	南京高师毕业留英	留学生	不详

① 参见舒文云《怀念我的父亲舒启元》,《长寿县文史资料》第 7 辑,第 17～25 页,政协四川省长寿县委员会文史资料研究委员会 1992 年版。另,罗章龙曾提到舒启元参加了中国共产党,此说待考。见《椿园载记》,第 33 页,三联书店 1984 年版。

② 据吴俊升回忆,"'少中'会友李儒勉君,原与国家主义无关。他考取江西留美官费生,被人控告为国家主义派而被取消官费资格,而以备取生罗廷光君递补。罗君却是国家主义组织'国光社'的主要社员。因为无人举发却安然以官费出国了,后来成为中央大学的师范学院院长。"见《教育生涯一周甲》,第 35 页,台湾传记文学出版社 1976 年版。

③ 参见李璜《学钝室回忆录》(上卷),第 209 页,香港明报月刊社 1979 年版。

序号	姓　名	籍　贯	生卒年代	学　历	1925～1926年任职部门	已知参加团体
35	张鸿渐	湖北枝江	1896～1928	武昌高师毕业留英	留学生	不详
36	黄敬思	安徽芜湖	1897～1982	北京高师毕业留美	留学生	不详
37	张元恺	山西汾阳	1891～1967	燕京大学毕业留美	留学生	不祥
38	田培林	河南襄城	1893～1975	北京大学毕业	留学生	不详
39	钟道赞	浙江余杭	1892～？	北京高师毕业留美	留学生	不详
40	张宗麟	浙江绍兴	1899～1976	东南大学毕业	南京鼓楼幼稚园教师	不详
41	夏承枫	江苏南京	1897～1935	东南大学毕业	东南大学助教	不详
42	顾克彬	浙江浦江	不详	东南大学毕业	江苏太仓中学教师	不详
43	鲁继曾①	四川阆中	1891～？	之江大学毕业留美	大夏大学附中主任	不详
44	凌纯声②	江苏武进	1900～1981	南京高师毕业留法	留学生	不详
45	祝其乐③	浙江新昌	1897～1977	南京高师毕业	江苏省立八师教师	不详

①　参见刘国铭主编《中国国民党百年人物全书》（下册），第2309页，团结出版社2005年版。

②　参见李亦园《学苑英华 人类的视野》，第412～413页，上海文艺出版社1996年版。

③　参见邹士润《记教育学前辈祝其乐》，《杭州文史资料》第12辑《师魂初编》，第143页，政协杭州市委文史资料委员会1989年版。

续表

序号	姓　名	籍　贯	生卒年代	学　历	1925～1926年任职部门	已知参加团体
46	齐国梁①	河北宁津	1894～？	广岛高师毕业留美	留学生	不详
47	杨廉	四川安岳	1897～1939	北京大学毕业留美	四川模范小学教师	不详
48	谢循初	安徽当涂	1895～1984	金陵大学毕业留美	武昌师大、北京师大教授	少年中国学会
49	王光祈	四川温江	1891～1936	中国大学毕业留德	《申报》特约记者	少年中国学会
50	周太玄	四川成都	1895～1968	中国公学毕业留法	留学生	少年中国学会
51	杜定友	广东南海	1897～1967	上海工专毕业留学菲律宾	复旦大学教授兼图书馆馆长	不详
52	李清悚	江苏南京	1903～1990	东南大学毕业	东南大学在校学生	后加入国民党②
53	周邦道	江西瑞金	1898～1991	南京高师毕业	不详	不详
54	毛礼锐	江西吉安	1905～1992	东南大学毕业	东南大学在校学生	不详
55	常燕生	山西榆次	1898～1947	北京高师毕业	燕京大学教授	中国青年党
56	陈东原	安徽合肥	1902～1978	北京大学毕业	安徽大学讲师	不详
57	朱文叔	浙江桐乡	1896～1965	浙江第一师范毕业	中华书局编辑	不详

①　参见齐文颖《毕生从事师范教育的齐国梁》，政协天津市委文史资料委员会编《近代天津十二大教育家》，第170页，天津人民出版社1999年版。

②　参见李清悚《我对南京高师和东南大学的回忆》，《江苏文史资料选辑》第11辑，第127～135页，政协江苏省暨南京市文史资料委员会1983年版。

续表

序号	姓 名	籍 贯	生卒年代	学 历	1925~1926年任职部门	已知参加团体
58	范源濂	湖南湘阴	1876~1927	留日	北京高师校长	不详
59	李琯卿	浙江镇海	1891~1945	京师大学堂毕业	宁波效实中学教师、《四明日报》主笔	中国青年党、爱国青年社
60	王 庚①	江苏丹阳	1902~?	东南大学毕业	东南大学在校学生	不详
61	刘炳藜	湖南岳阳	不详	北京高师毕业留德	北京高师在校学生	后加入复兴社
62	侯兆麟②	山西平遥	1903~1987	北京高师毕业留法	北京高师在校学生	后加入共产党

分析表4-3资料可知：

（一）这62名可考的主要成员中，既加入"少年中国学会"同时又加入"中国青年党"者，有余家菊、李璜、陈启天、左舜生、唐谷、杨叔明、杨效春、曹刍、彭云生9人；另外，舒新城、穆济波、常道直、古楳、李儒勉、杨亮功、刘拓、邰爽秋、吴俊升、王崇植、汤茂如、谢循初、王光祈、周太玄等14人具有"少年中国学会"会籍；而邱椿、常燕生、李琯卿等3人具有中国青年党党籍。三项合计26人，几占总数的42%。这即是说，该派相当一部分成员具有"少年中国学会"或"中国青年党"的背景。特别是其领导层——会务委员，除舒新城外，其他4人均是青年党的重要领导人物，说明青年党对该会的影响较大。李璜也曾说，他于1925年7月初从武昌大学返回上海，"与慕韩、舜生、启天诸同志会商发展党与团的工作小法"，"即决定三种扩大组织与声势方针"：

一为促在巴黎之中国青年党中央党部迅即移回上海，在巴黎之重要干部早

---

① 参见国家体委体育文史工作委员会、全国体总文史资料编审委员会编《体育史料》第17辑《中国近代体育文选》，第486~487页，人民体育出版社1992年版。

② 即侯外庐。

日回国活动；二为组织"国家主义各团体联合会"，在联合活动中物色并吸收党团员；三为扩大国家教育协会活动，将一向本着我与余家菊同志在巴黎所合著的《国家主义的教育》书中所标明的宗旨与作法，积极向教会学校进攻，而要求政府收回教育权。

他强调，这些决定在1925至1926年很快"表现出活动的成绩"，其中最主要的，是"在教育界服务的会友多半加入了国家教育协会，一时声势甚盛"①。

该团体成立后，中国青年党党魁曾琦也表达了他对该会的期望：

国家教育协会为本社社员及国内外教育家之信仰国家主义者所组织，其宗旨定为"本国家主义的精神，以谋教育的改进。"固异乎徒言改进而无宗旨，或且取法乎下，而以菲律宾之"亡国奴教育"为模范者矣。昔张江陵（即张居正——引者）病明代学者之"聚徒冗食"，至于下令解散天下书院。今之毫无宗旨之教育家，若遇江陵，不徒遭其解散，或且不免廷杖耳。"改弦更张"之责，"起衰振废"之任，吾于该会有厚望焉。②

从这些记述可知，国家教育协会的发起成立，多半是出于中国青年党领导层的决定，该协会领导成员多为青年党分子，其具体活动又与中国青年党当时的策略密不可分。因此，它实质上是中国青年党的外围组织。

（二）该协会主要成员多为报刊编辑、主笔、大学教授、中学教师、留学生等。其中有在南京高师、东南大学学习或供职背景的达27位。李璜在其回忆录中曾说，"国家教育协会"是由在南京东南大学的少年中国学会会员发起成立的③。1922年考入东南大学的李清悚也回忆：

东大也是国家主义派活动的基地。国家主义派后来改称中国青年党，该党的大头目余家菊、陈启天就在东大，余任教授，陈是教育科学生。他们在东大建立组织，以谢承平、周谦冲为领导，参加者有程宗宣、方应尧、江澄等。④

东南大学的前身是1902年创办的三江师范学堂，1905年改称两江师范学堂，1915年成立南京高等师范学校。1919年著名教育家郭秉文继任南高校长，

---

① 李璜《学钝室回忆录》（上卷），第189~190页，香港明报月刊社1979年版。

② 《对国家教育协会之期望》，陈正茂等编《曾琦先生文集》（上），第608页，台湾中央研究院近代史研究所1993年版。

③ 李璜《学钝室回忆录》（上卷），第44页，香港明报月刊社1979年版。

④ 李清悚《我对南京高师和东南大学的回忆》，《江苏文史资料选辑》第11辑，第127~135页，江苏人民出版社1983年版。

"其时可谓南高已臻成熟而酝酿改组之时代"。当时南高设有国文史地部、数学理化部、教育专修科、农业专修科、工艺专修科、商业专修科，教职员 94 人，学生 416 人①。1920 年 12 月，南高将教育、农业、工艺、商业四科划出，筹建东南大学。1923 年 7 月，南高与东大合并，仍称东南大学，当时设文理、教育、农、工、商五科，共 36 个系。据 1925 年的统计，"教员 135 人，职员 145 人。全校学生数，文理科 578 人，教育科 231 人，农科 155 人，商科 266 人，预科 219 人，共计 1483 人。"② 南高、东大是当时东南各省惟一的综合性国立大学，与北大齐名，主要是由于各科延聘了一批国内知名学者，人才济济。就教育科来看，就设有教育系、心理系、体育系、乡村教育系 4 个系，先后任教的教授有 32 人，中国早期的一些著名教育家如郭秉文、郭任远、朱斌魁、陈鹤琴、赵叔愚、程锦章、汪懋祖、张信孚、孟宪承、李建勋、廖世承、徐则陵、艾伟、董任坚、郑宗海、汪典存、俞子夷、卢颂恩、卢爱林、洪范五、余家菊、常道直、邱椿、王瑞娴、高君珊、黎庆公、陈裕光、程湘帆等，均在此任教③。南高、东大教育科在当时国内处于领先地位，"该校在教育科学上，如编选智力测验、教育测验等量表，在国内推行。提倡各种教学法，出版中学教育、小学行政、测验概论、儿童教育、家庭教育、学校调查。教育统计。社会心理学等著作，对国内教育界发生很大影响。"就毕业生去向来看，主要是在教育界，特别是江浙两省，"规模较大的中学和附小校长是由南高、东大毕业生担任的，凡是南高、东大毕业生担任校长，该校教师就必定多数是南高、东大毕业生。"④

陈启天当时也是少年中国学会南京分会的负责人，而谢循初、曹刍、李儒勉、邰爽秋、杨效春、唐谷、吴俊升、古楳、穆济波、舒新城等，均为少年中国学会南京分会的成员⑤。此外，陈启天还身兼《中华教育界》的主编，与教育界关系密切。

---

① 张其昀《源远流长之南高国学》，《国风》第 7 卷第 2 期 "南京高等师范学校二十周年纪念刊"，1935 年 9 月。
② 张其昀《源远流长之南高国学》，《国风》第 7 卷第 2 期 "南京高等师范学校二十周年纪念刊"，1935 年 9 月。
③ 参见田正平、商丽洁主编《中国高等教育百年史论》第 422 页，人民教育出版社 2006 年版。
④ 李清悚《我对南京高师和东南大学的回忆》，《江苏文史资料选辑》第 11 辑，第 127~135 页，江苏人民出版社 1983 年版。
⑤ 《南京分会第三次集会议决案》，《少年中国》第 4 卷第 8 期，1923 年 12 月。并参见吴小龙《少年中国学会研究》，第 34 页，上海三联书店 2006 年版。

因此，考虑到以上情况，东南大学与"少中"南京分会故旧师友，声应气求，加入国家教育协会者自然颇多。

（三）国家教育协会在"会务消息"中曾提到在美国设有该协会分会。上表所列留美学生如钟道赞、田培林、黄敬思、刘乃敬、李相勖、汤茂如、邱爽秋、杨亮功、刘拓、张元恺、游嘉德、齐国梁等人，绝大多数在美国留学，即可肯定为美国分会的成员。杨亮功回忆，其于 1922 年夏到美留学，此时斯坦福大学已有中国留学生十数人，"据我记忆所及有张香谱、齐国梁、杨克纯、黄敬思、曾颂彬、郑通和、郝耀东、何浩若、萨本栋、沈有乾、祁志厚、邓春膏、谭天凯、方重、谢文柄等"。后杨亮功转入哥伦比亚大学师范学院继续学习，该校中国留学生较多，"我记得当时同学有李建勖、齐国梁、程时煃、邱椿、邱爽秋、常道直、钟道赞、陈科美、刘乃敬、郑通和、汤茂如夫妇等。"①

国家主义教育学派的核心成员主要有余家菊、李璜、陈启天、左舜生、杨效春、古楳等人。特别是余、李、陈三人，为民国"十三四年之间，宣传国家主义的教育之最有力者"②。舒新城在分析其宣传国家主义教育之特色和功绩时说："陈氏为《中华教育界》编辑，故能影响教育界一部分的舆论。李氏以社会学的见地，从消极方面，说明国家主义的教育与其他主义的教育不同之点，而提醒许多人对于此种教育的趋向。余氏则从教育上建立系统的理论，于十四年辑其十二年以后专论此种教育的论文为《国家主义教育学》一册，发挥其整个的主张，故此种教育思想的代表，当推余氏。"③

余家菊（1898～1976），字景陶、子渊，笔名家菊，党号赉星，湖北黄陂研子岗大余湾人。7 岁起受家塾教育，1909 年考入道明高等小学。民国成立后就学于武昌，1912 年入文华书院，同年秋，考入武昌中华大学预科。肄业 3 年后，再考入本科中国哲学门，1918 年 6 月毕业，任中华大学中学部监学，时恽代英任中学部主任，余因之参加其创办的进步团体"互助社"。1919 年 7 月加入少年中国学会。1920 年 2 月，考入北京高师学堂教育研究科。同年秋，任教于长沙第一师范。1921 年春再回北京高师继续学习，同年夏，任教于河南开封留美预备学校和河南第一师范。暑假期间回湖北参加留学考试，以全省第一名的成绩考取庚款公费，赴英国伦敦大学留学，主修心理学。1923 年秋，转入爱丁堡大学学习哲学。在英期间，曾应罗素之邀赴其家做客，并时常撰文寄回国内在《少年中国》、《中华教育界》等杂志上发表。1923 年 7、8 月间，赴巴黎渡暑假，与李璜商议编定《国家主义的教育》一书，得中华书局编译所新书部主任左舜生的帮助，"用最迅速的方法，于一个月内出版"。1924 年夏回国，任武昌师范大学哲教系主任。1925 年春，入中华书局，并任《醒狮周报》"教育副刊"编辑。1925 年夏加入中国青年党。余家菊与曾琦等很早前就相识相交，之所以迟至 1925 年才加入中国青年党，主要原因乃在于思想的分歧。根据曾琦日记的记载，1923 年初，他初读余氏《论民族性的教育》一文，觉得"颇有见地"①。1923 年 4 月，余家菊因休春假而至巴黎。某日，与曾琦、李璜一起坐在巴黎郊外一小山丘上，谈及组织政党问题，余家菊表示"领袖难得"，并强调自己"愿意为国家服务，不愿意卷入党争的旋涡中"②，对曾琦的建党主张予以拒绝。后来，曾琦与余家菊辩论教育方针，谓："中国现在处非常时代，宜造就应变之人才，不可以中庸之德教人，使学子易流于乡愿"。而余家菊不以为然，谓："中庸为我国最高伦理，不可丧失"，曾琦认为"其言亦颇有理"③。据余的回忆，其入青年党颇为曲折：

既归上海，慕韩拿出青年党入党书，请醒狮的几位执笔人填写，我坚决不填。第一，因为我素性不能自欺，所以不能随声附和；第二，我受过英国自由思想的感染，不能将自己的一切整个交给团体支配。后来幼椿一再怂恿，一定要我加入。我方在两个声明之下，加入青年党：一个我的思想和言论，除有关政治者外，不受党的支配。另外一个是党若对我单独有所命令，必须事先取得我的同意。此一申明，即载在我的入党志愿书上，以后，我的思想随时或与党内人背道而驰，我依然确保我自己的见解毫不动摇，在道义上我先已站住了脚跟。④

1925 年 7 月与李璜等发起成立"国家教育协会"，任第一届会务委员，主编《国家与教育》周刊。1926 年秋，见北伐军节节胜利，余家菊重新思考"教育救国"主张，认为"武人乱国，文人不足以救国，今后必须诞生有文人修养之新武人，以作国家重镇，而扶国政以入轨道，国事始有希望"。⑤ 抱着

---

① 《旅欧日记》1923 年 2 月 13 日，陈正茂等编《曾琦先生文集》（下），第 1355 页，台湾中央研究院近代史研究所 1993 年版。

② 余家菊《回忆录》，第 49 页，中华书局 1948 年版。

③ 《旅欧日记》1924 年 1 月 28 日，陈正茂等编《曾琦先生文集》（下），第 1390～1391 页，台湾中央研究院近代史研究所 1993 年版。

④ 余家菊《回忆录》，第 50 页，中华书局 1948 年版。

⑤ 余家菊《回忆录》，第 52 页，中华书局 1948 年版。

这种认识，他受邀出任孙传芳主办的金陵军官学校的总教授、政治部主任，主讲《国家学》与《军人修身》。后追随孙传芳从南京一路退往扬州、清江浦、海州、青岛、济南、芦台、滦州、新立屯、沈阳，两年之内，行程数千里。1928 年在沈阳冯庸大学任教，并主编《东三省民报》副刊。1930 年在北京大学、北平师范大学及中国大学任教。"九·一八"事变后返回上海，1935 年任中国大学哲教系主任。抗战爆发后，任一、二、三、四届国民参政会参政员。1946 年任政协代表，11 月任"制宪国大"代表。1947 年 4 月任国民党政府"国府委员"，1948 年任"行宪国大"代表，5 月出任"总统府"国策顾问。1949 年离开大陆去台湾，寓居台北，晚年因眼疾不出寓门。余氏"早年为反基督教之健者，惟至逝世前三月入天主教并领受洗礼"①。1976 年 5 月 12 日病逝。余家菊是一位多产的教育学家，生平著述逾 1000 万字，著有《回忆录》、《英国教育要揽》、《国家主义的教育》、《国家主义教育学》、《教育原理》、《教育原论》、《孔子教育学说》、《孟子教育学说》、《教育与人生》、《个性与教学》、《中国教育史要》及译著《战后世界教育新趋势》、《教育哲学史》、《教育社会哲学》等，并主编近代中国第一部教育辞典——《中国教育辞书》（中华书局 1928 年出版）。余家菊是国家主义教育学派的开创者和领军人物，其所著《民族主义的教育》、《基督教与感情生活》、《教会教育问题》、《收回教育权问题答辩》、《国家主义的教育之意义》、《教育上的国家主义与其他三种主义之比较》、《国家主义下之教育行政》、《教育建国论发微》等文，是研究其国家主义教育思想的重要文章。

李璜（1895~1990），别名幼椿、春木，号学钝，党号八千，祖籍陕西泾阳，后迁成都。1908 年入成都洋务局英法文官学堂读书，1913 至 1916 年在教会学校上海震旦学院修法语，并与曾琦、左舜生、周太玄等相识订交。1918 年 8 月加入少年中国学会，1919 年初与周太玄赴法留学，出发前曾发表《留别少年中国学会同人》，反对苏俄革命和马克思主义。1921 年 3 月，与周太玄合作成立"巴黎通讯社"，并联合编辑《少年中国》"宗教问题号"，任上海《新闻报》等各大报之特约记者，并开始在《先声周报》、《少年中国》月刊、《中华教育界》等杂志撰文鼓吹"国家主义教育"。1923 年从巴黎大学毕业，获文科硕士学位。同年 10 月，他与余家菊合著的《国家主义的教育》一书由中华书局出版。12 月 2 日，与曾琦等在巴黎近郊的玫瑰城共和街秘密成立中

---

① 徐友春主编《民国人物大辞典》，第 402 页，河北人民出版社 1991 年版。

国青年党。1924 年 4 月在青年党第一次党员大会上，当选为外务部长。9 月，与曾琦等回国开展党务活动。10 月，与曾琦、陈启天等创办《醒狮周报》，鼓吹国家主义。先后任教于武昌大学、北京大学、成都大学及成都高师，并在各地演讲，积极扩大青年党的组织和影响。1925 年 7 月与余家菊等发起成立"国家教育协会"，任第一届会务委员。1926 年 8 月在中国青年党一大上当选为中央执行委员。1927 年曾琦赴日后，李璜主持青年党党务，并与张君劢合办《新路》杂志，创办青年党知行学院。"九·一八"事变后，曾至平津与冀东一带，策动翁照垣部从事东北抗日义勇军活动。1933 年秋，回川组织"四川安抚委员会"，并任"前敌安抚主任"，协助国民党军队围剿川陕工农红军。抗战爆发后，任国防最高委员会参议，一、二、三、四届国民参政会参政员，并任《中国日报》社社长。1941 年与张澜等发起成立"中国民主政团同盟"，任民盟中央委员和党务委员。抗战胜利后，曾作为中国代表赴美出席联合国大会。1946 年 11 月，任"制宪国大"代表。1947 年 4 月，任国民政府经济部长，未就。1948 年 10 月代理中国青年党主席，并任"总统府"资政。1949 年旅居香港，1980 年受蒋经国邀请赴台定居，1990 年病逝。在国家主义派中，李璜博学多才，兴趣庞杂，学术涉猎极广，是一位多产的学者、思想家。概凡文学史、社会学、人类学、哲学、政治学、经济学、教育学，甚至马克思主义、列宁主义等，他无一不窥，无一不谈。但惟其如此，论者评论他只是"社会科学上的博物学者"，样样精通而样样不深①。有《学钝室回忆录》、《法兰西学术史》、《法兰西文学史》、《欧洲远古文化史》、《法国汉学论集》及译著《经济学要旨》、合著《国家主义的教育》等。

陈启天（1893～1984），乳名翊林，谱名声翊，学名国权，笔名明志，改名春森、启天，字修平，别号寄园、止韬，党号无生，湖北黄陂陈牌楼村人。生于 1893 年 10 月 18 日，1900 年入家塾受启蒙教育，1905 年下半年开始接受新式教育，入武昌湖北高等农务学堂附属高等小学，次年秋转入黄陂县道明小学读书。1910 年春考入湖北高等农务学堂附中农科。1911 年辛亥革命爆发后，曾短暂从军。1912 年秋入武昌中华大学政治经济特科，1915 年夏毕业。1917 年任中华大学中学部国文教员，并结识余家菊。1919 年秋加入少年中国学会。陈从教学中感到"渐觉未学教育而当教师，未免自误误人"②，乃于 1920 年投

---

① 吴小龙《少年中国学会研究》，第 194 页，上海三联书店 2006 年版。

② 李义彬《陈启天》，《民国人物传》第十卷，第 80 页，中华书局 2000 年版。

考南京高师教育科，录取后未入学，而与余家菊一起应聘赴长沙第一师范任教。1921 至 1924 年在南京高师教育科学习，毕业后进入中华书局任编辑，主编《中华教育界》（从第 14 卷第 1 期至第 16 卷第 5 期，共主编 29 期）。在其主持该刊期间，积极推行改革，发行多期专号，指点教育时政，从各方面发挥国家主义的教育原理，颇能影响当时教育界的思想。据陈启天自编的 1920 至 1926 年的文章编目可知，他在《中华教育界》上发表的国家主义与国家主义教育的文章就有 20 篇，大致与《醒狮周报》上发表的篇数相等①。1924 年参与创办《醒狮周报》，1925 年 7 月经曾琦介绍加入中国青年党，并列名发起创办"国家教育协会"。1926 年 7 月在上海参加中国青年党一大，被选为中央执行委员兼训练部长。并与余家菊、王师曾等人一起赴南京金陵军官学校任教，主讲国家主义。1926 年 11 月辞去《中华教育界》编辑职务，入川欲运动军阀刘湘，未成后仍回上海。1927 年 3 月北伐军进入上海时与曾琦赴北京，《醒狮周报》也暂移北京出版，由陈启天代为主编。1927 年 7 月，回上海参加中国青年党二大。1927 年 8 月化名陈止韬，曾去败退至济南辛庄的金陵军官学校任教。1928 年 6 月返回上海。1929 年初入川，在成都大学讲授社会学、教育史。1930 年 8 月在青年党五大上当选为中央检审委员会委员长。7 月，组织"湘鄂赣反共救民会"，并创办《铲共半月刊》。"九·一八"事变后，在上海创办《民声周报》，提出"政党休战"口号。1934 年曾被国民党逮捕，后获释。1935 年与常燕生一起主持《国论》月刊。抗战期间，任国民参政会参政员。1946 年曾作为青年党 5 名代表之一出席政协会议，后任"行宪国大"代表。1947 年 4 月，任国府委员，5 月 18 日出任国民政府经济部长。1948 年 12 月，辞去部长职务。1949 年去台湾，曾出任"总统府"国策顾问、台湾故宫博物院理事等，并任中国青年党秘书长兼代主席，后主编《新中国评论》月刊。1984 年 8 月 10 日病逝。陈著有《寄园回忆录》、《中国新教育思潮小史》、《教育社会学概论》、《近代中国教育史》、《建国政策发端》、《国家主义者的中国文化观》、《最近三十年中国教育史》及译著《近代西洋教育发达史》、《应用教育社会学》等，是继余家菊之后国家主义教育派的又一位领军人物。

左舜生（1893～1969），谱名学训，原名学舜，字舜生，别号仲平，笔名黑头、阿斗，室名万竹楼、远复斋，党号谔公，湖南长沙人。1905 年入长沙官立第 18 初等小学学习。1908 年考入长邑高等小学，1912 年入长沙县立师

---

① 陈启天《寄园回忆录》，第 119～143 页，台湾商务印书馆 1965 年版。

范，秋季转入外国语专门学校学习。1914年秋，考入上海震旦学院学习法文，结识李璜与曾琦。1919年7月，参加少年中国学会，并任《少年中国》月刊主编。1920年春进入中华书局，任编译所新书部主任。曾陆续出版《新文化丛书》、《少年中国学会丛书》及《少年世界》杂志。1924年，曾、李回国创办《醒狮周报》，左舜生任总经理。1925年7月，参与发起"国家教育协会"。同年加入中国青年党，任中央常委。次年秋由中华书局资助赴法留学，一年后仍回中华书局供职。1930年与陈启天创办《铲共半月刊》。"九·一八"事变后辞去中华书局职务，任教于复旦大学、大夏大学。1934年7月，在庐山受到蒋介石接见，不久即被任命为中央政治学校教授。1935年7月，在青年党八大上当选为委员长。1938年，代表中国青年党与国民党合作换文。抗战期间，任国民参政会参政员、国防参议会参议。抗战胜利后，在上海创办《中华时报》。1946年7月国共内战爆发后，率青年党退出民盟，与民社党一起参加了"制宪国大"。1947年春，任国民政府农林部长。1949年离开大陆到香港进行"反共"宣传，先后创办《自由阵线》、《联合评论》等刊物，并在香港新亚书院、清华书院任教。1969年10月16日病逝于台湾。著有《近代中日外交关系小史》、《近代中英外交关系小史》、《中国近代史四讲》、《中国近百年史资料》、《近三十年见闻杂记》、《黄兴评传》、《中国近代名人轶事》、《法兰西新史》、《文艺史话及批评》等。左舜生长于编辑、出版而不擅作文，其有关国家主义教育的论述较少，只有《法国彻底的排斥宗教教育》、《拥护自由与非宗教》、《关于"国家主义者的野战法"一文的解释并质朱经家君》等少数几篇。

杨效春（1897～1938），原名效椿，字泽如，浙江义乌人。南京高师教育科毕业。1923年经邰爽秋、王克仁、方东美介绍加入少年中国学会，毕业后先在东南大学附中任教，后西赴四川，与人组织全川教育改进会，并创刊《教育独立》，任教于四川省立第二女子师范。1926年应邀担任陶行知创办的南京晓庄师范教导主任，并加入中国青年党。其后，任安徽省立二中主任、成都大学教授、山东乡村建设研究院教授。1933年经张治中推荐任安徽省立黄麓乡村师范校长。1938年1月被安徽省省长李品仙以"汉奸"罪名错杀，时年仅41岁，此事当时引起社会各界的极大愤慨，后平反①。著有《乡村教育纲要》、《晓庄一岁》等书。杨效春论述国家主义教育的文章较多，其中以

①　陶天白《我的老师张治中、梁漱溟、杨效春》，《炎黄子孙》2005年第3期。

《基督教之宣传与收回教育权运动》、《收回教会师范学校问题》、《评程湘帆君〈收回教育权的具体办法〉》、《国家主义与中学宗旨问题》等最为著名。

古楳（1899～1977），原名古柏良，1919 年准备投考南京高师时改名古楳（梅），取"一样的不怕雪霜，可以横枝独立"之意①。广东梅县龙文堡滂溪村人，生于清光绪二十五年（1899）年阴历 2 月 21 日。约 6、7 岁时开始接受教育，由其祖父教《三字经》、《千字文》、《百家姓》、《增广》、《幼学》等，旋进私塾读书。11 岁辍学，学做木匠。曾去泰国首都曼谷做裁缝店的记帐。1912 年进家乡滂溪初等小学校读书，13 岁考入县立中学，学习 4 年，1916 年冬从广东省立梅州中学毕业，后进入梅县第 7 区立高等小学校任教师，担任算术、英文、手工课程的讲授。1919 年辞职，考入南高教育专修科，与曹刍等为同学。曾加入少年中国学会。1924 年暑假至冬曾去信阳三师任教，不久又去界道五师分校任教导主任约一年。后在南京参加《中国教育辞典》的编辑工作。1928 年秋后，先后在国立中山大学、无锡江苏教育学院，南京国立中央大学等校任教授。著有《乡村教育新论》、《中国农村经济问题》、《现代中国及其教育》、《中国社会之解剖》、《中国教育之经济观》及《农村教育施设法》等书。其关于国家主义教育的文章主要有《乡村教育运动与国家主义》、《国人应运动收回教育权》、《论宪法中教育专章之规定》、《辟友豪君〈收回教育权运动〉》等。

三、国家主义教育派形成的原因

20 世纪 20 年代国家主义教育学派的异军突起，有其历史必然性。

（一）对民族危机与列强教育侵略的独特思考

不管国家主义在理论上有着怎样的偏向，但说到底，其本质还是民族主义与爱国主义。国家主义教育派诸人，大多是信奉"教育救国论"的知识分子，因此，对当时中国民族危机的深重，他们有着超乎一般民众认知之上的切肤之痛。余家菊在谈到自己反基督教教育与收回教育权思想的源起时指出：

我到欧洲以后，和平的幻想，大同的迷梦，都粉碎了。我亲眼看见弱小民族的国苦，亲眼看见各国民性的差异，亲眼看见各国国民意识之发扬，亲眼看见各国之剑拔弩张……我感觉中国国民必须树立自尊心，中国国家必须强盛才能自保，中国的党派斗争必须无损于国家。我心中的火燃烧起来了！我为我们

---

① 古楳《卅五年的回忆》，第 36 页，无锡民生书局 1935 年出版。

的国家着急！我为来日的大难紧张。我必得唤醒国人，只有写，……写……写！①

1923 年，在另一文中，他指出：

我国名义上是个独立国，实际上却是已经亡了。关税要同人协定，是经济权丧失之一斑。领事裁判，是司法权丧失之一斑。教会教育，是教育权丧失之一斑。其他因条约的束缚，行政上许多不能自主之处，不必一一细数。近来且大唱铁路共管、洋员练警之议。大好神州，渐次陆沉，言之痛心。②

李璜、陈启天等人对民族危机的感悟也颇深。

不过，国家主义教育派之所以为国家主义教育派，不仅在于他们与时人一样，感受到了日益严重的民族危机；更主要的还在于，他们还颇为敏锐地看到了一般时人所不易注意的列强对华教育侵略问题，强调教会教育、殖民教育以及清华式学校教育是列强对华的一种深层次侵略。如他们指出，基督教本是侵略的宗教，"只知有己，不知有人"，不仅排斥异教，也攻击同教中的异派；教会教育更是一种侵略的教育，其目的"在克服中国人固有的精神，而代基督教的信仰"；各国退还庚款，不是列强"有意扶助中国"，也非其良心自觉而"不忍要此不义之财"，而是列强从政治、经济、军事等侵略向教育侵略推进，"知道欲保持其经济的势力或扩张之，不可单自经济上的侵略著眼，还须先于教育上培植根基"；清华式的教育是一种奴化教育，"清华教育之失败……就是美国之成功，清华式的人才，就是美国所正欲取为己助的人才"；日本在南满所设殖民学校，"使其学生只知有清，不知有民国"；苏州书院某西人著《战后地理》一书，"将香港分立于中国之外，且无一语道及香港之本为中国领土"；某教会学校教师在讲授鸦片战争时，"痛骂林则徐之排外"，认为鸦片乃外国最上等的药品，"外人输入良药以治疾病，彼乃拒之，是为以怨报德"③。他们一针见血地指出，如果听任列强与外国基督教会势力任意设学兴校，"必使国人底精神四分五裂，各随其所受的教育而拜倒于各该国之旗帜之下，颠倒于各该国之精神之中"④，"则中国不必亡于武力与经济的侵略，而

①　余家菊《回忆录》，第 43～44 页，中华书局 1948 年版。
②　《国庆日之教育》，《余家菊景陶先生教育论文集》，第 195 页，台湾慧炬出版社 1997 年版。
③　余家菊《收回教育权问题答辩》，《中华教育界》第 14 卷 8 期，1925 年 2 月。
④　《民族主义的教育》，《余家菊景陶先生教育论文集》，第 173 页，台湾慧炬出版社 1997 年版。

要先亡于教育的侵略了"①。所以，他们强调，教育乃国家主权所关、国家生命所系，"何可让外人攘夺，并且助外人掠夺呢？"由此他们提出"反对教会教育、收回教育权"的口号，要求抵制列强的教育侵略，"莫让泯没了民族特性，莫让他破坏了民族底意识"。

毫无疑问，国家主义教育派的上述见解，不见得全都正确。他们批评教会教育、殖民教育是列强武力侵略的前驱，本是对的，但将清华留美预备学校归为同类，似有不妥，没有意识到当时及以后清华均为中国培养了不少具有爱国情怀的人才。同时，将基督教、基督教会、基督教教育、列强对华侵略等完全混为一谈，以偏概全，全部否定，这也有可讨论之处。但是，尽管如此，国家主义教育派对中国民族危机与列强教育侵略的认识，仍不失深刻。这不仅表现在他们正确指出了列强和外国基督教会设学办校、实施教育侵略的根本目的，在于培养"只知外国，不知中国"以及"只知基督上帝，不知中国文化"式的洋奴；而且更主要的还在于，他们已明确认识到教育乃国家主权之一，不容外国势力任意践踏与攘夺，要增进国人的爱国心与团结力，中国教育必须实现统一、独立。总之，对列强教育侵略的忧虑与维护中国教育独立的强烈民族主义情绪，是国家主义教育派兴起的根本原因。

（二）对平民主义、和平主义、世界主义教育思潮的反思

从1914至1922年，中国教育界占主流地位的思想是平民主义、和平主义与世界主义。平民主义教育思想源于新文化运动对"民主"的提倡。欧战以民主战胜强权而告终，因此战后中国教育界普遍认为"公理战胜强权"、"民治主义打败军国主义"。尤其是在世界上享有盛誉的民主主义教育思想家杜威，1919至1921年期间曾来华讲学两年。受杜威鼓吹平民主义教育的影响，加之其中国弟子胡适、蒋梦麟、陶行知、陈鹤琴等人推波助澜，平民主义教育当时盛极一时。和平主义与世界主义教育思想，同样与欧战前后世界教育思潮的变动相关。欧战是大国争竞和极端民族主义的产物，战后在反思中，人们批判国家主义、呼唤和平主义与世界主义，甚至提出成立国际联盟以消弭战争，自是应有之义。如英国教授海啸指出：

大战之役，曾显示觉悟者以许多确切真理，使其深知世界教育之弱点，于酿成世界劫运极有关系，其弱点之最显著者有三：即极端的国家主义（Exces-

---

① 陈启天《国家主义与教育》，《中国现代哲学史资料汇编续集》第8册，第70页，辽宁大学哲学系1984年印本。

sive Nationalism），极端的唯物主义（Excessive Materialism），极端的惟智主义（Excessive Intellectualism）。是三者之性质，皆失之太过，必也适得其中，乃有价值。①

1923 年，由美国"全国教育联合会国际委员会"发起组织于旧金山召开的世界教育会议，宣布成立"世界教育联合会"，"以共谋万国协助全球教育事业，传布各国人民教育消息，与促进世界亲善利益和平为宗旨"②，显示出世界主义已成为战后世界教育发展的一个基本方向。五四前后，和平主义与世界主义在国内也大行其道，孙中山在 1924 年就指出，世界主义"现在的英国和以前的俄国、德国，及中国现在提倡新文化的新青年，都是赞成这种主义，反对民族主义。我常听见许多新青年说，国民党的三民主义，不合现在世界的新潮流，现在世界上最新最好的主义是世界主义。"③ 1919 年 4 月，教育部组织蔡元培、范源濂、陈宝泉、蒋梦麟等 19 位教育家组成教育调查委员会，专门调查教育宗旨问题。该会在建议案中指出："现在欧战之后，军国民教育不合民本主义，已为世界所公认。我国教育宗旨，亦应顺世界潮流，有所变更。"④ 提出中国教育的新宗旨为"养成健全人格，发展共和精神"；1922 至 1923 年，陆惟昭、常乃德、朱经农等教育家主张以世界主义的教育观指导学校历史教育⑤，均体现中国教育界对战后世界教育思潮的回应。

不过，对战后弥漫于中国社会与教育界的平民主义、和平主义与世界主义思潮，余家菊、李璜、陈启天等人显然也有着自己的认识。余家菊认为，国家主义与帝国主义、军国主义不同，欧战起于帝国主义与军国主义的扩张，德国的战败也与国家主义无关，"如谓德国因行国家主义而遭列强的打击，则印度、安南、朝鲜固未尝有人高唱国家主义也，何以英、法、日不垂怜之、保存之、而反压抑之、夷亡之乎？"况且当时与德国交战列强，"孰非行国家主义乃至帝国主义之国哉？"⑥ 常道直认为，一战发生的根本原因在于德国国力突飞猛进之进步，由此而引起英国的嫉妒、恐惧，新、老两强乃生龃龉以致走向

---

① 余家菊、汪德全编译《战后世界教育新趋势》，第 1 页，上海中华书局 1926 年版。
② 唐钺、高觉敷等编《教育大辞书》，第 248 页，商务印书馆 1930 年版。
③ 《三民主义·民族主义》，《孙中山选集》，第 621 页，人民出版社 1956 年版。
④ 《教育调查会第一次会议报告》，《教育杂志》第 11 卷第 5 期，1919 年 5 月。
⑤ 参见何成刚《国家主义与世界主义——20 世纪 20 年代学术界围绕历史教育展开的一场争论》，《中学历史教学参考》2004 年第 10 期。
⑥ 余家菊《教育上的国家主义与其他三种主义之比较》，《中华教育界》第 15 卷第 1 期，1925 年 7 月。

战争。所以，把一战归罪为德国以及德国推行的国家主义教育，"实非平允之论也"。陈启天也强调，国家主义有两种：一种是侵略的、极端的国家主义，另一种是平民的、合理的国家主义。国人批判侵略的国家主义、提倡平民主义固然不错，但对"平民的国家主义"也彻底否定或舍弃，则是根本错误的。陈启天说："我国近年来最时髦而最有势力的教育思潮莫过于平民主义，而浅见者遂以平民主义为决定教育问题惟一无二的因素，是未免近于偏了。殊不知平民主义固对于教育有极大的关系，而平民主义乃建基于国家主义之上，教育与国家主义的关系亦大"。他认为，平民主义与国家主义不是相反的，而是相互融合、相互包含的，"争个人的自由平等，固为平民主义；而争国家的自由平等也是平民主义。向政府争自由平等，固为平民主义，而向外国争自由平等也是平民主义"。以美国而论，美国宣称参战理由是"为平民主义而战"，殊不知其所谓平民主义，既是个人的，又是国家的；既是国内的，又是国际的；既是和平的，又是战争的；既有自由平等的因素，又有急公好义的因素。换言之，其平民主义，实包含浓厚的国家主义色彩。而中国所谓平民主义"则未兼有各种相反的因素"，"不是流为苟安乞怜的和平主义，就是流为享乐自私的个人主义"。橘逾淮为枳，"在美国以拥护平民主义统一国民的精神向世界发展，而我们则以平民主义离散国民的精神，内而任军阀专横，外而任列强宰割，这与我们提倡平民主义的原意岂不大相违反吗?"①

如果说，国家主义教育派对思想界提倡平民主义（民主主义）多少还有所肯定的话，那么，他们对国际主义（世界主义）与和平主义则持完全否定的态度。他们指出，那种认为欧战后国家主义已彻底破产、国际主义与和平主义必将代之而起的论调，"谓为一种理想则可，谓为一种事实，则为时尚早，恐全是一种梦想了"；中国一般留美教育家醉心于美国人所谓国际主义与和平主义，以为只要讲此二主义就可以与美国平起平坐，更是一种笑谈。实际情况是，美国人一面口口声声说实行国际主义，但另一面却处处限制黄种人移民和留学；美国政府一面说"扶助中国教育"，但另一面通过退款兴学却大肆对中国实施教育侵略，潜移默化中国人心。美国的外交政策号称"门罗主义"，美国教育界常说"美化主义（Americanization）"，此二者实质均是美国国家主义的别名。他们认为，美国提倡此二主义，是因为它有国家主义做后盾，故不仅

① 陈启天《国家主义与教育》，《中国现代哲学史资料汇编续集》第8册，第69~72页，辽宁大学哲学系1984年印本。

无害于自己，反足以博取好名声；但"尚未真成国家的中国也凑热闹唱高调，以为国家主义成了过去的骸骨"，而侈谈国际主义与和平主义，其结果只会"使国度益趋于败坏与涣散"。与平民主义一样，"中外国际主义的号召虽同，而国际主义的影响则大不同，这不是我们国中国际主义者与和平主义者所应当觉悟的吗？"① 应该指出的是，国家主义教育派对当时中国教育思潮的反思不仅限于此，除批判以上三种思潮外，他们对个人主义、无政府主义、社会主义、职业教育等思想也不无批评。他们认为其它教育思想皆不适于中国，惟有国家主义才是中国教育日前起死回生的"惟一法门"②。

概而言之，对于战后中国教育思潮的反思与不满，是国家主义教育派得以勃兴的一个重要动因。

（三）受欧美国家主义教育思潮的影响

20世纪初中国国家主义教育思潮的初兴，与日本有着密切的关系。时移势异，20世纪20年代国家主义教育派的出现，则无疑受到欧美国家主义教育思潮的影响。余家菊留欧期间，曾受罗素之邀，亲往其家中，与其晤谈英国庚款退还安排与反宗教教育问题③。1926年，他与汪德全一起翻译了《战后世界教育新趋势》一书，交上海中华书局出版。李璜留法期间，与法国学界也多有交往，曾致信多位法国教授，征询其对宗教的意见。李璜且著《法国教育与宗教分离之经过——其意义及其效果》一文在《中华教育界》上发表。常道直曾两度赴美留学。陈启天、舒新城、杨效春等人，虽未有留学与考察外国的经历，但借助于若干英文著作，使其对世界教育思潮也颇为熟悉。如陈启天对美国学者赖士禄（Riesncr，又译作赖斯纳）的著作颇有兴趣，在其所著中曾提到《国家主义与近代教育》（Nationalism and Education since 1789）一书。1934年他又以陈明志为名，与唐谷一起合译出版了赖士禄的另一书《近代西洋教育发达史》。

正是由于具备上述背景，所以毫不奇怪，余家菊、陈启天诸人在其所著中，曾多次提到拉夏洛泰、罗兰、拿破仑、费希特等欧洲国家主义教育思想代表人物的名字，显然，他们是将其思想奉为圭臬了。如余家菊在《教育建国

---

① 陈启天《国家主义与国民教育的改造》，《中国现代哲学史资料汇编续集》第8册，第76~77页，辽宁大学哲学系1984年印本。

② 陈启天《醒狮运动发端》，《中国现代哲学史资料汇编续集》第8册，第67页，辽宁大学哲学系1984年印本。

③ 《中国教育的统一与独立》，《余家菊景陶先生教育论文集》，台湾慧炬出版社1997年版。

论发微》中说:

十八世纪末年,在法国有拿沙洛台者。la chnlotais 为国会议员,锐意反对由教会执掌教育权及其所施行之世界主义的教育,其名著《国家教育》论文集有警句曰:我敢代表国民主张应依国策以建立教育,诚以:一则教育本属国家分内之事,再则教育其人民本为国家之确实职权,三则国家于其子民之教育应责由国家之臣焉亟予之。

在说到费希特时,他说:

在国家既受大创之后,思以教育之力求国民复苏者,则为德国之菲希的氏。氏当德国大败于法之后,见国家穷困人民沮丧,乃大唱新教育论而极力宣传教育救国之说,有云:依新教育之力,吾将陶铸德意志全体国民,使为一协和的团体而受刺激与鼓舞于一共同的兴味。①

无须过多枚举即可看出,欧美国家主义教育思潮是中国国家主义教育派思想的直接源头,其所主张的教育国家化、反对教会干涉教育、国民教育、义务教育等思想,对余家菊、李璜、陈启天等产生了深刻影响。

(四)与东方文化派的关系

日本学者石川启二在《1920 年代的国家主义教育论与教育权收回运动》一文中,对 20 年代国家主义教育思潮的产生提出了一个新观点。他认为,此一思潮的形成,与梁漱溟等东方文化派的"东西文化论"有直接关系。梁著《东西文化及其哲学》,提出以中国文明"调和"与"拯救"陷于困境的西洋物质文明,并强调中国的精神文明在价值上要高于西洋的物质文明。受其观点的影响,此后立足于东方精神文明优越而进行东西文化比较的学者大有人在。五四前后东方文化派的东西文化论,"与中国人的国民性问题直接相关,因而成为国家主义教育、教育权收回运动赖以成立的理论基础。与此相伴,教会学校因其给中国人的国民性、民族性带来灾难而开始成为俎上之物。"他还列举了余家菊在《教会教育问题》、《民族主义的教育》等文章中对中国文化的强调,认为余家菊的国家主义教育思想,不过是"借用当时流行的东西文化论,并在其基础之上补充了不多的几点理论,以达到国家主义教育的目的"②。

揆诸史实,石川启二上述观点是有一定道理的。陈启天、左舜生等人,普

---

① 《教育建国论发微》,《余家菊景陶先生教育论文集》,第 353~356 页,台湾慧炬出版社 1997 年版。
② 阿部洋编《日中教育文化交流と摩擦——戦前日本の在華教育事業》,第 324~325 页,东京第一书房昭和 58 年(1983)版。

遍重视本国教育，尤其是国文、本国史地的教育，这已经有强调固有文化重要性的意味。不过，他们对文化问题毕竟论述不多。在国家主义教育派中，对中西文化问题有较多思考且思想最为系统的，无疑要首推余家菊。在余家菊早期的一些著述中，的确存在着批评全盘西化、肯定传统文化的思想倾向。如他说："国内教育界事事模仿外人，已为无可讳言之事，虽说加以'主义'二字之名，未免稍嫌过分，而模仿的倾向则确已由无意的而入于有意的，且在意识界占唯我独尊的地位，则为彰明较著之事。"他指出，从前只要是日本的就抄，现在只要是美国的就抄，将来也许有一天还要抄法国的，"幸而抄对了，就是一国之福；不幸而抄错了，于是又从新再抄"。这种抄来抄去的恶果，即是一味模仿外国，"于自身所处之民族，遂自然忘却，再也想不到，或不相信，本民族还有什么优质、特点"。他强调，自尊与模仿，本应该并行不悖，而在事实上则是不能两立的，今后欲使中国教育返于具有真正自尊的民族性教育，"首先就当致力于自尊心之复活运动，使国人最少也承认西方之民族及其文化不是全善的，有一部分不好，有一部分不必学，同时又知道本国民族与本国文化最少亦不是全恶的，有一部分还不错，有一部分最少也值得保存。"在同一文中，他甚至说：

教育者呵！我们需要于西方文明的甚多，但是西方文明之需求东方文明之救济的亦复不少。我信，西方人精神上中毒太深，揉合东西文明之责任，恐怕还是要我们东方人担负起来呵！教育者呵！莫忘却了中华民族之使命呵！①

在另一处里，他也讲：

我们中国对于世界应当供献点什么呢？我们应当发扬我们的国光，把我们的精神——我们中国固有的文化发扬出去，发扬到全世界，使全世界都知道我们固有的精神，使全世界都重视我们的文化，拿这种文化来补充一切残缺不全的文化。②

除余家菊外，李璜也是一位反对全盘西化、主张爱护固有文化的论者。在《国家主义的建国方针》一文中，他肯定中华民族有积极的立国精神，强调"我们偶一忆及王导谢安之风度，陶侃祖逖之愤发，岳武穆的精忠报国，文文山的正气感人，史可法张苍水以及黄花岗七十二烈士，这一些'国家的英雄'的精神与事业，足征见我们不会是终成劣败者的！"此外，他对儒家的大同主

① 《民族主义的教育》，《余家菊景陶先生教育论文集》，第163页，台湾慧炬出版社1997年版。
② 余家菊《国家主义释疑》，《醒狮周报》第51号，1925年9月26日。

义也十分推崇，说：

> 我们祖先这种一本和平的大同主义不但比他们欧洲人的"武装和平"和"阶级战争"高明得多，而且就是他们的国际主义世界主义也万难企及的！……但是他们却既未梦见"天下为公"这种说法，而又都是要二三大国出来主持以支配别人，一如威尔逊所主张而变了形象的"国际联盟"一样。这种霸道的国际主义未免与我们祖先哲人的理想相去太远……我们国家主义者今日之所以努力图强，便是抱着我们这个大国的理想，而要为人道尽力去实现这个理想。等我们的国家建设好了，能够独立御侮而有能力的时候，然后我们将礼让为国这个办法做一些与他们看看，使他们在这种素未曾见的实物教训上，一旦恍然大悟让字并不是攘字错了的，只能攘而不能让的国俗也能稍变一变，于是我们贡献给人类的岂不甚大！①

不过，李璜毕竟是留欧学者，其对西方文明中的科学精神评价较高，认为"要把中国人从这种穷苦衰弱的现象中间救了出来，只有努力于科学"。他批评玄学派和章士钊等"以农立国"论者否定科学、宣扬"科学破产"的论调，"在今日中国都是造谣生风，妖言惑众，于国家前途大有妨害，简直该当与'国贼'同样看待。"② 林灵光也批评现时一般中国人盲目崇拜西洋文明，"把西洋人看作文明人，而自惭形秽"，认为较比西洋，中国所差者"只是一个科学的方法罢了"。所以中国只须选择利用西洋文明的长处，来改造中国文明的短处，"正不必妄自菲薄"。③

众所周知，以中国文化"拯救"西方文化以及西方文明之长在于科学，正是此时以梁启超、梁漱溟、陈嘉异等为代表的东方文化派所极力强调的两个观点。余、李、林上述论调，与东方文化派何其相似！由此可见东方文化派对他们的影响。也正是因为如此，早期马克思主义者恽代英在读到《国家主义的教育》一书后，就敏锐地觉察出余家菊国家主义教育思想与东方文化派有关主张之间的关联。恽代英说，"年来谈东方文化的，最著名如梁漱溟"，梁虽强调东方文化，但"中国今日亦应将所谓中国化，暂为搁下，而采用西方化，向前要求的人生态度"。他认为余家菊"与梁氏正有相同之意见"④。不

---

① 李璜《国家主义的建国方针》，《醒狮周报》第48号，1925年9月5日。
② 李璜《国家主义的建国方针（续前期）》，《醒狮周报》第49号，1925年9月12日。
③ 灵光（林灵光）《中国的国家抵抗及其步骤》，《国家主义论文集》，第101～104页，中华书局1925年版。
④ 《读国家主义的教育》，《恽代英文集》（上卷），第397～399页，人民出版社1984年版。

过，国家主义教育派成员虽然在教育思想和教育主张上有相通之处（崇尚国家主义思想与教育救国，主张反对"教会教育"、"阶级教育"、"党化教育"等），但在文化问题上却并不一致，甚至尖锐对立。如常燕生此时即是一位西化论者，认为中国固有文明"很欠完备"，"非走西方文明的路不可"①。至1926年，他仍自白说："在文化和思想问题上，我是根本赞同胡先生的意见的。我们现在只有根本吸收西洋近代文明，决无保存腐旧凝滞的固有旧文明之理。"② 明显与余家菊等人的文化保守主义立场相左。

总之，五四前后以东方文化派为代表的文化保守主义思潮，对国家主义教育派的确产生一定的影响，这在余家菊等人身上体现得尤为明显。当然，也不应对这一影响加以夸大。

（五）适应非基督教运动和收回教育权运动的需要

适应非基督教运动和收回教育权运动的需要，是 20 年代国家主义教育学派和国家主义教育思潮广泛传播的另一个动因。非基督教运动爆发于 1922 年3、4 月间，但早在 1920 年少年中国学会发起关于宗教问题的大讨论时，身为会员的李璜、余家菊、陈启天即积极地参与了这一讨论。李璜当时撰有《社会学与宗教》等一系列论文和译文，陈启天、余家菊也写有《我们不该反对耶教及其运动吗》及《基督教与感情生活》等文章，刊载于 1922 年出版的《少年中国》月刊第 3 卷第 9 及第 11 期上。这些文章在一般性地谈论基督教问题的同时，已经隐约将矛头对准了教会学校。如陈启天当时就批评教会学校的目的"不在教育而在传教"，在教会学校也没有思想自由，"我们现在天天提倡教育独立，而不反对耶教在学校宣传与以传教为目的的学校，是未免重视教育对于政府不能独立的弊害，而轻视教育不能离宗教而独立的弊害了。"③ 非基督教运动正式发生时，李、余适在国外，而陈又并非是此期站在运动最前列的领导者和中坚人物，加之此时人们的注意力全在世界基督教学生同盟第 11次大会上，所以其有关主张当时并未引起过多关注。但在第一阶段非基运动渐趋低潮之际，正是余家菊在《少年中国》月刊所发表《教会教育问题》一文，及其与李璜所著《国家主义的教育》一书，引起了人们对教会教育的高度关

---

① 常燕生《东方文明与西方文明》，陈崧主编《"五四"前后东西文化问题论战文选》，第281页，中国社会科学出版社 1989 年版。

② 常燕生《东西文化问题质胡适之先生——读〈我们对于西洋近代文明的态度〉》，《现代评论》第 4 卷第 90、91 期，1926 年 8、9 月。

③ 陈启天《我们不该反对耶教及其运动吗》，《少年中国》第 3 卷第 9 期，1923 年 1 月。

注，同时也使处于低潮期的非基督教运动再现生机，从此全国教育界开始热议国家主义教育及收回教育权问题，且一发而不可收拾。1924年夏，陈启天进入中华书局，其主编的《中华教育界》几乎成为完全宣传国家主义教育的刊物，对这股热潮更起了推波助澜的作用。1924年7月，余家菊、陈启天、常道直等人在中华教育改进社第三届年会上提出《请求力谋收回教育权案》并获得通过。1925年7月，正是甚感于收回教育权"兹事体大，非持久不足以有成"，只有结合团体、团结同志以共同努力方能成功，所以余、李、陈才组织"国家教育协会"，作为推动收回教育权运动的专门组织。总之，1923至1925年国家主义教育学派之兴起，正值国内非基督教运动与收回教育权运动一日千里之时。该派的出现既是时代的产物，同时又反过来推动了时代的发展。陈启天后来在谈到收回教育权运动时曾称："推进这种运动的人自然不只我们，不过发动这个运动的是我们，继续不断的参加这个运动的是我们"①，此乃实情。

　　除以上诸点外，党派关系与学友关系，也是国家主义教育学派赖以形成不可忽视的因素。从目前可考成员的政治、学术与工作背景看，该派主要成员之间大多存在着党友、学友或同事关系。李璜、左舜生、余家菊、陈启天、彭举（云生）、曹刍、杨效春同为青年党党员，其关系与思想自不必言。其他方面，李璜与左舜生曾是上海震旦大学的同学；余家菊与陈启天，二人既是同乡，又曾由王光祈介绍同时加入少年中国学会，1920年他们又曾去湖南第一师范执教。时舒新城也在该校任教，据他的回忆：

　　　那时我与夏丏尊、沈仲九、孙俍工、余家菊、陈启天君虽然都是初次相识，但因为大家都是"新文化"——新文化最简单的标帜，是弃文言而写语体文——中人，思想相通，而大家又都肯努力学问，没有染着一般教员放下课本即行聚赌的习气，所以感情上都很好。平常无事，很容易集在一起清谈。②

　　舒新城、杨效春、吴俊升、曹刍等人，则是少年中国学会南京分会成员，而南京分会的负责人恰是陈启天。再加上前文提到的南高、东大的一层关系，概言之，此种政缘、学缘、业缘，为国家主义教育学派的形成提供了便利条件。

---

① 陈启天、常燕生《国家主义运动史》，第108页，上海中国书局1929年版。
② 舒新城《我和教育》（上册），第159页，台湾龙文出版社1990年版。

第二节　国家主义教育派的主要思想

一、国家主义与"教育救国论"的信仰者

国家主义教育派诸成员，基本上均是受过系统高等教育训练的教育专门人才和学者。他们或以留学欧美的资历，在中国南北一些著名高等学府如东南大学、北京大学、燕京大学、武昌大学、成都大学、成都高师、清华大学等校任教；或在江浙、安徽、川渝等地基层中小学主持教育行政管理或从事教学工作；或进入中华书局等新闻出版部门出任一些报刊的编辑或主编、主笔。可以说，该派成员与教育结下了不解之缘，大部分人终其一生，均服务于教育界。这些学者，虽然后因时势变化而其政治立场、教育主张前后容有变异，其结局也各个不同，但在 1923 至 1927 年期间，该派成员均服膺国家主义教育，并以此为职志，奔走呼号。如当时舒新城所说：

我敢将我长久存储于脑中的意念向一般教育者明白地说：要为人类全体谋幸福，要增进世界的和平，应当先从唤起中国国民自觉、团结中国国民一致以谋国家的独立与统一之国家主义的教育上着手；要内灭割据现象，外抗国家压迫，而维持四千余年历史之中华民国之国运而增进其文化，也当以此唤起国民自觉、团结国民一致以谋国家的独立与统一之国家主义的教育上着手。[①]

那么，什么是国家主义教育呢？余家菊在其所著《国家主义教育学》一书中，作了明确解释：

简言之，即以国家主义为依归之教育也。其涵义可随时伸缩。就中国目前言之，莫急于（一）培养自尊精神以确立国格；（二）发展国华以阐扬国学；（三）陶铸国魂以确定国基；（四）拥护国权以维国脉矣。盖自尊精神为国民昂藏之气所由出，失此则濒于奴隶之境矣；国华为数千年历史所鼓铸而成，理宜引伸而发扬之；国魂为全体国民之情所由融洽，步趋之所同协谐，国权为民命之所由保，行动之所凭藉矣。[②]

李璜也强调："我们所谓国家主义的教育的宗旨乃是维护国权，燮和国民，陶铸国魂，发扬国光"[③]。在这里，余、李用了"国格"、"国华"、"国

---

① 《教育上的国家主义》，《舒新城教育论著选》（上），第 412 页，人民教育出版社 2004 年版。
② 余家菊《国家主义教育学》，第 32～43 页，上海中华书局 1925 年版。
③ 李璜《国家主义的建国方针》，《醒狮周报》第 48 号，1925 年 9 月 5 日。

学"、"国魂"、"国基"、"国权"、"国脉"、"国民"等一系列以"国"字打头的词语，尽管这些词语不免空泛、迂阔，但二人的用意还是比较明确的，即他们强调这种教育理念的核心，在于爱"国"。但实质上，该派所谓爱"国"，不是一般意义上的爱国，而是以"国家主义"为根本信仰、排斥其他主义的爱"国"。

在该派看来，中国目前最大的问题，是"内不统一，外不独立"，其它一切问题均由此而起。要改变这种情况，就必须宣传国家主义，所以他们每每强调："国家主义是目前中国拨乱救亡的惟一良药，其他任何高尚的主义，皆应认为不切时宜，不合实用。暂置不论，或待他日缓图"。为什么国家主义是救国惟一之道呢？陈启天从三个方面进行了回答：其一，现在世界各国的主要思潮"仍为国家主义"。英法日三国固然是国家主义弥漫全国，即使美国的国际主义与俄国的共产主义，"也都是国家主义在背后作主"。其二，一个国家要拨乱反治，"须得先有一种思想，为全国人民所信从"。要使中国成为一个独立统一的国家，只有以国家主义相号召，才适合当前的事实而易得各种人民的信从。而其他主义其主旨虽也在救国，但结果只能是"益增乱国的种子"。其三，要振作国民精神、激励国民的感情、团结国民的意志、洗刷国民的耻辱，"在当今只有国家主义才能做到"。在国家主义这面旗帜之下，无论何种职业的国民均会"一致趋赴，协力图强"。否则，以他种主义相号召，只能导致"阶级争斗"、国内混乱甚至招致国际干涉之惨祸①。

该学派在鼓吹国家主义的同时，也十分肯定教育的作用，笃信"教育救国"、"教育万能"。舒新城说，数千年来"尊师重道"的传统思想，及自己所受的教育学专业教育，使他"把教育看作万能的、神圣的"②。吴俊升也说，自己在五卅运动后认识到"救亡图存，应为教育第一要图"③。古楳说，"我们不像主讲'唯物史观'的人把教育的功效完全抹煞。我们相信教育有很大的作用，可以培养立国的精神。"④青年党人更把教育视为以国家主义建国之根本工具。如李璜强调说，国家主义注重精神建国，即"用教育方针去建立中国国民的新信仰"，"有了新的信仰，然后才有新的建设；有了新的精神，

① 陈启天《醒狮运动发端》，《国家主义论文集》，第93～95页，上海中华书局1925年版。
② 舒新城《我和教育》（上册），第239页，台湾龙文出版社1990年版。
③ 吴俊升《教育生涯一周甲》，第25页，台湾传记文学出版社1976年版。
④ 古楳《敬告信仰国家主义的有志青年》，《醒狮周报》第44号，1925年8月8日。

然后才有新的建设。"① 余家菊讲得更透彻：

> 要怎样才能解决社会问题呢？要用什么力量来解决他呢？我们认为只有教育才是一个彻底的方法。只有教育才是最有力的力量。……国家主义认为社会构成的要素有两种：一个是物质因素，一个是心理要素。这两种要素在社会生活上是同时并重的，在构成社会的要素上是缺一不可的，一方面增进一般国民的物质生活，一方面还培植国民的精神生活。又因为这些精神表现于过去社会中的，是我们中国固有的文化，表现于现在社会中的，是国民相处而无争斗极其和善的态度。所以我们一面主张阐扬国家文化，一面主张四民协作。②

余家菊曾提出设立"全国教育周"，"以使全国人民皆晓然于教育之重要"③。他并撰有《教育科在大学中之位置》一文，对教育的重要性多有申说。他认为，教育学本是近代才兴起的一门新兴学科，其学科史较短，其学科的权威性也不能与数学、哲学等较早发达之学科相提并论。基于此点，教育学在今日中国大学中之地位，"亦每不为流俗所推崇"，以至于北京师大前校长石瑛曾发出"师范大学不应设教育科"的怪论，教育总长章士钊也有下令解散师大、取消教育科之倒行逆施的措施。余家菊回顾了教育学的学科发展史，认为19世纪以来，教育学已经历了"哲学课之附庸"、"哲学系中之一独立科目"、"脱离哲学系而成为文科中之一独立系"、"脱离文科而成为大学中之独立科"等发展阶段，至今日美国更有师范大学运动、德国也有教育大学运动，这种潮流反映出教育学在大学、社会中地位的日益提升。从大学教育学科的功能来说，主要承担着三种职责：一"为教育之理智的研究"，二"为教员之养成"，三"为教育界与教育行政界之指导"④。

总之，无须过多枚举即可看出，国家主义与"教育救国论"是该派教育思想的主要基础。他们反对马克思主义的唯物史观和阶级斗争学说，否认国家和社会构成上的阶级性，宣扬超阶级、超党派的国家意识，提倡一种能"融洽"各层人民、能取代其他各种教育思想的所谓"国家主义的教育"。

二、以国家主义为中国教育宗旨

教育宗旨一般是指教育的目的、目标、纲领、根本准则或理想。按照不同

---

① 李璜《国家主义的建国方针》，《醒狮周报》第48号，1925年9月5日。
② 余家菊《国家主义释疑》，《醒狮周报》第51号，1925年9月26日。
③ 余家菊《国家主义下之教育行政》，《中华教育界》第15卷第1期，1925年7月。
④ 余家菊《教育科在大学中之位置》，《教育特刊》第3～4期，《醒狮周报》第64～65号，1925年12月26日、1926年1月2日。

的政治要求、经济利益和文化传统，不同国家、不同政权、不同阶级在不同时期都有其不同的教育宗旨。但从根本上说，一国教育宗旨，无疑是当时统治阶级意志在教育领域内的反映。

清末以来，中国教育宗旨已经数度变迁。1906 年 4 月 25 日，清政府公布了中国历史上第一个成文的教育宗旨，即"忠君尊孔，尚公尚武尚实"，这是一个强调传统道德教化与现代科技文化相结合的教育宗旨。1912 年 9 月 2 日，南京国民政府教育部公布的教育宗旨为"注重道德教育，以实利教育、军国民教育辅之，更以美感教育完成其道德"。可以看出，这一宗旨是对清末教育宗旨的扬弃和否定，体现了民国新政府对培养以德育为中坚、德智体美全面发展新型国民的需求。1915 年袁世凯政府也曾公布其教育宗旨，内容为"爱国、尚武、崇实、法孔孟、重自治、戒贪争、戒躁进"。但这一宗旨并不为全国教育界所认同，其寿命也很短。第一次世界大战结束后，1919 年北洋政府教育部曾组织"教育调查会"，专门调查教育宗旨问题。蒋梦麟等教育家拟定新教育宗旨为"养成健全人格，发展共和精神"，但这个宗旨教育部当时并未据呈批准。1922 年教育部公布新学制时，也没有涉及教育宗旨，但却提出 7 项教育标准："（一）适应社会进化之需要；（二）发挥平民精神；（三）谋个性之发展；（四）注意国民经济力；（五）注意生活教育；（六）使教育易于普及；（七）多留各地方伸缩余地。"这个教育标准明显带有平民主义与实用主义色彩，体现了以杜威为代表的美国进步主义教育思想对当时中国教育界的影响。

国家主义教育派对教育宗旨问题颇为关心。他们将其定义为"厘定教育之性质，明示教育之趋向，于以凝人心合群力"，强调"教育而无宗旨则形同虚设，有宗旨而不适当，则危险堪虞"①。他们大多对前述 1919 年蒋梦麟等人提出的教育宗旨及 1922 年教育部公布的 7 条标准不满意。如舒新城认为"养成健全人格，发展共和精神"此数字，虽然不能说它不合时代潮流，也不能说中国不应该采用，"然而仅从这宗旨上着眼，我们实不能断定它一定是中国的教育宗旨"。因为其中所列举的关于健全人格、共和精神的种种条件，"不仅是中华民国人民所当具，实是世界上任何民主共和国乃至于君主立宪国的人民所当具"。这即是说，这一宗旨过于强调迎合世界潮流，但却忽视了民族特色、民族要求，因此它"与中华民国历史遗传，自然环境、社会环境无必然

---

① 余家菊《国家主义下之教育行政》，《余家菊景陶先生教育论文集》，第 367 页，台湾慧炬出版社 1997 年版。

的关系"①。余家菊认为，1919年拟定的教育宗旨为"留美学生之应用其教科书上之心得而已"，根本忽视了教育宗旨本来的意义。该派另一代表陈启天则对1922年教育部制订的7条标准提出批评，认为其要义不出两端：一是平民教育，二是职业教育。他强调，"平民教育与职业教育在教育事业中尚有相当之位置，特以是为国家之教育宗旨则期期以为不可耳"。为何不可？就平民教育而言，它仅在谋个性之发展，而不谋群性与国性之发展。就职业教育来说，它也不过是教育之一方面，以其涵盖教育全体，"则不但使人误解职业即教育，致有'饭碗教育'之讥，亦且使人昧于教育之根本，而以教育之能事仅在求得职业也。"②

在批判前述宗旨的同时，国家主义教育派提出了自己理想的教育宗旨。陈启天认为教育宗旨必须符合3条标准："一曰教育宗旨须能唤起国民对于国家之自觉心，与夫国民对于国家之责任心"，"二曰教育宗旨须能激励国民对于国家之感情"，"三曰教育宗旨须能涵盖立国之各要素而无所偏倚与遗漏"。按照这一标准，他所提出的"理想之中国教育宗旨"是以"国性教育"矫正平民教育，以实业教育补救职业教育，"而国性教育与实业教育之设施须一本国家主义之教育政策与经济政策"③。较比而言，余家菊的主张更具特色。他认为，教育宗旨必须同时符合下列五方面的要求：第一，时间性，即要合于此时之需要。第二，空间性，即要合于此地之需要。第三，历史性，即要合于民族之需要。第四，透彻性，即可以贯彻于各项教育活动。第五，确定性，即可以明示教育者以努力方针方向。但是具体到中国当前教育宗旨的内容，余家菊先后有过不同的表述。在《教育建国论发微》一文中，他拟定的教育宗旨为"精忠报国，慈祥恺悌，独立进取"④。可能是这个宗旨略显复古，遭人诟病，所以随后他在《国家主义下之教育行政》一文中，又提出新的教育宗旨为"养成健全人格，发挥国家精神，培植共和思想"⑤。

不过以上陈、余等拟定的教育宗旨仅代表个人意见，真正反映该派共同思想的，是陈启天在1925年中华教育改进社第四届年会上提出的《请依据国家

① 《教育上的国家主义》，《舒新城教育论著选》（上），第400页，人民教育出版社2004年版。

② 陈启天《中国教育宗旨问题》，《国家主义论文集》，第119~122页，上海中华书局1925年版。

③ 陈启天《中国教育宗旨问题》，《国家主义论文集》，第119~122页，上海中华书局1925年版。

④ 余家菊《教育建国论发微》，《余家菊景陶先生教育论文集》，第361~362页，台湾慧炬出版社1997年版。

⑤ 余家菊《国家主义下之教育行政》，《余家菊景陶先生教育论文集》，第368页，台湾慧炬出版社1997年版。

主义明定教育宗旨案》。其理由与办法是:

窃考国家教育,贵有共同宗旨,尤贵有合乎国家当前情势之宗旨。今日中国教育宗旨为何,几无人能明答。若谓养成健全人格,发展共和精神之教育本义为教育宗旨,则此本义尚居教育调查会之拟议,而未颁为功令也。若谓新学制系统改革令中之七条教育标准,即为教育宗旨,则此七条只含有教育实施之两方面,即平民教育与职业教育,而不得认为合乎中国当前情势之共同宗旨。中国当前之情势若何,可以外侮之侵陵,内乱之纠纷,与夫国性之泊没三者概括之。苟全国教育宗旨,不在养成御侮靖难与发挥国性之爱国国民,则教育失其功用,无济于国家之危亡矣。

所谓爱国国民之涵义若何? 即:

(一)实施军事教育,以养成可以御侮靖难之强壮身体;

(二)厉行国耻教育,以培植御侮靖难之深厚感情;

(三)改进科学教育,以增益御侮靖难之基本知能;

(四)注意本国文史地之教育,以启迪发挥国性之独立思想。

具是四者,即为了爱国国民而为中国目前之所急需者。故宜明定一般教育宗旨,为养成爱国国民,而附注涵义四条,呈请政府颁布,使全国教育,有所遵循,各级教育宗旨,亦宜依据国家主义的精神,分别酌定,且俟他日实行提议。

该案经修改后得到大会的通过。修改后的表述为:

中国现时教育宗旨应养成以国家为前提之爱国国民,其要点有四:

(一)应注意本国之文化,以启迪发挥国性之独立思想;

(二)实施军事教育,以养成强壮身体;

(三)酌施国耻教育,以培植爱国感情;

(四)促进科学教育,以增益基本知能。[1]

可以看出,此修改后之议案与原案区别不大,仍然坚持了国家主义的精神,只不过内容更为精炼。关于本案,虽然当时北洋政府教育部并未予以批准,但在实际中已产生一定影响。如在 1926 年 11 月 28 日,京师教育局就发布第 370 号训令,要求京师公、私立各小学和公立师范学校,参酌京师公立第

---

① 《分组会议议案汇录》,《新教育》第 11 卷第 2 期 "第四届年会报告号",1925 年 9 月。

三十三小学校长刘文炳拟定的《小学实行国家主义的教育计划》进行办理①。

三、实施国家教育政策

教育政策，是该派关注的另一重大教育问题。国家教育协会当时成立了"国家教育政策委员会"②，陈启天、盛朗西也写有《国家教育政策发端》、《各国宪法规定国家教育权与教育政策之研究》、《建国政策发端》等论文和专著，专门提出他们对这一问题的设想。

什么是教育政策呢？按该派陈启天的解释，"就是国家教育的目的"。盛朗西对教育政策没有明确解释，他似乎倾向于将其定义为办学权。他说：

至于教育政策，则以国体之有异，民情国俗之不能强同，于是关于教育事业之设施，有取国办政策者，有取自由政策者，有取折衷政策者，其例固不一也。国办政策者，以一国之教育事业为国家所专有，其设施之责任，以国家当之，或委任其他机关当之，不许私人或任何团体过问，如德国于大战前所采之政策是也。自由政策者，以一国之教育事业任私人或团体经营之，国家决不过问，全以放任其自然之发达为原则。如前此英国所采之政策是也。折衷政策者，以一国之教育事业，不为国家所专有，亦不全任私人或私人团体自由经营。教育为国家之任务，而私人亦得自由设施之。此种政策既非绝对的干涉，又不绝对的放任，似在国办与自由两政策之间，故谓为折衷政策。如法国所采之政策是也。大抵各国之教育政策，不外上述三种。三种之中，以折衷为近代之通例。③

该段论述实质上是介绍了世界各国关于办学权的集中与分割情况，也即中央、地方、社会团体、私人等教育法主体与教育这一客体之间的关系问题。

不过，此时尚无"教育法"的概念，该派主要关心的还是教育是集权抑或分权的问题。陈启天说，我国教育向以国办高等教育、省办中等教育、县办初等教育为原则，"殊不知高等教育不必尽由国办，而中等教育与小学教育也不可全让省办或县办。"他认为国家至少要办这样几种教育：一是高等学术教育机关，包括综合性大学和研究高等学术的大学院。陈说，在中国配称大学的国办教育机关不过四五个，而设有研究所或大学院的也只有北大一校，且其所

---

① 《令京师公、私立各小学校、公立师范学校对〈小学实行国家主义的教育计划〉参酌办理》，邓菊英、李诚编《北京近代小学教育史料》（上册），第202～203页，北京出版社1995年版。

② 《会务消息》，《教育特刊》第9期，载《醒狮周报》第71号，1926年2月20日。

③ 盛朗西《各国宪法规定国家教育权与教育政策之研究》，《中华教育界》第15卷第1期，1925年7月。

设研究科目仅限于中国文史，"真正的高等教育机关既如此不完备，那里能造出高等学术人才？"二是义务教育与平民教育。这两项教育是国家的根本，且费时大而成效慢，必须要国办。"若完全由地方自由办理，则不知义务教育何年可以普及，而国民思想更不知何年可以统一？"三是师范教育与模范中学。师范教育操国民教育的命脉，非由国家主办不能收整齐划一之功。至于中等教育则基本上可以省办，但每省必须由国办一模范中学，以作试验、取法之用①。盛朗西则认为，国家教育政策总体应采取折衷政策，具体实施上可依不同层次教育的不同特点，灵活运用国办、自由放任和折衷三种不同政策。他说，在初等教育阶段，必须采用国办、强迫和免费的政策，完全取缔私人自由办学。因为"国家力求前途之统一，民族精神之发扬，非施行一种公同训练不能有效。"不仅如此，在一国之内，人民贫富不均，"设国家不施行一种不取学费之教育，则一般无力求学者将不克享受教育之机会。"至于中等教育，它只是人才教育之一种预备，国家可以采取自由放任政策。这一层次教育允许私人兴办，但也要有一定数量的国办中学，因为"果任私人之经营，则学费昂贵，负担非易，贫穷者固困于资斧，恐无享受之机会，而中等教育将为富家子弟所独占耳。"高等教育实行折衷政策。这一层次的教育主要培养研究学术的人才，"自当脱国家之干涉"。但因为"其工程浩大，设备蝟繁，需用既重，经费难筹，且其费用之额数，从其教育程度之高深而益增长。欲以私人之力当其经营，恐不易举"，所以国家也"不可不以官力勉为其难，当设施之任"。②

　　陈、盛以上文章因写作较早，所以其对教育政策的理解尚有一定的局限性，有些问题尚未全面揭橥。1926年，少年中国学会出版了陈启天所著《建国政策发端》一书。该书重点论述国家主义派对于政治、经济、外交、教育等问题的全面主张，可算是一篇国家主义的纲领性文献。在教育政策方面，陈启天对以前的有关论述进行了修正，系统地提出了他关于中国教育政策两大方面共16项具体主张。

　　（一）收回教育权政策。陈启天认为，教育是国家的一种主权，这种主权相对于国家关于政治和经济的主权一样重要。国家不能放弃政治权和经济权，同样也不可放弃教育权。如果放弃教育权，"便要产生各种无耻的亡国教育，

---

① 陈启天《国家教育政策发端》，《教育汇刊》第2卷第2期，1926年3月。

② 盛朗西《各国宪法规定国家教育权与教育政策之研究》，《中华教育界》第15卷第1期，1925年7月。

破坏国家的根本"。为维护教育主权，必须采取以下措施：

其一，取缔盲目教育。陈启天所说的盲目教育，主要是指当时公立学校不关心国家大事、不问政治好坏、只埋头于书本的一种教育。他认为这种教育只能培养出胆小怕事、消极怯懦的分子和提倡不要国家的过激分子，必须加以取缔。

其二，取缔营利教育。陈启天认为此时中国有许多"野鸡大学"和"野鸡中学"，均以营利为目的，"入学不必考试，升级不问成绩，只要能缴足学费，便可充一名挂名学生，坐着领得一张毕业文凭。"这样的学校自然应该严厉取缔。

其三，禁止教会教育。陈启天用表格列举了天主教会学校与耶稣教会学校的有关数字统计，认为教会教育是一种亡国教育，必须加以反对。

其四，禁止殖民教育。他认为殖民教育是列强对于殖民地所实施的一种特殊教育，此种教育的主要宗旨不在于向受教者传播一般科学文化知识，"而在用教育的方法使被教育者忘却固有的文化而完全同化于征服国"。值得注意的是，在本书中，他将苏俄与日本相提并论，认为苏俄在中国所实施的殖民教育是另一形式的殖民教育，"这种教育虽与教会教育不同，用主义做幌子而不用宗教，又虽与普通殖民教育不同用金钱做后盾而不用力，但是他将中国变成外国人的效力，比教会教育与旧式殖民教育还要利害。"

（二）统一教育权政策。陈启天自诩说，"统一教育权"是他新造的一个名词，其涵义有三点：第一表明教育须从全国国民着想，不宜从一个人、一个地方或一个阶级着想，失掉了教育的主旨；第二表明教育是国家事业，不是私人事业，不是地方事业，不是慈善事业，也不是教会事业，更不是国际事业；第三表明教育主权须完全操国家。国家除经营通盘计划的国家教育外，还须严格监督不由国家直接经营的教育。为保持教育权的统一，必须采取以下 12 项具体政策：

其一，明定国家教育宗旨。文中陈启天提出的教育宗旨，与中华教育改进社第四届年会上通过的关于教育宗旨的决议案中的表述相同，即"养成以国家为前提的爱国国民"。

其二，力谋教育机会均等。在这方面，陈启天提出两个具体办法：一是主张自小学至大学实行男女同校，使女子有与男子受均等教育的机会；二是普及免费的义务教育，使贫苦子弟尤其是农工子弟有就学的机会。

其三，严格取缔私立学校。陈启天说，教育本是国家事业，理应由国家来举办。但因国家事业种类繁多，如果无论大小事情均由国家包办，也在所不能。所以，教育也应当允许私人兴办。不过这种允许，不是完全放任，而是国家要为私人办学设立一定的标准和考核的办法，这样才能使"私立学校与公立学校可保持一致的精神而获得相同的效果"。

其四，国办师范教育。师范教育是小学教育和中学教育的根本基础，国家独办师范教育的好处是能"养成一般适合国家需要与时代需要的中小学教师"。

其五，提高高等教育。他提出两个方面的具体办法：一是国家可以加高大学程度，添设大学院、博物院、美术院、图书馆、实验室及一切专门研究的特别设备。二是必须纠正中国大学忽视本国文化教学与研究的现象。

其六，实施学校军事教育。在陈启天看来，中国学校实施军事教育，其益处颇多：一是可以养成国民的强健体格，二是养成国民的"整秩习惯"而矫正其随随便便的习气，三是可以养成国民的尚武精神，四是养成国民的自卫能力。他主张在小学和初中实行强迫的童子军教育，在高中和大学一二年级实行强迫的军事教育。

其七，厉行政治教育。即用国家主义的政治思想和革命手段灌输于一般民众之中，使其树立改造政治的决心、常识和能力；同时在青年中注意提拔一些能力较强的青年，使其能够担负得起领导一般民众从事政治革命的任务。

其八，厉行经济教育。主要有生产教育、商业教育、分配教育、消费教育等四个方面。

其九，促进侨民教育。陈启天认为，目前关于侨民教育，国家和社会关注均不够；中小学寥寥无几，大学只有暨南大学一所。必须多建学校，吸引侨民子弟入学。

其十，力谋边疆教育。

其十一，增加国家教育经费。

其十二，提高教师待遇。他提出六种提高教师待遇的方法：一是保障教师地位，将教师定为终身制，其地位可与法官相同。二是专门建设教师住宅，使教师无家庭后顾之虞。三是实行年功加薪，依从教年限逐步递增薪酬。四是奖励教师保险，以防止教师个人的不测。五是创办教师借贷，由国家提供贷款，然后在教师的薪俸中按月扣除。六是扶助教师病老死，教师病时给以养病金，老时给以养老金，死时给予家人抚恤金。[1]

---

[1] 陈启天《建国政策发端》，第 82 ~ 118 页，少年中国学会 1926 年版。

从以上所述看，这是一个关于中国教育的全面纲领，体现了陈启天等国家主义教育派对中国教育问题的全面、深入地思考。其中提出的国办义务教育、师范教育，反对教会教育与殖民教育，与加强军事教育、增加教育经费和教师待遇等主张，均能切中当时教育之弊，且富于智慧。如果人们不拘泥于其政治立场，仅从学理角度衡量，对这份教育政策大纲还是应该给予适当肯定。

四、反对外国教育、教会教育、党化教育

国家主义者根本的主张是"内求统一，外逐独立"，体现在教育上，无疑就是强调中国教育的统一与独立。在该派看来，有 3 种教育妨碍着中国教育的独立和统一，必须加以反对：

其一，外国教育。20 世纪 20 年代，中国虽然名义上是独立国，但实质上仍是列强共管的殖民地，外人在中国拥有强大的势力，教育领域也不例外。据陈淑达所译《欧美人在中国之教育的设施》一文统计，中国学校学生人数与外国人所设学校学生人数对比如下[①]：

表 4-4　20 年代初境内中国所设学校与外国所设学校学生人数对比

	中国学校	外国学校	外国学校学生占中国学校学生（%）	备　　考
初等教育	3500000	130000	4%	
中等教育	120000	125000	11%	若只就中学校而论则占 52%
高等教育	15000	12000	80%	加医科学生除专门学校别科生
平　　均			32%	以种类分别比例为平均数

由上表可知，总体上外国学校学生已占中国学校学生的 32%，可见其影响。国家主义教育派对此深以为痛。余家菊指出，如若各国都来中国办教育，"其流弊势必使国人底精神四分五裂，各随其所受的教育而拜倒于各该国之旗帜之下，颠倒于各该国之精神之中"，扰攘纷争，"恐怕还要起一回'归化战争'"。所以他提出要防止外人来办清华式的留学预备学校。[②] 陈启天明确提

---

① 李桂林主编《中国现代教育史教学参考资料》，第 379 页，人民教育出版社 1987 年版。

② 余家菊《民族主义的教育》，《余家菊景陶先生教育论文集》，第 172 页，台湾慧炬出版社 1997 年版。

出，所谓外国教育有两种意义：一是外国人在中国境内设学教育中国人民，培养外国的顺民（如日本在满洲和山东所设的学校）和教民（如欧美人所设教会学校）。这与国家主义的教育培养本国国民的精神完全冲突，应该一律反对。二是以公款或私款设立的学校一意模仿外国教育，甚至特别倾向某外国，而忘却国家宗旨和国家教育标准的教育，也应该反对①。李璜对陈启天所指出的第二点也多有措意。他指出，近来中国教育在原则上、方法上、设置上、宗旨上，天天趋向于外国化特别是美国化，此为教育界人所共知的事实。这种外国化的教育忽视了本民族的遗传性和社会的立脚点，其最终结果是"亦步亦趋，不但终久赶不上人，而且丧失了固有的精神，令一个民族已奄奄无生气"。即使学得一些皮毛，也是似是而非，适成所谓"画虎不成反类犬"。他强调，中华民族能够绵延5000年而在世界文化史上占一重要位置，自有其独到的精神而为一切行动的中心，中国教育的使命就是注意将这种精神发扬光大起来。一句话，要实施本国化教育而反对外国化教育②。

其二，教会教育。对于这种教育的危害及其反对的必要性，国家主义教育派诸人指出最多，此处无须一一列出，这里仅以陈启天和周太玄的观点为例。周太玄在《非宗教教育与教会教育》一文中，比较了"真正的教育"与教会教育的区别，也实质上即指出了教会教育的危害：一是真正的教育在设法培植个性，而教会教育则在刻意的贼害个性；二是教育是助人于成年以后去选择信仰，教会教育是以一种信仰预注于青年学生脑中；三是教育是重在根据自有的文化收容他种文化，教会教育是利用一种文化而排斥他种文化；四是教育是以国家社会的需要为标准而建立其教育制度，教会教育是以传教为标准而自建其教育系统。据此他认为，教会教育在中国无论如何都不能让其立足发展，"中国若是觉着教育是大家存亡治乱的关键，必感有速即建立中华民国教育系统之必要，而同时亦必曾发现教会教育在我国所占的可惊的地位，自然对于防止与禁锢必会认为必要了。"③ 陈启天则从"教育与宗教分离"这一教育公理角度，强调排斥教会教育的必要性：

教育应与宗教分离，以免除宗教的纷争，而保持信教的自由。凡外人在中国以传教为目的的教会教育固应反对；就是本国任何教徒假借教育宣传任何宗

① 陈启天《国家主义的教育要义》，《中华教育界》第15卷第1期，1925年7月。
② 李璜《本国化的教育与外国化的教育》，《中华教育界》第14卷第7期，1925年1月。
③ 周太玄《非宗教教育与教会教育》，《中华教育界》第14卷第8期，1925年2月。

教的也应反对。而且这种教育的本身固应反对，就是从事或拥护这种教育的人也应该反对。①

其三，党化教育。所谓"党化教育"，当时是指广州国民政府为加强对革命运动的领导而提出的以"党义"、"党德"教育训练学生的一种教育方针。1924 年，孙中山依据苏俄"以党治国"的经验，建立了以国民党为核心的国民政府。根据国民党"以党领政"的理念，在教育领域随即产生"党化教育"的提法，要求建立"党义宣传"、"党德养成"的学校，并使其他学校也变成国民党的学校。1926 年 3 月，广东国民政府教育行政委员会成立，8 月，该委员会委员兼广东省教育厅长许崇清提出《党化教育之方针——教育方针草案》，该案共有 14 条内容，基本精神是以孙中山三民主义思想为核心，要求教育政策的制订要与国民革命一般政策相一致，并为国民革命服务。1924 年 8 月 1 日，广州市教育厅还曾下发过文件，要求市教育行政人员和教职人员全部入党，并规定入党方能取得教师资格。② 当时教育行政委员会也作出过"学校员生须全体加入国民党"的规定。北伐兴起后，教育革命化、民众化的要求日益迫切，国民政府教育行政委员会委员韦悫提出《国民政府教育方针草案》，将"党化教育"具体化为 12 条内容："一、民众教育应与民众运动一并进行；二、应以最短时间实行义务教育；三、教育应增进生活的效能；四、应指导学校毕业生到民间去；五、各学校应增设军事训练；六、各学校应注重体育训练；七、学生运动应统一在党的指挥之下；八、科学教育应特别注意；九、应努力收回教育权；十、教育与宗教分离；十一、教育经费应早日确定；十二、政府应在国内重要的工商业及农业地点开设特别学校。"③

应该说，"党化教育"这一提法并不科学，这一用语很容易使人联想到教育专制和文化专制。在"教育独立"口号响遏入云的 20 年代，它不可避免地要受到主张教育中立的教育家的反对。此时，以陶知行、胡适等为代表的自由主义教育家和中华教育改进社就对这种思潮进行反对和抵制。另外我们尚须注意的是，党化教育的实质是一种强迫教育，包括训育、体育、德育等。这些规定从统治阶级来看自然是合理的，但从被统治阶级及受教育者角度来审视，这种强迫教育无疑是将政治信仰强加于个人之身，从根本上说它是违反个性选择

---

① 陈启天《国家主义的教育要义》，《中华教育界》第 15 卷第 1 期，1925 年 7 月。
② 《广州民国日报》1924 年 8 月 1 日第 7 版及 8 月 2 日第 6 版。
③ 韦悫《国民政府教育方针草案》，舒新城《近代中国教育史料补编》，第 18 页，中华书局 1930 年版。

自由的。至于要求学校师生都要加入国民党，更数左派幼稚的过火做法。简而言之，党化教育在提出初期虽有进步意义，但它也包括了一些不合理的要求，人们对其进行非议，当在情理之中。

国家主义教育派由于其提倡国家主义的缘故，所以对国民党倡导党化教育极为敏感，是国内最早抨击此一教育思想的一批学者。当时，易君、杨效春、陈启天等人反对最力。易君在《党化教育与专制教育》一文中说："党化教育是拿一党的党义去教育国民，换一句话说，就是一党来包办教育"。他说，实行党化教育的人每每强调该党为惟一革命政党，"故须实行吾党之党化教育以统一国民之思想"。他认为这种思想是错误的，因为革命的目的是谋全民的福利，而全民福利自然涵盖人民的自由和平等。具体到自由，其涵义甚广，如信仰自由、集会结社自由、组党自由等。"如不准人民自由组党，是专制的行为。此种革命即非为全民福利而革命。如人民能自由组党，则不当党化教育。"所以他的结论是："党化教育，即是专制教育。"① 在《党化教育就是破坏国家教育就是摧残民权》一文中，易君更说，如果一个政党以"党的名义"、"党的财力"来办"党的学校"，以专门造就"党的人材"，这本来也并无不妥，人们至多可以将其视为"教育中一种特殊教育"。但是国家对此种教育也必须有所限制，即"学者须是受了国民教育以后才可以受这样的教育"。因为，国民教育是国民对国家的一种义务，与纳税当兵一样，带有强迫性。而国民教育以外，人民对其他教育有选择权，外人不得强迫②。杨效春则指出党化教育有三大危害：一是破坏国家统一。他认为现代国家政党林立，各党都实施党化教育，势必使全国教育分裂，全国国民意识也会分裂。二是危害共和精神。共和国家有政党，但不必人人皆为党员，亦不必人人皆为某一党之党员。强制要求教师学生加入某一党，必然危害人民言论、著作刊行及集会结社之自由。三是违反教育原理。儿童处于幼稚期，不应当实施政治化教育③。陈启天也明确反对党化教育，说："一般教育的主要宗旨是为全国培养国民，不是为一党造就党员，所以想任何公立学校变为一党独占的机关，实施党化教育，造就特殊党员，应在反对之列。所谓国家主义的教育是以国家为前提的教育，凡

---

① 易君《党化教育与专制教育》，《醒狮周报》第 98 号，1926 年 8 月 29 日。

② 易君《党化教育就是破坏国家教育就是摧残民权》，《国家与教育》第 28 期，见《醒狮周报》第 108 号，1926 年 10 月 30 日

③ 英仇（杨效春）《反对党化教育的三大论据》，《国家与教育》第 33 期，见《醒狮周报》第 114 号，1926 年 12 月 11 日。

危及国家存在和发展的主张，应不许在任何学校作实际的宣传。为免除学生受这种宣传式的党化教育计，中小学生应绝对禁止入任何政党，大学生应绝对禁止入主张打破国家从事实际运动的任何政党。"①

不过，颇具讽刺意味的是，国家主义者打着"国家教育"、"教育中立"、"民主自由"等旗号反对党化教育，好像只有他们才是超阶级、超政党的，只有他们才是真正为国家和人民着想的。但细加分析即可看出，他们自己提倡的国家主义教育，也是一种含有强烈排他性的教育，又何尝不是另外一种形式的"党化教育"？

五、加强爱国主义教育和军事教育

自五四以来，中国学校教育强调平民主义精神，趋重培养学生个性的独立与自由，这本来是对的；但学生毕竟不是脱离国家、社会的特殊群体，因之学校教育的目的也不能只停留在训练学生个性这一点上，还应训练学生适于社会、国家发展需要的纪律、秩序以及爱国爱群的意识、感情。由这种认识出发，国家主义教育派揭橥出"以国家主义精神改造各级教育"这一重要主题。在这一问题上，较之其他各派，该派下列两大主张较具特色：

第一，加强爱国主义教育。爱国主义是教育中永恒的主题，大凡教育家对此皆能重视。国家主义教育派曾专门在《中华教育界》刊出"小学爱国教材号"，登载出余家菊、胡叔异、徐映川等21位作者的文章，研究小学校采用爱国化教材的问题。此外，此时《教育杂志》等其它教育刊物也有这方面的不少文章。该派较比时人不同的是，一方面他们反对在小学中开设外国语。如身为东大附中英语教师的李儒勉认为，小学教授英语是一种"迷信世界主义"的做法，"与国家教育宗旨不相容"，所以"小学当绝对取消英语"②。陈启天也认为小学一来无良好的外国语教师，二来小学生应集中学会国语，完备一种国民资格，所以"外国语在小学应以不教为原则"③。另一方面，该派更加注重文、史、地三课的爱国主义教育问题，认为这是培养学生国家意识根本之根本。如吴俊升说，国语地理历史三科，与国家主义尤有密切关系，德法等国对此就非常重视。④ 余家菊也深情地指出：

---

① 陈启天《国家主义的教育要义》，《中华教育界》第15卷第1期，1925年7月。
② 李儒勉《国家主义的教育与小学取消英语的运动》，《中华教育界》第15第1期，1925年7月。
③ 陈启天《国家主义与国民教育的改造》，《国家主义论文集》，第175页，上海中华书局1925年版。
④ 吴俊升《国家主义的教育之进展及其评论》，《国家主义论文集》，第132页，上海中华书局1925年版。

凡认识一国，必先知道这一国的地理。因为晓得这一国的地理，然后才可以明了他的物产、经济、交通、都会……才能算是真认识这一国。我们能不认识自己吗？须认识。那么，我们何能不知道中国的地理呢？而且研究本国地理也可以激发国民的爱国心。台湾为什么让与日本呢？香港为什么割为英国呢？东三省为什么入于日本的势力范围呢？这些问题，皆是地理上的好材料。可惜现在一种什么文化地理的教科书，对于这些国耻上的地理知识，倒反忽略了。以为世界大同，不必再提倡这种国家观念。这岂不是糟糕吗？倘若长此下去，就是中华民国都被人家瓜分尽了，一般国民的脑子里，还不觉得有一点可耻，或者以为理所当然呢![1]

如何在这三课中对学生进行爱国主义的教育呢？他们提出了一些办法：一是加强对三课教材内容的选择。陈启天建议"言文科"内的国语教材，"须多取自本国而取自世界者当直接或间接有助于国家思想的养成"。罗廷光在《国家主义与中国小学课程问题》一文中，主张小学国语科，要多选用一些能够鼓舞爱国心、发扬民族精神、培养国民元气的语言材料，如岳飞的《满江红》、文天祥的《正气歌》、史可法的《答睿亲王书》、黄兴的《革命歌》、曾琦的《醒狮歌》等[2]。二是在史地课中加强国耻教学。常道直说，近年来经常听到世界主义者发表高见，反对在学校中对学生讲授国耻史和提倡爱国主义的教学，这是一种错误的言论，"国耻史却是提倡爱国主义的最好材料"。国耻教学的目的，在于促进民族自省和争中华民族在世界上的地位，并不是反对论者所说培养学生对外国的报复心理[3]。三是改进地理教学。罗廷光主张小学地理课"低年级以乡土为中心，高年级以国家为中心"，"使儿童由此而生爱家爱乡及敬仰祖先的观念，再进而及各都会和国家的地理关系"[4]。

第二，加强军事教育。清末以来，为提高国民素质、雪"东亚病夫"之耻，有识之士开始倡导"军国民教育"，此一思潮在当时影响颇大。但进入民国后，受各种教育思想的冲击，军国民教育思潮有所褪色。至20年代中期，国家主义教育派重拾这一旗帜。《醒狮周报》曾刊出"学校军事教育问题号"专门探讨这一问题，其他如王庚、周天冲等也著有《学校军事体育实施法》、

---

① 余家菊《国家主义与中国师范教育的改造》，《国家主义讲演集》，第37页，上海醒狮周报社1926年版。

② 罗廷光《国家主义与中国小学课程问题》，《中华教育界》第15卷第1期，1925年7月。

③ 常道直《小学史地科中之国耻史实》，《教育杂志》第15卷第4期，1925年10月。

④ 罗廷光《国家主义与中国小学课程问题》，《中华教育界》第15卷第1期，1925年7月。

《学校军事教育辨》等论著，鼓吹"武育救国"。该派从以下三个方面对学校军事教育问题进行了论述：

（一）推行学校军事教育的原因。曾琦认为，国家主义派的口号是"内除国贼，外抗强权"，"欲实行外抗强权必先内除国贼。欲内除国贼，必须全民革命。欲行全民革命，必先全民武装。欲求全民武装，则非先于学校实施军事教育不可。"① 曾琦虽未加入国家教育协会，实与该会成员在精神上完全一致。李璜也说：

> 近年来只讲"新文化"而不讲"新武化"，这可以说是一个大错！"新文化"是学得西洋的文学哲学美术科学各种长处来增长我们的精神，新武化是仿效西洋的"军事教育"与组织来训练我们的身体。徒有好精神而无好身体，好像有饭而没有碗装一样。况且西洋人的侵略无已时，一旦被人征服了，失去了自由，还有什么文化运动可讲！因此我以为"新武化"的运动比"新文化"运动还要重要！②

不过，论述最精彩的，要算林灵光。他认为，中国目前有两大病，一是青年所患的病，二是国家所患的病。青年所患的主要是"弱"病，"不独身体衰弱，即意志亦薄弱得极了"。由此带来的，是青年对外国输入的各种学说彷徨无主，或生厌世之心，或趋入歧途，或侥幸取巧。至于国家，所患则是"弱"病和"乱"病。惟其乱故弱，同时又因为乱与弱，故"为外国所窥伺"。基于此，林灵光强调，要想救治中国的病，"唯有国家主义"，而"武育"就是"一种治国弱病的良药，是补偏救弊的一种教育法"。这种教育方法，在中国成为完全独立国家以前是不可或缺的。③

（二）推行学校军事教育的好处。该派论者一般均认为军事训练能使学生习劳吃苦，强健体魄，减少幻想，统一精神而有团结的凝聚力。如余家菊提出学校实行军事教育有八大好处："御外侮"、"戡内乱"、"守纪律"、"严组织"、"壮胆气"、"强筋骨"、"讲军学"、"学武艺"④。

（三）推行学校军事教育的具体方法。他们共同主张从小学开始童子军的基本军事训练，如军礼、步伐、枪术、攀绳爬梯、精神训话、野营露宿等。中学则实施军队编组、授以严格的军事训练，除兵式体操外，还须注意野外演

---

① 曾琦《本报过去一年之工作与今后之使命》，《醒狮周报》第 53 号，1925 年 10 月 10 日。
② 李璜《我们怎样预备作战》，《国家主义讲演集》，第 25 页，上海醒狮周报社 1926 年版。
③ 灵光（林灵光）《武育救国论》，《醒狮周报》第 30 号，1925 年 5 月 2 日。
④ 余家菊《学校军事教育问题发端》，《醒狮周报》第 30 号，1925 年 5 月 2 日。

习，以实施严格的实际教练。同时，他们还提出开设专门的军事课，以灌输有关军事知识。陈启天建议初小学生可开设军事常识课程，每周2小时，共教授一年，"使明军事训练的必要和现代军事组织的概况"。中学和大学应开设军事学术课，其种类多少、内容深浅、范围广狭、时间分配诸问题，"当按两级的宗旨由教育家和军事学家协定之。"① 王庚则推崇军事教育与体育教育之结合，他认为，"普通人均以为军事教育，乃兵式体操之代名词"，而实际上兵操只不过是军事教育中极小之一部分，他如打靶练习、野外演习、堑壕术、夜间观察等，均是其内容。所以军事教育其实多与体育原理相符合，"真正的军事教育，必合于体育之主旨"，他主张军事教育与体育合二为一②。

以上分四个大方面略述了国家主义教育派的主要思想。实际上，该派教育思想极为丰富，如关于教育主权的思想、关于教育和宗教分离的思想及关于收回教育权的思想等等。不难看出，国家主义教育派教育思想的主要特色，是爱国主义精神。如吴俊升所说，这种国家主义教育，"对个人而言，培养爱国精神以小我效忠大我，但仍强调保留个性发展余地；对国际而言，使本国强盛，并发展固有文化，但不妨害国际合作，甚至亦保留世界大同理想实现的可能……所以这种国家主义教育，乃是以国家为本位，求一国的富强康乐，而对内不妨碍个人在国家组织内充分发展，对外则发挥民族固有文化与优美特性，保持独立自由而不妨害国际合作以求最后达于世界大同的教育。"③ 在坚持爱国主义的原则下，他们要求反对外国教育、教会教育和党化教育，由国家主办和发展教育。

六、早期共产党人对国家主义教育思想的认识与批评

20年代初、中期国家主义教育思潮的高涨与国家主义教育学派的崛起，是当时教育文化界一个突出的现象，这不能不引起时人，特别是关心中国教育发展及国家出路学者的关注。以恽代英、萧楚女、杨贤江、张闻天等为代表的早期共产党人，对该派及其思想进行了较为集中的讨论，并给予了评价。

早期共产党人对政治意义上的国家主义派与教育意义上的国家主义教育派，未能区别观照，而是作为一个整体来对待。对余、李、陈等为代表的国家

① 以上分别见余家菊《学校军事教育问题发端》及陈启天《学校军事教育复兴运动》，均载《醒狮周报》第30号，1925年5月2日。
② 王庚《论学校军事体育之目的》，《教育特刊》第1期，见《醒狮周报》第62号，1925年12月20日。
③ 吴俊升《教育生涯一周甲》，第25~26页，台湾传记文学出版社1976年版。

主义派，早期共产党人其认识有一个发展演变的过程。1925年4月，恽代英在《评醒狮派》一文中，曾言及自己对该派认识有三个时期的变化：第一个时期为《国家主义的教育》一书"初次出版"之时，"我是尊重他们谋中国独立的意见的，但是我只可惜他们因为偏于'唯心'，所以找不着合当而有效力的途径。"第二个时期为《醒狮周报》出版以后，虽然不赞成其"士大夫救国论"，但"我那时还以为救中国民族，他们纵与我们不能一致，并非便不能同力合作。……他们……至少亦是我们在向帝国主义作战时的伴侣"。第三个时期为"近来"，"他们名为讲国家主义，其实对于帝国主义的罪恶，军阀政府与帝国主义相勾结的实况，似乎还没有多少精力顾到；他们最大的努力，处处看出只是一个反对共产主义。"① 该文清晰地勾勒出自己对该派认识觉悟的过程。

不过，从整体上看，早期共产党人对国家主义教育派的认识实可分成以下两大阶段。

从余家菊1923年9月发表《教会教育问题》一文至1924年10月《醒狮周报》创刊，为第一个阶段。这一时期，由于同为少年中国学会成员及国家主义教育派尚未完全形成等原因，早期共产党人对余、李、陈等人所倡导的"国家主义教育"主张给予了相当程度的同情与理解，虽有批评但言词并不激烈。换言之，共产党人更多地将其视为救国主张之一种，对余、李、陈诸人也能作为"革命伴侣"而看待。如恽代英对余氏所著《教会教育问题》一文就比较推崇，曾向《少年中国》的读者进行推荐②。在《读〈国家主义的教育〉》一文中，恽代英也表示对该书"曾经细读"、"极表赞同"，认为该书中所提出的观点"为中国所亟需"。同时，对余、李文化保守主义立场及忽视中国经济独立问题等偏颇，也及时指出③。当时，还不是"少中"成员的萧楚女也说，"少年中国学会余家菊李璜两先生，同我们一样，看见那以'神即宇宙'迷惑人们的基督教一天一天在中国横行无忌"，所以忍无可忍，出版《国家主义的教育》一书，"两人站在敌兵线上开始射击第一枪"，"我诚恳地崇拜两先生底伟大——愿执吾鞭以从其后"。④ 另一共产党人张闻天则说：

还有两位朋友合著了一部《国家主义的教育》。他们痛于中国现代教育的

---

① 《评醒狮派》，《恽代英文集》（下卷），第665～667页，人民出版社1984年版。
② 《我们为甚么特别反对基督教?》，《恽代英文集》（上卷），第394页，人民出版社1984年版。
③ 《读〈国家主义的教育〉》，《恽代英文集》（上卷），第397页，人民出版社1984年版。
④ 《上帝底世界和人类的世界》，《萧楚女文存》，第8页，中共党史出版社1998年版。

无目的，在上面大大提倡以国家主义为目的的教育。……他们两位的主张比了启天兄的自然要切实的多，因为他们俩不但说出国家主义是什么，而且还说出许多实施的方法。并且中国的环境如其不十分坏，他们的办法自然可以有相当成效的。但是事实上却不然，不但家菊兄的以发挥固有民族性的教育为国家主义的教育不大对，就是李璜兄的提高国民道德的主张在现在也实在没有实现可能。

张闻天的结论是："不论主张国家主义也好，主张国家主义的教育也好，如其不以打破现状为前提，我敢说这种提倡是徒然的。"① 总之，由于此时共产党与青年党之间的党争尚处于初始时期，两党人士虽不同意对方的革命策略但并未像后来那样作为敌对、反对的势力而看待；所以早期共产党人对国家主义教育思潮的评价，尚能基于学理立论，批评也颇为和缓。

从 1924 年 10 月至 1927 年大革命失败，为第二个阶段。这一时期，随着共产党与青年党两党事业的发展，由争夺青年群众而引起的党争愈来愈激烈，以至于发展到冰火不容的境地。同时，随着国民革命的兴起，青年党迅速从一个主张"全民革命"的政党走向反共、反俄的政党。其消极抵制国民革命的态度，使共产党合乎逻辑地将其定性为反革命政党与势力，并与之展开罕见的激烈笔战，以清除其对青年群众的影响。受此大局的影响，国家主义教育派及其思想，也多被共产党人目为反动、复古的势力与思想。如 1925 年 12 月，毛泽东同志在说明《政治周报》发刊的理由时，即明确指出："我们为了革命，得罪了一切敌人——全世界帝国主义、全国大小军阀，各地买办阶级、土豪劣绅、安福系、研究系、联治派、国家主义派等一切反动政派。"② 1926 年 10 月，署名为"砍石"的作者的说法更具有代表性："国家主义教育便是一种反动的，讴歌东方文化的、狭义的爱国主义的，充满忠孝节义的传统思想的教育"。该文认为一切反封建反对唯心主义的知识分子，"应该结成一个'反国家主义教育运动'的联合阵线"，并强调这种"反国家主义教育运动"的工作，"在国家主义教育运动猖獗的场合，其意义比'收回教育权运动'更见重要"。③

在第二个阶段，早期共产党人针对该派有关思想进行了全面的批驳。其

---

① 张闻天《从梅雨时期到暴风雨时期》，《少年中国》第 4 卷第 12 期，1924 年 5 月。
② 《〈政治周报〉发刊理由》，《毛泽东文集》第 1 卷，第 21 页，人民出版社 1993 年版。
③ 砍石《所谓"国家主义的教育"》，《中国青年》第 141 期，1926 年 10 月 29 日。

中，最有代表性的是恽代英所写《国家主义者的误解》，及萧楚女所写《中山主义与国家主义》两文。他们主要从以下四个方面对该派思想进行批判：

其一，反对该派所主张的"为本国的文明而提倡国家主义"。恽、萧认为，该派以为中国是东方的文明古国，有很高的文化如礼义忠信廉耻等道德文明，并由此产生诸多伟大人物，所以"他们以为提倡中国固有文明，可以激发起人民爱国的心理"。中国固然确属文明古国，有过比较辉煌的文化，但这种文化"已经随着小生产制度破坏而不可恢复"。在今天不努力适应基于大生产基础上的近代文化，而只是讴歌什么古代文化东方文化，"到底还归于衰败灭亡的一条路"。另一方面，"爱中国的文化与爱国并不是一件事"，有许多所谓东方派尽不爱国，有许多爱国的人却不是尊重东方文化者。过于提倡中国的固有文化，"不但不能激发人民爱国的心理，并且足以转移人民爱国的精神，使他们为了文明而忘却国家。"

其二，反对该派所主张的"为历史的光荣而提倡国家主义"。国家主义教育派"以为中国有数千年来光荣的历史，可以引起国民共同的回忆，生出一种爱国的激情"，实则以往由统治阶级意志所提倡、所书写的历史，有时确实可以引起被他所欺骗的国民共同的回忆，以产生一种爱国的感情。但如果仔细研究历史就会知道，由统治阶级所书写的这些历史记忆，对被统治阶级和"异族混种"来说，则可能是痛苦的记忆。例如关于黄帝开疆辟土的史迹，这是"黄帝子孙"汉人所引以为荣的，但对被征服同化的其他民族来说，则是痛苦的。"若这是光荣的事，那便列强加于我们的横暴侮辱，亦将为他们子孙的光荣的事，而且为我们子孙被他们征服同化者的光荣的事了"。再比如中国史上脍炙人口的有关忠臣、孝子、节妇、义仆的故事，实际上是"被压迫者的奴隶道德行为"，今日并不值得歌颂等等。

其三，反对"因人民有爱国精神而提倡国家主义"。该派"以为国民自然有一种与物质生活无关的爱国精神，这种精神可为国家主义理论的根据"。但是从历史的发展看，"人类的感情是依着物质生活为变迁的，除了受统治阶级历史欺骗的结果外，并没有什么与物质生活无关的爱国精神"。游牧时代需要结伴移徙的部落生活，人类易于爱部落；农业时代需要聚处并耕的家庭生活，人类易于爱家庭；工商业既兴，需要贸迁有无的都市生活，人类易于爱都市；到了交通发达的现代，经济关系频繁，都市不复能独立自给，于是全国成一共存互助的经济单位，人类亦进而爱国家。由此以进，经济发展，使各国都彼此相需相赖，国家亦渐不复能独立自给，于是必须全世界成一共存互助的经济单位，人类将更进而爱世界。

其四，反对"中国有自卫的必要而提倡国家主义"。该派"以为中国受强国的压迫，为自卫计应该提倡国家主义"。但"自卫"一词，很容易成为帝国主义侵略别人的借口。恽、萧两人认为，国家主义提倡自卫，容易成为扰乱和平之工具。今天要为被压迫者真正谋自卫之法，"最要是考察压迫者的性质，而研究被压迫者有甚么有把握的切实自卫的力量"。恽、萧从马克思主义阶级斗争学说出发，科学地指出，今日压迫中国等弱小民族的，并不是英、美、日等国家，而是英、美、日等国占统治地位的、少数的资本家同他们的走狗。要反对他们，不是讲国家主义，拿一国去敌对一国，"而应当使殖民地弱小民族与产业进步国家工人平民联合起来，以共同向那些资本家同他们的走狗进攻"。①

总之，早期共产党人对国家主义教育派及其思想的认识与批评，集中反映了中国马克思主义者对中国国家出路及中国教育发展问题的根本态度。他们赞同国家主义教育派对中国教育现状的一般估计，也认同后者所提出的反对教会教育、收回外国教会学校、维护中国教育独立与主权等部分主张。但与后者根本不同的是，马克思主义者并不是狭隘的"教育救国论"者，而是"整体性变革"论者（这种态度，张闻天称之为"打破现状"，而萧楚女径直称为"把政权夺到自己手中"）。他们倾向于将政治、经济、文化、教育诸问题视为一个整体问题，主张用政治革命的手段"一揽子"予以解决。易而言之，马克思主义者要求在进行民族民主革命中实现中国教育问题的解决。无须多言，他们对中国教育、中国社会的观察是独特的、犀利的，其所提出的以政治问题的解决推动教育问题的解决之办法，的确找准了中国当时诸多教育问题的命门，凸现了马克思主义作为一种科学理论在解释世界、改造世界方面的巨大威力。在这方面，较比国家主义教育派，早期共产党人的认识显然是高人一等的。但同时不可否认的是，限于当时的条件，早期共产党人对马克思主义理论的理解还有肤浅的一面，其对唯物史观、阶级斗争、无产阶级革命等学说的运用还不够纯熟，这不可避免地导致其对国家主义派（包括国家主义教育派）及其思想的分析，存在政治化、简单化、机械化的倾向。比如，对该派所主张的以

---

① 以上参见《中山主义与国家主义》，《萧楚女文存》，第 265～268 页，中共党史出版社 1998 年版；及《国家主义者的误解》，《恽代英文集》（上卷），第 589～592 页，人民出版社 1984 年版。萧文关于国家主义的论述，其内容几乎与恽文完全一致，似来源于恽文。

文、史、地教育为核心的爱国教育，早期共产党人一概目为东方文化派的保守、复古思想，似显简单。在论辩中，恽代英、萧楚女将中国几千年丰富多彩的历史完全视为统治阶级所书写的历史，将中国文化视为静止的、保守的、不能适应现代生活的，并认为"爱中国文化与爱国并不是一件事"。这种论调明显是受五四新文化运动中新文化人反传统思想的影响，具有较浓厚的历史文化虚无主义倾向，是错误的。列宁认为，任何民族的历史文化都有两种："每一个现代民族中，都有两个民族。每一种民族文化中，都有两种民族文化。有普利什凯维奇、古契柯夫和司徒卢威之流的大俄罗斯文化，但是也有以车尔尼雪夫斯基和普列汉诺夫为代表的大俄罗斯文化。乌克兰也有这样两种文化，正如德国、法国、英国和犹太人有这样两种文化一样。"① 具体到中国传统历史文化，既有反映统治阶级意志的历史文化，也有反映被统治、被压迫阶级的历史文化。既有封建性的糟粕，也有民族性的精华。单纯地讲传统历史文化都是体现统治阶级的意志的，这无疑抹煞了那些已经超越了阶级范畴而已成为中华民族所有民族和所有阶级共有财富的文化的存在。国家主义教育派强调民族性的教育，要求加强文、史、地教育以培植学生的爱国精神，虽有过头的一面（如提出小学不授外语），但其大方向无疑是正确的。古人云："国可亡，而史不可灭。"近代国学大师章太炎也认为，"民族主义如稼穑然，要以史籍所载人物制度、地理风俗之类，为之灌溉，则蔚然以兴也。不然，徒知主义之可贵，而不知民族之可爱吾恐其渐亦萎黄也。"② 抽取了文、史、地及英雄人物的教育，所谓"爱国精神"的铸造无疑就只是一句空话。再比如，对历史上中华民族各民族冲突的认识，早期共产党人也有不足。在他们看来，黄帝的开疆拓土与汉唐的外侵、征服吐蕃一类的事迹，只能是汉族的光荣，对其他被征服民族来说则是痛苦。并说："若这是光荣的事，那便列强加于我们的横暴侮辱，亦将为他们子孙的光荣的事，而且为我们子孙被他们征服同化者的光荣的事了"。这里，将历史上中华民族大家庭内部各民族的冲突，与近代以来中华民族与帝国主义民族的冲突等量齐观，并不适合。同时，对于中国历史上各民族的冲突、战争及一些历史人物的评价等，也没有能从"谁更符合中华民族的整体利益、谁更代表历史发展的潮流"这一大局上予以申说，显现出早期共产党人历史观幼稚的一面。最后，早期马克思主义者对物质与精神关系的理

---

① 《关于民族问题的批评意见》，《列宁全集》第20卷，第15页，人民出版社1958年版。
② 《答铁铮》，《章太炎全集》（四），第371页，上海人民出版社1985年版。

解也较为机械。余家菊曾说：“共产主义者是信奉马克斯底唯物史观为圭臬的，他们只承认物质和经济，只有物质或经济才是解决社会问题唯一的方法，只有物质或经济才是解决构成社会的惟一要素。”① 揆诸事实，余家菊的指责并非空穴来风。恽代英、萧楚女等早期共产党人当时还不能很好地懂得唯物辩证法，他们多将物质生产状况视为制约精神发展的惟一因素，没有说明精神的发展具有相对独立性、继承性，同时也与思想家个人的社会实践与思维逻辑有很大的关系。总之，在对国家主义教育派及其思想的批评中，早期共产党人也暴露出不成熟的一面。

第三节 国家主义教育派与收回教育权论战

自中华教育改进社第三届年会及全国省教育会联合会第 10 届年会通过有关收回教育权的议案后，特别是经过国家主义教育派在《中华教育界》、《醒狮周报》等报刊杂志努力鼓吹以后，“收回教育权”遂由一、二学者的“私议”而变成教育界、舆论界的普遍呼声，成为时人所关注的一个热点话题。国家主义教育派不遗余力地抨击教会教育，积极倡导收回教育权，他们也提出了处置教会学校、收回教育权的具体操作办法。但收回教育权毕竟是一个说起来容易而实行起来颇难的问题，该派的积极宣传，并不能打消关心此一问题人们的所有疑虑。面对当时中国国弱民贫、外交不争气的现实，习惯任人宰制的国人不得不担心：欧美列强这一次会主动放弃其权益而让中国收回教育权么？抑或像从前一样，对中国民族的合理要求继续不予理睬？即使列强对中国收回教育权不干涉，那么到底又该如何收回教育权与处置教会学校（包括为数众多的教会学校学生）呢？是对教会学校彻底解散还是收回自办？是收回后由政府主办还是收回后由中国教徒自办？可不可以允许教会学校在限期内进行改良然后予以注册承认，等等。对于这些问题，不同政治和思想背景的人们，自然有不同的理解和回答。进入 1925 年后，围绕以上核心问题，国家主义教育派与批评和反对收回教育权运动的学者人士，遂展开了激烈的思想论战。

一、国家主义教育派与曾友豪、孕欧、褚赓尧等人的论战

在这场论战中，首先站在批评者立场对收回教育权进行指责的，是以曾友

---

① 《国家主义释疑》，《醒狮周报》第 51 号，1925 年 9 月 26 日。

豪、孕欧、褚赓尧等为代表的《时事新报》作者群。1925 年 3 月 28 日,《时事新报》发表该报主要撰稿人曾友豪的《收回教育权运动》一文,揭开了论战的序幕。该文在略述中华教育改进社及全国教联会有关收回教育权议案的通过情况后,笔锋一转,写道:

我以为在这个热烈的时期中,我们要注意地是两件根本命题:一是整顿国人自办教育。一是以外交手段收回教育权。本国人设立的公私学校发达,国人必不愿送其子女入非我族类办理的学校,其中理由,简易明了。我提出用外交手段收回教育权的理由,是今日一般人所提倡的办法如注册、遵照部令等事,枝枝节节,不过能屈服似外人办理而实与本国教育宗旨无关紧要的学校,对于其他不肯向化的洋人教育地位,不能动摇。

在文中,曾友豪将外人在中国设立的学校分成三类:一是日本在南满及英国在上海设立的殖民式学校,二是各国天主教堂在各地设立的寺庵式学校,三是基督徒办理的教会学校。他认为第二类学校势力式微,可以暂置勿论;第三类学校除维持传播宗教这一条外,对于中国政府各种限制"皆易服从"。即使是宗教教育问题,一旦中国政府向各有关国政府提出交涉,还是较易解决的;最难对付的,就是第一类学校。这类学校"以其国政府为直接后盾,以制造数典忘祖崇拜洋化的人材为目的",如果没有中国政府的帮助,单靠全国有关教育团体通过的《收回教育权案》,"直无疑与虎谋皮,决难实现"。他认为,由政府运用外交手段进行交涉,才有收回这类学校的希望①。

细绎该文不难发现,曾友豪主要从两个意义上批评收回教育权运动:一是认为该运动太过于注重教会学校,而忽视国办学校教育质量低下的问题;二是该运动太过于注重基督教学校,而忽视天主教学校及英日等国殖民学校的问题。应该说,曾友豪的上述指责尽管并非空穴来风,确属一种客观事实,但也存在着某种误解。以国家主义教育派为代表,此时论者攻击基督教教育不遗余力,而对天主教教育、殖民教育乃至国办教育批评不多,这既是一种斗争策略的需要,同时也与非基督教运动的发展息息相关,并非论者故意忽略所致。但曾友豪显然没有看到这一点。

曾文发表后,国家主义教育派迅速做出了反应。最先回应的,是该派代表之一的古楳。古楳事后回忆说:

我在中学时代,已有反对教会教育的态度,不过不甚明显,⋯⋯后来看见

---

① 友豪(曾友豪)《收回教育权运动》,《时事新报》1925 年 3 月 28 日。

各教会学校当局对学生如此蛮横压迫，必里更感不平。"不平则鸣"，所以到十四年某日，看见某报载有曾某极端偏袒教会学校的文字，说教会设立学校是有条约的根据，我乃"词而辟之"，不料曾某见我如此无情，也再为辩驳，于是两方笔战开端，我也立即应战，不稍退让。①

他在《醒狮周报》发表《辟友豪君〈收回教育权运动〉》一文，予以反驳。古楳总体上认为曾文"似是而非"且"乱人耳目"，他主要指出两点：其一，强调对"整顿国人自办教育"与反对殖民教育问题，提倡收回教育权运动者"完全承认"、"不敢有所忽略"；其二，认为曾友豪提出的"以外交谋收回教育权"的方法，是一种"与虎谋皮，决难实现"之法。古楳说：

办理"教育"之权限，在条约上已无"让与"之明文，怀抱野心之外国人竟逞其强权以攫取之，是其不认有国际公理可知。今吾乃云"以外交手段收回教育权"，彼岂不将应之曰："吾未受君之教育权也"？此时吾辞能不穷乎？故吾人以为不言收回教育权或不承认收回教育权则已，如认为有收回之必要，则非自己奋发抵制不可，言论鼓吹，条例取缔，均为吾人所采之方式也。"外交手段"，非特如"与虎谋皮"，并且河清难俟！②

针对古楳的反诘，曾友豪再次著文予以回答。他一方面申明，"我们谋中国政治经济文化上的独立，维持中国主权，自信不后于谁人。政府应限制违背中国教育目的的外人在华学校论调，我们也即主持有年"。另一方面则强调其对收回教育权问题，"与对于其余一切外交问题，如领事裁判权、关税自主权、内河外来航行权、外商在华优先权、租界、租界地等的态度一样"，这就是"一为急速加增及促进国立学校，以收容及教育许多不愿受外人办理学校的教育而现在为情势所迫不得受此类教育的青年；一为造成舆论，请政府以外交手段，收回现存在华外人所办的学校管理权。"针对古楳所说"以外交手段收回教育权"是"河清难俟"、"与虎谋皮"的观点，他又特别举出日本、泰国收回领事裁判权的例子加以反驳。他说：

西人在东方所享受的权限中，最重要的无过于领事裁判权。西人最不肯放弃的，也是领事裁判权。日本、暹罗昔日均有这种制度，然皆以政治的手段取消。西人视其在华办理教育权，不若其视领事裁判权之重。中国虽弱，能力不一定在暹罗下，难道暹罗政府能取消外人"治外法权"，而中国人独不应该鼓

---

① 古楳《卅五年的回忆》，第61页，无锡民生书局1935年版。
② 古楳《辟友豪君〈收回教育权运动〉》，《醒狮周报》第27号，1925年4月11日。

吹其政府用政治外交手段收回外人办理教育权吗？

此外，他还强调，因为条约上没有明文规定，"便断定中国政府无过问外人在华教育权的能力"，这种观点也是大错特错。因为，"在中国外交史中，条约上无明文规定的外人权利不一，如外人装无线电，办理邮政等，皆是其例。中国政府外交手段虽弱，从来未闻其因条约上无明文规定，便不设去交涉收回这些权利。就事论事，中国政府早已用外交手段将客邮取消。难道收回教育权案，政府独不应该办理吗！"①

正当曾、古笔战正酣之时，孕欧、褚赓尧、陈启天、左舜生等赶来加入，又使双方平添不少助力，进一步推动辩论的深化。

站在曾友豪一方的，主要是孕欧和褚赓尧。孕欧分析说："教育权为一国所有，决不容外人越俎代庖，这是大家公认的。就是丧心病狂的人，心理不赞同，口里也万不敢说。"因此，教育权应不应该收回，现在已不是问题。现在成问题的主要是两个：一是收回教育权应采用何种方法；二是收回教育权前后应有怎样的办法。对于第一个问题，他对曾友豪所主张的"由政府以外交手段收回"基本认同，认为此法虽不如土耳其凯末尔政府藉武力收回教育权"那样通快"，但限于中国目前的处境，"也只好采这种方法"。孕欧特别强调这种办法是可能的，因为"教育权在外人眼光看来，并没有租借地等那么重要，所以收回教育权，比收回租借地权等，来得容易"。他批评古楳"根据条约来谈收回教育权是个笑话"，又说古楳"河清难俟"、"与虎谋皮"的观点，不是一种过虑之论，就是一种怯懦的表现。关于第二个问题，他强调谈论收回外人学校没有问题，但也必须改进国人自办学校的教育质量。同时，未雨绸缪，现在就要思考收回外人学校后的经费支持等问题②。褚赓尧也赞同收回教育权，但认为国家主义教育派提出的收回办法"未免激烈，恐怕难达到最好的结果，要和有清的义和团'扶清灭洋'一样，主意是完美的，方法不良，反招外人的侮辱呢。"他认为禁止设立、停办外人学校及禁止传布宗教等，很难做到。最好的办法是釜底抽薪："施教育，虽属于外人，那被教者都是中国人，倘是中国广设学校，要求我国政府强迫入教会学校的学生，一律转学，不听则罪其父兄。再令本国教师，不为教会教师，不听则遞夺其公权。这样去做，既没有中国教师，又没有学生，他的学校，能够存在吗？他的教育权还在

---

① 友豪（曾友豪）《再论收回教育权运动》，《时事新报》1925 年 4 月 12 日。
② 孕欧《收回教育权运动底步骤》，《时事新报》1925 年 4 月 28 日。

那里吗？纵使外国人仗他的国家富强，和我国也起不起交涉来。"① 另外尚须一提的是，《时事新报》记者在褚赓尧此文前还特加一段按语，认为"今日而谈收回教育权，未免太高调矣"。其原因是中国自办教育无不失败而教会所办教育无不成功，所以"收回教育权固可主张，而改良教育尤为先务"②。

　　站在古楳一方的，主要是陈启天和左舜生。陈启天在《醒狮周报》发表《为收回教育权问题答客难》，对褚文予以回应。陈文主要指陈两点：一是针对褚文中所谓"义和团"的提法，认为"只要我们认定中国教育权是应该收回的，则关于收回教育权的方法尽有磋商的余地，却不能硬指我们是义和团"。他强调在此时国内还有相当部分人士反对此一运动的条件下，鼓吹收回教育权之必要性仍为宣传的重点。其二，针对褚文中的记者按语予以批驳。陈启天说："本国教育固须整顿，却不可说等到本国教育完全办好了，再来谈收回教育权，至近于为外国侵略缓顿。我们固然不可不顾虑子弟无处读书，却不可说将子弟送入养成外国教民的教会学校于心反安！"③ 左舜生当时并没有单独发表文章，但他在古楳的一篇文章后加了一段按语，对国家主义教育派为什么特别攻击教会教育作了说明。他说，"我们主张收回教育权的人，不问是日本和英国在中国办的殖民教育，或外国教士在华办的教会学校，自然不分轩轾，主张一律收回。但有一点我们却是特别应该注意：日本和英国最近关于所谓对华文化事业，却特别热心"。之所以如此，"完全是因为美国近年对华文化侵略的成功，他们深觉得非急起直追不可"。既然各国列强对华的文化侵略，均以美国为标尺，"我们为'擒贼擒王计'，当然不能不以一矢加于美国在华的所谓一切文化事业之上，这是我们主张收回教育权特别注意美国教会学校的一大原因，同时也就是我们国家主义者主张'外不亲善'的理由之一。"④

　　这场辩论的最后结束之文，是古楳所发表的《对于曾友豪君〈再论收回教育权运动〉的回声》。该文对曾友豪、孕欧等所坚持的"由政府以外交手段收回教育权"，再次予以剖析：

　　如果一切外人都同友豪君的心地一般，且完全依照论理学的推论，那自然

---

① 褚赓尧《评收回教育权运动》，《时事新报》1925 年 4 月 9 日。
② 褚赓尧《评收回教育权运动》，《时事新报》1925 年 4 月 9 日。
③ 陈启天《为收回教育权问题答客难》，《醒狮周报》第 28 号，1925 年 4 月 18 日。
④ 古楳《对于曾友豪君〈再论收回教育权运动〉的回声》文后左舜生按语，《醒狮周报》第 29 号，1925 年 4 月 25 日。

可以用外交手段收回教育权。不过，狡猾的外人，手段多端，友豪君能按历史上的事实，担保外人必定交回教育权么？无历史的的知识，固然不行。但是专靠历史而不顾目前的现象，我想亦不甚当。……果如友豪君所说，或能担保用外交手段收回教育权，那我也相当的赞成，并非绝对主张不宜用，——我只说"河清难俟"，但是用外交手段收回教育权未能奏效甚至未着手以前，我们便束手任外人借学校制造外国教民吗？①

这场论战主要以《时事新报》、《醒狮周报》为主阵地，在国家主义教育派和《时事新报》几位作者中展开。论战双方对收回教育权的必要性均没有异议，对排斥宗教教育也颇为认同。双方对教会学校的评价虽然存有争议，但也并没有过多地纠缠不清。真正成为论辩主题的主要是两个：一是收回教育权的同时要不要整顿国人自办教育，二是收回教育权究竟采取什么方法——是政府主导的自上而下的方法还是民间主导的自下而上的方法。在第一个问题上，《时事新报》的几位作者对自办教育不满，要求收回教育权与整顿自办教育双管齐下。应该说，他们批评国人自办教育本身无错，这多少显示了其对中国教育"哀其不幸，怒其不争"的关心，但将其与收回教育权相提并论，却存在着转移国人视线、分散斗争精力的副作用。事有轻重缓急，在特定时期特定阶段，斗争的目标和方向只能是一个。从这个意义上说，国家主义教育派集中火力批判教会教育，既无可指责，又显示了其头脑的清醒和目光的敏锐。在第二个问题上，《时事新报》几位作者无视五四以来中国人民日渐觉醒、爱国运动一浪高过一浪的现实，根本忽视广大民众力量的巨大作用，却将收回教育权的希望寄托在政府对外交涉及帝国主义列强的所谓"不重视"上，凸现其想法的单纯与幼稚。相反，国家主义教育派强调帝国主义的狡猾与单纯依赖政府力量的不可靠，主张以民间的宣传抵制来推动收回教育权运动的进行，其主张无疑更为明智可取。

当然，以上只是从学理角度，对双方的有关观点作一粗略的优劣比较。应该注意的是，《时事新报》为研究系所控制的一家报纸，时由张君劢主持，对非基督教运动一直持积极肯定的态度，其副刊《学灯》就登载了不少反对基督教及教会教育的文章。所以从根本上看，《时事新报》的几位作者应是收回教育权运动的同情者，也可以看作是国家主义教育派的同盟者，而非真正抵触此一运动的反对派。因之，这场论争也不是一场谁对谁错的是非之争，而更多

① 古樑《对于曾友豪君〈再论收回教育权运动〉的回声》，《醒狮周报》第29号，1925年4月25日。

地体现出收回教育权运动阵营内部激进与缓和两种策略方法之争。在论战中，双方对帝国主义的本质、收回教育权运动的可能性、收回教育权运动的宣传策略与斗争重点等问题，进行了有益的探讨。这些探讨起到了相互启发、相互补充的作用，总体上看，对时人全面认识收回教育权运动的复杂性、曲折性、困难性，均是大有裨益的。

二、国家主义教育派与教会教育派的论战

如果说，国家主义教育派与《时事新报》几位作者的辩论，具有收回教育权运动阵营内部之争性质的话；那么他们与朱经农、程湘帆、刘湛恩等教会教育家的论战，则是另外一种情况。

自收回教育权运动兴起以来，一些教会人士对此颇有微词，如张亦镜、汪弼廷就发表了怀疑性的文章。不过，由于以上言论主要发表在广州出版的《真光》杂志上，并没有引起活跃于宁、沪一带的国家主义教育派的注意。此时真正引起该派注意并形成交锋的，是时在金陵大学、沪江大学等教会大学执教的程湘帆、朱经农、刘湛恩等人的言论。

国家主义教育派与程湘帆、朱经农等人在1924至1925年中华教育改进社两次年会上，就有过激烈的冲突（见上一章），但当时主要还只是口头上的论战。正式形成笔战的有以下三次：

第一次是1925年3至4月间，陈启天、余家菊、左舜生等与朱经农围绕"国家主义教育"的论战。此次论战的起因，是该年2月18日《新闻报》"教育新闻"栏登载了朱经农在自治学院所作"国家主义的教育与民治主义的教育"的讲演。朱在讲演中对国家主义教育多所批评，说：

近日我国教育界中有一问题，其争论甚嚣尘上，即教育应为国家主义的抑为民治主义的是也。主前者的，若谓"中国应爱中国人的国家"之国家主义，则吾人又何辞足资反对。不过迩来提倡国家主义者，有谓国家主义，对内应与军阀作战，对外应与外人挑战，在国内应先造成一种恐怖之现象云云者，若此种之国家主义，应否应用或采入教育方针中，则诚属一不可不考虑之问题。主后者，其主张有三点：（一）对内应和衷共济；（二）对外应开诚布公；（三）教育之目的，系改善社会，不能反使扰害社会。夫所谓国家主义，如近日倡国家主义者某君所云，"今日之中国，非以祖国二字号召不可，一切所谓劳资冲突、阶级争斗，在今日皆非急须从事之运动。任何运动之前提，皆应以不危及国家为先决之事，国家主义，先于一切。"此种国家主义，自极正大，而吾亦信其能博得民众之同情也。特吾人赞成国家主义，赞成以国家主义采入

教育方针，而反对彼等所鼓吹而危及国家之手段云云。①

陈启天随即在《醒狮周报》刊出《请问赞成国家主义的朱经农君》，对朱的指责进行反驳，从而拉开了论战的序幕。陈启天表示，自从国家主义教育主张提出后至今已有两年，"正式长篇的批评文字没有见过，公开讲演的批评还只有朱经农一位。"在文中，陈启天提出四点商榷意见：其一，质问朱文中所谓"国家主义对内应与军阀作战，对外应与外人挑战，在国内应先造成一种恐怖之现象"之语，本于何人之论？同时，针对朱文中所谓"对内应和衷共济"、"对外应开诚布公"的提法，陈启天明确反对。他认为"和衷共济未始不是一种美德，然而同流合污的和衷共济就不免是一种罪恶了。开诚布公也未始不是一种美德，然而通敌卖国的开诚布公就不免是一种罪恶了。换句话说，和衷共济与开诚布公须有一定的条件和一定的界限，无条件的和衷共济与无界限的开诚布公，是与国家有百害而无一利的。"其二，指出朱经农有些说法自相矛盾，"既说教育方针可以采用国家主义，何以又反对国家主义应取的教育手段呢？"其三，强调造成中国目前恐怖现象的，内有国贼，外有强权，所以我们"非做一种'内除'和'外抗'的工夫不可，""何以朱君反以'对内应与军阀作战对外应与外人挑战，在国内应先造成一种恐怖之现象'的罪名加于我们呢！"其四，认为国家主义与世界主义、共产主义、个人主义，民治主义与专制主义、阶级主义，是分别相对的两个名词；"国家主义可容民治主义，而民治主义不能离国家主义以立论"。陈启天强调，教育方针独采国家主义而排斥民治主义，与独采民治主义而排斥国家主义都是错误的，"不过我们权衡轻重，不能不将国家主义居第一位，民治主义居第二位"，目前中国教育则"应由民治主义趋重国家主义"②。

朱经农随后撰文进行了回答。其一，针对陈文提出的第一点，朱经农指出本于李璜《国家主义者的野战法》一文。朱经农强调"用手枪炸弹对于军阀或者是不得已而用之，用手枪炸弹对付洋人，似乎可以不必"。他认为"收回利权，只能依据外交惯例，提起正式交涉"，如果采用李璜等人提倡的"野战法"，"不徒无益于事，并且授人口实，发生种种枝节"。其二，强调"和衷共济"与"同流合污"、"开诚布公"与"通敌卖国"意义不同，不能混为一

① 见陈启天《请问赞成国家主义的朱经农君》所引朱经农语，《中华教育界》第14卷第11期，"附录"，1925年5月。

② 陈启天《请问赞成国家主义的朱经农君》，《中华教育界》第14卷第11期，"附录"，1925年5月。

谈。其三，表示自己赞成国家主义，认为"正当的国家主义"与民治主义并不冲突。其四，也是本文的重点，是提出自己对宗教教育和教会学校的意见。朱经农认为，政治和宗教不能混为一谈，政治侵略固当竭力反对，但宗教信仰尽可听个人自由选择。他说：

> 强迫别人信教是应该反对的；强迫人家不信教，也是错的。信仰自由为文明国宪法所保障。宗教问题应由个人自决，不容傍人强迫。就大学而论，宗教一项讲不讲由他；信不信由我。这件事体，其实无关国家主权，与政治侵略完全是两件事，其实教会学校也不过是私立学校的一种，文明国家大半允许私立学校存在，作种种试验，以谋改良进步，只要他们合于国家所定最低限度标准，应留试验的余地。宗教教育也是道德教育的一种试验，宗教的本质不过是劝人为善。学者爱人，并无政治侵略的意义在内，似无绝对不准存留的必要。

对于教会学校，朱经农认为中国教育未能普及，所以多一学校，即给儿童多一受教育机会。"如果教会所办中小学课程与国家所定规则相合，又何必取消他们？"况且国力困穷，"岂有余力再把教会学校全行收回来自办呢？"因此收回教会学校，只有"等国家财政充裕一些再办不迟"，目前只能采用取缔法[1]。

朱经农的这篇文章是此次论战中极重要的一篇文献。在陈启天步步紧逼之下，朱经农终于坦陈自己对收回教育权所涉及的一些关键问题的看法，实质也充分暴露了一部分教会教育派对收回教育权运动"阳为拥护、阴思抵制"的消极立场。不久，余家菊对朱经农的观点作了四点归纳和剖析：一是包含政治侵略意义的学校应该立刻收回；二是教会学校应该注册，受国家的取缔，但不立刻收回；三是教会所办中小学，课程应依国家所定规则，否则不准注册；四是大学应有讲学自由，可以容忍各派宗教的存在，任学生自由选择。他认为朱经农第一、二条意见"将收回与注册分为两事，为教会学校开辟一条活路，用心良苦"；而第三条意见主张课程应依国家标准，"隐然认宗教在不应规定之列"；第四条意见则"混传教自由与讲学自由为一谈，传教事业得以存在于讲学旗帜之下，设计皆工也"[2]。余家菊的上述归纳和分析，入木三分，一针见血，凸现了其目光的敏锐。

---

① 朱经农《为国家主义的教育问题答复陈启天君》，《中华教育界》第14卷第11期，"附录"，1925年5月。

② 余家菊《论教会学校之收回注册并质朱经农君》，《中华教育界》第14卷第11期，"附录"，1925年5月。

对于朱经农的观点，当时余家菊、陈启天、左舜生等人进行了反击。关于第一点，国家主义教育派强调教会教育就是一种政治侵略。如陈启天就重申教育权是国家主权的观点，并反问朱经农"那个文明国家在国内容许外国学校之存在并可以自由教育本国国民？"他认为，"教育是一种国家职能或国家事业"，因此教育当然是一种政治；教会学校为外人主政，当然就是一种政治侵略。"教会学校不是假宗教之名行政治侵略之实，也是假教育之名行政治侵略之实，又何不急急设法收回！"余家菊在陈说的基础上更进一步指出，教会学校不仅存在政治侵略的问题，而且还存在文化侵略及引起宗教纠纷的问题，所以必须收回。关于第二点，余家菊强调"国家之教育规程与教会学校绝对不能两立而互认之，教会学校欲存在，只能存在于中国教育规程之外，决不能取得合乎国法之生存。中国教育规程对于教会学校至多可听其为法外的生存，决不可承认其存在为合法"。他认为，按照国家主义教育派拟定的严格注册法，"教会学校决无注册之可能"，朱经农的第二条意见不过是"教会中人欲使中国政府定一不关痛痒之注册法，以求教会学校于中国法律上得与中国自立学校享同等的权位"的取巧之法。关于第三点，余家菊认为国家对于设立学校有最低标准限制，达不到这一标准就不予以注册。但这并不是惟一的注册条件。关于第四点，陈启天、余家菊均强调讲学自由与信教自由不同，更与传教自由不同，不能混为一谈。大学中可以讲授宗教哲学、比较宗教学，自由研究各派宗教的学说，但"决不可容许各派宗教的宣传"①。

左舜生则针对朱文所指责的"国家主义者的野战法"之论，进行了解释。他认为李璜提出其论，意在振奋国人精神、以挽救民族危亡。这种"燃已死之灰，树独立之旗"、"以流血精神，饿死的意志"同仇敌忾的铁血精神，适足令人起敬②。另外值得注意的是，《醒狮周报》第25号还登载了吴良斌、潘德培两位读者的文章，与朱经农进行讨论③。

一波未平，一波又起。正当第一次论争进入尾声之际，第二次论争又接踵而至。这次论争因仅在陈启天与刘湛恩二人之间进行，论战文字不多，所以更

---

① 以上参见陈启天《与朱经农君论国家主义的教育问题》及余家菊《论教会学校之收回注册并质朱经农君》两文，均载于《中华教育界》第14卷第11期，"附录"，1925年5月。

② 舜生（左舜生）《关于"国家主义者的野战法"一文的解释并质朱经农君》，《中华教育界》第14卷第11期，"附录"，1925年5月。

③ 吴良斌《为收回教育权问题敬和朱经农先生讨论》及潘德培《问朱经农先生》，均载《醒狮周报》第25号，1925年3月28日。

多地具有讨论的性质。1925 年 4 月，刘湛恩致书陈启天，提出了自己对收回教育权的看法。他说：

先生对于教会之主张，就大体言，弟亦表同情。但弟以为目前着手方法，与其主张消极的取消，不妨加以积极的改良。是以弟对于教会学校之意见如下：

（一）教会学校当以养成中华民国的良好公民为宗旨。

（二）实行信教自由，废除强迫的宗教教育。

（三）董事校长教职员等当以我国人充任。

（四）除外国语文外，课本教授悉用中文，并注意中国固有文化。

（五）向政府注册同受管辖。①

陈启天则表示，刘的意见与国家主义教育派虽有区别但基本一致，"先生身在教会而对于教会学校之意见，其卓识有如此，较之一般不知国家教育之根本而以成见或私利之故，谩骂吾辈为藉谈收回教育权问题以欺世盗名者，实高出万万也"。不过，他对于刘湛恩提出的"教会学校改良论"表示怀疑：其一，教会学校其目的在养成外国教民，而现在又强调"化中国为基督教国民之士女"，这一点与刘所主张"教会学校应以养成中华民国之良好公民"完全不同，教会学校很难在此方面进行改良；其二，教会学校存在的惟一理由，仅在传教，而刘所主张"实行信教自由，废除强迫教育"，与此条相悖，教会学校在这方面也难于有所妥协；其三，对刘所说的第三点，陈启天表示完全赞同，但他强调此处所言"本国人"，实"不必限于耶教徒"；其四，对于刘所言及的第四点，陈启天也认为事实上做不到："一则教会学校之教员有不通中国语文者，当然不能望其课本教授中文。二则彼等多不谙中国文化，甚至鄙弃中国文化者，更焉能望其注意中国文化？三则教会学校尊崇外国语文、拜倒外国文化之积习已深，万难矫正。"总之，陈启天强调，刘湛恩所言"改良教会学校"之说，"恐终难见于事实，而如吾辈之所期矣。"②

第三次论争为 1926 年夏杨效春与程湘帆的论争。1926 年 5 月，程湘帆在《东方杂志》刊出《收回教育权的具体办法》一文，提出了他对于该问题的看法。对于外人及外国教会设立的学校，他强调除按照一般私立学校对待外，还要注意下列三点：一是"学校土地权之转移"。他认为目前教会学校问题中，与中国国家主权与教育前途最有直接关系的，是外人依不平等条约随处可以购

---

① 陈启天《与刘湛恩君论教会学校之改良与收回》，《醒狮周报》第 28 号，1925 年 4 月 28 日。

② 陈启天《与刘湛恩君论教会学校之改良与收回》，《醒狮周报》第 28 号，1925 年 4 月 28 日。

地兴学，对这一点应该加以反对。兴学是好事，"我却不愿教会学校扩充一尺土地，他们扩充一尺，我国主权所及的土地，就少了一尺，即被侵占了一尺"。二是"教育主权之承认"。程认为兴办教育是国家的主权，但鉴于目前中国的现实，对兴学设教者应以"宽大的国家主义"政策为前提。这种政策具体体现在：国家应该制订立案的条例，一切在中国设学兴校的外人应遵照此种条例请求立案，以表示他们对中国教育主权的承认。至于国家主义的教育精神，则已经包含于立案条例中之课程、训育、标准之内。三是"养成公民资格的教育之注重"。程湘帆虽然不同意外界关于教会学校"造就外国顺民"、"摧残民族性"、"施行文化侵略"的种种指控，但也认为教会学校"偏重西学，学校里的外国化的空气太浓厚，确为事实"。他认为造成此一现象的根源主要是两个："一是因为主管政策和执行政策的人，以外国人为最多，所以有此入主为奴的自然结果。二是因为国人之醉心洋化。"为了避免被外界所攻击，他建议教会学校"对于养成中国公民资格的教育，必须加以特别注意"。当然，除提出以上三点外，程湘帆在该文中还散布种种谬论，如他否定"宗教侵略论"，认为此论"极浮泛而无力"，说：

佛教乃由印度传来，当时亦有以此攻击者，然卒无损于佛教之宣传；而今日我们信仰佛教及欣赏佛经的人，决不承认被印度的佛教侵略了。若以宗教真可侵略人国，则弱小的犹太民族已侵略了欧美大国，试问犹太战胜者之冠冕安在？至于那些存心捣乱，侮辱本国教徒，扰乱别人宗教仪式的，更不足道了。①

针对程湘帆的上述言论，国家主义教育者杨效春在《醒狮周报》著文予以回击。杨效春从"教育须归国人自办"与"教育须与宗教脱离关系"两个根本理论前提出发，分四个方面对其进行分析批判：首先，批判程湘帆所谓"教会学校有功于中国教育"说。杨效春认为教会学校漠视中国文化，侵占中国领土，愚弄中国乡民，欺哄中国学生，压迫中国学生的爱国运动，骄慢与侮蔑中国教职员工，"他们的特殊贡献在哪里？"个别教会学校也许做了一些有益的事情，但从整体上看，其根本目的在传教，是化中国人民为教民，化中国为基督教之国。其次，认为外人在华设学没有条约根据，"全是逸出条约范围以外的行动"。再次，针对程文中所说"收回或解散教会学校国人即无处求学"之论，杨效春认为是一种杞人忧天，圣约翰大学解散了，就有国人自办的光华大学产生，"国人之中实不乏爱国好义之士，安知其他外人所办学校停

---

① 程湘帆《收回教育权的具体办法》，《东方杂志》第23卷第10号，1926年5月25日。

办或解散之后，不有第二、第三以及第十、百、千的光华学校产生呢？"退一步说，国内教育事业不发达，也不能成为不该收回外人学校的理由。"我们决不能因国内扰乱，而主张保存租界。亦决不能因武人专横，而反对收回治外法权。"第四，认为程湘帆所拟定的三条收回教育权的具体办法，均属"目前敷衍"之法，"以今日在华外人的贪婪（得寸进尺）、骄纵（轻蔑中国官厅）及愚昧（不了解中国国情），决不能使程君达到目的。即有可能，'亦不得谓之彻底解决'。"在该文末，杨效春重复了陈启天拟定的对教会学校的严格取缔法。①

以上即是国家主义教育派与教会教育派论争的概貌。较比国家主义教育派与《时事新报》作者群的论争，这场论争因为有教会教育家的参加，而具有不同的论争主题与性质。在论争中，教会教育家虽然承认中国教育主权但对此却着墨不多，他们将更多的精力放在为教会学校及宗教教育的存在进行辩护上。他们否认教会学校是帝国主义实施政治侵略和文化侵略的工具，极力掩饰教会学校内部的种种黑幕。相反，却大肆宣扬"教会学校有功于中国论"、"宗教教育合理论"及"教会学校改良论"。他们反对国家主义教育派所主张的对教会学校实行严格取缔、严格注册、严格管理监督的政策，要求对教会学校实行宽容政策，不仅宽容其存在、宽容其注册，还要宽容其实施的宗教教育。说到底，对于收回教育权运动，相当一部分教会教育家实质上是站在反对派立场说话的。从这个角度上说，国家主义教育派与该派的论争，更多地是一场要不要收回教育权、要不要取缔教会学校的是非之争，两派思想明显具有进步与落后的分野。当然，一些教会教育家之所以反感收回教育权运动，也并非偶然，实与其教会背景有莫大之关系。陈启天在分析该派的特点时指出："他们受过了教会学校的教育，为外人所默化潜移，忘却了国家的教育根本，故反对收回教育权，或者因为从前受过教会学校的特殊待遇，不得不反对收回教育权，或者因为现在尚仰食于教会学校，亦不得不反对收回教育权，或者因为要联络教会学校为自己私人或一派的声援，也不得不反对收回教育权。"② 由于与教会方面藕断丝连、难以割舍，所以毫不奇怪，他们要为教会教育存在进行狡辩了。这种狡辩，尽管虽可一时混淆视听、转人耳目，但终究无法抵抗国家主义教育派等赞成收回教育权的各派的猛烈回击而败下阵来。

---

① 杨效春《评程湘帆君〈收回教育权的具体办法〉》，《醒狮周报》第 97 号，1926 年 8 月 22 日。
② 陈启天《我们主张收回教育权运动的理由与办法》，《中华教育界》第 14 卷第 8 期，1925 年 2 月。

第五章

收回教育权运动的高涨

第一节　五卅运动后收回教育权运动的高涨

1925 年 5 月 15 日，上海日资纱厂资本家枪杀中国工人顾正红，伤 10 余人。5 月 30 日，3000 多名上海工人和学生云集英租界大马路（今南京路）和公共租界各区举行演讲和游行示威，控拆帝国主义的暴行。英国巡捕竟悍然向赤手空拳的中国群众开放排枪，打死何秉彝、尹景伊、陈虞钦等 13 人（其中学生 3 人、职工 9 人、商人 1 人），重伤数十人，逮捕 150 余人，酿成震惊中外的"五卅惨案"。此次惨案发生后，帝国主义者并未罢手。据不完全统计，五卅之后 12 日内，英、日帝国主义在上海先后 9 次枪杀我同胞，共死亡 60 余人，重伤 70 余人，轻伤不计其数。继在上海制造惨案后，半年之间，帝国主义列强在中国各地又制造了"汉口惨案"、"沙基惨案"、"重庆惨案"、"南京和记惨案"等多起事件。但帝国主义列强的高压政策并没有让中国人民屈服，以五卅惨案和随后的一系列惨案为契机，中国人民由此掀起了一场规模宏大、斗争猛烈、影响深远的全国性反帝爱国运动。上海 20 余万工人相继罢工，5 万学生罢课，公共租界的商人全体罢市，实现了"三罢"。上海的斗争通过各种渠道传到全国各地，各地人民通过各种形式支持、声援上海人民的正义行动。仅广州、北京、长沙、南昌、武汉、南京、杭州、济南、天津、开封、西安这十几个大城市参加斗争的群众就达 300 万人，而全国参加这一运动的人数当在 1700 万人以上①。

五卅运动是五四以后中国现代史上具有里程碑式的事件之一，它标志着中

---

① 傅道慧《五卅运动》，第 122 页，复旦大学出版社 1985 年版。

华民族的日益觉醒和民族主义达到了高潮①。无可否认，此次运动在政治、经济、文化、中外关系等各个领域，都产生了深远而广泛的影响。单从收回教育权运动来讲，其影响也十分重要，如舒新城所言：

> 五四以后之大学潮，几无不发端于外交问题，但均系对内，五卅案则完全为对外，五卅以后，全国一致罢课力争，虽未得良果，但全国一致之精神，则为向来所未有。此案在教育上影响最大者为收回教育权运动。②

一、教会教育遭遇空前挑战

五卅运动前，受非基督教运动和收回教育权运动的冲击，教会学校已非世外桃源，而屡有罢课、退学等风潮发生。1925 年 5 月中下旬，安徽芜湖圣雅各、萃文、育才等 4 所教会学校就出现风波，学生提出"取消早晚祷告"、"取消圣经班"及"向中国官厅立案"等三大要求。遭校方拒绝后，有 400 多名学生集体退学。当地教育界爱国人士筹集经费创办民生、新民中学，接纳退学学生③。当时左舜生即断言，如果教会学校当局对收回教育权不予理睬，"各地教会学校的风潮只有日趋扩大，决无已时。"④ 事实果如左舜生所言，五卅惨杀事件教育了包括教会学校学生在内的广大人民，使他们认清了帝国主义的真面目。同时，由于一些教会学校当局者及传教士在此次事件中与帝国主义沆瀣一气，并公开抵制、破坏中国人民的反抗斗争，这使教会学校学生对教会组织与教会学校产生了普遍的厌弃感，接受了收回教育权倡导者提出的"基督教是帝国主义侵略中国的工具和先锋"、"教会学校是亡国奴的养成所"等观点，从而以更加积极主动的精神投身于这场反帝运动之中。五卅以后，全国各地教会学校风潮激荡，不可遏抑。具体情况见下表⑤：

---

① 参见杨天宏《基督教与民国知识分子》，第 277～287 页，人民出版社 2005 年版。
② 舒新城《近代中国教育史料》第三册，第 76 页，上海书店影印本。
③ 徐则浩《一九二五年芜湖教会学校学潮概述》，《安徽文史资料》第 15 辑，第 58～69 页，安徽人民出版社 1983 年版。
④ 舜生（左舜生）《评芜湖教会学校风潮》，《醒狮周报》第 34 号，1925 年 5 月 30 日。
⑤ 舒新城《收回教育权运动》，第 82～86 页，上海中华书局 1927 年版。

表5-1　五卅以后教会学校风潮情况

省别	校　名	主办人国籍	风潮原因	风潮情形	时　期
上海	上海圣约翰大学	美	校长毁中国国旗	大学中学学生全体退出组织光华大学	1925年6月
	上海清心中学	英	学生反对学校干涉爱国运动及祷告与查经	退学	同上
广东	广州圣心学校	法	因五卅案愤而退学	除教徒及教职员子弟外均退学转入广州执信学校等	同上
	广州中法中学	法	同上	全体退学	同上
	广州圣三一学校	英	同上	大多数退出	1925年9月
	广州三育学校	未详	反对圣经为正课及查经祈祷	无结果	同上
北京	北京笃志女校	英	校长禁止学生参加五卅案运动	全体退学	1925年6月
	北京慕贞女校	美	同上	同上	同上
	北京萃贞女校	英	校长禁学生参加北京沪案后援会	同上	同上
	北京萃文学校	英	校长禁学生参加五卅案运动	同上	同上
	北京崇德学校	英	学校禁学生参加爱国运动	同上	同上
	北京培英学校	英	同上	同上	同上

续表

省别	校　　名	主办人国籍	风潮原因	风潮情形	时　期
湖北	武昌文华书院（华中大学）	美	学校禁学生参加爱国运动	退学 200 余人	1925 年 6 月
	武昌文华中学	美	同上	退学 100 余人	同上
	汉口博文学院	美	学校禁学生参加爱国运动	退学 100 余人	1925 年 6 月
	汉口圣约翰学校	美	同上	退学 80 余人	同上
	汉口圣约瑟女校	未详	同上	一部分退学	同上
	汉口博文书院	未详	同上	一部分退学	同上
	汉口博学书院	未详	同上	退学后组织教会学生退学委员会为永久反基督教团体	同上
	汉口三一学校	未详	同上	同上	同上
	武昌三一学校	未详	同上	退学 100 余人	同上
福建	福州英华书院	英	因五卅案愤而退学	大部分退学	1925 年 9 月
	福州协和学校	未详	同上	一部分退学	同上
	福州三一学校	未详	同上	同上	同上
	福州培元学校	未详	同上	同上	同上
	福州三育学校	未详	同上	同上	同上
	福州进德学校	未详	同上	同上	同上

续表

省别	校　　名	主办人国籍	风潮原因	风潮情形	时　期
河南	开封圣安得烈学校	英	因五卅案自动退学	全体退学	1925 年 6 月
	开封济汴学校	美	同上	同上	同上
	开封培文学校	英	同上	同上	同上
	开封华美女校	英	同上	同上	同上
	开封施育女校	英	同上	同上	同上
	开封圣玛利女校	英	同上	同上	同上
	卫辉牧野中学	英	同上	同上	同上
江西	南昌宏道学校	未详	因五卅案后受学生联合会之劝告	一部分退学	1925 年 9 月
	南昌豫章学校	未详	同上	同上	同上
	南昌葆灵学校	未详	同上	同上	同上
	九江南伟烈学校	未详	同上	同上	同上
	九江圣约翰学校	未详	同上	同上	同上
	九江安得烈学校	未详	同上	同上	同上
	九江儒厉学校	未详	同上	同上	同上
湖南	长沙雅礼大学	美	因五卅案自动退学	退学 40 余人	1925 年 6 月
	益阳信义中学	挪威	同上	退学 80 余人	同上
	岳州务本大学	未详	同上	同上	同上

在上海，五卅事件发生后，虽然各个教会学校试图以提前放假、断炊、要求学生离校等各种手段阻挠学生参加爱国行动，但仍有沪江大学、圣约翰大学、中西女中、圣玛莉女校等教会学校学生冲破校方的阻力，开展了罢课斗争。特别是圣约翰大学，更发生五卅运动时期最大的一次教会学校风潮，约大暨附属中学共 800 多名学生集体退学，17 名中国籍教师也集体离职。退学学生议决"永远与约翰大学脱离关系，全体宣誓，永不再来"①。并发表宣言说：

敬启者：此次上海工部局西捕枪毙学生事，敝校同学激于义愤，与外界一致行动，实行罢课。日前发表宣言，谅邀同鉴。讵学校当局重重压迫，特放假一星期致函全校学生家属，设词恫吓，迫害学生会之全体。同人权先忍受，但议决全体不出校，每日上午八时在聚集所开会向国旗行礼。不意于六月三日晨同人初次集会，卜舫济校长特来将国旗夺去，驱散同学。并突然下令永久停学，禁止集会，勒令同人离校。伏念国旗为吾中华民国之国徽，岂容任意强夺？藐视中国，莫此为甚！且学校既定放假一星期，何以忽令全体同学即日离校？同人受此奇辱，誓不再来。当由同人一一签字，再来者神人殛之，以示我国民之真精神。涕泣陈词，诸希各界鉴察。

以钱基博、孟宪承等为代表的中国籍教师也发表通告称：

六月三日约翰大学当局因学生爱国运动，未经征求同人意见，猝令学生离校，同人自惭力薄，未尽责任。而在此情形之下，国民性之陶冶，更属施教无从。除即日向学校辞职外，特此通告。②

圣约翰风潮产生了广泛的社会影响，"约翰学生为国牺牲的精神，凡有血气，莫不敬佩"③。退学学生家长王省三为此捐地百亩，张寿镛也捐款 3000 元，其他人士也纷纷解囊相助，最终创办了光华大学收纳退学学生。这次事件对收回教育权运动也产生了积极作用，有论者认为，"自约翰退学风潮发生而后，向之怀疑于收回教育权运动者，至是亦觉由外人办理中国教育实为中国前途之隐忧。"④

在广州，6 月 2 日当广州人民举行反帝游行时，培正、圣心等教会学校学生就参加了游行。6 月 23 日，广州市民举行反帝大游行，培正、培英、圣心、岭南大学的教会学校学生也积极参加。当游行队伍走至沙基路时，遭到运河对

---

① 《约翰大学学生离校风潮始末》，《中华教育界》第 15 卷第 1 期，1925 年 7 月。
② 《约翰大学学生离校风潮始末》，《中华教育界》第 15 卷第 1 期，1925 年 7 月。
③ 舒新城《对于援助约翰退学生的意见》，《时事新报》1925 年 6 月 14 日。
④ 余家菊《约翰大学退学事件感言》，《醒狮周报》第 36 号，1925 年 6 月 13 日。

面英法租界警察的开枪扫射，造成百余人伤亡。其中，岭南大学教师区励周、学生许耀章牺牲，另外 5 名岭南学生受伤。事件发生后，岭南大学校委会发表了一个声明，副校长白士德因不同意这个声明而离开学校。同时，岭南校园内出现各种传单，"用激烈的言辞鼓动说拯救学校的唯一出路就是中国人起来驱逐帝国主义者，控制全校，完全放弃基督教"①。此后外国教员纷纷离境，岭南大学的教学一度停顿。由美国洛克菲勒教育基金会所办的广东公医医科大学也积极参加反帝运动，该校学生提出"反对奴化教育"、"收回教育权"的口号。6 月 25 日，全体学生召开大会，一致通过向政府请愿、收回公医等决议。学生推举代表分别去国民党中央党部、广东革命政府、广东大学请愿。廖仲恺以广东革命政府名义，下令"即日派李文范接收公医，并入广东大学，改称为广东大学医学院"②。其他一些教会学校，如圣心、中德、圣三一等校学生也大量退学。

在潮汕，反教会教育与收回教育权运动开展得更为猛烈。1925 年，国民革命军东征军两次收复该地并建立了革命政府，有力促进了该地收回教育权运动的进行。在五卅惨案和省港大罢工的影响下，汕头华英中学学生实行罢课，迫使校长华活力离校。该校后在潮汕各界和汕头国民革命政府的有力支持下收回自办。12 月，汕头和潮州相继成立了收回教育权运动委员会。潮州各界还召开示威大会，举行反帝大游行。潮州学联会出版《收回教育权运动特刊》，并发表了《为反对基督教告同胞书》，提出"教会学校是亡国奴的铸造厂，基督学校是侵略中国的杀人地"等颇为激烈的口号，号召潮汕人民"勿为人奴隶，而置亡国于不顾"。12 月初，时任国民革命军总指挥部政治部主任的周恩来同志，曾召集汕头南强学校、淑德女校、童子部小学、福音国民学校、贝理书院等各教会学校代表开会，"询各校与英人有无关系及现有学生若干、经费何来"，要求各校与外国、宗教势力脱离关系。并强调"无论何校，均须向教育局登记，另作为正式学校后又宣布要组织收回教育权运动委员会，委员由学生联合会、教育会、教职员联合会、外交后援委员会、政治部各派一人组织之，以处理收回教育权一切事"③。1925 年 12 月 30 日，汕头市政府颁布了有关收回教育权的正式法令，内容如下：

---

① 李瑞明编、郭查理著《岭南大学》，第 70 页，香港永昌印刷有限公司 1997 年版。

② 陈家文、黄穗生《大革命时期广州反基督教和收回教育权运动》，《广东文史资料》第 48 辑，第 105～106 页，广东人民出版社 1986 年版。

③ 《周恩来收回汕头教育权》，《广州民国日报》1925 年 12 月 5 日。

甲、凡外人欲在汕头市区设立学校者，须经中国官厅认可。

乙、凡外人从前在汕头市区内已设立之学校，未经中国官厅核准立案者，应予若干时间内补报立案。

丙、凡外人捐资设立学校立案方法：（一）凡外国人捐立各等学校，遵照中国国民政府所颁布之各等学校法令规程办理者，得依照中国国民政府所颁关于请求认可之各项章程，向教育行政官厅请求认可。（二）学校名称应冠以私立字样。（三）学校之校长须为中国人；于有必要时，亦得声［申］请以该外国人为副校长。（四）学校设有董事者，中国人应占董事名额三分之二以上。（五）学校不得传布宗教为宗旨。（六）学校课程，务须遵照颁定标准，并不得设立宗教科目。以上对外人出资所办学校之办法，至对于现在各宗教学校办法，亦经议决无论何种教会学校，自本年起，应履行以下五种条件：（一）改校名。（二）向官厅立案注册。（三）不准读圣经。（四）不准宣传宗教的思想。（五）宣布完全为中国人办理的。①

在福建、福州、厦门、泉州、漳州等地教会学校学生，也积极参加罢课游行示威。据报载，"协和大学本为教会在闽之最高学府，其学生闻讯（沪案）之下，全体离校。仓前山各女子学校，如华南大学、陶淑、懿德、诚珍十余校教会女学生，亦纷纷退学。"② 此外，福州鹤龄英华书院、协和中学、三一学校、培元学校、三育学校、进德学校的部分师生，也愤而退学，转入公立学校。1925 年 9 月 12 日，福建学生联合会成立了"收回教育权运动委员会"，该委员会由翁良毓、张章锴、林培英、陈聚奎、郑友敦等人组成。次日，该委员会召开大会，议决如下事项："一、本会组织法案。决设委员长一人，宣传股六人，交际股六人，文牍股二人，经济股一人，翁良毓当选委员长。二、目前进行程序案。决发出宣言代电，并扩大组织，函各县促成分会。三、优待教会脱离学生案。凡脱离学生，免试入他校或编级，贫寒者免入学金及学费。分派会员分官私立两途，向教厅及各该校交涉。此外又议决设立脱离教会学校学生报名处，以便为之介绍各校。并请各报专栏，登载离校学生姓名，以示尊敬。"9 月上旬，正值各教会学校新学期开学之际，该委员会派人劝告学生"阻勿缴费，并限期离校"③。

---

① 锡《汕头收回教育权之急进》，《申报》1926 年 1 月 15 日。
② 《协和大学等学生纷纷离校》，《民国日报》（上海）1925 年 6 月 19 日。
③ 《收回教育权委员会议决案》，《申报》1925 年 9 月 26 日。

总之，受五卅运动的刺激，教会学校学生普遍掀起反教会教育的斗争，"他们有的或以全数退学使学校一蹶不振，有的或因家庭环境的关系尚不能退出，但经过此番严重的刺激，亦努力接受非基督教之宣传而不断有反对读经祷告、驱逐洋教员的风潮，更因鉴于已退出学生均得着社会的同情与援助而转入相当学校，愈增加他们闹风潮勇气了。"① 对五卅以后全国教会学生退学、转学数字缺乏统计，不过，曾琦曾提到，从 1924 年 10 月至 1925 年 10 月一年中，"教会学校之退学者不下万人，学校之自然解散者以数十计"②。仅湖北一省，就在 2000 人以上。据时人报道：

自五卅案后，湖北省各处设立之学校，所受影响，又以武汉为最烈。武昌方面，如华中、文华、博文、文学、求是、三一、圣约瑟、希利达等校（此尤指最著名而言，此外尚有种种男女小学及附中附小等），汉口方面，如博学、圣约翰、圣保罗等校。此外如汉阳之文德，黄州之懿范，樊城之淑华等校，对于女校亦不满意。据记者问湖北教会学校退学联合会职员云，教会退学生约计二千人之谱，并云该会成立后，当不止此数，诚为收回教育权之绝好机会云。③

上海圣约翰大学在五卅前包括大学和中学共有 700 余人，"五卅后顿减半数，有 400 余人，大学中学各占其半。宿舍均呈清寂状，思颜堂锁闭，思孟堂、怀施堂房间多有空者。苟全开放，几可人占一室。"④ 无论如何，经过这次风暴的打击，各教会学校在校学生人数普遍锐减，秋季招生时门庭冷落，教会教育遇到前所未有的困难，这些都是不争的事实。

二、教会教育家态度的转变

在五卅以前，中国基督教徒出于宗教信仰的背景，极少参加非基督教运动。对于收回教育权，基督徒与教会教育家也意见不一，有的明确反对，有的虽然表面上赞成，但却藉此訾议非教会学校，并提出种种奇谈怪论为教会学校辩护，实质上是为该运动设置前提条件以拖延该运动的进行。五卅后，帝国主义的暴行惊醒了中国基督徒和教会教育家，"不但一般民众明了'基督教是帝

① 《五卅后一年来之中国学生运动》，中国新民主主义青年团中央办公厅编《中国青年运动历史资料》第 3 册（1926 年~1927 年），第 119 页，1957 年印本。
② 曾琦《本报过去一年之工作与今后之使命》，《醒狮周报》第 53 号，1925 年 10 月 10 日。
③ 《鄂省教会学校退学之近况》，《中华教育界》第 15 卷第 6 期，1925 年 12 月。
④ 何建明《上海圣约翰大学的中国文化教育》，章开沅主编《社会转型与教会大学》，第 61 页，湖北教育出版社 1998 年版。

国主义侵略中国的工具'，就以资格很老的基督教徒中也有一部份人看清'基督教是帝国主义侵略中国的工具'了"①。他们纷纷发表宣言，谴责列强的不齿行径。仅 1925 年 7 月出版的《生命》第 5 卷第 9 期"沪案特号"上，就收录了国内 30 余个基督教、天主教团体及教会学校师生的有关声明及通电，包括北京中国信徒大会、唯爱社上海支部、山西汾州基督徒沪案后援会、宾县基督徒沪案后援会、烟台中华基督徒沪案后援联合会、开封内地会、北京青年会中西干事、北京基督教学校教职员、北京中国基督徒沪案后援会、上海中华基督徒联合会、南京中华基督徒、燕京大学中国教职员、苏州东吴大学中国教职员、上海青年会高级中学、德县博文中学、天津中西女校、北京天主教学生救国团、汉口圣道书院、天津新学书院、雅礼学生、上海青年会高级中学校、京兆公理会、上海中华基督徒联合会、哈尔滨基督徒救国后援会、奉天中西基督信徒、温州圣道会、温州基督徒、北京女青年会董事干事部、南昌基督教青年会、基督教大学同学会联合会、贝满中学学生会、河南开封济汴中学学生会、福建泉州基督教学校教职员、杭州之江大学上海惨案后援会，等等。该刊主编吴雷川指出，"此次基督教各团体，十分表示爱国的热忱，这是否近年来受了非教者的刺激，因而格外兴奋，我们未敢断言。但无论如何，总可以说是自从基督教传到中国后，基督徒团体对于国事，能表显与群众结合的精神，这还是第一次。"② 这些宣言同声谴责帝国主义的罪行，要求惩办凶手、改组工部局，并进而取消帝国主义者的特权、废除不平等条约。如由程湘帆起草的《基督教人士之反对帝国主义及不平等条约宣言》中指出：

慨自"帝国主义"勃兴西方，欧风美雨相与东来；由是我温良和平的民族遂不胜其铁骑兵舰的蹂躏；我武力未充的国家更不堪其殖民外交的压迫。国家土地因一割而再割，人民血汗亦一赔而再赔。割地赔款之外，更迫我缔结不平等条约，承认其战胜者地位。凡我中华国民在本国所不能享受之权利，彼则特别享受之；凡我中华民国对国家所应尊重之法律，彼则绝对无此义务。是可忍，孰不可忍？

今幸国人大梦已醒，觉悟已深。反对"帝国主义"，"取消不平等条约"的运动，已经发动，我基督教信徒素来对于忠爱国家，服务社会，未尝稍后于

---

① 《反对基督教运动议决案》，中国新民主主义青年团中央办公厅编《中国青年运动历史资料》第 2 册（1925 年），第 190 页，1957 年印本。
② 吴雷川《编辑沪案特号的一点意见》，《生命》第 5 卷第 9 期"沪案特号"，1925 年 7 月。

人。且"人类同胞","民族平等"尤为我基督教的精神。故对于此项运动，应一律加入贯彻到底，使得挽回我独立国家的地位。并根据基督教人类同胞的原则，主张重订互相平等的条约，促成世界大同之实现。①

南京的中国基督徒成立了"废除不平等条约促进会"，积极开展废约活动。教会杂志《教友半月刊》在 1925 年 6 月 15 日也推出"废除不平等条约号"，该刊编辑王治心强调"除非不平等条约不复存在，否则中国将不可能得到拯救，……不平等条约是扼杀中国命运的凶器。"②

在主张废除不平等条约的同时，一些教会教育家对收回教育权运动的态度也有了明显的转变，从过去的踌躇不前转向明确表示支持。如著名基督教人士徐宝谦，五卅前曾主张"取缔教会学校的一个好办法，莫过于整顿非教会学校"③，但五卅后，他明确提出"我以为中国基督徒当此时机，应参加反对不平等条约（包括传教条约）及收回教育权运动，使人们得知基督教与帝国主义间，并无何种不解的姻缘，使人们得知基督徒爱国之心，不居人后"④。刘湛恩在五卅后也发表《五卅惨案与教会学校》一文，一方面肯定教会学校师生踊跃参加反帝斗争的行动，另一方面则对部分外籍人士在此次事件中的表现甚感失望。他提出了今后教会学校积极改良的 5 个具体办法，其内容尽管没有超出他与陈启天辩论时所言范畴，但他强调"教会学校的改良与否，中国教职员当负全责"，并认为教会学校虽是西人捐的钱，"却绝不是西人教职员的私产"，其主权属于在华信徒。⑤ 刘淦芝则明显吸收了收回教育权倡导者的意见，强调教会学校要从以下几个方面予以改良：其一，"外国人想在中国借学校传教必须注意中国人的习惯同心性，必须尊重中国故有的文化"；其二，"教会对于中牧师同英牧师——中国人而会英文者——中间的待遇，不应当不问他的学问人格怎样，只要他学过英文，就待遇他好些"；其三，"传教士宣讲时，所用文字务必留心"；其四，"废止强迫宗教教育制度"；其五，"向官厅立案"。⑥ 其他如吴雷川、刘廷芳等也有类似的主张。一些教会教育家还积极参与援助教会学校退学学生的工作，例如余日章就出任为收容圣约翰大学退

---

① 程湘帆《基督教人士之反对帝国主义及不平等条约宣言》，《生命》第 5 卷第 9 期，1925 年 6 月。
② 引自杨天宏《基督教与民国知识分子》，第 307～308 页，人民出版社 2005 年版。
③ 徐宝谦《敬告今之提倡国家主义者》，《生命》第 5 卷第 4 期，1925 年 1 月。
④ 徐宝谦《反基督教运动与吾人今后应采之方针》，《生命》第 6 卷第 5 期，1926 年 2 月。
⑤ 刘湛恩《五卅惨案与教会学校》，《中华基督教教育季刊》第 1 卷第 3 期，1925 年 10 月。
⑥ 刘淦芝《现在中国教会学校应有的觉悟》，《生命》第 6 卷第 1 期，1925 年 10 月。

学学生而建立的光华大学的校长，朱经农也出任教务长。由于教会教育家大多为各地教会事业和教会学校的骨干，在教会中有着广泛的影响。所以，其思想的变化，不啻是从教会内部为收回教育权运动作了准备。

三、北洋政府出台收回教育权法令

自 1924 年初收回教育权运动正式勃兴以来，北洋政府教育部表面上虽然采取"静观其变"的谨慎态度，没有明确表态，但随着该运动愈来愈深入，它也面临不小的压力：

第一，1924 至 1925 年，中华教育改进社、全国教联会这两个当时最大的全国性教育团体连续通过了一批有关收回教育权的决议案。这些议案主要有：《请求力谋收回教育权案》、《无中华民国国籍者，不得在中华民国领土内对于中华民国人民施行国民教育及师范教育案》、《请依据国家主义明定教育宗旨案》、《宪法教育专章草案》、《取缔外人在国内办理教育事业案》、《学校内不得传布宗教案》、《请各省区行政官厅设法收容教会学校师生案》等。这些决议案在内容上，基本均要求政府制订更为严密的教会学校立案、管理、监督的法规以收回教会学校管理权，在程序上这些议案也均依惯例送达教育部。鉴于这两个团体在教育界的深厚人脉和广泛影响，对其所通过的议案教育部不能不有所考虑。

第二，随着收回教育权运动的日趋高涨，一些激进的学生团体和反教团体纷纷至各省教育会、教育司和教育部上书请愿。如在全国教会学校风潮发生最为猛烈的湖南，雅礼、雅各、成智等校教会退学生，为学校立案、制发转学证书等事，曾多次向该省教育会、省教育司上书请愿[①]。1925 年初，湖南学生联合会曾致电教育部代理部长马君武，吁请取消教会学校。电文中称：

北京教育部马代总长钧鉴：教育为一国之绝对内政，不容外人染指代苞，此世界各独立国家已成之铁案，无有例外。乃我国名为独立，实系国际帝国主义者之殖民地。或则攫取我关税权以控制产业之发达，或则侵犯我司法权，以破坏行政之统一，或则夺取我教育权，以增加迷惑之机会。中国近数十年来，民生憔悴，国本动摇，无一非帝国主义者此种经济的政治的文化侵略之结果。语云：国于天地，必有与立。主权丧失，国将何有。此就一国之主权方面言之，应请钧部明令取消教会学校者一。教会学校以办学为手段，以传教为目

---

① 《湖南反对教会学校之怒潮》，《中华教育界》第 14 卷第 8 期，1925 年 2 月。

的，而其传教之唯一目的，又在实行帝国主义者文化之侵略。故束缚学生言论思想自由，禁止学生参加爱国运动，已成国内教会学校之普遍现象，此就广州圣三一风潮、圣心风潮，福州之塔心风潮、协和风潮，上海之三育风潮，湖南益阳之信义风潮，以及最近湖南雅礼、雅各、益智、信义、遵道等校风潮，显为充分之证明矣。我国今日之唯一要图，则在实现真正的民族独立，尤要者在培养国民民族独立之精神。教会学校为洋奴养成所，学生出校只知侈谈外人威德，而自忘为中国人。故受美国教育亲美，受英国教育亲英，由此类推无或少异。此就民族独立方面言之，应请钧部明令取消教会学校者二。教育主旨在发展学生本能，以适应社会环境之需要。欲达其目的，对于学科之选择，极宜注意。否则闭门造车，将成废物。教会学校不遵中国教育部章，不受中国社会监督，以圣经为必修科，而置人生日用之科学于不顾，只重外国语言，蔑视中国文字。甚者大学毕业，不能书一清顺之手条。故教会学校毕业学生，除充当洋行买办外，别无他种技能。不中不西，非驴非马，教育之意义尽失，学生之前途亦危。此就学科方面言之，应请钧部明令取消教会学校者三。有此三点，故取消教会学校之呼声，充满国中。即教会学校学生亦翻然觉悟，相率出校。一月以来，湖南教会学校学生之退学者，已有五六校之多，人数在一千以上。其余蠢蠢欲动者，尚不知凡几。风气所至，全湘靡从，此诚吾中华民族解放之曙光也。放眼神州，几成鬼域，河山依旧，风景全非。目国家垂危，识者流涕，伏望钧部，抛弃一切顾虑，明令取消一切教会学校。匪惟教育前途之幸，国家存亡实利赖之。临电不胜迫切待命之至。湖南学生联合会叩元印。①

湖南省教育主权维持会也同时向教育部提交呈函，呈请"毋许外人设立之学校立案"，"并通令各省教育司一体遵照整理"②。1925 年 7 月在上海举行的全国学联第七届全国大会，也通过《反对基督教运动议决案》。其中关于教会学校的问题，提出三项具体办法：

甲、呈请教育部制定具体办法，撤废各教会学校或收回自办；

乙、各省各地学联会均应组织收回教育权运动委员会，以促进教育权的收回。在教育权未尽收回以前，一面劝告全国同学勿入教会学校；已入者，援助他们退出；

丙、对于受基督教会金钱援助之学生，自愿一体退出教会学校者，参酌情

---

① 《湘学生要求取消教会学校》，《民国日报》（上海）1925 年 2 月 3 日。

② 谦公《湖南教会学校退学风潮近讯》，《申报》1925 年 1 月 30 日。

形，给以经济上的援助，使得转学他校。①

民初政府对教会学校的基本政策是"劝其立案"，而现在学生们提出"取消"，到底如何，各方（包括各省教育行政部门）都在等待教育部的明示。

第三，江浙、两湖、河南等省的一些教会学校当局，为减轻压力，已开始表态愿意立案。一些省份教育部门开始执行全国教联会的有关决议精神，或通令禁止学校宣传宗教②，或着手起草有关教会学校的注册条例③。

在这种背景之下，北洋政府教育部终于打破沉默，于1925年11月16日以第16号公告的形式发布《外人捐资设立学校请求认可办法》。其内容为：

（一）凡外人捐资设立各等学校，遵照教育部所颁布之各等学校法令规程办理者，得依照教育部所颁布关于请求认可之各项规则，向教育行政官厅请求认可。

（二）学校名称上应冠以私立字样。

（三）学校之校长，须为中国人，如校长原系外国人者，必须以中国人充任副校长，即为请求认可时之代表人。

（四）学校设有董事会者，中国人应占董事名额之过半数。

（五）学校不得以传布宗教为宗旨。

（六）学校课程，须遵照部定标准，不得以宗教科目列入必修课。

同时，该布告还申明前此有关布告、训令均予以废止④。稍后，教育部还向各省公署发去一份通咨，要求各省公署"转饬所属各县详细调查外人所设立之各等学校，务将布告全文录送一份，俾得周知，即希查照办"。⑤

关于教育部第16号布告出台的内情，曾在教育部专门教育司任科长金事及视事的吴家镇⑥，在《外资学校认可办法与我国教育自主权》一文中，给人们透露了若干信息。该文指出此一办法的出台，系"教育部因时势之需要"，并说：

---

① 《反对基督教运动议决案》，中国新民主主义青年团中央办公厅编《中国青年运动历史资料》第2册（1925年），第191～192页，1957年印本。

② 1925年5月，浙江省教育厅根据该省教育会要求，曾通令各县知事："查各级学校教授科目，均有规定，自不得宣传宗教，以维教育。准函前因，合行照录原案，令仰该县知事转行所属各县遵照。"见《浙教厅令禁学校宣传宗教》，《中华教育界》第14卷第12期，1925年6月。

③ 《湘教育司起草教会学校注册条例》，《中华教育界》第14卷第10期，1925年4月。

④ 《政府公报》第3459号，1925年11月20日。

⑤ 《教部通令遵办外人设校认可办法》，《申报》1925年12月10日。

⑥ 教育部编《第二次中国教育年鉴》，第十五编"杂录"，第1518页，商务印书馆1948年版。

我国自民国十一年十一月新学制颁布之后，京内外专门以上学校，纷纷设立，尤以省立和私立大学，概呈雨后笋生之象。惟其中办理完善者固多，而滥竽充数者亦复不少，于是去岁七月（指1925年7月——引者）有"私立专门以上学校认可条例"之公布。当时教育部中之专门以上学校视察委员会委员，因历次请求认可学校中，均有外资学校在内，尤以教会学校为最。若对于此项学校之当事人、学科、编制、设备等等，一仍旧贯，不加限制，实不足以尊重主权，而资整理，曾有三条之规定。参事室对此异常满意，且更扩充范围，明白规定，遂有今次之办法出焉。①

对吴文中所提到有关教会学校立案的"三条之规定"及教育部专门以上学校视察委员会会议，当时《申报》也有专门的记述：

昨日（二十九日②），教部专门以上学校视察委员会在该部西花厅开会。计列席者有委员长刘百昭，委员陈宝泉、洪达、冯承钧、吴家镇、杨荫榆、路孝植、陈延龄等十七人。首由刘百昭发言，略谓：……此外尚有二事：（一）上海东吴大学立案问题；（二）新民大学处置方法，亦须连带讨论等语。……陈宝泉云：凡教会学校呈请立案之负责人，总须有中国一人在内。某委员云：听说东吴大学已将宗教列入随意科。次吴家镇、洪达发表意见甚多，旋决定三项：（甲）外国人在中国设立学校不得以宣传宗教为目的。（乙）宗教不能列入必修科。（丙）学校负责代表至少有中国人一名。以上三项如能做到者，部中方准备案，或准试办。现查东吴大学既未将宗教列入必修科，应批令准予试办。关于新民大学问题，各委员发表意见甚多，旋决定新民大学与私立大学认可条例不合，应即查照取缔私立专门以上学校阁议，备文警厅，请其取缔。万一该校须赓续进行，应先设筹备处，俟视察认可方能招生。众无异议，至午后七时始散会。③

以上两则史料可相互佐证，至少说明三点：一是教育部第16号布告实际是以1925年10月29日专门以上学校视察委员会会议所通过的三条规定为基础扩充而成的。二是教育部第16号布告的出台，最直接的原因是为了解决上海东吴大学法科请求立案的问题。三是该布告的实际制订者为教育部专门以上学校视察委员会各委员，主要体现了陈宝泉、洪达、吴家镇、杨荫榆等资深教

---

① 吴家镇《外资学校认可办法与我国教育自主权》，《新教育评论》第1卷第8期，1926年1月22日。
② 即1925年10月29日。
③ 《教部之两会议》，《申报》1925年11月5日。

育家和稳健派教育官员的思想。

较比北洋政府教育部以前出台的有关法令，教育部第 16 号布告体现出三大精神：第一，对于教会学校总体上以容纳而非取消的原则予以处置，容许其以私立学校的资格进入中国教育系统之内，由国家进行管理。第二，此次对教会学校行政领导机构有了更明确的规定，提出中国人必须担任校长或副校长，同时校董会成员中，中国籍人士必须占半数以上。这实质上是暗示该类学校行政权必须掌握在中国人手中。第三，对于早已为世人所诟病的教会学校实施宗教教育的问题，该规定以部分限制而非绝对禁止的精神予以处理。布告提出教会学校不得以传教为宗旨和不能以宗教课程为必修课，这无疑于禁止教会学校实行强迫性的宗教教育。但对于学校选修课、宗教仪式与活动等，均没有明文规定，这等于仍给教会学校实施宗教教育留下了一扇方便之门。该规定对教会学校宗教教育问题的处理，凸显出教育部官员在处理"传教"这一涉外问题上的慎重态度。此种谨慎态度在稍后的一件事上也得到印证。1926 年 2 月 2 日下午，北京各学校反基督教大同盟共 27 个支部、代表约 250 余人，曾赴教育部请愿。他们共推陈公翊、吴鸿传、李孺岳等 6 人面见次长陈任中，要求教育部"限三日内下令取缔教会学校"[1]。教育部对此显然拿不准，在 2 月 3 日召开部务会议进行研究，并不得不咨行外交部征求意见。外交部的回答是："查外国人在中国设立学校及在中国传教等事，均系案约所规定。本部职掌外交，遇事须根据条约办理，此时实不便有所主张，仍请贵部核夺可也"[2]。外交部既不敢做主明令予以禁止，教育部官员更不能擅做主张了。这次部务会议研究的结果，是 2 月 4 日晚教育部发布了一个有关布告，算是对陈公翊等人请愿的回应。布告的内容为：

近查国内私立学校及外人捐资所立之学校，往往不遵本部所颁布之各等学校法令规程办理，殊于教育前途影响甚巨。兹特剀切申明，所有各种学校关于一切课程、训育管理事项，按照部章，不得擅自违背。如有故意违犯者，无论已否经部认可，应即停办，以重学制。[3]

对教育部第 16 号布告，当时基督教教育界和坚决主张收回教育权的两方面人士都不满意。基督教教育界对该布告进行了广泛的研讨，普遍认为教会学

① 《京师反基督教大同盟包围教次》，《申报》1926 年 2 月 16 日。
② 《外部对于限制教会学校传教之意见》，《教育杂志》第 18 卷第 4 期，1926 年 4 月。
③ 《教部取缔私立及外人捐资学校》，《申报》1926 年 2 月 16 日。

校应尊重中国教育主权，向中国政府立案注册，但布告所规定的"学校不得以传布宗教为宗旨"和"不得以宗教科目列入必修科"两条对教会学校限制过严，实难做到。为此，中华基督教教育会曾派出刘廷芳、程湘帆、赵运文等代表与教育部洽商，但教育部并不让步①。而坚决主张收回教育权的教育家则认为该办法对教会学校不够强硬、对教会学校宗教教育的处理很不彻底。1926年初，教育部曾两次遭到北京非基督教大同盟等反教团体的围攻，起因即是教会学校的宗教教育问题。国家主义教育派重镇陈启天认为，教会学校立案应强调两条：一是"教育应由本国人自办，即将外国人的教会学校或非教会学校变成中国人的学校"，二是"教育与宗教分离，即将传教的学校变成非传教的学校"。他认为该布告在这两条上做得均不彻底："'不得以宗教科目列入必修科'，而列入随意科便不是以宣传宗教为宗旨吗？学校代表是指教徒还是非教徒？如果不限制教徒，则他必是与外国人一鼻孔出气的才能取得这个位置，与外国人有多少区别？而且所谓代表是指名义上的，还是指实际上的？如果不确切指明，则名义上负责的中国代表，外国人正可利用所谓中国教会名流来搪塞政府了"。在发出以上一连串疑问后，他又重拟九条立案标准，"以供教部的参考"：其一，"凡学校董事会董事及重要职员如正副校长、教务主任，应为中国人"；其二，"凡课程内容、教授方法及仪式等不得含有传教性质"；其三，"凡学校负责代表须全为中国人，而且至少须有一名非教徒"；其四，"凡学校董事会董事至少须有三分之一为非教徒"；其五，"凡学校课程须依部定课程标准"；其六，"凡学校内不得有宣教师及礼拜堂"；其七，"凡学校名称应冠以私立字样，不得冠以基督教或某种教会字样"；其八，"凡具备以上七条件者得予试办三年。在试办期内经中国政府考查确无违反部章事始得于试办期满后准予正式立案"；其九，"凡不依本规程立案之学校，或曾经立案后而有违反本规程或其他部章之情形发生时，应由教育部定期封闭之"。② 另一人士谢循初也批评该办法是"官样文章"、"敷衍的故技"，离真正收回教育权还相差甚远。他强调，教会学校重点是中小学，但该办法对中小学教会学校立案无特殊规定，并"只规定各等学校认可的条件，而无一字道及不认可的办法"，"是不啻叫全国六千八百九十个教会中小学依旧'以传布宗教为宗旨'，

① 刘廷芳《会长的使命——为注册事致基督教教育界书》，《中华基督教教育季刊》第 2 卷第 1 期，1926 年 3 月。
② 陈启天《评教会学校立案办法》，《中华教育界》第 15 卷第 7 期，1926 年 1 月。

依旧'以宗教科目列为必修科',是不啻叫中国二十万中小学生依旧强受'传布宗教'的国民教育,依旧诵读必修的'宗教科目'!是不啻对所有教会学校说,'你办你的宗教教育,若你觉得没有请求认可的必要,请不必来麻烦官厅'!"① 应该说,以上陈、谢二人的批评还是切中其弊的。毕竟这一办法规定过于简略、粗糙,对立案所需的手续、程序等均缺乏严格规定,也没有提出专门的针对不立案教会学校的处置办法。所以,它并不是一个全面解决教会学校问题的妥贴方案。

不过,批评归批评,对于几年来社会各界竭力呼吁的教会学校问题,政府总算是拿出了一个解决办法,这对于收回教育权运动来说,无论怎么说都是具有里程碑意义的。它与次年广东国民政府颁布的《私立学校规程》一道,成为收回教育权运动达到高潮的重要标志。

还应该指出的是,许多论者认为北洋政府教育部关于收回教育权的法令止于第 16 号布告,但实际上此后它还发布过两个重要法令:

其一,1926 年 2 月,北洋政府教育部曾应福建省教育厅之请,明令"未经备案外人设立学校学生,请求转学,准由各校酌量程度收受"。福建省教育厅接令后,明确要求各校"对于此项学生,应先详细查明该生在何校、学习何科、及何年级、程度如何,得有确实证明后,由本校加以严格试验,认有同等学力,准编入相当班次或相当学校",并强调"此次系因临时发生变故,为爱惜青年顾全学业计,特筹救济之法,为一次之通融。嗣后所有各学校收受转学生,仍应遵照学校收受转学生规则办理,均不得援以为例。"教育部对福建省的做法颇为赞许,特通令各省一律按此照办②。这一办法的出台,基本扫除了教会学校退学学生在转学问题上的法律障碍,对收回教育权运动也颇具实际推动的意义。

其二,1927 年 11 月 19 日,北洋政府教育部以部令第 187 号的形式,公布了《修正外人捐资设立学校请求认可办法》7 条。这一法令在许多论著中不载,现将全文录于下③:

兹修正十四年十一月布告第十六号外人捐资设立学校请求认可办法七项,特公布之。此令。

---

① 谢循初《教育部重订外资学校认可新章》,《新教育评论》第 1 卷第 3 期,1925 年 12 月 11 日。
② 《教育部通令限制教会学生转学》,《申报》1926 年 3 月 5 日。
③ 《教育部令第一八七号》,《政府公报》第 4160 号,1927 年 11 月 23 日。

修正外人捐资设立学校请求认可办法

一、凡外人捐资设立各等学校遵照教育部所颁布之各等学校法令规程办理者，应依照教育部修正学校系统第二十一项文科实科并设之规定及关于请求认可之各项规则，向教育行政长官请求认可。

二、学校名称上应冠以私立字样。

三、学校之校长须为中国人，如校长原系外国人者，必须改推中国人为校长，即为请求认可之代表。

四、学校设有董事会者，中国人应占董事名额之过半数。

五、学校不得施用宗教仪式，并不得以传布宗教为宗旨。

六、学校课程须遵照部定标准，并不得以宗教科目列入课程之内。

七、修正办法自公布日施行。

中华民国十六年十一月十九日　教育总长刘哲

对比原办法可以看出，新办法有三处重大修改：一是在原款第一项内容的基础上，增加了"应依照教育部修正学校系统第二十一项文科实科并设之规定及关于请求认可之各项规则"的字样，这一条款实际上是要求教会学校在学科设置上注重实践性；二是在原款第五项"不得以传布宗教为宗旨"的基础上，进一步规定教会学校"不得施用宗教仪式"；三是将原款第六项"不得以宗教科目列入必修课"修改为"不得以宗教科目列入课程之内"。新办法的后二、三处修改，明显体现出"教育与宗教彻底分离"的精神，严格禁止教会学校有任何宗教仪式、宗教活动和宗教课程，哪怕是选修课也在限制之列。较比原办法，新办法无疑又大大前进了一步，值得肯定。但由于北洋政府很快倒台，这一颇具进步意义的收回教育权法令流为一纸空文，实际并未发挥作用。

第二节　政党与收回教育权运动

1920 年代中国的政党格局已由清末民初的"一党独导"激变为国民党、共产党、青年党（时称国家主义派）三党"多党竞举"的局面。三党几乎同时竞相揭橥"革命"大旗，以前所未有的积极态度介入中国现实，各自力图以己所主张之"革命"学说解脱中国"内忧外患"的困局，实现国家独立、统一及社会进步①。就收回教育权运动来说，三党都有不同程度地介入。但缘

---

① 王奇生《革命与反革命——一九二〇年代中国三大政党的党际互动》，《历史研究》2000 年第 5 期。

于各自主张不同，其发挥的作用与影响，也颇有异。

一、中国共产党与收回教育权运动

早在非基督教运动第一阶段，中国共产党的一些早期党员如李大钊、陈独秀、张闻天、罗章龙等人就积极介入这场运动，参加"非宗教大同盟"，并发表了一些非基督教文字。但正如论者所研究指出的，此时党甫经成立，人数较少，且组织性不足，其反教活动更多地是属于个人行动。1923年9、10月间，余家菊发表《教会教育问题》并出版《国家主义的教育》，正式揭橥反教会教育及收回教育权的口号。余的上述论著，很快引起中共党员恽代英、萧楚女的关注，他们纷纷发表文章，对其反教会教育的主张予以同情和支持。恽代英撰写了《我们为甚么反对基督教？》一文，对基督教的缺陷及包括教会学校在内的各项教会事业侵略、奴化国人的本质进行了揭露，并向读者推荐说："何以我们对于基督教特别反对呢？对于这一点，我最好介绍我的朋友余家菊做的一篇《教会教育问题》。"① 萧楚女在《上帝底世界和人类的世界》一文中也说，少年中国学会余家菊、李璜两先生，针对基督教在中国日益横行无忌，"他们站在敌兵线上开始射击第一枪"，对此"我诚恳地崇拜两先生底伟大——愿执吾鞭以从其后！"②

1924年4、5月间，奉天收回教育权和广州圣三一学潮发生，全国收回教育权运动正式兴起。党对其给予高度关注并予以积极评价，中国共产党、社会主义青年团的刊物如《向导》、《中国青年》、《前锋》都登载不少支持这一运动的文章。圣三一学潮发生伊始，恽代英即将其定性为反对帝国主义的"民族革命"，认为"我们应当都起来援助'圣三一'学生，应当都起来请求广州的政府干涉取缔'圣三一'学校；不然，便勒令他关门。"同时他又强调这一斗争不应局限于教会学校和广州的范围，"一切对于中国人的教育，都不容听外国人自由办理"。③ 陈独秀则连续写了《投降条件下之中国教育权》、《外国的文化侵略与国民革命》、《收回教育权》等多篇文章，要求国人向土耳其学习，"不但对于日本在华文化事业应该怀疑，对于英美在华教育侵略也应该反对，就是对于教员中美国化的留美学生及教徒也应该廓清"。值得注意的是，

① 《我们为甚么反对基督教？》，《恽代英文集》（上卷），第393~394页，人民出版社1984年版。

② 《上帝底世界和人类的世界》，《萧楚女文存》，第7~9页，中共党史出版社1998年版。

③ 《广州"圣三一"学生的民族革命》，《恽代英文集》（上卷），第519~521页，人民出版社1984年版。

陈独秀认为收回教育权不能只依靠政府和教育家，主要应该依靠广大教会学校学生觉悟起来"破坏"外人在华教育权：

> 我们认真讨论起来，与其主张"收回教育权"，不如主张"破坏外人在华教育权"；因为在国民革命成功以前，目下二百五的中国政府和中国教育界，都不会有收回的决心。至于破坏的责任，便不须依赖政府与教育界，只要在教会学校受奴隶教育的二十万男女青年有这样的觉悟与决心。①

陈独秀的这一激进主张得到恽代英、杨贤江的认同。恽代英在《打倒教会教育》一文中，也提出"封闭一切教会学校"、"驱逐一切教会教育家"、"扑灭教会教育的毒焰"的口号②。杨贤江则指出教会学校有四大缺陷：一是"禁止学生爱国运动"，二是"强迫信仰基督教"，三是"课程编制全为外国化"，四是"养成奴隶性"。基于此，他强调"对于收回教育权运动，我们应该努力"，但真正的收回"非在现在的军阀政府之下所能做到的"。现阶段收回教育权的斗争策略是尽力宣传，并"用破坏的方法去破坏"。③ 杨贤江亦主张严格取缔教会学校，1925 年 2 月他在回答武昌中华大学陈克谕的提问时，说：

> 中国教育部原定有立案办法。但他们办的学校都设立宗教科，强迫中国学生信仰宗教，与部章不合，所以要立案亦有所难办。现在我们应该做一种取缔教会学校的运动，政府应用权力令照章办理，学生亦应用实力反对他们传教。④

萧楚女则提出了反对军阀教育的问题。他认为，收回教育权运动如果仅仅反对外国人的教育，"而置此在帝国主义之下苟托生命的武人所办的教育于不问"，实在是一个极大的错误。外国人在中国办教育，是"欲养成我们做亡国的奴隶"；军阀办教育，"则欲养成我们做犬马的顺民"。他说，"只反对外人而放过军阀，我们那所谓'收回教育权'运动又有什么意义？"因此，"我们在教育上的运动，应该更进一步——反对外国人办教育，反对军阀办教育，驱逐教皇和恺撒！"⑤

---

① 《收回教育权》，《陈独秀文章选编》（中），第 536 页，三联书店 1984 年版。
② 《打倒教会教育》，《中国青年》第 60 期，1925 年 1 月 3 日。
③ 《教育问题》，中央教育科学研究所、厦门大学编《杨贤江教育文集》，第 182～183 页，教育科学出版社 1982 年版。
④ 《答武昌中华大学陈克谕》，《杨贤江教育文集》，第 614 页，教育科学出版社 1982 年版。
⑤ 《驱逐教皇和恺撒》，《萧楚女文存》，第 89～90 页，中共党史出版社 1998 年版。

　　无独有偶，在南方中共党人呼吁广大群众积极参与收回教育权运动的同时，活动于北京地区的一些中共党人也将关注目光投射于此一运动。中共北京地方组织机关刊物《政治生活》周刊，在创刊伊始就登载了不少文章，专门论述收回教育权问题。何孟雄在《文化的侵略和收回教育权》一文中指出，"一国丧失了教育权，即是受帝国主义投降条件的支配"，"我们要一致的援助他们，收回了教育权，文化侵略的政策就失了大部分的效用；我们不但要收回南满的教育权，凡帝国主义者在全国所办的教育我们都要收回。"① 署名为"仰仪"的作者也认为"应当根本摧毁外人在中国之教育势力"。该文还指出，虽然目前各地有关这方面的运动尚处于零碎孤单状态，"但是我们当注意此新伸张之民气，善为引导"。作者认为要更好地开展斗争，应仿效"非宗教大同盟"，"也应同样的组织收回教育权运动大同盟"。② 可以看出，这位作者的主张无疑是极具前瞻性的。

　　在宣传、鼓动群众从事收回教育权运动方面，中国共产党人一个主要的贡献，就是提倡非教会学生与教会学生的团结一致。1925 年 1 月，恽代英在《打倒教会教育》中指出，从事收回教育权运动，"我们决不可以抛弃了教会学校的青年"。教会学校学生参与运动不积极，其思想觉悟还不高，但"他们是受欺骗的，他们是受压迫的"，所以"我们应当去接近他们，在他们群众中间去活动，把他们联合起来，与我们里应外合的，扑灭教会教育的毒焰"③。张太雷在《五四纪念告广东学生》中，指出了广东学生运动存在两种有害的"界线"论调：一是学生群众中有"革命派"与"反动派"的分别，一是"教会学生"与"非教会学生"之分。他认为"广东教会学校异常多，教会学生在数量上之多将在广东学生运动中占很重要的地位。如果不能得教会学生到革命方面来，广东学生运动是不能统一的，如何能把教会学生与非教会学生联合起来，是广东学生运动目前最紧要的问题"。张太雷强调，"反对外国教会"与"反对教会学生"是两件根本不同的事。外国教会是帝国主义侵略中国的一个工具，教会毒害中国青年，因此其必当反对。但在外国教会里读书的中国学生，"他们是与中国学校里学生同样是中国人，大半是破产的小资产阶级的子弟，都是受帝国主义压迫，他们应该是我们革命队伍里的战士们"。对于他

---

① 孟雄（何孟雄）《文化的侵略和收回教育权》，《政治生活》第 2 期，1924 年 5 月 4 日。

② 仰仪《收回教育权的一个建议》，《政治生活》第 6 期，1924 年 6 月 1 日。

③ 《打倒教会教育》，《中国青年》第 60 期，1925 年 1 月 3 日。

们，我们不应消极反对，"而应是接近他们，帮助他们，解除他们痛苦与披露教会学校与帝国主义的罪恶。"①。1925 年 1 月召开的共青团三大，在通过的文件中也指出，"本团同志切不可因反对基督教而憎恶一般教民与教会学生，应该指出他们受传教士与牧师的压迫与欺骗。本团也不一定要引导已觉悟的教民与教会学生脱离基督教的势力，应该引导他们在基督教势力之下的群众中，努力作反基督教的运动。"②

在注重宣传收回教育权的同时，中国共产党还试图从组织上加强对这一运动的领导。这种意图主要通过党的下级组织——中国共青团，及一些非基督教组织、各级学联和学生会来具体实现。当时党的策略主要是争取学生群体，且将非基督教运动与收回教育权均作为反对帝国主义运动的组成部分而一并看待。1925 年 1 月中共四大通过《对于青年运动的决议案》，要求加强对学生运动的组织领导，并强调青年学生运动必须在党的领导下进行，要把学生运动与工人、农民运动结合起来。同年 1 月在上海举行的共青团三大通过《反对基督教决议案》，反映出团中央对非基督教与收回教育权运动的重视。该决议案提出"非基督教周"等斗争策略，并指出：

本团同志应随时宣布教会教育之黑暗与不合中国的需要，说明帝国主义者文化侵略的阴谋，诱导教会学校学生做革新教务校务等运动，在此种运动中，应引导做更进一步的运动（如收回教育权，取消教会学校等）。每逢教会学校之风潮，本团应设法援助。本团应乘全国教育团体开会时，联络进步的分子。在会场内外，做收回教育权，取消教会学校运动。③

在第二阶段非基督教运动中重建的上海"非基督教同盟"，其总部成员也多为共产党人士。该总部 5 个执行委员中，就有唐公宪、柯柏年、张秋人 3 人是共产党员。学生会组织方面，中国共产党对全国学联、上海学联、广州学联、福建学联的影响作用明显。据曾在上海学联任职的李强同志回忆，五卅前后在全国学联总会和上海学联任事的，共产党员占相当部分。全国学联负责人李硕勋、上海学联第一届主席张永和，以及两个学联总部成员梅电龙、梅中

---

① 《五四纪念告广东学生》，《张太雷文集》，第 139~143 页，人民出版社 1981 年版。

② 《反基督教运动决议案》，中国新民主主义青年团中央办公厅编《中国青年运动历史资料》第 2 册（1925 年），第 59 页，1957 年印本。

③ 《反基督教运动决议案》，中国新民主主义青年团中央办公厅编《中国青年运动历史资料》第 2 册（1925 年），第 58 页，1957 年印本。

林、高尔松、高尔柏、阳翰笙（欧阳继修）、董亦湘等均为中共党员①。国家主义派因此指诬共产党"把持"全国学联，说"全国学生总会，便是他们共产党人宣传赤化的机关"②，这并非空穴来风。广州学联初由新学生社组织，而该社恰是广州社会主义青年团的外围组织。1924 年 5 月底，团广东区代表大会议决"设法派同志加入青年会活动，并联络非教会学校反对基督教，及收回教育权运动"。③ 在新学生社领导下，广州学联于该年 6 月组织了"广州学生会收回教育权运动委员会"，积极开展反教会教育、收回教育权的工作。1924 年 12 月 23 日，在广州团组织领导下，由新学生社、广州学联发起成立"广东反基督教大同盟"，随后即组织声势浩大的"非基督教周"活动。该组织并派代表向广东政府请愿，要求设立教会学校注册所，后被广东省教育厅接受④。可以说，在反教会教育、收回教育权运动中，中国共产党在各省的影响和领导作用以广东为最。在福建，1925 年 9 月 12 日，福建学生联合会成立了"收回教育权运动委员会"，该委员会由翁良毓、张章锴、林培英、陈聚奎、郑友敦等人组成。其中翁良毓、陈聚奎等均为共产党人。当时共青团福州地委负责人林铮在给团中央的报告中，曾说明该委员会的工作：

> 进行反教会学校之时，一切传单通告，均以"反抗文化侵略"、"收回教育权"为口号。于演讲时则以五卅惨案之武力的经济侵略为软化的文化侵略之反映，听众均有感觉。最近复发行一小册子，名为"收回教育权运动"，内容详述收回之必要及方策。⑤

这个报告中提到的《收回教育权》小册子，系该委员会于 1925 年 10 月 30 日印发的一种临时宣传刊物，曾先后刊登陈聚奎、林铮、翁良毓等人所撰写的《设立教会学校的原因和反对的理由》、《收回教育权运动》、《讨论教育权独立的两个先决问题》、《文化侵略与教会学校》、《告观望踌躇的教会同学》、《收回教育权的我见》、《收回教育权运动应特别注意之一点》、《证明教会学校是文化侵略的工具》、《收回教育权运动之两个基础》、《一致对外与收回教育权》、《福州教会学校的内幕与近况之一》等文章。该委员会还提出教

---

① 李强《五卅前后上海学生运动点滴》，《党史资料丛刊》1984 年第 4 辑。

② 《共产党把持下的全国学生总会》，《醒狮周报》第 78 号，1926 年 4 月 10 日。

③ 广东省档案馆、广东青运史研究委员会办公室编《新学生社史料》，第 39 页，1983 年印本。

④ 陈家文、黄穗生《大革命时期广州学生反基督教和收回教育权运动》，《广东文史资料》第 48 辑，第 106 页，广东人民出版社 1986 年版。

⑤ 《林铮给团中央的报告》，中央档案馆、福建省档案馆编《福建革命历史文件汇集》，第 84 页，1983 年印本。

会学校的 5 项立案条件：（一）各教会学校应向中国教部立案并完全受其行政及课程之支配；（二）不得实行宗教教育；（三）学生得参与校政；（四）恢复学生自由，不得干涉学生爱国运动；（五）校长及教务长须聘中国人。委员会强调，"在上列条件未履行之前教会学校仍照前议实行收回"。①

　　总之，从以上所述来看，中国共产党积极参加收回教育权运动，对该运动的宣传、组织、青年学生的斗争等做出了不少努力，在一定程度上推动了该运动的发展。对此，我们应该予以充分肯定。但有些论者由此而得出"收回教育权运动是由共产党或青年团所领导的"观点，笔者却不敢苟同。判断一个政党或团体对某一运动是否领导，主要看三个方面：思想领导、组织领导、具体斗争领导。在这三个方面中，最重要的无疑又是思想领导。从收回教育权运动看，虽然中共所宣传的"反对帝国主义文化侵略"、"废除不平等条约"、"破坏外人在华教育权"等主张，对该运动有一定的积极影响，但以余家菊、陈启天等为代表的国家主义教育派所提出的"国家主义教育"、"教育主权"论、"教育和宗教分离"论，对该运动的指导意义更大。他们不仅首倡"收回教育权"，提出了收回教育权的具体方案，还在有关杂志推出各种专号并出版书籍，对此进行大力鼓吹。同时，还积极与批评者展开"收回教育权论战"，有力地廓清了一些错误思想。在收回教育权运动中，被运动各方所广泛认可并实际成为该运动核心纲领的指导思想，实际上是该派的有关学说。也惟其如此，所以教会方面才视国家主义派及其理论为其最大威胁。从这个意义上看，与其说中国共产党或青年团领导了该运动，毋宁说是国家主义教育派领导了该运动。再从组织和具体斗争上看，也不能得出中共领导的结论。不管是非基督教运动还是收回教育权运动，均缺乏全国性的统一组织，也没有普遍被各方接受的斗争策略纲领，国共两党及国家主义派、自由主义教育家、全国性教育团体等，对此各有主张，都发挥了作用但又缺乏脱颖而出者，所以要指出一个具体的领导政党或团体，实在是不恰当的。在具体斗争方面，应该承认各级学生会作用明显，但在当时全国有 16 个省建立了学联，所辖市县一级的学联达 320 个②，其中受党和青年团影响的，也毕竟是少数。总体上，党的影响在上海、北京、广东、福建、湖南影响稍大，而其他省份较弱。所以也不能得出

---

　　① 晓钟、安闻《反奴化教育的〈收回教育权运动〉》，《党史研究与教学》1985 年第 5 期。

　　② 杨家铭《民国十五年中国学生运动概况》，中国新民主主义青年团中央办公厅编《中国青年运动历史资料》第 3 册（1926 年～1927 年），第 345 页，1957 年印本。

"中共领导了收回教育权运动"的结论。

二、中国国民党与收回教育权运动

中国国民党对收回教育权运动的影响和贡献，主要有以下几个方面：

第一，蔡元培的有关反教会教育言论对收回教育权运动影响重大。蔡氏是一位老资格的国民党人，虽然 1927 年前他很少在政界活动，但不能否认他在国民党内的重要影响。1922 年 3、4 月间，他连续写了《教育独立议》和《非宗教运动》，提出"教育于各党派各宗教中保持独立"的观点，并反对有宗教背景者参与教育事业。这些主张实际上已经蕴涵"收回教育权"的思想，对国家主义教育派及其他各派进一步提出反宗教教育、收回教育权起了重要的启发作用。这种作用后来也为各方所共认，张仕章在《收回教育权运动的研究》一文中直接说："中国的'收回教育权运动'，不妨说是蔡元培第一个人发起的"[1]。刘湛恩也说："最先反对基督教教育的，是蔡元培先生。……蔡先生虽然是泛论宗教教育，然而宗教有教育事业值得社会注目的，自然推基督教了。那么蔡先生的议论，也自然是为了基督教教育而发的。"[2] 舒新城也有"反基督教教育的言论亦以蔡元培所发表者为最早"的评论。[3] 蔡元培不仅于收回教育权运动有创榛辟莽之功，且其在《教育独立议》中所建议的"大学不必设神学科，但于哲学科中设宗教史、比较宗教学"，实际上也成为日后国民党政府对高等学校处理宗教课程的圭臬。

第二，由叶楚伧、邵力子主持的上海《民国日报》及其副刊《觉悟》，在非基督教和收回教育权运动中发挥了重要的宣传作用。上海《民国日报》系国民党上海执行部的机关报，主编系国民党上海执行部青年妇女部总长叶楚伧，邵力子则负责主编该报副刊《觉悟》。该报及其副刊《觉悟》、《非基督教特刊》等在非基督教运动中，一直站在支持者立场，发表了不少这方面的文章。据谢扶雅的统计，仅从 1924 年 8 月 19 日至 12 月 25 日的 20 期《觉悟》中，就载有反基督教文字共 61 篇。[4]《非基督教特刊》则在 5 个月内发刊 10 期，并率先倡议举行全国"非基督教周"，在事实上是"各地同盟互相支援并

---

[1] 张仕章《收回教育权运动的研究》，《青年进步》第 92 册，1926 年 4 月。

[2] 刘湛恩《反对基督教教育之一般评论》，《中华基督教会年鉴》第 10 期，第 122～123 页，上海中华全国基督教协进会 1928 年版。

[3] 舒新城《收回教育权运动》，第 53～54 页，上海中华书局 1927 年版。

[4] 谢扶雅《近年非宗教及非基督教运动概况》，《中华基督教会年鉴》第 10 期，第 21 页，上海中华全国基督教协进会 1928 年版。

求步调一致的联通工具"①。这些活动均离不开国民党上海执行部及《民国日报》的支持。对收回教育权运动，该报也进行重点报道和宣传，登载有关揭露教会学校黑幕、各地教会学校风潮、学联会通电宣言及各种评论该运动的文章，有的甚至是直接转载《向导》上的报导。邵力子本人也于 1924 年 7 月 19 日发表《论收还教育权》一文，与著名律师陈霆锐就收回教育权展开辩论。总之，上海《民国日报》是鼓吹非基督教和收回教育权运动的重要舆论阵地。

第三，广东革命政府在广东收回教育权运动中发挥了积极作用。广州圣三一学潮发生后，国民党中央党部工人部长廖仲恺、组织部长谭平山即召见罢课学生代表，对其进行热情鼓励。不久，他们又在油业工会召集全体罢课学生，表示坚决支持学生。戴季陶也发表谈话，说：

最近圣心和圣三一两个教会学校所发起的反抗帝国主义文化侵略的行动，尤其是我十分佩服的。这一件事，我觉得是日本取缔留学生风潮以后的一个重要事实，外国人到中国来做养成奴隶的事业，已经要近百年，中国人到今天才有这一个"明白了"的表示，我盼望各省的青年们，大家注意援助他们才好。②

1924 年 12 月 25、26 日广东"非基督教周"期间，廖仲恺、邹鲁（时任广东大学校长）等曾在广东大学大礼堂发表演讲，抨击帝国主义利用基督教对中国实施文化侵略的罪行，"俨然是此次风潮之领袖"③。五卅运动后，广东公医医科学校学生罢课，并向政府提出收回公办的要求，得到廖仲恺等人和广东政府的支持，该校随后并入广东大学。广东革命政府不仅支持教会学生的斗争，而且在收回教育权方面也制订了一系列的有关规定，推动了这一运动在广东的深入开展。如 1925 年上半年，广东省教育厅接到全省第五次教育大会议决规定《教会附设国民学校之限制办法》的呈报，同时圣三一学生代表梁福文等请愿取缔教会学校，广东反基督教大同盟也派代表请愿设立教会学校注册所，广州学联也要求收回教育权。对此，省教育厅积极回应，于 1925 年 4 至 9 月派人调查广州市区内教会学校情况，并通函各教会学校，要求将成立时期、办学宗旨、成立原因及学校经过之略史、校董校员情况、教科及课程情

---

① 叶仁昌《五四以后的反对基督教运动——中国政教关系的解析》，第 85 页，台湾久大文化股份有限公司 1992 年版。

② 见《外国的文化侵略与国民革命》，《陈独秀文章选编》（中），第 533 页，三联书店 1984 年版。

③ 简又文《同江、张二君讨论孙科的文章》，邵玉铭编《二十世纪中国基督教问题》，第 388 页，台湾正中书局 1980 年版。

况、学校组织及学生情况、经费及设备情况、教授及训练情况、校内宗教活动情况，先期填报清楚，以便督学逐一核对检查①。经调查，该市有教会大学 3 校，教会中学 14 校，教会小学 17 校，教会所设幼稚园 2 校，其它 6 校，总计 42 校②。这次调查，初步摸清了广州市区教会学校的底细，为政府采取下一步行动奠定了基础。教育厅还设立教会学校注册所，对教会学校做出两条具体规定：其一，"宗教应与一般学校分离，无论公私立学校，一律不得以宗教经典立为学校正课课目"；其二，"人民信教，须本其良心之事实上之自由。宗教团体，传布教义及举行仪式时，其所属学校学生之出席参加与否，概由其父兄保护者或学生自身决定之。"③ 1925 年 6 月，广东省省长发布省令，取缔教会学校教授圣经及施行宗教教育。1926 年 1 月召开的国民党二大，在其通过的有关议案中，提出"一切反基督教运动，应站在反帝国主义的观点上与教会学校学生联合，不应站在反对宗教的观点上与教会学生分离，在国民政府势力范围内尤应积极设法收回教育权"等主张④。这进一步加快了广东国民政府收回教育权的步伐。1926 年 5 月 5 日，广东全省教育大会通过黎枢庭等 24 人提出的《党化教育案》，对教会学校主张"在可能期内即行收回"⑤。8 月，广东国民政府颁布《私立学校校董会设立规程》，规定外国人不得当学校董事长或董事会主席以及中国人必须在董事会中占多数等。10 月，更出台《私立学校规程》，对教会学校注册做出严格规定。

除广东外，国民党此时尽管号称有 20 余万党员，但在全国其他各省的势力和影响均较弱，其推动收回教育权运动的能力十分有限。就整体上说，国民党在收回教育权运动的作用远逊于共产党和青年党。造成这种局面的原因很复杂，但以下两点制约因素值得重视：

首先，国民党此时在舆论宣传方面投入的精力不多。国内学者王奇生比较了三党的宣传特点："国、共、青三党相比，国民党实际最不擅长理论宣传。北伐前后，国民党几乎没有一个堪与《向导》、《醒狮》相匹敌的理论'喉舌'。国民党虽有《广州民国日报》和上海《民国日报》等大型党报，但两报

---

① 斯世《粤教厅实行调查教会学校》，《申报》1925 年 4 月 15 日。
② 星星《广州教会学校调查结果》，《申报》1925 年 9 月 23 日。
③ 《省署布告取缔宗教教育》，《广州民国日报》1925 年 5 月 27 日。
④ 《青年报告决议案》，荣孟源主编《中国国民党历次代表大会及中央全会资料》（上册），第 131～132 页，光明日报出版社 1985 年版。
⑤ 毅庐《广东全省教育大会记（四）》，《申报》1926 年 5 月 25 日。

均侧重新闻报道，不似中共的《向导》、《新青年》、《中国青年》以及青年党的《醒狮》那样专门致力于意识形态理论宣传。《广州民国日报》的社论文字有时竟照搬《向导》上的言论。"① 1926 年 1 月 16 日国民党二大所通过的《青年报告决议案》中也承认，国民党"关于青年宣传刊物绝少，教育方面亦没有顾及，致狭隘的国家主义，麻醉的基督教及封建时代的各种言论把持教育界，浸入到一般平民脑海中，而没有指正的工具"②。在有关非基督教和收回教育权运动宣传中，国家主义派以国家主义为理论框架而提出"教育主权"、"教育与宗教分离"、"国家主义教育"等不乏深度的理论观点，吸引了大批群众。共产党人则以唯物史观和列宁学说为基础，提出"反对帝国主义文化侵略"等论调，同样给予这一运动以影响。反观国民党，此时却缺乏能吸引群众的有关理论和口号。

其次，国民党内对基督教态度不一，缺乏统一行动和组织。根据笔者所接触到的史料，当时站在反教立场上的国民党著名人物，主要有蔡元培、朱执信、吴稚晖、汪清卫、胡汉民、张继、廖仲恺、邵力子、邹鲁、张宙、江绍原、戴季陶等。而孙中山、孙科、蒋介石、张之江、甘乃光、徐谦等，则明确不同意反教。1925 年 2 月，两派曾在《京报》、《晨报》等报刊掀起了一场小范围的"国民党与基督教"的争论。孙科认为：

这回"非基督教风潮"的发生，恐怕有国民党员从中主动，也未可知。但"非教"的举动，断不是国民党的主张，当可共谅。我国民党的宣言，自昨年发表以来，有目共睹，何尝见有半只字"非教"呢？国民党不只没有"非基督教"的主张，对于佛回等教，也一律看待。……至若谓有等国民党员，以个人名言，来反对基督教，则无异有等基督徒，用个人名义来做贼，这些统统都属个人行动，与全体无涉，亦难禁止。③

文章发表后，江绍原、张宙等人并不赞同。张宙指出：

国民党之精神何在？一言以蔽之，在于革命，而基督教之真象，则为反革命。二者本极端背驰，而不相容者也。非基督教之态度，虽未能载之于党宣言与党纲内，然事实上国民党对于基督教确立于反对之地位。

---

① 王奇生《革命和反革命：一九二〇年代中国三大政党的党际互动》，《历史研究》2004 年第 5 期。

② 《中国国民党第二次全国代表大会青年运动报告决议案》，中国新民主主义青年团中央办公厅编《中国青年运动历史资料》第 3 册（1926 年～1927 年），第 23 页，1957 年印本。

③ 孙科《国民党与基督教》，邵玉铭编《二十世纪中国基督教问题》，第 381 页，台湾正中书局1980 年版。

他认为，反抗帝国主义之侵略以实现中华民族独立是国民党提出的重要一项任务。但反抗帝国主义侵略不只限于反抗其经济侵略，"至其文化的侵略，亦不得不防范之"。帝国主义的文化侵略"在毒腐我国民之思想，而减少其反抗精神，因而得以随其吞噬之野心。此种无形之侵略政策，其危害吾国，殆不次于经济之侵略。"① 这次争论虽没有明确的结论，但却暴露了国民党内部在反基督教问题上的分歧。这种分歧，显然不利于国民党利用其党派优势发挥其在非基督教和收回教育权运动中的影响力。

三、中国青年党与收回教育权运动

中国青年党于1923年12月在法国巴黎成立，但至1929年9月召开第四次代表大会时才对外公布党名，此前一直以"中国国家主义青年团"示人。由于余家菊、李璜、陈启天、左舜生、杨效春等青年党人在国家教育协会和国家主义教育派中起着突出作用，所以国家主义教育派与收回教育权运动的关系，在很大程度上即等同于中国青年党与该运动的关系。

关于国家主义教育派对收回教育权运动的影响及其贡献，本书前文已有详论。为避免重复，这里只做几点简要概括：

第一，该派学者余家菊所发表的《教会教育问题》一文，是国内思想界全面论述"收回教育权"问题的第一个文献。该文不仅论述了收回教育权的理由，而且还拟定了处置与取缔教会学校的一整套办法。张仕章认为，该文"实在是养成这种运动的第一次准备"②。

第二，该派所鼓吹的"教育主权"论及"教育与宗教分离"论，不仅奠定了收回教育权的学理基石，而且极大地拓宽了国人对教育、国家、宗教三者关系的理解，是推动此时国人从事收回教育权运动的根本思想力量。

第三，该派对收回教育权运动作了大量的宣传、动员工作。除在《醒狮周报》、《中华教育界》、《国家与教育》等刊物推出"收回教育权运动号"、"国家主义的教育研究号"等专号予以尽力宣传外，他们还在《时事新报》、《学灯》等报刊上鼓吹这一运动。该派并推出《国家教育协会丛书》，共出版余家菊《国家主义教育学》、周调阳《教育统计学》、杨廉《西洋教育史》、祝其乐《国家主义与中国乡村教育》、常道直《德国教育与国家主义》、陈启

---

① 张宙《读〈国民党与基督教〉后致孙科先生》，邵玉铭编《二十世纪中国基督教问题》，第385~386页，台湾正中书局1980年版。
② 张仕章《收回教育权运动的研究》，《青年进步》第92册，1926年4月。

天《国家主义与近代欧美教育》、舒新城《收回教育权运动》等 7 本著作。此外，还刊行《国家主义讲演集》、《国家主义论文集》、《教育原理》、《建国政策发端》等书。以上著作大部分均涉及到收回教育权问题。

第四，与教会教育家及其他论者展开收回教育权辩论，回应护教人士对该运动合理性的指责，同时也廓清了同情者对收回教育权运动的一些误解。

第五，推动一些地区成立收回教育主权的社会团体。1925 至 1926 年，随着收回教育权运动的进步，各地成立了不少推进这一运动的社会团体。这些团体中，有一些是受国家主义教育派影响而成立的。比如 1925 年初，李琯卿、张希为、陈苻苏等人在浙江宁波组织成立"爱国青年社"，发行《爱国青年》半月刊，其负责人李琯卿即为国家教育协会发起人之一。五卅运动后在开封成立的"河南收回教育主权促进会"，其发起者为嵇明、彭霖、翟荫梧、熊梦飞、周调阳、罗廷光、余盖等人。其中，周调阳、罗廷光为国家教育协会成员①。1926 年初，南京教育界成立"中华教育主权收回运动同志会"，发行《黄镜》旬刊，其宣言中明确肯定赞同余家菊等人提出的"教育上的不合作主义"②，表明它也是一个受国家主义教育派影响的组织。同年 9 月，"浙江国家主义教育研究会"在杭州成立，会员有浙江一中教员陈柏清、女中教员黄钟瑞、宗文学校教员刘传六、工专教员朱德明、省教育厅职员潘之庚等 20 余人，选举解中苏为总干事③。显然，它也是受余家菊、陈启天等人思想的影响而成立的。1926 年 2 月《中华教育界》曾报道说："自十三年国庆日上海醒狮社集合国内外信仰国家主义者，发刊《醒狮周报》，鼓吹国家主义以来，教育界关于国家主义之团体风起云涌，无虑数十，可谓中国之一线生机。"④ 可见该派对教育界当时的影响。

第六，推动少年中国学会、中华教育改进社、全国教育会联合会等社会团体通过有关反对教会教育、力谋收回教育权的议案。

综上几点看，实事求是地说，国家主义教育派和中国青年党对收回教育权宣传鼓吹"更早、更热衷"⑤，实际上对这场运动起到了思想领导的作用。较

---

① 《河南实行反对教会学校之亡国教育》，《中华教育界》第 14 卷第 5 期，1924 年 11 月。
② 《中华教育主权收回运动同志会来函》，《醒狮周报》第 68 号，1926 年 1 月 23 日。
③ 《浙江国家主义教育研究会成立》，《申报》，1926 年 9 月 28 日。
④ 《中华教育界》第 15 卷第 8 期，"国内教育消息"。
⑤ 叶仁昌《五四以后的反对基督教运动——中国政教关系的解析》，第 85 页，台湾久大文化股份有限公司 1992 年版。

比共产党和国民党，该党并不主张通过"破坏"或其它极端斗争形式开展收回教育权运动。余家菊曾说："共产党之反对基督教常出以暴动的手段，如最近广州发生的捣毁福音堂事件是。吾人则主张用国家的权力以处理之，如教会学校问题吾人始终主张用收回教育权及制定学校注册法之两种方法是。"① 尽管由于他们过于强调该运动的规范性、有序性，而使其失去了与一般基层民众斗争的有机联系。但其在思想上的指导作用，仍是三党中最突出的。作为当事人的陈启天，后来曾总结该派的成绩时说：

国家主义自重行提出至归于伏流，虽为期不过五年，然在教育史上却有可以叙述的价值……第一为收回教育权，与教会学校以大打击。第二为扩大军事教育活动。第三为学校课程加授爱国教材。第四为促成中华教育改进社年会决议以国家主义为教育宗旨。第五为建立系统的教育理论。第六为刊行许多教育书报，对于实际教育问题均有详细的讨论。第七为唤起教育界对于国家的观念，而扩大爱国运动。②

曾琦也说，自《醒狮周报》鼓吹收回教育权运动以来，"政府虽未敢遵办，而社会已争先实行。一年以来，教会学校之退学者不下万人，学校之自然解散者以数十计。退学者不但无失学之忧，且因此促本国学校之发达。此诚睡狮已醒之征，抑亦国家将兴之兆。"③ 这些言论虽有自诩之意，但也是符合实际的。

以上考察了国、共、青三党在 1924 至 1927 年收回教育权运动中的表现和不同作用。整体上看，三党均不同程度地介入这场运动但又各有不足，没有一个政党能明确掌握该运动的领导权，而这恰是近现代许多群众性社会运动的突出特征之一。梁启超曾说："凡时代思潮，无不由'继续的群众运动'而成。所谓运动者，非必有意识，有计划，有组织，不能分为谁为主动，谁为被动。其参加运动之人员，各不相谋，各不相知。其从事运动时所任之职役，各各不同，所采之手段亦互异。于同一运动之下，往往分无数小支派甚且相疾视，相排挤。虽然，其中必有一种或数种之共通观念焉，同根据之为思想之出发点。"④ 对于收回教育权运动来说，我们尽可努力弄清楚各种社会力量在其中的表现，但很难说哪一种社会力量在其中起了主导作用。

① 余家菊《共产党与基督教》，《醒狮周报》第 29 号，1925 年 4 月 25 日。
② 陈启天《最近三十年中国教育史》，第 199～200 页，上海太平洋书店 1930 年版。
③ 曾琦《本报过去一年之工作与今后之使命》，《醒狮周报》第 53 号，1925 年 10 月 10 日。
④ 梁启超《清代学术概论》，《饮冰室合集》专集之 34，第 1 页。

第三节　基督教教育界对收回教育权运动的回应

20 年代兴起的收回教育权运动，将斗争目标直接对准为数众多的外国在华教会学校，迫使教会方面和基督教教育界不能不有所应对。不过，由于在第一阶段非基督教运动中，针对教会教育的批评并不多，所以基督教教育界的回应文章也寥寥无几。燕京大学教授吴雷川是最早对此作出回应的少数几个基督教教育者之一。他在 1923 年发表《对于教会中学改良的我见》一文，一方面肯定教会学校在教育文化上对中国的贡献，"若不是基督教会来华，在内地倡立学校输入科学的知识，说不定中国改革学制的动机，还要迟到数十年以后"。另一方面，他又指出："不幸教会的保守性太重，自从国家遍设学校之后，教会学校的进步，反而迟滞。……一般非难基督教的人，以为基督教不应当将传道事业与教育事业，并为一谈，更不当以学校为传道的机关。这是很有理由的。"文中他提出教会中学应该"删去圣经"、"废去早晚祷"等改良意见[1]。但这个颇有先见的主张在当时并不为一般基督徒所接受，一位名叫文南斗的读者就认为宗教课程、宗教仪式"是学校的精神所在，是学校命脉所在，是基督教的表显。不应当牺牲主义，去要求立案"，他认为吴雷川"完全被非基督教者所利用了"[2]。

随着 1924 年 4 月收回教育权运动正式兴起，"中国的基督教教育界，看见这种运动完全成立以后，并非绝对不赞成，但也觉得应该出来讲几句良心话以表明他们自己的态度"[3]，因之有关回应文章逐渐增多。不过就整体上来看，在 1925 年 3 月《中华基督教教育季刊》创刊以前，基督教教育界对这一运动的回应仍以个人为主，且其态度主要是怀疑、批评，真正赞成此一运动的人很少。如汪弼廷认为"这种收回主权的精神，反对外迫力的精神，不能不使人十二分的佩服"，但他又强调从事这一运动有四个难题：一是中国今天腐败的军阀政府，不可能接收教育权；二是当今公立学校问题极多，经济恐慌，人才恐慌，设备欠缺，教员学生罢课不断，这种状况无法使公立学校去取代教会学校；三是教会学校和平民教育已星罗棋布到穷乡僻壤，解决了许多人的就学问

---

①　吴雷川《对于教会中学校改良的我见》，《真理》第 1 年第 16 期，1923 年 7 月 15 日。

②　文南斗《中学生的圣经和祈祷当真要废除么》，《真理》第 1 年第 19 期，1923 年 10 月 14 日。

③　张仕章《收回教育权运动的研究》，《青年进步》第 92 册，1926 年 4 月。

题。如若收回教会学校，政府无力自己办学，这部分就学青年必将大量失学；四是如今一些青年崇洋媚外，教会学校的教学和生活方式正是他们所追求的。从这个意义上出发，汪弼廷最后说："照我个人的意见，中国今日还没有收回教育权的可能性，还是让外人去办吧。"① 另一位著名的护教人士张亦镜，则将"收回"定义为"自立"，他说：

> 外人所办之学校而是教会学校，则收回亦只教会中华人收回之可耳，由政府收回，则非所宜。何也？政府者，信仰不一之国民所共同之政府，非基督一教之政府也。何能以如是之政府收回基督教之教育权而代之办教会学校。即日从旁监督，非取而代之，则不收回亦何尝不可监督。

他认为中国应效仿美国的做法，对私立学校宗教教育不干涉。否则，"若中国而欲独异，而欲使信仰不一，或并深恶痛绝基督教之政府以其政权干涉吾教会学校宗教教育之进行，则吾辈宁可停办教育，而专务传道。"② 另一论者屠哲隐也强调收回教育权并不是一件很容易的事，"收回的手续不容易，收回后怎么样，倒是颇费考虑的。教会里的华人，也何尝不提倡收回教育权，要谋教会自立自养，脱离西差会和西教师的关系，但是实力尚未完全养成。"③ 徐宝谦则极力为教会学校辩护，他认为"反对教会学校，系国家主义潮流之一种。其所持收回主权及取缔办法二项，理由自是十分充足。盖基督教徒本博爱的精神，在中国设立学校，当然不应持条约为护符，借教育以传教，致妨害我国教育的主权及旨趣。"但他在文中又极力对教会教育辩护，并强调"教会学校不合国性不重国文"，"然而国立学校中，何尝没有此种蔑视国性国情的趋势"。最后他的结论不外是"我以为取缔教会学校的一个好办法，莫过于整顿非教会学校。"④ 这种对教会教育批评不痛不痒、对收回教育权运动躲躲闪闪的态度，凸现出此时基督教教育界相当一部分人士对该运动还缺乏理智的认识。

当时比较清醒的是白镛、吴雷川和刘廷芳。白镛针对1924年10月全国教联会通过的有关收回教育权议案提出，"按现在时势，教会学校非立案不可，而立案若完全遵照全国教育会联合会所通过议案，件件办理，也是不可能的事"，"我们要办，就照所规定的办，阳奉阴违，就不如不允许"。他希望"中

---

① 汪弼廷《中国收回教育权的日子到了吗？》，《真光》第 23 卷第 7 号，1924 年 7 月。
② 李志明《收回教育权的我见》文后张亦镜按语，《真光》第 23 卷第 12 号，1924 年 12 月。
③ 屠哲隐《基督教与非基督教平议》，《生命》第 5 卷第 7 期，1925 年 4 月。
④ 徐宝谦《敬告今之提倡国家主义者》，《生命》第 5 卷第 4 期，1925 年 1 月。

国教育当局可斟酌情形，采择这两个议案，与全国基督教学校，开诚相见，不分畛域，不存成见，彼此磋商，另规定一种条例，既无伤于中国教育本义，也无违反宗教教育的初衷"，以切实解决教会学校的立案注册问题①。吴雷川不仅延续了此前他关于教会学校改良的一些观点，而且又进一步提出"向中国政府注册"、"依部定章程设置课程"、"重新决定办学宗旨"、"重视国文与中国历史教员选择"等颇具积极意义的新主张②。1925年1月，《生命》月刊出版"国家主义号"，集中发表了徐宝谦《敬告今之提倡国家主义者》、吴雷川《国家主义与基督教是否冲突》、王克私《国家主义是什么》、李荣芳《国家主义潮流中基督徒的责任》、博晨光《基督教与国家主义》、司徒雷登《基督教教育问题》、恩乃斯《国家主义与基督教——中国的岐路》、李瑞德《国家主义的工具性》、恒慕义《"超国家"的国家主义》等多篇文章，集中探讨了国家主义、基督教、教会学校的关系。该刊在卷首还登出《与基督徒在中国设学者之商榷书》，说：

按基督教在中国设学最早，其所造就之人才，亦甚多。乃今日忽有多数青年，持反对之论调者。或疑其为无知妄动，或竟目为文明之义和拳，其实非也。盖此种论调之起因，来源甚远，兹举其昂著者。（一）由于受法国及土耳其之影响。（二）持反对论者，多系曾受教会学校教育之人，不能谓其毫无经验。故颇有研究讨论之价值。今就本社同人意见所及，设为九种问题，以供商榷，尚希国内基督徒办学诸君，尽量发表意见。

该刊列出的九大问题是："基督徒所设之学校，应否以教育为最大目的?""基督徒所设学校，不经国家立案，是否与中国主权，有所妨碍? 如认为有妨国权，是否可倚仗条约之权力，一切不顾?""基督徒所设之学校，其一切课程仪式以及教员资格等，如与国定立案章程不符，应否照章修改?""基督徒所设之中小学校，其聘任教员，如以教育为目的，应否任用师范毕业生? 又如师范生不敷用时，应否由若干大学，增设师范科，以为教员之预备?""中国国定小学章程，现今废止读经讲经一科；而将经书之精华，编入公民国语历史等科之内。基督徒所设之小学，应否亦废去圣经道学专科，仿照现行教科书办法，将圣经及道学之精华，编入公民国史历史等教课之中?""基督教所设之

① 白镛《基督教教育者对于全国教育会联合会关于教会教育之两个议决案宜如何应付》，《生命》第5卷第7期，1925年4月。
② 吴雷川《敬告基督教会办学诸君》，《真理》第2年第37期，1924年12月7日。

中等以上学校，可否将宗教一科列为随意科？""基督徒所设之学校，应否强迫学生礼拜，抑可听其自由？又可否别立无宗教仪式之朝会周会等，虽使学生全体到会，而不涉于强迫信教？""基督徒所设之学校，其教职员与学生，无论信教与否，应否一律受平等待遇？""基督徒所设之学校，其课程设备管理等，应否注重中国国性？"[①] 不难看出，这些问题几乎就是国家主义教育派及其他民族主义者对教会教育的全部指责。《生命》月刊的编辑将其列出，征求基督徒办学者予以解答，这已经说明该刊编者对这些指责已有相当的认同，否则它尽可不予理睬。

1925 年 2 月，燕京大学教授、神学博士刘廷芳，则经过对该运动较长时间的观察，在《生命》月刊发表了《反对基督教教育运动问题的研究——基督教全体的态度》的长文。文中说：

在风雨飘摇，朝不保夕，知识奇慌，青黄不接的教育界中，半年来最惹人注意的问题，不是抵抗军阀，为日受蹂躏的本身谋独立；不是实施新制，为已定的计划作实施的进行，却是反对由慈善原动所成立的"基督教教育"，实在是一种耐人寻味的现象。最近两三个月中，且日益加剧，引起多数人的注意了。

该文阐述了这样几个观点：其一，肯定这场反基督教教育运动具有积极意义，认为它是"教会的良友"。刘廷芳否定《字林西报》等外国报纸对此一运动"仇洋仇教，类似于义和团"的定性，认为反对基督教教育运动虽"含有反对外人及反对教会的性质"，其反对程度也较义和团"更利害"，"但是说他们将要作义和团式的'仇洋''排教'那便错了"。他认为该运动有五个不可轻视的理由：一是"社会中多数人民不受一种详确事实的报告，一种动人信仰的说明，让该运动随意地传布，听他们一面之辞，将来必有不良的影响"；二是"与这种运动关系的人物很复杂，此后恐怕更要复杂"；三是"这运动所牵及的问题很广，与教会的生命和人民信仰生活的自由有密切的关系"；四是"运动是智识界的运动，并且在学生中所做的工作很有力量"；五是"助这运动的人不但是不信教的人，并且有基督学校所产生的人物"。其二，反对"对骂"、"谩骂"、"恐吓"、"轻视"，主张全体基督教论者对反对基督教教育者和该运动采取"沉静镇定"、"温和容忍"、"和平仁爱"、"至诚相待"的态度。刘廷芳在文中批评了运动中某些教会人士"托庇外国领事威权"、借外人

---

① 《与基督徒在中国设学者之商榷书》，《生命》第 5 卷第 4 期，1925 年 1 月。

以恐吓非基督教人士的行为，也不主张采取"对骂"、"谩骂"的方式予以回击。刘说，"他骂基督教学校国文不好，你便说非教会学校也有不好。他骂基督教学校太专制，你便说非教会学校太腐败"，认为这种对骂"正使他们骂得更有味，而且自己必有一天失言，可被他们利用来反攻的"。他主张以基督教"逆来顺受"的态度加以容忍。其三，主张"因他们的攻击反对，自己下一番谦卑自审的工夫"。刘廷芳说：

> 这运动固然不少谩骂文章，谩骂中不少不公道的话，但这运动对教会教育所下猛烈的攻击，所批评教会学校的短处，都是完全捏造出来的吗？教会教育向来有无缺欠？这缺欠是什么？教会教育对中国有无相当的贡献？教会教育在中国所造成出来的人才是否合中国的需要？教会教育在中国是否把基督的精神表现出来？教会教育对中国教会是否有切实的贡献？教会教育在中国的前途位置如何？

其四，主张对教会学校进行改良。刘廷芳强调，关于教会学校改良的问题，在教会内部早就达成共识。但是，例如注重国学问题，改良课程问题，主张华人管理问题，主张财力不充分的学校裁并合办问题，注重师范教育问题等，讨论的次数已经不少了，但是，"决心去实行出来这种改革的计划有多少？"他认为，"在教会办事的西人应当把这运动看作是当头棒喝，不再因循延误！在教会办教育的华信徒应当把这运动看作警钟，赶紧做充分的预备，能担负责任，以免西人藉华人无才力，逡巡不前！"其五，提出以此为契机，系统深入研究教会教育相关问题。刘廷芳认为，该运动"不是简单的，不是忽然而来的，也不会匆忙便要过去的，是很值得基督教及教育家研究的价值"。他提出要研究这样几个问题："运动参加者的成分和原动力"、"运动对教会教育的处置法"、"运动主张的根本原则"、"运动所引起的问题和相关事实"、"教会教育与中国国家和国际间的关系"、"教会教育与中国教会和西国教会间的关系"、"教会教育与宗教教育的关系"、"教会教育与教育统一"、"私立学校的权利"、"国家主义和教育的关系"等①。

不难看出，上述白镛、吴雷川、刘廷芳对收回教育权运动的认识无疑是高人一筹的。总体上他们主张对该运动积极顺应，而不是消极抵拒。他们已充分认识到该运动爆发的必然性、合理性及其不可逆转的历史发展趋势，主张教会方面应认真思考其反教会教育主张，并改革教会学校的行政管理、课程设置及

---

① 刘廷芳《反对基督教运动问题的研究——基督教全体的态度》，《生命》第 5 卷第 5 期，1925 年 2 月。

宗教教育形式，从速向政府立案。这种积极态度无疑是可取的。

不过，以上多限于个人立论。作为一个整体，此时基督教教育界显然还缺乏一致的意见。随着收回教育权运动的加速进行，基督教教育界迫切需要整合各方主张，发出统一的声音。1925 年 1 月，中华基督教教育会高等教育组干事罗炳生召集各教会大学中国籍行政管理人员开会，讨论基督教教育当前的迫切问题，提出了"更切的中国化，更大的努力，更深的基督化"的口号①。同时该会还成立了由程湘帆、余日章、司徒雷登、刘廷芳等人组成的注册委员会，专门研究教会学校的立案注册问题。程湘帆当时还与教育部有关人士交换了注册意见，但未能在教会学校实施强迫宗教教育等问题上取得共识②。1925年 3 月，中华基督教教育会创立中文刊物《中华基督教教育季刊》，这可以说是基督教教育界力图从整体上回应收回教育权运动的开始。该刊在发刊宣言中虽然一方面继续为教会教育的存在进行辩解，但另一方面也不得不承认，"基督教学校，虽经一九二二年教育视察团的郑重宣言，非为外国政府或其人民谋利益，实完全为中华民国及人民求幸福。然试考其学校内容形式，其中颇有不能自圆之处。吾人以为基督教学校当努力于彻底之中国化。行政管理必须逐渐参加中国人，至完全由中国人主持之。除个别情形外，教授应以国语行之。国学及社会科学应特别注重。各级学校应一律立案。所有经济责任亦逐渐由中国之基督徒负之。如此，教育主权不致危险，而设施的教育亦不致与国情隔阂。"宣言还就教会教育提出了 6 点具体意见③。宣言发表后，整个基督教教育界反响强烈。为此基督教教育界的中外人士又经过讨论，最终达成了以下 9点共识，并以《中华基督教教育界宣言》为题，重新予以发表。该宣言主要内容如下：

一、基督教学校的特殊功用

基督教学校的特殊功用及其辅助中国公立学校的地方，就是一方面为基督教团体中的儿童设施一种基督化的教育；一方面使一般愿入此种教育式的私立学校的人得着求学的地方。

二、德谟克拉西中之私立学校

依德谟克拉西的精神及现今世界上采用德谟克拉西主义诸国的通例，大概

---

① 《基督教大学中国行政人员会议的结果》，《中华基督教教育季刊》第 1 卷第 1 期。1925 年 3 月。
② 《基督教教育界运动与重要文件》，《中华基督教教育季刊》第 1 卷第 1 期，1925 年 3 月。
③ 《教育季刊宣言》，《中华基督教教育季刊》第 1 卷第 1 期，1925 年 3 月。

除国家办理公立学校之外，无不予个人或社团有设立私立学校的权利。惟须与公立学校一律遵守国家所定之最小限度，并不得与国家社会的利益有所冲突。

三、私立学校与教育进步

我们大家公认教育的进展，乃由于各样异式学校的存在，及办理上有最大的活动自由所致。假使取缔这种活动自由的权利，而限制所有学校，无论巨细，必须按照一致的标准办理，实为国家教育的不利。故私立学校，除遵照国家规定的必要标准外，应予以最大的活动自由，因学校办法愈能活动自由，则教育愈有进步；教育愈有进步，则国家愈受其利。

四、私立学校与信教自由

私立学校教授宗教是根据信仰自由的原则。这种信仰自由是本国宪法明白规定的，也是民治国家的一个通例。考这种原则的范围，不但个人得依照良心的主张，有自由信仰的权利，也包括自由教授其子女的宗教的权利。且这种原则皆适用于各种宗教。

五、基督教学校与国家教育系统

中国私立学校应在国家教育统治权之下并为国家教育计划之一部，实为理之当然。但欲这种关系成立，私立学校应向官厅注册，遵守规定的学校法令，成绩标准，并受官厅之监察。此外则为私立学校之活动自由权利，基督教教育当事极愿此项关系成立，藉表尊敬国家教育主权的意思。至于基督教学校合立的研究建议性质的教育会，其目的乃为团结内部，增进效率的辅助机关，并非主管机关，尤非代表官厅职权的机关。

六、基督教学校与教授宗教

教育的形式虽有不同，但基本目的则在养成健全人格与道德品行。基督徒相信，他们对于国家前途的特殊贡献就在这一点。教育行政官厅对于教会学校注册，谆谆以限制宗教的教学，取缔基督化的学校生活为条件。此举固不仅与教授自由和信仰自由的原则不合，且与基督教设学原旨冲突；而阻碍他们贡献于中国教育上的特殊需要。

七、基督教学校与爱国主义

基督教精神实表现于开明的爱国举动，故与爱国主义并无冲突。基督教学校素以发展学生的爱国心为目的。非然者，谓之不忠其事。至于所谓"摧残学生之民族性"或"利用基督教学校以为宣传外国的帝国主义之机关"云，非但捕风捉影，无此事实；即此种动机亦为基督教教育界中西人士深恶痛绝者。

八、基督教教育应为中国的

基督教学校虽然是外国教会与西洋教士创设的，现在也是他们主理的，但其目乃在谋求本国人民之最大利益；而精神上，内容上，维持上，管理上，均应为中国的。此固中西基督教教育家常常发表的志愿，即素来赞助学校的教会，亦莫不作此想。所幸这种理想已逐渐实现，本国信徒将逐渐取而维持管理之。

九、基督教教育之永久基础

基督教教育之永久基础，系于基督教团体之热心维持，及中国健全的舆论，不系于中国与外国所缔结之条约上的特别权利。[①]

从具体内容上看，这个宣言显然是基督教教育界领导层经过深思熟虑、反复措辞后的结果，它基本代表了该派人士对收回教育权运动的态度，即：赞同收回教育权，但教会学校应由中国教徒自办；课程设置应遵照教育部有关规定，但宗教教育不能取消。可以看出，对于教会学校行政管理权的归属及教会学校宗教教育问题，基督教教育界内部此时仍争持不下。此后，该派内部的讨论即以此为焦点而展开，直至政府方面颁布有关教会学校立案的法令公布后仍未停止。

1925 年 11 月，教育部发布《外人捐资设立学校请求认可办法》6 条，至此，教会学校向中国政府立案注册，已是一个迫在眉睫的严峻现实问题。对该办法，中国基督教教育界进行了紧张而广泛的研讨，但是意见仍然不统一，尤其是对该办法之第 5 条（"学校不得以传教为宗旨"）、第 6 条（"不得以宗教科目列为必修科"），分歧较大。总的来说，当时基督教教育界对该办法的态度大体上可分成四派：第一派是以吴雷川、刘廷芳、程湘帆等为代表的本国教会教育家，"他们鉴于现在国内的趋势，政府的态度，以及教会学校本身的情形，大都主张一律注册"。例如，吴雷川保持了以往积极乐观的态度，对该案表示了支持。他说："此次教育部所定的办法，颇为平允，料想各教会学校，必可依法请求立案，这实在是中国教育权统一的先声，也是基督教事业在中国得有确定地位的趋势。"对该办法所规定"校长须为中国人"、"不得以宗教科目列入必修科"这极为关键的两点要求，吴雷川也认为不难解决，"前者已明定可增设副校长，后者于必修科之外，并未限制选科或随意科"[②]，所以均不

① 《中华基督教教育界宣言》，《中华基督教教育季刊》第 1 卷第 2 期，1925 年 6 月。
② 吴雷川《教会学校立案以后》，《生命》第 6 卷第 2 期，1925 年 11 月。

成问题。刘廷芳也认为政府方面已经"尽量迁就",部颁 6 条"乃是基督教学校所能向政府获得的最有利益的承认条件",主张基督教大学以及基督教中学都要注册①。第二派是本国教会领袖,"对于注册的事与教育界一致,不过因为太少接近现在国内学界趋势的缘故,觉得为注册而牺牲宗教教育,不甚值得"。1926 年中华全国基督教协进会曾进行了一次问卷调查,调查对象是教会机构的负责人和教会界的知名人士。对于"基督教团体应否向政府立案"这一问题,同意的达到 214 件,反对的只有 19 件,主张分别办理者(即教育、社会事业、慈善机构分别考虑)13 件。而在"私立学校有无传授宗教之自由"的问题上,主张有、但仍须尊重学生之信仰自由者有 177 件;主张传授宗教可于课外为友谊劝导者 54 件;主张无传授宗教之自由,而认为学校当注重教育、传教是教堂事工者 16 件。另外,对于"部颁外人捐资设立学校办法六条有无妨碍"之问题,完全赞成者 113 件,相当赞成、但认为应修改第五第六两条内容者 101 件,不赞成者 42 件②。这个调查结果基本反映了本国教会领袖对立案注册问题的态度。第三派是以吴哲夫等为代表的教会外国人士,他们对部颁办法更多地体现出不满意甚至反对的态度。如基督教教育会两干事之一、加拿大籍传教士吴哲夫就认为,"俗语说'尾上一针',基督教学校注册的困难,就在末一条。禁授宗教科目,不但违反宗教自由原则……与民治主义的国家教育趋势不合"③。第四派是一般教育界人士,他们的意见主要体现在"中华基督教教育会"下属有关机构所通过的决议中。1926 年初,"中华基督教教育会"所属的"高等教育参事会"成员开会,议定了几项教会学校立案的办法:①催请各校按政府注册办法第 1、2、3、4 及第 6 条之前段办理;②由"中华基督教教育会"选派 5 名代表向教育部陈述愿意注册的意见和学校的困难,并商量解决办法;③教会学校有认为可按政府办法注册的听便。1926 年 5 月,该会下属的"中等与初等教育参事会"又通过下列决议:同意"高等教育参事会"的意见,并建议采用以下条款之一,作为部案第 5 条的替换或修改条文,即:①学校不得干涉宗教自由;②学校不得强人信仰任何宗教;③学校必须有真正教育宗旨,且不得干涉宗教自由;④学校宗旨不得违反

---

① 刘廷芳《会长的使命:为注册事致基督教教育界书》,《中华基督教教育季刊》第 2 卷第 1 期,1926 年 3 月。

② 青峰辑《关于传教条约问题之中西意见续》,《真光》第 35 卷第 11 号,1926 年 11 月。

③ 吴哲夫《基督教教育当前问题》,《中华基督教教育季刊》第 2 卷第 1 期,1926 年 3 月。

宗教自由。① 同月，该教育会召开第 8 届年会时，董事会根据各参事会的议决案，也通过类似的决议："按基督教学校本为中国利益而设，故应遵照中国法令条例。中国宪法既确定绝对的信仰自由，则其法律条例决不应违此根本原则。基督教学校大致皆主张学校注册，极少数教育家，对于教育部 1925 年颁行条例之后段，其中含意不甚明了。特决议三条（与高等教育参事会所议决三条相同——引者）"②。

根据这些决议精神，1926 年 6 月 2 日，刘廷芳以"燕京大学教授"这一私人资格正式向教育部呈文，要求对第 5 条进行解释。同年 7 月 6 日，教育部就此发出"部批"说：

据呈称"外人捐资设立学校认可办法第五条，是否专就宗旨立言，与信教及传教自由，不相抵触，请求解释"等情。查该项办法第五条，系言设立学校，当以部定教育宗旨为宗旨。在校内，不应有强迫学生信仰任何宗教，或参加宗教仪式之举。于信仰及传教之自由，并无限制。此批。③

这个部批，明确了第 5 条实质是禁止教会学校在校内对学生实行强迫的宗教教育（包括课程及宗教仪式），从而也彻底打消了基督教教育界试图在此问题与政府进行讨价还价的余地。以此为标志，各教会学校从此迈入同样并不轻松的正式立案时期。

---

① 李清悚、顾岳中编《帝国主义在上海的教育侵略活动资料简编》，第 23 页，上海教育出版社 1982 年版。

② 程湘帆《注册问题之经过与解决之焦点》，《中华基督教教育季刊》第 2 卷第 2 期，1926 年 6 月。

③ 刘廷芳《会长通函第三号：为解释部令第十六号第五条事》，《中华基督教教育季刊》第 2 卷第 3 期，1926 年 10 月。

第六章

收回教育权运动的尾声

第一节　国民党政府对教会学校的政策

一、广东国民政府与武汉国民政府对教会学校的政策

国民党在 1927 年 4 月成立南京国民政府以前，其政权经历了广东军政府（1921 年 5 月至 1925 年 7 月）、广东国民政府（1925 年 7 月至 1926 年 12 月）、武汉国民政府（1926 年 12 月至 1927 年 7 月）三个阶段的变化。广东军政府统治时期，收回教育权运动刚刚兴起，国民党也忙于改组，因此还谈不上对教会学校的政策。而在广东国民政府与武汉国民政府统治时期，国民党已经对收回教育权运动作出回应，出台了一些相关政策，为此后南京国民政府系统处理教会学校问题奠定了基础。

1924 至 1925 年，主要得益于国共合作所形成的良好革命形势及国民党在粤的政治优势，广东地区收回教育权运动较比全国其他省份开展更为充分，政府与群众两方面的参与性均比较高。从政府层面看，早在 1925 年 5 月，广东省政府就发布有关布告，要求取缔宗教教育①。1925 年 8 月 20 日，刚刚改组的广东国民政府也发布命令，规定"所有教会学校不得将圣经列入必修课"。1926 年 1 月，国民党第二次全国代表大会通过了"在国民政府势力范围内尤应积极收回教育权"的决定。2 月，广东国民政府成立"教育行政委员会"，其职责是"掌管中央教育行政机关，并指导监督地方教育行政"②。5 月 8 日，

---

① 《省署布告取缔宗教教育》，《广州民国日报》1925 年 5 月 27 日。

② 中国第二历史档案馆编《中华民国档案资料汇编》第五辑第一编，教育（一），第 22 页，江苏古籍出版社 1997 年版。

广东全省教育大会通过"请政府于适当时期收回教育权"的有关议案①。7月1日至10日，教育行政委员会在广州召开"中央教育行政第一次大会"，通过《教育应如何整饬案》及《外人捐资及教会设立之学校，须呈报主管教育行政机关立案，并不得施行小学教育及师范教育以一国权案》②。在经过上述一系列准备后，1926 年 10 月 18 日，广东国民政府教育行政委员会正式颁布了《私立学校规程》和《私立学校校董会设立规程》两个重要法令。《私立学校规程》原共 16 条，其中第 16 条的内容为："凡外人捐资设立，或资助之学校，须由政府派一代表，常驻该校监督，及指挥一切。"③ 该条后来被取消。据说，该规程草案中原尚有一条，即"禁止一切宗教课程"。但在教会学校的"强烈抗议"下，被修改为允许以选修课形式进行宗教教育④。该规程中与教会学校有直接关系的条文如下：

第一条　凡私人或私法团设立之学校，为私立学校；外国人设立及教会设立之学校均属之。

第二条　私立学校须受教育行政机关之监督及指导。

第八条　私立学校，不得以外国人为校长；如有特别情形者，得另聘外国人为顾问。

第十条　私立学校一律不得以宗教科目为必修科，亦不得在课内，作宗教宣传。

第十一条　私立学校，如有宗教仪式，不得强迫学生参加。

第十四条　凡未经立案之私立学校，应与本规程颁布后，依限呈请立案。⑤

而《私立学校校董会规程》中与教会学校有关的如下：

第三条……

二 关于学校行政，由校董会选任校长，完全负责，校董会不直接参与，惟所选校长，应得主管教育行政机关之认可；如校长确有失职时，得随时改选之。

---

① 《民国日报》（上海）1926 年 5 月 12 日。

② 《第二次中国教育年鉴》，第二编第四章，"教育会议"，第 31～32 页，商务印书馆 1948 年版。

③ 《教育界新运动：私立学校规定》，《中华基督教育季刊》第 2 卷第 3 期，1926 年 10 月。

④ 引自胡卫清《普遍主义的挑战——近代中国基督教教育研究（1877～1927）》，第 417 页，上海人民出版社 2000 年版。

⑤ 《私立学校规程》，《大学院公报》第 1 年第 1 期，第 39～40 页。

第十三条　外国人不得为校董；但有特别情形者，得酌量充任，惟本国人董事名额，须占多数；外国人不得为董事长，或董事会主席。①

众所周知，在约一年前的 1925 年 11 月 16 日，北洋政府教育部即颁布《外人捐资设立学校请求认可办法》6 条。现在的问题是，作为全国各省收回教育权运动发生较早（仅次于奉天）、斗争最为深入、政府态度也最为积极的省份，为何其出台教会学校的管理规定反落于北洋政府教育部之后？其实这与广东国民政府教育行政机构的改组有关。1926 年以前，广东全境尚未统一，省厅政令很难在广州以外地区施行。1926 年 3 月，广东国民政府成立"教育行政委员会"作为政府最高教育行政机构，但其确定教育政策尚须时日。直到 7 月初国民政府第一次中央教育行政大会后，该机构才开始启动有关法规的制订工作。不过，广东国民政府关于教会学校的管理规定，虽晚于北洋政府而出台，但其内容则比后者更系统、严厉，表现在：第一，国民政府的法令明确将教会学校按照私立学校对待，并强调所谓"私立学校"在范畴上是指"私人和私法团设立"、"外国人设立及教会设立"四种情况，这比北洋政府布告中单提"外人捐资设立"更为全面准确。第二，关于宗教教育方面的限制更严。北洋政府的布告中强调"学校不得以传布宗教为宗旨"、"不得以宗教科目列入必修课"，而国民政府则更禁止课内的宗教宣传及强迫学生参加校内宗教仪式。第三，在对学校校长及董事会主席这两个代表学校行政权力归属的规定上，国民政府更严格。北洋政府的规定只是强调学校校长须为中国人，遇有特别情形时，此职务可为外国人，但中国人必须担任副校长。对于董事会的构成，北洋政府要求"中国人应占董事名额之过半数"，对于董事长的国籍则没有限制。国民政府直接规定学校校长必须完全是中国人，外籍人士只能担任顾问。对于董事会，不仅中国籍董事须占半数以上，且规定董事会主席（或董事长）不能由外籍人士担任。第四，在对教会学校的监督、检查上，北洋政府没有明确说明，而国民政府则明确提出"学校须受教育行政机关之监督及指导"，并强调学校的设立、变更和破产都由政府核准，政府也有权随时取缔办理不善和违规的学校。第五，对于不立案学校的处置，北洋政府的布告中没有明示，而广东国民政府在稍后颁布的《学校立案规程》中则明确说："凡未经呈准立案之学校，其学生在学及毕业资格，一律无效。"② 这一规定无异于

① 《私立学校校董会设立规程》，《大学院公报》第 1 年第 1 期，第 40～44 页。
② 温仲良《广东全省教育大事记》附录，1926 年广州版，出版者不详。

釜底抽薪，对教会学校当局与学生家长造成巨大的压力。总而言之，较比北洋政府，广东国民政府有关教会学校的两个规定，实际上更为完善、严厉，体现了国民党政府力图收回教会学校以统一教育的渴望。对此，一些基督教教育家也注意到了。如程湘帆当时就说："我们若将国民政府的《私立学校规程》与北京政府的《外人捐资设立学校认可办法》，双方比较，自可明白其中大概相同。所不同的只有国民政府监督的权比较略大而已。……我最后欲请读者注意，政府对于教会学校的态度是逐渐变更的；已经变了好几次；变更的趋向是由宽大而趋严格。"①

当时，广东国民政府教育行政部门不仅制定了有关教会学校立案的具体法规，并且还积极督促教会学校执行。1926 年 12 月，国民政府教育行政委员会发布命令指出："查年来私人或私法团设立之学校，往往不遵章办理，亦鲜有切实负责之人。而外国人及教会设立者，尤少依法呈报立案，与教育法规多有违背。若不明定规程，不足以示标准，而资遵循。"命令要求："兹特制定私立学校校董会设立规程、学校立案规程三种，专事取缔，随时办理情形，随时具报。"经广东省教育厅、广州市市政厅转文后，广州市教育局发表布告："本市私立小学以下各校，一体遵照，凡未经立案各私立小学，务赶于十六年四月以前，一律来局立案。"② 1927 年 4 月 13 日，《广州民国日报》也报道说："近来市内各教会学校学生，纷纷为促进学校立案运动，以杜绝帝国主义之文化侵略促成国家教育之统一。昨日教育厅长许崇清，通令各教会学校校长，限期于八月三十一日遵照规程，呈报立案。如违令逾期严予取缔。"③

差不多在广东国民政府出台教会学校管理规定的同时，国民政府也正式开始北伐。正如杨天宏先生所指出的："'北伐'的内涵绝不限于军事，它同时也是一场政治、思想、文化及教育的征讨，一切与国民革命宗旨背离的有形的、无形的、内部的、外部的敌人均在打击之列。"④ 在北伐军已到和将到之地，各地反教势力及教会青年学生受其鼓舞，不断发生罢学反教风潮。继1924 年广州圣三一学潮、1925 年五卅运动后，南方各省收回教育权运动迎来了第三次高潮，而此次高潮给教会学校所带来的冲击远在前两次之上。在一些地区，发生了过激的反教事件，"闽、浙、湘、苏、赣、鄂等处，常有捕捉传

---

① 程湘帆《注册问题之经过及解决的焦点》，《中华基督教教育季刊》第 2 卷第 3 期，1926 年 10 月。
② 《教育局限期私立小学立案》，《广州民国日报》1926 年 12 月 11 日。
③ 《教育厅限令教会学校立案》，《广州民国日报》1927 年 4 月 13 日。
④ 杨天宏《基督教与民国知识分子》，第 319 页，人民出版社 2005 年版。

道牧师，反缚戴纸帽，游行市中，百般侮辱，且有因而丧命之基督徒。教会机关有被占为非教办事处，教会学校亦有受迫停办的。"① 遇此变故，教会学校当局为减少损失，纷纷将学校关门或缩减规模，外籍教师教士则大批逃离内地。如在湖南，原有教会学校达几百所，但受北伐影响，"无论大中小，都完全停办，学生无地读书，教师全部失业"，准备恢复的也不过福湘、雅礼及信义等少数几所②。在山东，据后来的统计，北伐后教会小学全省共有 104 所，学生总计 5593 人。与北伐前相比，学校数减少了近 9 成，学生人数则减少了3/4。③ 特别是 1927 年 3 月南京事件中，教会受到严重冲击，外国教士、教师因之纷纷逃离内地。据说，原有 8250 名新教传教士只剩 3000 名仍留在中国，其中 1500 名在上海，1000 名在其它口岸城市，仅有 500 名留在内地④。

因此，尽管 1926 年 10 月国民政府教育行政委员就颁布了两个立案规定，催促教会学校立案，但受北伐战事的影响，这两个规定的执行情况并不理想。大学方面，除岭南大学 1927 年 3 月向国民政府教育行政委员会立案从而成为首个收回自办的大学外，其余教会大学或停办、或处于内乱、或因外国差会的反对，其立案多处于停顿状态。中小学方面立案者也很少。不过，武汉国民政府时期，政府人士及新附国民政府的各省政府，对收回教育权问题仍然给予较多关注。如国民政府教育行政委员会委员张乃燕、韦悫，在其所拟定的教育方针草案中，就明确提出收回教育权。如张乃燕说：

帝国主义者在满清时代所攫取不平等条约之权利，遗害吾民，垂八十年矣。就中尤以外人个人及教会，能在内地自由设立学校一节，为吾民附骨之疽。此种学校之目的，只在养成教徒及买办。对于学生，威胁利诱，无所不为。吾党既以取消不平等条约为口号，当及早预筹收回教育权之办法。其第一步应谋自办学校之优良巩固，并宣布教会学校之黑幕，俾青年自知所择，而家属亦不致以无处求学为藉口。其在国民政府统属下之教会学校，则须派专家严行视察，并分别取缔之。至宣布取消不平等条约时，再实行将各校收回自办，

---

① 王治心《中国基督教史纲》，第 231 页，上海古籍出版社 2004 年版。
② 张君俊《暴风雨后的湖南教会》，《中华基督教会年鉴》第 10 期，上海中华全国基督教协进会 1928 年版。
③ 赵承福主编《山东教育通史》（近现代卷），第 258 页，山东人民出版社 2001 年版。
④ 参见胡卫清《普遍主义的挑战——近代中国基督教教育研究（1877~1927）》，第 426 页，上海人民出版社 2000 年版。

则事属易行矣。①

韦悫也认为：

现在有许多学校掌握在外人手里，这是一件很伤心的事。外国人远涉重洋为我们办学，无论他们的居心怎样，却是我们的国情不适宜。况且他们办学难保非一种侵略的手段。我们试看日本人在东三省所办的学校，便知道他们的伎俩了。即使退一步说，他们所办的学校是慈善性质的，然而学校的课程和训练往往不适合我国的国情，是无可讳言的。若想这样的学校依照党义办理，更不能了。现在外人所办的学校既没有在我国的政府立案，又不受我国教育行政机关的监督，显系藐视我国主权，为收回教育权起见，我们须立刻制定取缔外人所办学校的规程严厉执行，更须积极将外人所办的学校收回自办。②

各省政府对教会学校的管理也是日趋严厉。如湖北政务委员会制订的《取缔外人设立学校条例》，其规定就相当严格。该办法共9条，其第3条规定："凡外国私人或团体在湖北设立学校，所授课程及训练方法，均须与中国同等学校一致，不得掺受耶稣圣经，及举行祷告，及与含有宗教思想之事实"，这无异于全面禁止宗教教育。其第5条："凡外国私人或团体在湖北境内设立学校，应提倡学生关于学术研究与学生自治会员及参加群众运动各事宜"，这是要求教会学校开放学生参加群众革命运动。其第7条："凡外国私人或团体在湖北境内设立学校，其训练主任一职，应由湖北教育官厅委人充当"，则是给教会教育注入"党化教育"的色彩。③ 汉口特别市教育局也颁布了《汉口市取缔外国设立学校条例》，规定凡外国人在本市所设立之学校，均需呈报教育行政部门，"未经核准立案者，令其停办；一切外国人所设立学校，必须遵行现行教育制度办学，不得开设宗教课程和传播宗教思想；校长须由中国人任职"等。④ 河南省教育厅发布的《教育行政大纲》，第75条甚至规定："不准教会办理小学教育，各县境内教会所设小学应即停止办理"⑤。江苏省所拟订的教育行政方针也赫然写着："严格考核私立学校，为补助及取缔之

① 张乃燕《革新教育十大原则》，舒新城编《近代中国教育史料补编》，第27～31页，中华书局1930年版。
② 韦悫《国民政府教育方针草案》，舒新城编《近代中国教育史料补编》，第8～18页，中华书局1930年版。
③ 《政委会订定取缔外人设立学校条例》，《汉口民国日报》1927年1月10日。
④ 《汉口市取缔外国设立学校条例》，《中华基督教教育季刊》第3卷第1期，1927年3月。
⑤ 《青天白日下之教育界新运动》，《中华基督教教育季刊》第3卷第2期，1927年6月。

标准；并严定注册条件，积极收回教育权。"① 在广东，为加强党化教育，广东国民政府规定：学校训育主任必须由政府委派，教授社会科学的教员，必须是具有一年以上资格的国民党员，训育经费须占全校经费的十分之一②。这一规定各教会学校几乎不可能做到，后来不得不取消。鉴于宁波、金华等地已有人民起来对教会学校实行直接收回，浙江省教育厅厅长蒋梦麟，也于1927年6月初提出《收回外人所办教育事业办法案》并经省务委员会议决通过。该办法明确要求"在浙江省境内外人所办教育，无论属诸个人或团体，均应于一九二七年九月一号以前，移交省政府或有中华民国籍之人民，或浙江省政府承认之中华民国籍人民所组织之团体接办"。③ 显然，受革命形势的激荡，各地对教会学校的处置日趋歧异。各行其是的结果，一方面必然损害前述国民政府两个规程的权威，另一方面也使教会学校方面无所适从，在停办、注册立案、犹豫观望之间摇摆不定。国民政府急需出台新法令，以规范和统一对教会学校的政策。

二、南京国民政府对教会学校的政策

南京国民政府成立后，其对全国教育的管理进入一个新时期。根据蔡元培等人的建议，1927年7月4日，政府公布《中华民国大学院组织法》，大学院因此取代原来的教育行政委员会而成为国民政府最高学术机关及教育行政机关。著名教育家蔡元培，也于10月1日就任大学院院长之职。但大学院制只维持了一年，至1928年8月被废止，而于10月成立教育部，由蒋梦麟任部长。

大学院和教育部时期，国民政府对教会学校的管理面临着一些新的形势。首先，经过数年的宣传与努力，收回教育权思想已深入人心，不仅成为学界、教育界、青年学生的一致呼声，而且连绝大多数中国基督教教育人士与基督徒也赞成将教会学校收回自办。其次，至1927年底，北伐军已攻下大半个中国；至1928年6月8日，更占领北京，国民党统一中国大势甫定，即将"由破坏而入于建设时期"。国民党接管国家政权后，急需出台政治、经济、外交、文化、教育、宗教等各项内外政策，以实施对国家和社会的管理。再次，蔡元培

---

① 舒新城《近代中国教育史料补编》，第32页，上海中华书局1930年版。
② 缪秋笙《基督教中等教育概况》，《中华基督教会年鉴》第11期，第四部分第56页，中华全国基督教协进会1930年版。
③ 《浙限期收回教育权》，《申报》1927年6月12日。

是一位主张"教育于政党、宗教中保持中立，实行教育与宗教分离"的教育家。其出任大学院院长之职，无疑在主观客观上对收回教育权均是有利的。第四，南京政府不少要人，如王宠惠、颜惠庆、冯玉祥等均具有基督教背景。特别是其最高领导人蒋介石，1927年与具有基督教家庭背景的宋美龄结婚，本人也于1930年正式受洗入教，加入了基督教卫理公会。诚如论者所分析的那样，这个因素"使得南京国民政府处理政教关系会比以前的政府更有利于教会，会采取一些更加折衷的、让民教双方都能接受的对教会学校的政策"①。最后，南京国民政府成立后，面对五四以来国人日渐提升的要求提高中国国际地位的强烈情绪，为了兑现早先提出的"废除不平等条约"的诺言，政府展开了一系列"改订新约"行动，力图收回各项国家权利，以争取国家主权的完整。综合以上几点因素可以看出，南京国民政府成立后，其总的形势仍是对收回教育权运动的发展是较为有利的。虽然国民党政府由于担心被共产党所利用而迅速放弃了"反对基督教"的口号与政策，不再鼓励青年学生参加"反帝"、"反教"等大规模的群众集会和斗争②，这导致20年代喧闹一时的非基督教运动归于沉寂；但出于实现全国教育政令之统一、以实现国民党对教育的控制这一考虑，它仍然希望继续实施收回教育权的行动。

大学院和教育部时期，国民党政府先后共颁布了《私立大学及专门学校立案条例》与《私立中等学校及小学立案条例》、《私立学校条例》和《私立学校校董会条例》、《私立学校规程》和《修订私立学校规程》等多部有关教会学校的教育法规，形成了较为成熟的处置教会学校的政策。

《私立大学及专门学校立案条例》与《私立中等学校及小学立案条例》。该法令于1927年12月20日由大学院公布。大学院成立后，对其前身"教育行政委员会"所议决的法令，采取"非经修改，一律继续有效"的态度③。关于广东国民政府教育行政委员会1926年10月所颁布的《私立学校规程》和《私立学校校董会设立规程》，大学院鉴于"按之事实，专门以上学校，其立案原当从严，中等以下学校，其立案不妨略宽，若适用同一之规程，则实施上反形窒碍"，所以进行了修改，制订了针对专门以上学校和中小学两类学校的立案条例，"以便分别办理，并从此两项条例公布之日起，即将从前之学校

---

① 杨大春《南京国民政府的教会学校政策》，《苏州大学学报》（哲学社会科学版）1999年第2期。
② 杨天宏《基督教与民国知识分子》，第369页，人民出版社2005年版。
③ 《大学院教育行政处处务会议录》，《大学院公报》第1年第2期，第49页。

立案规程废止。"① 从内容上看，这是两个关于包括教会学校在内的所有私立学校的立案限制法令。这两个条例的基本特点：第一，两个条例全文通篇无一字提及"教会学校"、"宗教教育"、"宗教仪式"等字眼，说明它是一个针对所有私立学校立案方面的法令，而不完全是针对教会学校，也不涉及除立案以外的其它办学要求。第二，对私立学校立案所设置的门槛甚高，从办学经费、学校设备、师资队伍等方面均有严格规定，而且在呈请立案时还要准备"校名"、"学校种类"、"校址校地校舍"、"开办经过"、"经费及预算表"、"组织编制、课程及各项规划"、"图书仪器、标本教具、体育卫生及各种设备"、"教职员履历表"、"学生一览表"等多达 9 大项的书面材料。呈请立案后，相关教育行政部门要派员"就地调查"，核实无误后才准立案。第三，规定大学及专门学校须直接向大学院申请立案，中小学则向各省区教育行政机关申请立案，并转呈大学院备案。

《私立学校条例》和《私立学校校董会条例》。此两条例于 1928 年 1 月 17 日由大学院教育行政处处务会议议决通过，2 月 6 日由大学院发布实施。大学院 1927 年 12 月发布的两个立案，没有提到教会学校，这不免会使人在理解上产生一定的歧义。如 1928 年 1 月，江西省教育厅长陈礼江即向大学院呈文称："惟取缔外人教会学校，全国办法，似宜一致。职厅为办理慎重起见，不敢不格外求详，嗣后关于教会学校呈请立案时，应否适用私立学校规程及私立学校校董会设立规程，或由钧院专案规定，另行颁布施行之处，理合备文呈请察核，指令只遵，实为公便。"2 月 7 日大学院回复："至关于教会学校一节，本院现订有私立学校条例，及私立学校校董会条例，业经公布施行，并将前教育行政委员会所订之私立学校规程及私立学校校董会设立规程同时废止，仰即遵照。"② 大学院的这一解释，明确说明了对教会学校的处置适用《私立学校条例》和《私立学校校董会条例》两个法规。较之《私立大学及专门学校立案条例》与《私立中等学校及小学立案条例》，新颁布的这两个条例更为全面，它囊括了对私立学校开办、课程设置、校长人选、董事会设立、监督检查等各方面的要求。在关系教会学校的一些关键问题如校长人选、董事会中外籍人士的比例构成、宗教课程及宗教仪式的限制等几项上，这两个文件基本重复了前国民政府教育行政委员会所颁布的《私立学校规程》和《私立学校校董会设

① 《公布私立专门以上及中小学立案条例》，《大学院公报》第 1 年第 2 期，第 8 页。
② 《为公私立学校呈报立案办法由》，《大学院公报》第 1 年第 3 期，第 38～39 页。

立规程》中的表述，只是在文字上略有改动。

《私立学校规程》和《修正私立学校规程》。前者颁布于 1929 年 8 月 29 日，系对前大学院所颁布的《私立大学及专门学校立案条例》、《私立中等学校及小学立案条例》、《私立学校条例》和《私立学校校董会条例》等 4 项法令合并修改的结果。而后者则颁布于 1933 年 10 月 19 日。这两个法规的特点：其一，在内容方面大大扩充。两个法规均分为"总则（纲）"、"校董会"、"私立专门（科）以上学校"、"私立中等学校及小学暨其同等学校"、"附则"共 5 章，计 38 个条款，包括了对私立学校的各项管理规定。其二，对各级学校宗教教育的限制较前更为严格。如《私立学校规程》中，将过去"学校如有宗教仪式不得强迫学生参加"变为"不得强迫或劝诱学生参加"。其"劝诱"一词，凸显出教育部对各教会学校阳奉阴违做法的反感而从严要求。《私立学校规程》规定，初级中学及小学不得开设宗教课程，小学不得举行任何宗教仪式。对此，基督教教育界不无异议。中华基督教会代表范定九等人曾具呈教育部，要求"准许教会各级学校得设宗教选修科目，在小学并得举行宗教仪式"。当时教育部据理进行了严词驳斥，说：

呈悉。查所称各节，不无误会之处，兹逐项解释如次：（一）"以宗教学说陶冶人性"，此说近是，亦惟在揽取各教之精神，如佛之平等，耶之博爱济众……既不可限于一教，亦不可徒尚形式，专设科目，限于一教。举行宗教仪式，实属形式，而非教育上所谓陶冶之所应尔。（二）私立学校规程中对于宗教之限制，并不限于一教。如任何一教对于未成年之初中以下学生灌输教义，便为一种宗教所先入，即不啻剥夺其将来选择宗教之自由权，实属"桎梏人生之思想自由"。（三）该会等既以普及教育为宗旨，而无藉学劝诱或强迫学生加入教会之意，则"不准宣传宗教"之限制，并无背于该会等办学之初衷。至二十万基督教徒之子女必入教会学校之说，此亦门户之见，不应乎存。（四）根据科学及社会之实际而实验教育，本为国家所赞许，宗教则为一种虚无缥缈之想像，不成为教育之理论，即无庸容许其实验。总之，教非一教，任其各自藉学为名，而竟作宗教之宣传，则门户互分，势必纠纷不已。本部为防患未然起见，自不得不加以限制，此非对基督一教亦然。所请初级中学得设宗教选修科目，小学并得举行宗教仪式各节，碍难照准。并仰善体本部限制学校宣传宗教之微意，勿再争持。此批。①

---

① 《反宗教教育运动势力之增长》，《教育杂志》第 22 卷第 8 期，1931 年 9 月。

这是一篇极重要的文献，它透露出国民党政府限制教会学校宗教教育的"微意"，根本在于政府希望保持中国教育的人文主义传统与国家主义属性，不希望它变成各种宗教利用的工具。而这，也正是包括国家主义教育派在内的绝大多数学者一直以来所努力鼓吹的。另外值得注意的是，在《修正私立学校规程》中，将前述"小学不得举行任何宗教仪式"的规定，修改为"外国人不得在中国境内设立教育中国儿童之小学"①。这是收回教育权运动兴起以来在法律层面上所取得的最富积极意义的一项成果，体现了国民党政府对收回教会学校的决心。不过，这一规定后来教育部也有所通融，1934 年 4 月 28 日第 4771 号令指出：

外国人及其团体在中国境内设立之小学未呈经核准立案，或在民国十七年后未照私立学校规程重行立案者，自不能容许其继续办理。但学校设立在小学规程及修正私立学校规程公布之前，办理确有成绩，向无宣传宗教情事，校长为中国人，现时并拟进行呈请立案者，得予通融准其办理立案手续，惟须限其在本学年内一律立案，否则即不准其继续办理。②

其三，对董事会中外籍人士的比例构成作进一步的限制，将以往规定的"中国籍董事须占半数以上"改为"外籍人士名额最多不得过三分之一"。其四，要求各级学校立案时须提供有关学校实施"训育"的情况。其五，明确规定了各级私立学校开办时所具有的设备及经费标准。如经费标准，分"开办费"及"经常费"两项，《修正私立学校规程》中规定：高级中学开办费为 5 万元、常年费 3 万元；初级中学，开办费 3.5 万元、常年费 2 万元；高级农业职业学校，开办费 5 万元、常年费 3 万元；高级工业职业学校，开办费 8 万元、常年费 4 万元；高级商业职业学校，开办费 4 万元、常年费 2 万元；家事学校，开办费 4.5 万元、常年费 2 万元③。其六，未立案学校之学生的待遇问题，《修正私立学校规程》第 37 条明确规定："未依照本规程完成立案手续之私立学校，其肄业生及毕业生，不得与已完成立案手续之私立学校学生受同等待遇。"

除以上重要法令外，大学院和教育部还颁布了其它一些相关训令或布告，进一步完善其对教会学校的政策。（1）关于立案的最后限期时间。大学院曾

---

① 《修正私立学校规程》，《教育法令汇编》第 1 辑，第 343 页，商务印书馆 1936 年版。

② 《解释外国人及其团体在中国境内设立小学之疑义》，《教育法令汇编》第 1 辑，第 376 页，商务印书馆 1936 年版。

③ 《修正私立学校规程》，《教育法令汇编》第 1 辑，第 347～348 页，商务印书馆 1936 年版。

于 1928 年 3 月 20 日以第 219 号训令的形式，要求各省区教育机关在"限文到一月内"对所属各私立专门以上学校依法立案①。显然这个限期太过仓促，无法实现。教育部也曾限令 1929 年 12 月底为立案的最后截止时间，但因立案准备繁琐，未呈报立案学校尚有许多，所以一再延迟。1931 年 8 月教育部训令将私立学校最后立案时间限定在 1932 年 6 月底，否则将饬令停止招生或勒令停办②。（2）几种特殊学生的处理。一是关于私立学校在立案以前毕业生和肄业生的资格追认问题，教育部 1930 年 6 月 14 日所发布的布告称，这批学生经所在省市教育行政机关审查核准后，"毕业生得依学校毕业修业证书规程之第四条之规定，呈缴毕业证书，补给验印，嗣后即与私立学校立案后之毕业生受同等待遇"，肄业生"则准其继续修业"③。二是关于虽曾向北京政府立案但未向南京政府立案的私立学校其毕业生资格的追认问题，教育部曾发文，将该类毕业生限定为"专门以上学校以十七年七月二十三日前"、"中等学校以十八年度学年终了前"。在此时间之前的毕业生，"得与遵照前大学院所颁各级学校立案条例或本部所颁私立学校规程，呈请立案之学校毕业生，受同等待遇④。（3）对宗教团体兴办学校的规范。教育部先后颁布《宗教团体兴办教育事业办法》（1929 年 4 月 23 日）和《限制宗教团体设立学校》（1934 年 9 月 3 日），规范宗教团体开办学校的行为。两个办法均强调"教育与宗教分离"的原则，要求各宗教团体开办学校须依照《私立学校规程》和《修正私立学校规程》办理，"凡宗教团体为欲传播其所信仰之宗教，而设立机关，招致生徒者，概不得沿用学制系统内各级学校之名称"⑤，"不得仿照学校规制，编制课程，招收学龄儿童及未满十八岁之青年，授以中小学应有科目"⑥。（4）规劝学生不要投考未立案的私立学校。1929 年 5 月 4 日，教育部发布第 9 号布告，劝告投考学生慎加选择，"凡未经本部准予设立及立案之学校，切勿

---

① 《令江苏浙江大学校长暨各省教育厅长（为令转饬所属私立学校限期立案由）》，《大学院公报》第 1 年第 5 期，第 9 页。

② 吴家莹《中华民国教育政策发展史》，第 275 页，台湾五南图书出版公司 1990 年版。

③ 《私立学校在立案以前毕业生及肄业生资格追认办法》，《教育法令汇编》第 1 辑，第 347～348 页，商务印书馆 1936 年版。

④ 《私立学校在国府统治后未遵章重行呈请立案者其毕业资格之承认办法》，《教育法令汇编》第 1 辑，第 379 页，商务印书馆 1936 年版。

⑤ 《宗教团体兴办教育事业办法》，《教育法令汇编》第 1 辑，第 385 页，商务印书馆 1936 年版。

⑥ 《限制宗教团体设立学校》，《教育法令汇编》第 1 辑，第 386 页，商务印书馆 1936 年版。

贸然而往，以致业废半途，自贻后悔"①。1934 年 7 月，教育部又重申前令，"学生不得投考未经核准立案之私立学校专科以上学校，亦不得招收未立案之中等学校学生。"② （5）严防教会学校宗教教育死灰复燃。1930 年 2 月 11 日，教育部发布《查察教会学校应行注意各点》③，要求各省教育厅对已立案和未立案的教会学校，随时查考，遇有指定各情事发生时，即行取缔，以重教育而保国性。其中重点要求查察以下 4 点：

1. 对于党义教育，是否实施？所有党义教育及训育主任，是否曾受检定合格。

2. 中等以上学校是否已遵章不以宗教科目为必修科？其有设选修科者，有无选修等情弊。

3. 小学本无所谓选修科，是否尚有以选修为名，而令儿童有修习宗教科目之实。

4. 课外有无强迫学生参加宗教仪式情事。

随后在 8 月份，江苏吴县党务整理委员会向浙江省党务整理委员会报告说，"最近各地教会学校复利用图书馆为学生研究学术之所，陈列各种宗教书板及画片，作无形之宣传。反顾党义书籍，则寥寥可数"，因而建议教育部予以禁止。教育部随后即"通令各省市教育厅严禁各教会学校图书馆陈列室宣传宗教之书籍、画片，庶免麻醉青年思想"。④ 同期，因已立案的金陵大学和沪江大学仍违令开办宗教系，所以教育部于 1930 年 3 月发出第 268、269 号训令说：

查私立学校，如系宗教团体所立，不得以宗教科目为必修课，亦不得在校内作宗教宣传，迭经本部令饬在案。近查私立金陵、沪江大学所刊《文理科概况一览》（17～18 年、18～19 年），该校仍设有宗教学系、宗教系及神学科，殊与法令不符，应由该局详细调查。该校现时如仍设有前项科系，或以宗教科目为必修课，务即饬令停止。倘复故违，即呈由本部依照私立学校规程第六条办理，仰即遵照具报。⑤

① 《布告学生勿投考未经教育部核准设立及立案之私立学校》，《教育法令汇编》第 1 辑，第 383 页，商务印书馆 1936 年版。

② 中国文化建设协会编《十年来的中国》，第 548～549 页，商务印书馆 1937 年版。

③ 《查察教会学校应行注意各点》，《教育部公报》第 2 卷第 7 期，1930 年 3 月。

④ 《反宗教教育运动势力之增长》，《教育杂志》第 22 卷第 8 期，1931 年 9 月。

⑤ 《教育部关于停办宗教系的训令第二六八、九号》，《金陵大学史料集》第 44～45 页，南京大学出版社 1989 年版。

在教育部的严饬之下，这两个大学分别停办了宗教系和神学科，将有关课程分散到其它系并作为选修课进行教授。

以上概述了国民党政府教会学校政策的前后演变及其主要内容，由此过程和内容不难看出，国民党政府对收回教会学校教育主权，还是体现出相当认真、负责的态度。广东国民政府、南京国民政府均出台了针对教会学校的专门法令，而且在限期立案、限制宗教教育及保证中国人掌握教会学校行政管理权方面，日趋严厉。虽然因政局的关系，一些具体的规定前后存在变化，但总的来看，较比晚清民初，国民党政府其对教会学校的基本政策较为规范、系统和完整，也在实际上取得了较为丰硕的成果。这一成果的取得，当然主要应归功于先知先觉的思想家对收回教育权的率先倡导、社会各界的广泛支持及青年学生的艰苦斗争，同时国民党也利用手中掌握的政权力量对该运动的发展起到了关键的作用。

第二节　教会学校立案与收回教育权的基本实现

一、各教会大学的立案

19 世纪 90 年代以后，西方各教会团体在中国纷纷设立高等教育机构——教会大学。到 20 世纪 20 年代，经过数度合并发展，已演变为 16 所著名的大学①。它们是：基督教大学 13 所，即上海的圣约翰大学和沪江大学、北京的燕京大学、成都的华西协和大学、济南的齐鲁大学、南京的金陵大学和金陵女子大学、苏州的东吴大学、广州的岭南大学、武汉的华中大学、福州的福建协和大学和华南女子文理学院、杭州的之江大学；天主教大学 3 所，即上海的震旦大学、北京的辅仁大学、天津的天津工商大学。这些大学成立后，纷纷向开办学校的教会组织所在外国有关部门立案注册（见下表），以获得直通外国的"特许证"。这种"特许证"对学校和学生的发展都非常重要："有了特许证，学校就能够授予文学士或理学士的学位，这种头衔在西方非常重要，在中国也开始逐渐重要起来。而且，这样一来，有利于教会学校毕业生被西方各大学和研究院所接受。……许多行政人员认为，有了西方的特许证，他们的学校在美

---

① 关于"教会大学"的概念，学术界至今尚存在分歧，这直接导致了学者对近代中国教会大学数字统计上的出入。本书采用杰西·格·卢茨《中国教会大学史（1850～1950 年）》一书的统计，见该书第 506 页，浙江教育出版社 1987 年版。

国争取资金时就能处于比较有利的地位。"① 金陵大学校长包文在谈到该校为何向外国立案时，也明确说："中国教育行政机关尚未有大学授予学位的规定，而私立大学之立案尤无明文可遵。故当时本校董事会议议决暂在美国纽约省立案，并由该省政府授予学位。"② 但是，随着中国收回教育权运动的日趋高涨和中国政府颁布有关教会学校立案注册的法令，这些从西方取得的"特许证"显然不管用了，教会大学迫切需要拿到中国教育主管部门签发认可的"特许证"。

表6－1　中国主要基督教大学向国外注册情况简表

教会大学名称	创办差会	注册年代	注册国家和部门
东吴大学	美监理会	1900 年	美国田纳西州
圣约翰大学	美圣公会	1905 年	美国哥伦比亚特区
金陵大学	美以美会、北长老会、基督会	1911 年	美国纽约州立大学
齐鲁大学	美北方长老会、英浸礼会、英圣会会、加拿大长老会	1923 年	加拿大政府、议会
岭南大学	美北方长老会	1893 年	美国纽约州立大学
沪江大学	美浸礼会	1917 年	美国弗吉尼亚州
福建协和大学	美以美会、公理会、英圣公会、归正教会	1918 年	美国纽约州立大学
之江大学	美北方长老会	1920 年	美国哥伦比亚特区
金陵女子大学	美监理会、浸礼会、长老会、基督会、圣公会、伦敦会、复初会	1919 年	美国纽约州大学委员会

① 杰西·格·卢茨《中国教会大学史（1850～1950 年）》，第49 页，浙江教育出版社1987 年版。
② 包文《金陵大学之情况》，《中华基督教教育季刊》第1 卷第4 期，1925 年12 月。

续表

教会大学名称	创办差会	注册年代	注册国家和部门
华西协和大学	英圣公会、美以美会、浸礼会、公谊会、圣公会	1922 年	美国纽约州立大学
华南女子文理学院	美以美会	1922 年	美国纽约州大学奥伯利分校
华中大学	美圣公会、伦敦会、循道会、复初会、雅礼会	1907 年	美国纽约州立大学（文华大学）
		1919 年	美国康涅狄格州（雅礼大学）
燕京大学	美北长老会、美以美会、伦敦会、公理会	1890 年	美国纽约州（北京汇文大学）

自 1925 年 11 月北洋政府教育部公布《外人捐资设立学校请求认可办法》6 条以后，各教会大学正式进入立案注册、寻求中国政府承认的阶段。但是，当学校真正准备立案注册时，却发现它们面临一系列棘手的问题，这些问题若解决不好，势必会影响学校立案的进程甚至学校本身的生存。概括起来，主要有以下几大焦点问题：

第一，办学宗旨问题。欧美基督教各差会和传教士最初创办教会大学的根本目的，是为传教士和中国教徒的子女提供教育设施，并培养、训练教会传教所需的各种人才。对此，教会方面毫不讳言：

教会高等学校之设施，其初心主旨，有欲以为养成牧师教长之资者；有欲尊其为同宗诸校之冠者；有欲以高等教育灌输于教中儿女者。更有出于常通宗旨，欲以扩充基督教势力范围者；藉兹方法为华人通译教义者；以及教授备有新常识，染有宗教观念之男女少年，以谋助国人之进步之发达者。其目的虽异，其坚心竭力谋导学生信奉基督为大主宰则同。总之，以高等学校已能使各方面大收成效；为中国晚近高等教育先河之导，及以为政治、实业、教育、宗教各界中造就名贵领袖，实繁有徒矣。[1]

正因为如此，所以各教会大学最初的立学宗旨无不带有为基督教服务的浓重色彩，"基督化"是其在中国土地上建校的惟一理由，也是赢取国内外基督

---

[1] 《中国基督教教育事业》，第 99～100 页，商务印书馆 1922 年版。

教徒捐款支持的主要根据。例如，岭南大学的办学宗旨就是："它将与所有传教团体及其代表和教育机构间竭诚合作，以期对中国进行启蒙，并使之基督化。它将致力于提高各阶层人民对教育的兴趣和受教育水平。"① 东吴大学的原宗旨也为："获取、接收、持有、投资和使用金钱、基金和财产，包括动产和不动产，在中华帝国和江苏省永久性地创建并开办一所大学及其附属之学院，在监理会主持下，按照监理会所批准和认可的传教规范经营。"② 但这些宗旨，显然与中国政府强调的"学校不得含有传教性质"及学校教育必须国家化和人文主义化的原则相违背。政府认为，任何学校在办学宗旨中包含有"基督教"字眼，均无法取得政府的批准。对于办学宗旨，基督徒和学校当局"不应固执于文字的表述，而应该强调如何把基督教的精神溶于现实生活中去"③。为了使教会方面能理解政府的立案要求，各教会大学中国籍行政管理人士不得不花费大量时间与精力，进行耐心的解释与劝说。同时，在新拟的办学宗旨中采用一些中性表述，或突出"为国家和社会服务"的主旨，以取得政府的批准。如，燕京大学就从原来美国托事部规定的"以基督教的、福音的而非宗派的原则建立与指导学校"，改为"以教授高深学术，发展才、德、体、力，养成国民领袖，应中华民国国家及社会需要为宗旨"④。金陵女子文理学院则从三个备选宗旨中挑出最好的一个，提交教育部获得通过。新宗旨为："校董会在南京设立这所女子高等学府，旨在按最高的教育效率来促进社会福利及公民的崇高理想，培养高尚人格，以期符合创办人的宗旨。"⑤ 有些教会大学则充分发挥想像力，用"博爱"、"仁爱"、"平等"、"牺牲"、"服务"一类的字眼，代替过去的"基督"字眼，获得教会和政府双方的认可。如福建协和大学就将其宗旨定为"以博爱、牺牲、服务精神为中国青年提供大学水平的教育"。以林景润为首的中方管理人士，"成功地说服了联合董事会，使他们相信，没有人会把除基督教之外的任何其他的教义、教条或理论误认为博爱、牺牲和服务这一精神。同时也使中国政府相信，以博爱、牺牲和服务这一精神办教育，的确是非宗教性的。"⑥ 华西协和大学1933年向教育部立

① 李瑞明编、郭查理著《岭南大学》，第9页，香港永昌印刷有限公司1997年版。
② 王国平《东吴大学在美国田纳西州的注册文件》，《苏州大学学报》（哲学社会科学版），1999年第2期。
③ 张连红《金陵女子大学校史》，第95~96页，江苏人民出版社2005年版。
④ 《私立燕京大学组织大纲》，《燕大一览》，《燕大档案》YJ30025卷。
⑤ 吴贻芳《金女大四十年》，《江苏文史资料选辑》第13辑，第5页，江苏人民出版社1983年版。
⑥ 谢必震编著《香飘魏歧村——福建协和大学》，第25页，河北教育出版社2004年版。

案时，也借鉴了福建协和大学的做法，将其办学宗旨确定为："以博爱牺牲服务之精神，培养高尚品格，教授高深学术，造就专门人才，以适用社会需要。"

第二，校董会组成和中国籍校长人选的问题。教会大学其组织管理上的基本特点，是在外部设置"大学托事部"（或称"托管会"）、基金会、校友会，内部设置校董会、校长、校长办公室，进行管理。① 在这一体制之下，设在外国的"大学托事部"权力很大，有关学校的财政和人事都由其主管，而且它可以否决校董会所作出的一切决策，甚至有权力解散校董会。校长一般由外籍人士担任。在早期教会大学中，华人教师基本与学校管理层无缘，其经济地位也要比外籍教师低许多。新文化运动以后，随着学校毕业生的增多、社会对民主的强调及中国籍教师参与学校管理要求的日渐增强，各教会大学在董事会、学校管理部门中也适当增补了一些中国人，个别优秀者甚至担任副校长。但即使如此，他们至多也不过是传教士的副手，在整个学校的管理中只能起到辅助作用，决策大权仍牢牢操于外国教会与外籍校长之手。至 1925 年，还没有一名中国人担任教会大学的校长。除中文系外，教会大学各系的主持人几乎全都是西方人。② 教会大学的这种管理体制，不能不招致外界舆论的诟病，甚至内部大多数中国籍教师与基督徒，也对此颇为不满。如刘湛恩当时就说："在中国办学校，当然以适合中国情形为宜。要适宜中国情形，当然非中国人不可。外人用外国的眼光，外国的经验，来中国办学校，一派外国风气，岂非有削足适履之诮？……所以要谋学校的改良，董事，校长，教职员等应尽量的多聘任中国人。"③ 政府制订的立案规定中，要求中国人必须占校董会成员的三分之二，董事会主席与校长也须为中国人。这给教会方面出了难题。教会由于担心"在民族主义热情高涨的时期让中国人管理学校，会导致爱国主义而不是基督教义成为教会大学的指导原则，从而辜负了国内支持者的信托"④，所以对移交学校行政管理权开始并不愿意。但为形势所逼，除个别情况外，大多数外国教会和外籍校长又不得不在名义上将学校的管理大权移交给中国人，而自身退居二线，暗中仍然操控学校的大权。比如，燕京大学董事会虽然任命吴雷川为

① 何晓夏、史静寰《教会学校与中国教育近代化》，第 179 页，广东教育出版社 1996 年版。
② 杰西·格·卢茨《五卅运动与中国的基督徒和教会大学》，章开沅、林蔚主编《中西文化与教会大学》，第 118 页，湖北教育出版社 1991 年版。
③ 刘湛恩《五卅惨案与教会学校》，《中华基督教教育季刊》第 1 卷第 3 期，1925 年 10 月。
④ 杰西·格·卢茨《中国教会大学史（1850~1950 年）》，第 234 页，浙江教育出版社 1987 年版。

校长（Chancellor，中文直译为"主席"），原校长司徒雷登担任校务长（President，中文直译为"校长"）。但根据美国版的该校章程，校长并无多大实权，只是主持大学重要仪式，代表大学与中国政府及人民的关系，学校的校务运作实质上是由校务长全权负责①。华西协和大学在任命张凌高为校长的同时，又任命英国人宋道明担任外籍校长，并在与校董会所签合同中，规定了托事部所享有的种种特权，实行遥控②。这种管理模式，几乎为当时所有教会大学所遵循。在挑选董事会成员和校长人选时，各教会大学也尽量选拔那些与基督教或本校颇有渊源、在学术或政治上有较高成就、具有一定社会声望并与政府关系良好的中国人进入学校管理层。其目的，无非是教会想确保将学校的管理权仍控制在可信任的中国人手中。同时，吸纳社会名流与政界有威望的人士进入学校董事会，也有利于加快学校的注册进程。燕京大学新校董会，就由学校设立者的代表、教职员大会推举的本校代表、全国有声望的代表三方共21人组成，董事中不乏像孔祥熙、颜惠庆这样的社会名人。另一教会大学岭南大学其新校董会由19人组成，其中中国人占14人③。董事中有金曾澄（广东省教育厅长）、林逸民（广州工务局局长）、孙科（国民政府官员）等这些政界人士，本校原副校长钟荣光担任新校长。齐鲁大学则拉来了孔祥熙和朱经农，分别担任董事长和校长，以争取在立案中通过。

第三，有关宗教类课程和宗教仪式的处置问题。宗教教育是教会大学的办学基础和核心，而且学校主要采取强迫而非自愿的形式。杰西·格·卢茨在谈到教会大学的宗教教育时，指出：

所有学生，无论是否是基督徒都必须接受基督教教义和礼仪的强烈熏陶。大多数学校要求学生每年起码修习一门宗教课程；在许多情况下，学生被迫每天参加一、二次崇拜仪式，每周中期参加一次祈祷会。星期日几乎全部用于宗教仪式和宗教教育。……此外还有课外宗教活动。学校还强迫教徒在同学中和校外进行布道活动。学生主持主日学校，到邻近乡村讲道，分发宗教小册子；在暑期则陪传教士进行旅行布道活动。大多数学校每年都有一、二次奋兴大会，此时传教士教育工作者特别注意非基督徒学生，期望他们能皈依基督教。④

① 吴梓明编著《基督教大学华人校长研究》，第245～246页，福建教育出版社2001年版。
② 吴梓明编著《基督教大学华人校长研究》，第173页，福建教育出版社2001年版。
③ 李瑞明编、郭查理著《岭南大学》，第143～145页，香港永昌印刷有限公司地1997年版。
④ 杰西·格·卢茨《中国教会大学史（1850～1950年）》，第64页，浙江教育出版社1987年版。

如1925年《华南女子大学章程》所列该校一至四年级学生必修课目录，其宗教课程就有9门：《圣经渊源》、《旧约历史及宗教》、《新约历史及宗教》、《教会历史》、《宗教历史》、《圣经地理》、《耶稣之人生观》、《宣道法》、《文学美术中之圣经研究》①。非基督教运动和收回教育权运动兴起后，面对社会上的攻击和校内中国籍师生要求改革宗教教育的呼声，一些教会大学开始主动对宗教课程和宗教仪式进行调整。比如岭南大学就于1925年秋"将获得学士学位所需要的8个宗教课程学分由必修改为选修，参加主日崇拜也变成自愿"②。到1927年，齐鲁、燕京、金陵、东吴、沪江、雅礼、华中和华西等教会大学也基本实现了礼拜自由和将宗教课程列为选修课。③ 甚至为保持学校的"宣教性"而宁愿不立案的上海圣约翰大学，也在教会学校普遍调整的形势下，于1931年取消了强迫宗教教育，非教徒学生可以自由参加或不参加宗教课和宗教崇拜④。而之江大学校董会因与创办者美国南北长老会在宗教教育问题上意见相左，曾一度停办。据该校校董会1928年7月发布的通告称：

本大学为美国南北两长老会差会所合办，由两差会组成。本校之设立人，负执管本大学产业权及常年经费之责。在中国则组有本校校董会，代表设立人负学校行政之责。自国民政府大学院颁布私立大学立案条例后，本校董会叠次开会议决向政府立案。本年五月间，即将关于立案之全部重要文件，并扩充本校之新计划，寄至设立人征求同意。讵设立人议决如下："本会在中国办学，以实施基督化教育为唯一之目的。"查中华民国法令有宗教自由之明文。其他民主国亦均有允许私立学校自行规定宗教教授之先例。故本会主张，凡学校课程之无关于宗教者，皆遵照大学院条例办理。惟对于宗教学科及礼仪，则请求政府承认学校有自行规定之权。故于六月十六日覆电，"否决立案及新计划"。虽经本校董会执行部发电力争，无如第二次复电，仍持前议。本校董会爰于七月五日开全体特别会议，佥以本大学在中华民国内，自有遵从中国教育法令请求立案之义务。今设立人对于宗教教育一端，竟与本会意见相左，使大学不克履行立案条例。而本校董会既未得设立人之同意，自不能单独进行。处此困难

---

① 《华南女子大学章程》，《中国近代学制史料》第四辑，第608～609页，华东师范大学出版社1993年版。

② 李瑞明编、郭查理著《岭南大学》，第81页，香港永昌印刷有限公司1997年版。

③ 杰西·格·卢茨《中国教会大学史（1850～1950年）》，第235页，浙江教育出版社1987年版。

④ 王忠欣《基督教与中国近现代教育》，第134页，湖北教育出版社2000年版。

之间，实无两全方法，不得已议决宣布，将本大学暂行停止。①

一些基督教教育学者还对今后宗教教育的出路进行了探索。著名学者赵紫宸，就首倡由教堂承担宗教教育的观点：

教育与宗教，在中国已成分趋之势；教会学校应当不再有必修的宗教科，必到的宗教礼拜。学校的宗教教育至少已经消削了十之八九。这部分的事业，实系极重要的事业；若学校不做，那末将来教会里对于宗教有知识上的了解的人，必要稀若凤毛。所以教会要直接在教堂内实行宗教教育。②

另一位学者谢扶雅认为，"教育部所限制者，只是'挂在必修课程上的宗教科目'而已"，"这并非排拒宗教科目本身，更并非排拒宗教生活"。他认为，原来独立开设的各种宗教必修课程，可以通过"移置别门"的办法，"一样可以作为必修科"。如将《宗教哲学》移至哲学课程中讲授，将《宗教心理学》移至心理学课程中讲授，《宗教教育学》移至教育学课程中讲授，《宗教调查》移至社会学课程中讲授，《圣经》移至文学课程中讲授，等等。总之，"要使学生充具关于宗教的智识，其道正多，原毋需命令他们必修宗教门内的宗教科目"。③ 沪江大学教务长魏福恩认为，现在教会教育界将保留宗教必修课视为"大战中最后的防线，用以遏制青年人邪恶的思想"。"试问除此而外，难道没有别种方法，可以陶铸学生的品格，并使学校的赞助人或政府中教育当局，皆不发生反对吗？"他认为，从美国战后的情况看，就有把人格教育渗入宗教教育的趋势，这种做法也适合于中国。"现在中国有许多人确信宗教科的必修制，必有废除的一日，所以都望教会学校及早起而准备，以免临渴掘井。"而"教会学校若不及早觉悟，放大眼光，则最后结果，必将引起学生方面直接或间接的反对，这些反对比较政府的取缔是更加厉害。"他建议应当"开设人格教育的课程，限定全体学生，一律选读，无一得免。至于圣经则可改为选修科，并更当重视之，以为训练和发展宗教化人格的利器"。④ 这些探索，无疑为教会大学革新宗教教育提供了新的思路。各教会大学在立案后，普遍设置了《宗教哲学》、《基督教思想史》、《宗教思想概论》、《中国宗教思

---

① 《之江大学之停办——三民主义教育与基督化教育冲突之结果》，《教育杂志》第20卷第8期。

② 《我对于创造中国基督教的几个意见》，《赵紫宸文集》第三卷，第265页，商务印书馆2007年版。

③ 谢扶雅《教会学校要关门吗?》，李楚材编《帝国主义侵华教育史资料——教会教育》，第264页，教育科学出版社1987年版。

④ 魏福恩《宗教科除必修之外更有他法吗》，李楚材编《帝国主义侵华教育史资料——教会教育》，第261~262页，教育科学出版社1987年版。

想》、《基督教纲要》、《耶稣社会教义》、《宗教心理学》和《品行教育》等课程，供学生选修①。同时，尤注意课外自发性的宗教研讨与社会活动，如动员学生参加基督教青年会、演讲会、研究会、基督教团契、乡村服务等，以培养学生的宗教意识和宗教情感。同时，还通过基督徒教师的言传身教，将有形的宗教灌输化为无形的人格熏陶。从维持宗教教育的角度看，这些措施的确收到了不少效果。

第四，财产移交及经费问题。各教会大学在几十年的办学过程中，通过购置土地、兴建校舍、添置图书仪器以及开办试验农场等，已积累了数量可观的一批校产。收回教育权运动兴起后，持收回立场的一些激进学者要求全面接管教会学校，包括接管这些校产。但从法理上说，这些校产均受不平等条约的保护，仍属于基督教差会所有。在废除不平等条约以前，国人尚无法取得所有权。教会方面曾提出将华西协和大学校产折价 800 万元，由四川省政府予以收买，但没有成功。② 华西的这一处理方法显然不具有普遍性。各教会大学通行的做法是，由新成立的校董会与西方的托事部（后改名为基金会）签订合同，以"租借"的方式取得校产的管理权。如岭南大学校董会与美国基金委员会所订合约中规定："一切校地，校舍，校具，除有特别规定者，均由美国基金委员会借与岭南大学校董会。以五年为期，每年租银一元，期满再议续借。"③在经费方面，各教会大学以往主要由外国基督教团体、私人及社会团体捐助、学生学费及个别校办产业补助等方面供给维持。由中国人任校长和新的校董会成立后，教会大学在国外募捐方面势必丧失一些优势，所以不得不考虑多向国人募捐。至于政府方面的资助，初期是没有指望的。只有岭南大学比较幸运，该校在收回自办后，广东省给该校的拨款第一年就达 16 万元，第二年又给予10 万元的补助。④

由以上所述四个方面看，各教会大学校方与教会各差会在向政府立案问题上，是存在一定矛盾甚至原则性分歧的。加之从准备材料、提出申请、政府派人视察、整改以及最后批准立案，这都是一个较为复杂的过程。所以，前述16 所教会大学的立案时间与具体过程并不整齐划一。最早的是岭南大学和燕

① 柯约翰《华中大学》，第 62 页，华中师范大学出版社 2003 年版。
② 《华西医科大学校史》，第 32 页，四川教育出版社 1990 年版。
③ 高冠天《岭南大学接回国人自办之经过及发展之计划》，朱有瓛主编《中国近代学制史料》第四辑，第 571～572 页，华东师范大学出版社 1993 年版。
④ 李瑞明编、郭查理著《岭南大学》，第 88 页，香港永昌印刷有限公司 1997 年版。

京大学，早在 1927 年初就已经分别向广东国民政府教育行政委员会及北洋政府教育部立案。最晚的是圣约翰大学，该校自 1928 年以后，对立案问题曾经多次讨论，校长卜舫济表示，差会对圣约翰大学立案问题只有 3 项选择，即放弃立案、服从政府、坚持独立，目前只有坚持独立才是最好的选择，他认为总有一天国民政府会改变不许教会大学实施强迫宗教教育的态度。1930 年 5 月上旬，该校校长卜舫济与校董会主席刘鸿生、美国圣公会布道部执事伍德等 3 人赴南京与南京政府教育总长蒋梦麟商讨立案问题。蒋梦麟表示，对于不立案的学校，国民政府将对其施行关闭。而伍德与卜舫济对此事产生分歧，伍德表示宁愿学校关门，也不愿在现有条件下向政府立案；卜舫济则认为学校面临关闭的危险，赞成立案。1930 年 5 月 11 日，圣公会江苏教区召开会议，专门研究圣约翰的立案问题。6 月 11 日，圣公会江苏教区全体西教士通过了反对立案的决议①。这就造成在政府规定的立案最后期限 1932 年 6 月 30 日之后，圣约翰成了一所在中国非法开办的教会大学。直到 1947 年 10 月，该校才在政府教育部正式立案，取得合法身份。以下列出各教会大学立案情况表②：

表 6 - 2　中国主要教会大学向政府立案注册情况表

校　名	所设学院	立案年月	立案后首任校长	备　注
金陵大学	理、农、文	1928 年 9 月	陈裕光	
沪江大学	理、文、商	1929 年 3 月	刘湛恩	
燕京大学	理、法、文	1929 年 6 月	吴雷川	曾于 1927 年 2 月向北洋政府教育部立案
东吴大学	理、法、文	1929 年 7 月	杨永清	
岭南大学	工、农、文理、商	1930 年 7 月	钟荣光	曾于 1927 年 3 月向国民政府教育行政委员会立案
金陵女子文理学院	理、法	1930 年 12 月	吴贻芳	

① 以上参见熊月之、周武主编《圣约翰大学史》，第 208 ~ 209 页，上海人民出版社 2007 年版。
② 此表据《全国公私立大学、独立学院、专科学校一览表（1936 年 1 月）》制成，原表见《中华民国史档案资料汇编》第五辑第一编，教育（一），第 300 ~ 323 页。圣约翰大学为笔者所补。另，原表中燕京大学校长、齐鲁大学校长分别记为陆志韦与刘世传，2 人应为立案后第二任华人校长，今改。

续表

校　名	所设学院	立案年月	立案后首任校长	备　注
福建协和学院	理、文	1931 年 1 月	林景润	
之江文理学院	理、文	1931 年 7 月	李培恩	
辅仁大学	理、教育、文	1931 年 6 月	陈　垣	曾于 1927 年 6 月向北洋政府教育部立案
华中大学	理、教育、文	1931 年 12 月	韦卓民	
齐鲁大学	理、文、医	1931 年 12 月	朱经农	
震旦大学	理工、医、法	1932 年 12 月	胡文耀	
华南女子文理学院	理、文	1933 年 6 月	王世静	
华西协和大学	理、医、文	1933 年 9 月	张凌高	
天津工商学院	工、商	1933 年 8 月	华南圭	
圣约翰大学	文、理、工、医	1947 年 10 月	涂羽卿	

二、教会中小学的立案

教会对华设立中小学，最早起源于 1815 年英国牧师马礼逊在马六甲所创办的英华书院。经过约一个世纪的发展，规模亦属可观。据教会方面所出版的《中国基督教教育事业》一书的统计，至 1921 年，各省基督教会所办中学为 291 所，学生 15213 人；高级小学 962 所，学生 32899 人；初级小学 5637 所，学生 151582 人。三项总计有中小学 6890 所，学生共计 199694 人[1]。同期天主教会所办学校学生数也达 136960 人[2]。关于教会学生在全国学生总额中所占的比例，赵紫宸在 1923 年说：

在已过二十年间，教会学校学生的数目，已增加了百分之三百三十三。全国男生三十五人中，有教会学校学生一人，女生三人中有教会学校学生一人。教会学校学生与非教会学校学生的数目相较，成为二与三十六的比例。[3]

---

① 《中国基督教教育事业》，第 376～377 页，商务印书馆 1922 年版。
② 陈学恂主编《中国近代教育史教学参考资料》（下册），第 388 页，人民教育出版社 1986 年版。
③ 《中国会的强点与弱点》，《赵紫宸文集》第三卷，第 127 页，商务印书馆 2007 年版。

赵紫宸以上有关数字显然包括了各基督教教会大学学生数，但没有包括天主教会所办学校学生数。但无论如何，这些数字已是惊人的。不过，受收回教育权运动和北伐战争的影响，教会中小学及学生数目均急剧锐减。有些学校如广州圣三一等校，在遭到社会的排斥后被迫关门①。有些学校则已经由国人收回自办，如汕头华英学校②。更多的则是害怕受反教暴力的冲击而暂时停办。如在湖南，原有教会学校几百所，仅省会一地，即有 25 所。③ 受北伐的影响，"教会学校，不论大中小，都完全停办，学生无地读书，教师全部失业"。准备恢复的也不过只有长沙的福湘、雅礼以及益阳的信义等少数几所。④ 毕范宇在 1929 年曾估计说，北伐时期所开办的基督教中学，总数不过 100 所。至北伐后，"时局既告平稳，基督教中学也就渐复旧观"，但所开办的也不过 172 所⑤。不管是 100 所还是 172 所，较比前面提到的 291 所都有大幅度的下降。

与教会大学一样，教会中小学在向政府立案注册和向中国人移交学校行政管理权中，也存在着诸如办学宗旨、校董会及中国籍校长人选、宗教课程和宗教仪式、校产及经费等多种问题。有些学校因差会或西教士能顺其变，所以其立案注册及移交相对顺利。如南伟烈学校，在外国教职员离校、差会暂时未拨办学经费的情况下，中国教员自动担负起管理、维持学校的职责。外方校长返回学校后，也表态"愿放弃校长职权，竭成与新校长合作"⑥。上海中西女塾于 1930 年正式向政府立案，改名为"中西女子中学"，聘请中国人杨锡珍担任校长。该校属于美国卫理公会，其立案的原因是蒋介石与宋美龄的联姻及受洗加入卫理公会，"在这情况下，卫理公会的大、中、小学校的立案问题，自然也就无所疑难了。"⑦ 但有些学校因受外国差会的阻挠，立案并不顺利。如浙江嘉兴秀州中学，属美国南长老会所设立。北伐军底定浙江后，因"外受反基督教之攻击，内有请求改革之呼声"，所以外籍校长及学校委员会或离职

---

① 梁福文《记大革命时期广州圣三一学校的反帝学潮》，《广州文史资料》第 16 辑，第 179 页，政协广州市委文史资料研究委员会 1963 年版。

② 《汕头一中的创办及早期反帝斗争》，陈汉初《潮史述论》，第 26～29 页，广东经济出版社 1996 年版。

③ 《省会私立学校之调查》，《大公报》（长沙）1923 年 2 月 28 日。

④ 张君俊《暴风疾雨后的湖南教会》，《中华基督教会年鉴》第 10 期，第 4 页，上海中华全国基督教协进会 1928 年版。

⑤ 毕范宇《基督教中等教育的沿革》，《中华基督教教育季刊》第 5 卷第 4 期，1929 年 12 月。

⑥ 《南伟烈学校移交职权之经过》，《中华基督教教育季刊》第 4 卷第 2 期，1928 年 6 月。

⑦ 薛正《我所知道的中西女中》，《上海文史资料选辑》第 59 辑，第 315 页，上海人民出版社 1988 年版。

或解散，"华教职员，责无旁代，乃发表宣言，表明态度，根据信仰自由之原则，改宗教为选修，定礼拜为自由，并筹备进行向政府立案"。但"西差会大谓不然，宣布将学校停办"。当时，差会对学校立案提出了种种无理要求，如"凡夫差会所有产业问题，须经差会与大会议决，及美长老会总委办许可，始有效力，差会不承认他团体有收回之权力"；如"本差会学校必修科中间须有圣经科及宗教科，且诸生须赴礼拜"；如"本差会很赞成立案的理由，惟基督教学校当有教授宗教权利，否则不合宗教自由宗旨"；又如"凡与教职员所订的条约，须加上时局条件如下：如果不能按时开学或者因不得已之事早放学，则本校及差会负担付修金即到本月底为止。再者，教职员须届开学时到校，如果迟到，则修金自到校时付起"，等等。这些限定自然招致中国籍校董和教职员的反对，双方争执不下，以致时间已逾一年，而学校教育权却迟迟不能收回①。在山东，有些教会中学虽经教育厅多次催促，但仍"拒不立案，依然故我"。有的甚至改头换面，以神学校名义继续办学。② 有些中学则由于人力物力有限，达不到立案要求，所以不得不与他校合并改组，如湖南雅礼中学、益阳信义中学等，皆属此种情况。因国民党政府后来禁止教会办理小学教育，所以各地教会小学通过立案者较少，有相当一部分教会小学或停办，或移交给中华基督教会③。总之，较比教会大学，教会中小学的立案注册更为曲折复杂。至1931年，已经完成立案或准备立案的中学（新教）占其总数的70%，而小学立案者较少。④ 至1937年，据中华基督教教育协会的统计，该会所联系的181所基督教中学中，业经立案的有163所，正在进行立案的4所，在香港立案的5所，未立案的尚有9所。⑤

三、收回教育权的基本实现

向中国政府立案注册，无疑是教会学校自在中国大地上出现以来所做出的最重要的抉择之一。立案后，随着教会学校对办学宗旨、人才培养目标、课程设置、学科发展、科学研究、宗教生活、校园文化诸方面的调整与革新，其宗教性、外国化色彩大大淡化，而世俗化、中国化、社会化的特征却日益增强。

首先，立案后，教会方面行政管理权至少在表面上实现了向中国人的转

---

① 《移交声中之秀州中学及其所遇之问题》，《中华基督教教育季刊》第4卷第2期，1928年6月。
② 赵承福主编《山东教育通史》（近现代卷），第258～259页，山东人民出版社2001年版。
③ 梁家麟《广东基督教教育（1807～1953）》，第223页，香港建道神学院出版社1993年版。
④ 吴家莹《中华民国教育政策发展史》，第268页，台湾五南图书出版公司1990年版。
⑤ 葛德基《基督教中学校第六届统计年报》，第2页，中华基督教教育协会1938年版。

移。立案前，无论是校长、校董会成员及教员，外籍人员均占优势（见下表），学校无论是在表面上还是事实上都是由外方主导的。立案后，随着破天荒式的一批中国人担任各教会学校的校长、校董及中国籍教师进入学校各级管理机构并在数量上占据优势，由传教士和外籍人士"一统天下"的历史就此一去不复返。如华中大学，1933 至 1934 年度共有教员 34 人，其中外籍教员 13 人，中国籍教员 21 人[①]。沪江大学在 1928 年初，全校外籍教授有 9 人，副教授 2 人，中国教授只有 6 人，副教授 2 人。到 1937 年抗战爆发前，全校外籍教授为 7 人，副教授 4 人，而中国教授增为 10 人，副教授也有 4 人[②]。随着中国人担任校长和中国籍教职员工比例的上升，至抗战前夕，"许多教会大学已被公认为是中国的大学而不是外国的大学。教会大学的学生被承认为合法的中华民族的发言人。"[③]

表 6 - 3　1920 年 5 所教会大学中外教师比例表[④]

学校名称	中国籍教师数	外国籍教师数
齐鲁大学	25	33
燕京大学	12	28
金陵大学	34	25
圣约翰大学	32	28
岭南大学	25	81

　　其次，立案后，教会学校内部师生中基督徒数量大幅减少，学校进一步世俗化。美国学者杰西·格·卢茨研究指出，1935 年一些规模较大的教会大学中，基督教徒学生的比例仅为 1/4，一般教会学校中自愿参加礼拜或选修宗教课程的学生不到 1/3[⑤]。国内学者徐以骅先生则提供了一个更详实的统计表（见下表）。从表中可看出，教会大学入教学生的比例在立案后有一个十分明显的下降趋势。教会中学方面的情况与此类似。如在广州培道女中，1928 年

---

① 柯约翰《华中大学》，第 165～167 页，华中师范大学出版社 2003 年版。
② 王立新《美国文化渗透与近代中国教育——沪江大学的历史》，第 175 页，复旦大学出版社 2001 年版。
③ 杰西·格·卢茨《中国教会大学史（1850～1950 年）》，第 298～299 页，浙江教育出版社 1987 年版。
④ 据《中华归主：中国基督教事业统计》第 938 页有关数字制成，中国社会科学出版社 1988 年版。
⑤ 杰西·格·卢茨《中国教会大学史（1850～1950 年）》，第 266 页，浙江教育出版社 1987 年版。

尚有70%的学生是基督徒。1931年该校立案后即呈下降趋势，至1933年，基督徒学生只占学生总数的一半①。广州培正中学自向广东省教育厅立案后，"除了女校还能维持一些学生参加外，参加早祷会和各种宗教活动的人寥寥可数"。虽然学校采取了种种措施进行补救，如成立学校宗教事务委员会、礼拜委员会、灵修社、公民养成团、浸信会少年团，奖励学生星期日去做礼拜等，但"效果很微"②。宗教必修课的取消及礼拜自由的实行，虽对教会传教事业不啻是一种致命打击，但对于广大青年学生来说，却是一大福音。大部分学生在思想意识上摆脱了宗教的束缚而获得了解放，同时也有更多地空闲时间去学习科学文化知识、参与社会活动。

表6-4　1924至1936年各教会大学入教学生的比例表（%）③

年代　学校	1924	1930	1936
齐鲁大学	89.1	81	56
之江文理学院	86.3	12	27
金陵大学	44.4	30	22
岭南大学	71.6	22	
燕京大学	72.7（男）71.7（女）	44	31
湘雅医学院	47.3		
圣约翰大学	33.9	35	24
东吴大学	44.8	26	
华中大学	85	64	49
沪江大学	54.6	46	29
华西协和大学	81.7	33	
金陵女子文理学院	80.5	77	51
福建协和学院	76.2	60	60

① 刘粤声《两广浸信会史略》，第39页，两广浸信会联会1934年版。
② 冼子恩《六十年间私立广州培正中学的变迁》，《广东文史资料》第45辑，第289~292页，广东人民出版社1985年版。
③ 徐以骅《教会大学与神学教育》，第172页，福建教育出版社1999年版。徐表有关数字采自中华基督教教育会编《教会大学统计报告》有关各期。

再次，立案后，政府对教会学校的控制力明显增强。通过立案注册，各教会学校获得了与其它私立学校的同等待遇，同时也意味着政府因素逐渐渗入各教会学校。这种渗入，主要通过以下方式：一是政府官员参加教会学校董事会，参与学校有关重大事务的决策和审核。二是在教会学校建立国民党及"三青团"基层组织，积极发展党团员。三是在教会学校设立训育处，开设训育课，由教育行政主管部门任命各校训育主任，配备训导人员，加强对师生的思想监督和控制。四是由政府对各种学校统一组织安排实施军事教育。五是日常教学事务的统一规范管理，包括中央及省市县各级教育行政部门派出的督学视查、监督、统一考试、会考、添设公民课程、党义课程及有关教师、使用统一教材、举行总理纪念周和升旗活动等。五是在财政上给予一定的补助。私立学校的财政一贯属于独立王国，政府无权过问。但进入 30 年代后，随着美国经济的大萧条，来自国外的筹款日益减少，各教会学校财政日益紧张，要求政府给予资助的呼声渐起。1930 年 8 月 23 日，教育部发布《私立大学、专科学校奖励与取缔办法》，规定"凡已经立案之私立大学、学院及专科学校成绩优考［良］者，得由中央或省政府酌量拨款补助，或由教育部转商各庚款教育基金委员会拨款补助"。同时还规定对"某学院或某科系在教育学术上有特殊贡献者"及"有实验成绩优良者"，也由政府给予褒奖或补助费①。当时国民政府行政院决定拿出 72 万元奖励已立案的 40 多所私立学校，其中有近一半拨给教会大学。比如，根据有关分配结果，金陵大学于 1935 至 1937 年 3 年中，分别获得了 32558 元、30000 元、35000 元的补助②。同期，其它教会大学也得到数量不等的拨款，在一定程度上缓解了各自财政拮据的局面。如金陵女子大学每年从教育部得到了总额为 1.2 万元的资助，用于补助 3 位教授的讲座费。③ 华中大学在 1934 年获得 1.5 万元的费用，这笔款项的一部分作为 3 个学院各聘 1 名教授的费用，余额则用来购买仪器和设备。1935 年，华中大学又申请获得由美国返还的庚款资助，总额为 4 万元，分两年支付。④ 这种对教会学校的财政资助，也是政府控制教会学校的一个方面。

---

① 《教育部订定私立大学、专科学校奖励与取缔办法》，《中华民国史档案资料汇编》第五编第一辑，教育（一），第 180 页，江苏古籍出版社 1994 年版。

② 张宪文主编《金陵大学史》，第 75 页，南京大学出版社 2002 年版。

③ 吴贻芳《金女大四十年》，《江苏文史资料选辑》第 13 辑，第 1～5 页，江苏人民出版社 1983 年版。

④ 柯约翰《华中大学》，第 79、86 页。柯约翰将 1935 年华中大学获得的 4 万元资助记为英国返还的庚款，而马敏先生认为是美国返还的庚款，见氏著《教会大学的国际化特色——华中大学个案分析》，章开沅主编《中西文化与教会大学》，湖北教育出版社 1996 年版。

第四，立案后，各教会学校（主要是教会大学）在学科发展、科学研究、人才培养等方面发展迅速，在中国教育中的地位日益提高。韦卓民曾说："1926 年以前，各基督教大学所教育的学生，除少数的例外，大都不中不西，不今不古，和中国的社会格格不入，更谈不上结合中国的实际，供应中国的需要"，当时学生以留学美国为目的，"所以许多基督教大学几乎成为留美的预备学校。"① 在经历了非基督教运动与收回教育权运动风波冲击后，教会大学不得不"接近中国情形，切合中国需要"，从原来重宗教教育而转向重视科学文化，尤其是中国文化教育。为了使教会大学毕业生"于中国文化方面，有深切之了解；于中国文字方面，有纯熟之技艺"，以便"影响中国人民生活与思量"②，各教会大学均在扩充和改良国文系，并加强中国语言文字、中国哲学、中国史学、中国社会学等方面的研究。如齐鲁大学于 1930 年就创立国学研究所，汇集了墨学大师栾调甫、甲骨文专家胡厚宣与曾毅公等一批学者。史学家顾颉刚、钱穆等人，也于抗战爆发后受聘于齐鲁大学国学研究所。辅仁大学则在校长陈垣的领导组织下，积极开展国学知识教育与国学人才培养，聘任了朱希祖、郭家声、刘复、尹炎武、张星烺、范文澜等一批颇有影响的国学家③。地处西南的华西协和大学，在 1927 年成立中文系和中国文化研究所，聘请哈佛大学博士蒙思明、燕京大学硕士郑德坤、外籍教师葛维汉等著名学者及朱清长、余舒、龚道耕、林思进等"蜀学宿儒"，使该校的中国文化研究开展得有声有色，一改从前中国文化在校内受到压制和排斥、而被外界诟为"五洋学校"的弊端。燕京大学则与哈佛大学东方研究所合作，于 1928 年成立"哈佛——燕京学社"，利用所获得的总额约 150 万美元的赫氏基金资助，开展中国文学、艺术、历史、语言、哲学和宗教史的研究，为此后燕京大学建成国内第一流的文科专业奠定了坚实的基础。其它教会大学也根据立案要求、社会需求及自身优势，普遍调整了办学方向、学科设置，扩大了招生计划，延聘了一批国内知名教授，并加强了面向国家与社会现实需要的科学研究，逐步办出了体现各自特色、在国内领先的一批知名专业和学科。如华中大学的图书馆学，东吴大学的法科和生物学，华西协和大学与齐鲁大学的医科，金陵大学的农林科，福建协和大学的农科，沪江大学的商科，之江大学的民用工程和商

① 韦卓民《四十年来我国基督教的高等教育》，《韦卓民学术论著选》，第 413 页，华中师范大学出版社 1997 年版。
② 罗炳生《基督教高等教育当前的问题》，《中华基督教教育季刊》第 2 卷第 3 期，1926 年 9 月。
③ 何建明《辅仁国学与陈垣》，章开沅主编《文化传播与教会大学》，湖北教育出版社 1996 年版。

业，燕京大学的国文系、新闻系和社会学系，岭南大学的农学和医学，辅仁大学的国文系和历史系，金陵女子大学的医护学、师范教育等，都是当时国内首届一指的系科，培养了一大批斐声中外的人才。学生数量方面，除福建协和大学、华南女子文理学院外，其余教会大学均有增长（见下表）。从表中可看出，在1920年，没有一所教会大学学生人数超过300名；1924年只有一所大学达到500名；到1934年，有3所大学超过500名。特别是沪江大学，更发展成为当时十分少见的"千人大学"。到1937年，整个教会学校的学生人数增加到100万人，其中基督教学校的学生人数则为36万人①。可以说，教会学校继民国初年后又迎来了一个自身发展的辉煌时期。

表6-5　1920~1934年13所教会大学学生增长率比较表②

学校名称	1920年学生数	1924年学生数	1933~1934年度学生数	1933~1934年度学生数较1920年的增长率	1933~1934年度学生数较1924年的增长率
燕京大学	273（男）14（女）	432（男）99（女）	779	285%	146%
齐鲁大学	254	329	471	185%	143%
金陵大学	234	480	486	250%	1%
金陵女大	55	133	215	390%	161%
东吴大学	173	342	666	385%	194%
沪江大学	150	421	1047	698%	248%
圣约翰大学	213	425	461	250%	1%
之江大学	68	214	397	583%	320%
福建协和大学	117	181	175	149%	-0.9%
华中大学	85	100	126	148%	126%
华南女子文理学院	14	72	72	514%	0%
华西协和大学	94	258	347	370%	134%
岭南大学	81	225	379	216%	168%

① 王忠欣《基督教与近代中国教育》，第131页，湖北教育出版社2000年版。

② 原表见高时良《中国教会学校史》，第109~110页，湖南教育出版社1994年版。表中"学生增长率"两栏为笔者所加。

总之，从 1923 年 9 月余家菊发表《教会教育问题》一文正式揭橥"反教会教育"口号并要求实行学校注册法以来，直至 1933 年底各主要教会大学及绝大多数教会中小学向政府立案而获得承认为止，教会学校经历了一个不平凡、甚至可以说是惊心动魄式的动荡 10 年。立案前，教会学校"没有一天不处于反教风暴中心"，但立案后，随着其纳入国家教育系统之内，外界的敌意迅速消失，教会学校重新获得人们的尊重，赢来了自身发展的新契机。对教会学校的这一变化，人们普遍感到欣慰并给予积极评价。作为当事人之一的刘湛恩，后来就曾谈到：

从那以后，大学与政府的关系非常令人满意，我们没有遇到任何麻烦。立案有助于使公众了解基督教教育的真正目的。这所大学不再被视为一所"进行文化侵略的洋学堂"，而被认为是一所为培养中国青年而办的私立教会学校。政府授予了我们和其他国立或私立学校一样的权力。毫无疑问，校董会作出向统治这个国家的政府立案的决定是正确的。①

而杰西·格·卢茨的评价则更具权威性：

在中国教会大学的历史上，20 世纪 20 年代的事件结束了一个时代，教会学校不再是外国人管理的宣传外国教义的学校了。由于中国人取得教会学校的最高行政职务，同时在教师队伍中，中国人已经成为多数，因此在 1926～1928 年中国化的进程突然加快了。教育成了学校的主要目的，传播福音只能在政府控制的教学计划所容许的范围内进行……教会大学与中国其它大学之间仍然存在着一些区别：如教会大学接受外来资助，从而它的政策在一定程度上受外来影响；教会大学由于一些教徒教师的努力仍然保持它的基督教气氛；教师队伍中的国际特性；重视文科的倾向以及对校园生活的强调。然而，教会大学在这个国家的教育领域中起着越来越重要的作用。②

经过立案，教会学校从行政管理、办学宗旨、课程设置、人才培养等方面出现了一系列可喜的变化，其宗教性与外国化的色彩淡化，而其与政府、社会的关系大大加强。作为私立学校，它在中国教育中的地位和影响日益上升，这也说明中国收回教会学校教育权的举措是基本成功的。

但同时我们也不能不提的是，国民党对教会学校的处置仍然留有一定的余

---

① 引自王立新《美国文化渗透与近代中国教育——沪江大学的历史》，第 169 页，复旦大学出版社 2001 年版。

② 杰西·格·卢茨《中国教会大学史（1850～1950 年）》，第 248 页，浙江教育出版社 1987 年版。

地。立案后，教会及外籍人士仍然在实质上掌握着学校的大权。某些教会学校，也仍然不顾教育部三令五申而变相实施宗教强迫教育。国民党政府对包括圣约翰大学在内的一批拒绝立案的非法教会学校，仍未能予以坚决取缔。一些国民党政府要人与这些非法教会学校仍存在千丝万缕的联系，或向其捐献金钱、图书资料，或送其子女入校读书①。这不啻是对国民党政府收回教会学校政策的一种莫大的讽刺。此外，国民党政府对列强在中国各地所办的殖民教育，也同样束手无策。这些情况的存在，不能不使轰轰烈烈的收回教育权运动打了一定的折扣，在取得较丰富成果的同时，也保留了不少残余。有学者从废除不平等条约的角度评论认为，"从中国方面来看，并没有取消其在华设立学堂的条约特权，而且对外人滥用条约特权，在内地广泛设学的既成事实，采取了承认的态度"。因此，从本质上说，国民党政府所制订颁布的处置教会学校的诸多规章，"仍是对外人行使在华教育特权的具体的管理制度，是条约特权的附属物。"② 这一评价不失为深刻。彻底收回教育权——这在当时历史条件下尚不可能完全完成的历史任务，只能俟诸以后更强大的人民和政府去解决。

---

① 郑朝强《我所知道的上海圣约翰大学》，《中华文史资料文库》第17卷，"文化教育编"，第509页，中国文史出版社1996年版。
② 李育民《近代中国的条约制度》，第309页，湖南师范大学出版社1995年版。

第七章

余　论

第一节　建国初期教育权的完全收回

1949 年 10 月 1 日，随着中华人民共和国的成立，中国历史也由此翻开了新的一页。此前一直任人宰割的中华民族，终于一扫百年阴霾，步入了独立、自主、快速发展的轨道。在中国共产党和新中国政府的领导下，中国教育事业也焕然一新，从"提倡封建的、买办的、法西斯主义，为帝国主义和封建买办的统治者服务"的旧式教育，而跃入"新民主主义的、民族的、科学的、大众的"新式教育的发展阶段。作为旧式教育一部分的教会学校，其办学宗旨、人才培养方针、课程设置、经费来源、与西方国家的关系等方面，显然与新教育基本原则不符，甚至格格不入。因此，建国伊始，在党和政府对旧教育"坚决改造，逐步实现"的政策大背景下[①]，教会学校已不能按照原有历史逻辑继续生存发展，而进入了新的剧烈变化期。

建国前后，就党和政府对教会学校的政策演变看，主要经历了以下四个阶段：

第一个阶段，从 1948 年 9 月济南解放至 1949 年 12 月成都解放，为接管和维持稳定时期。解放战争开始以后，随着人民解放军的高歌猛进和国民党军队的节节失利，国民党政府、各教会组织及外方管理人员曾打算对各教会学校采取撤校、合并、南迁以及移往台湾岛办学等种种"应变"计划，但这些计划均遭到中国籍广大师生的强烈反对，被迫搁浅。从 1948 年下半年开始，教会学校迎来了解放高潮。1948 年 9 月，齐鲁大学成为第一个被解放的教会大

---

① 《马叙伦部长在第一次全国教育工作会议上的开幕词》，《教育文献法令汇编》（1949～1952），第 5～7 页，教育部办公厅编印 1958 年版。

学。1949 年 1 月 15 日，津沽大学解放。1 月 31 日，燕京大学、辅仁大学也归于人民的怀抱。随后，金陵大学和金陵女子文理学院于 1949 年 4 月 24 日，东吴大学于 4 月 27 日，之江文理学院于 5 月 3 日，华中大学于 5 月 16 日，沪江大学和圣约翰大学于 5 月 27 日，福建协和大学和华南女子文理学院于 8 月 16 日，岭南大学于 10 月 14 日，华西协和大学于 12 月 27 日，以及全国大陆为数众多的教会中小学，也都归于新政权的领导之下。在对教会学校的政策上，党和政府最初采取了"保护维持，加强领导，逐步改进"的基本管理政策①。1949 年 4 月 25 日人民解放军发布的《约法八章》中，就阐明了新解放区的接收方针："保护一切公私立学校、医院、文化教育机关、体育场所及其他一切公益机关。凡在这些机关供职的人员，均应照常供职，人民解放军一律保护，不受侵犯。"② 在接管过程中，对公立学校，一般由新成立的军事管制委员会文教部（文教组），或各级人民政府文教局（文教科）负责接管。对于各种私立学校，"只作一般的政治领导，暂不接收，但须宣布方针，规定条例，改革课程，取消训导制度，审查处理主要人员，呈报登记校产、设备、人数，实行民主管理，公开经费开支。"对于教会学校，"只要能接受上述方针，亦可允许继续办理，但不许强迫学生信仰宗教"③。在中央政府对教会学校更具体的办法出台以前，为敷急需，各省也拟订一些具体办法。如 1949 年 9 月，山东省人民政府发布《关于加强私立学校管理的指示》，要求对已存在的教会学校加强领导管理，积极改造。对于已经停办的一律不准恢复，准备新设立的一律不予批准。同时发布的《私立学校暂行管理办法（草案）》规定："私立学校不得设立宗教课程，或利用学校以宣传教义，更不得强迫学生信教及在校内举行宗教仪式。"④ 湖北省也制订《私立学校暂行管理办法（草案)》，规定教会学校"不得强迫学生参加宗教仪式"，教会学校"其校长不得由外国人充任"。在"不能把私立学校作为反对分子特务的隐身所"的前提下，"容许他们暂时接受美国津贴"，继续办学⑤。湖南省政府在 1949 年 12 月也制订《管理私立

---

① 《钱俊瑞副部长在第一次全国教育工作会议上的总结报告要点》，《教育文献法令汇编》（1949～1952），第 11 页，教育部办公厅编印 1958 年版。

② 大塚丰《现代中国高等教育的形成》，第 17 页，北京师范大学出版社 1998 年版。

③ 刘寿祺《解放初期湖南教育事业接管经过》，李枫主编《三湘私立学校（1900～1957 年)》，第 32～33 页，岳麓书社 2003 年版。

④ 《山东教育史志资料》，1989 年第 1 期，第 84、81 页。

⑤ 引自陈阳凤、丁美华《湖北省教会学校的沿革及其接管述略》，《华中师范大学学报》（哲社版）1987 年第 2 期。

中等学校暂行办法》，其中规定：（1）私立中等学校必须按照新民主主义教育方针及人民政府所颁布的教育法令或指示办理。（2）董事会已立案之私立中学，应一律重新登记。（3）私人或团体创设私立中等学校必须依照规定办理立案手续，非经批准立案，不得招生开办。（4）私立中等学校董事会之产生或改组，应报由当地人民政府审核转报省教育厅备案。（5）私立中等学校董事会所筹得或保管之财产，除为学校开支外，不得移作别用；如属不动产，非经省教育厅批准不得转移。（6）对办理成绩优良的私立中等学校由政府给予奖励，对不遵政府法令、办理不良者，"撤消其立案"。其校长不称职者，"得令董事会改选或解聘"。① 这种"管而不接"、"暂维现状"的政策，自然是一种临时性的过渡措施。实行这种政策的根本原因，主要是当时新政权甫经成立，百废待兴，没有充足的人力和财力完全、完整地接办包括教会学校在内的所有私立学校。同时，维持现状，暂缓处理，也有利于尽快恢复各学校的正常教学秩序。在这一时期，各教会学校大体维持了原有的私立学校性质及管理体制。

第二个阶段，从 1949 年 12 月成都解放至 1950 年 6 月底朝鲜战争发生，为整顿、改造时期。1949 年 9 月 29 日，中国人民政治协商会议第一届全体会议通过了具有临时宪法性质的《共同纲领》，其中第 5 章第 41 条规定："中华人民共和国的文化教育为新民主主义的，即民族的、科学的、大众的文化教育。人民政府的文化教育工作，应以提高人民文化水平，培养国家建设人材，肃清封建的、买办的、法西斯主义的思想，发展为人民服务的思想为主要任务。"第 46 条规定："人民政府应有计划有步骤地改革旧的研究制度、教育内容和教学法"②。根据《共同纲领》的这个规定，从解放初开始，人民政府对教会学校从以下三方面进行整顿和改造：一是改革教会学校的管理机构，主要是改组学校董事会，进一步削弱外籍董事和管理人员所掌握的权力，成立完全由中国人组成的校务委员会，由它负责学校的日常教育教学工作的管理。比如辅仁大学在北平解放后就成立了由教职工、学生、大学管理当局的有关人士共 17 人组成的临时校政会议，"内无教会代表"③。金陵大学则于 1950 年 1 月成

---

① 刘寿祺《解放初期湖南教育事业接管经过》，李枫主编《三湘私立学校（1900～1957 年）》，第 38 页，岳麓书社 2003 年版。

② 《中国人民政治协商会议共同纲领》，上海市高等教育局研究室等编《中华人民共和国建国以来高等教育重要文献选编》（上），第 1～2 页，华东师范大学出版社 1987 年版。

③ 董鼎编《学府纪闻：私立辅仁大学》，第 10 页，台湾南京出版有限公司 1982 年版。

立由校长、教务长、各学院院长、总务长、各系科主任、教育工会代表及学生代表参加的新的校务委员会。特别是职工和学生以主人身份参与决策学校大事，此为金大历史上的第一次。① 岭南大学校委会也"增加了新代表，包括两名低级工作人员和两名学生"②。其它大学的情况与此相似。在教会中小学，政府也要求建立和健全了校务管理委员会，对校董事会进行改组、革新，对原校董会人员进行"调查甄别"，目的在于使"所有国特分子和反动派决不容许混进其间，以掩护其活动"③。二是改革课程设置。这种改革包括两方面：一方面是废除公民课、三民主义课、军事训练、童子军训练及中学宗教课程，适当减少英文课程。另一方面则增加以中学《政治常识》和大学《辩证唯物论》、《新民主主义论》等为代表的思想政治理论课，并添加俄语作为大学选修课。1949 年 8 月 10 日，在华北高等教育委员会常委会第三次会议上，曾议定："关于各大学课程改革方面，决定各大学院校全校共同必修课为辩证唯物论与历史唯物论（包括社会发展简史）、新民主主义论（包括中国近代革命运动简史）两种，文法学院另加政治经济学一种为必修课。"④ 同年 10 月 12 日，华北高等教育委员会公布《各大学专科学校文法学院各系课程暂行规定》，重申了上述要求，并强调"各院系课程的实施原则是废除反动课程（如国民党义、六法全书等），添设马列主义的课程，逐步改造其他课程。"⑤ 根据以上规定，教会学校很快调整了课程设置，以适应新的形势。但在个别学校，这种课程改革仍遭到教会代表的反对。如在上海进德女中、求德中学，学校继续开设宗教课，被政府勒令制止，校长或辞职或给予记过处分。在徐汇中学和震旦附中，学校"把教徒与非教徒分开，住读生与走读生分开，高年级与低年级分开"，并变相进行宗教宣传，其校长张伯达、王仁生等被政府撤职。⑥ 三是重新立案登记。1950 年 6 月 1 至 9 日，教育部在北京召开第一次全国高等教育会议，会议通过了《高等学校暂行规程》、《专科学校暂行规程》、《私立高等

① 张宪文主编《金陵大学史》，第 497 页，南京大学出版社 2002 年版。
② 李瑞明编、郭查理著《岭南人学》，第 122 页，香港永昌印刷有限公司 1997 年版。
③ 刘寿祺《解放初期湖南教育事业接管经过》，李枫主编《三湘私立学校（1900～1957 年）》，第 37 页，岳麓书社 2003 年版。
④《华北高教会常委会第三次会议讨论改革大学课程订定辩证唯物论与历史唯物论新民主主义论为各大学必修课》，《人民日报》1949 年 8 月 12 日。
⑤《华北高等教育委员会颁布各大学专科学校文法学院各系课程暂行规定》，《人民日报》1949 年 10 月 12 日。
⑥《接管上海中小学的一些回忆》，《杭苇教育文集》，第 6～7 页，上海教育出版社 1985 年版。

学校管理暂行办法》、《关于高等学校领导关系的决定》、《关于实施高等学校课程改革的决定》等5项学校法令，强调"私立高等学校方针、任务、学制、课程、教学及行政组织，均须按照《高等学校暂行规程》及《专科学校暂行规程》办理"，并明确"私立高等学校的行政权、财政权及财产所有权均应由中国人掌握"。《私立高等学校管理管理暂行办法》还特别指出："全国私立高等学校，无论过去已经立案与否，均须重新申请立案。"其程序是由校董会准备材料向各大行政区教育部提出申请，经审查后转报中央教育部核准立案①。而此前，各教会中小学已经按照各省人民政府的规定进行立案登记。通过立案登记，我国政府进一步熟悉了教会学校的相关情况，为下一步的改造奠定了基础。总之，在这一时期，教会学校虽仍维持了私立学校的性质，但其管理体制、课程设置均已发生明显的变化，政府对其控制有所加强。

第三个阶段，从1950年6月底朝鲜战争爆发至1951年底对接受美国津贴教会学校的处理完毕，为中国政府和中国人民正式接办时期。1950年6月25日，朝鲜战争爆发，随即美国等西方国家出兵进行干涉。在战火蔓延至家门口之时，中国也于10月派出志愿军入朝参战。在中美实质上处于"交战敌国"的情况下，与美国等西方国家颇有渊源的教会学校，其何去何从，是当时政府和教会学校内部都必须面对的一个现实问题。抗美援朝战争发生后，教会大学的绝大多数师生与其他中国人民一样，坚决申讨帝国主义的侵略罪行，并举行多种形式的反美宣传，有的甚至报名参军入伍。在斗争中，一些师生也提出了将教会学校收归公办的主张。而随后发生的辅仁大学经费事件及美国冻结中国在美财产的事件，则坚定了政府将教会学校收归公办的决心。

建国后，辅仁大学在校长陈垣的领导下，积极响应人民政府号召，进行了一系列校务革新。1949年2月，该校成立教员会、职员会、职工会。3月初，该校废除由外国天主教神甫充任、实际上操纵学校大权的"校务长"一职，另行成立临时校政会议。3月3日，该校第一次临时校政会议议定，在即将开始的新学期取消《公教学》、《公教史》、《新宗通谍》、《伦理学》等宗教课程，增设《新民主主义论》、《辩证唯物论》、《社会发展史》等各系必修课，教育系另增开《新民主主义教育》，经济系增开《资本论研究》，社会系《比较政府》改授《新民主主义政治》及《英美政府组织》。这一系列课程改革和

---

① 《私立高等学校管理暂行办法》，上海市高等教育局研究室等编《中华人民共和国建国以来高等教育重要文献选编》（上），第13页，华东师范大学出版社1987年版。

校务革新，特别是"辅大部分教职员作极端反教会活动"①，引起外国天主教会的不满。时为天主教圣言会驻校代表的神父芮歌尼，在 1950 年 7 月 14 日写信给校长陈垣，称教会每年可给予该校 14.4 万美元拨款，但要满足以下 4 项条件：一是学校新的董事会由教会选任，二是教会对学校人事安排有否决权，三是附属中学的经费自给自足，四是圣言会所在地由教会保留，任何人不准侵扰。同时，他还要求解雇 5 名进步教授。7 月 29 日，芮歌尼又进而宣布，"自本年 8 月 1 日起，教会对辅仁大学之补助经费即告断绝"，并扬言要将学校撤至菲律宾。显然，辅仁经费问题的本质在于，"是争教育主权，不关宗教信仰。"② 外国教会企图以停止拨款为要挟，来控制学校的大权，阻挠该校的校务革新和课程改革。时异势移，这种侵犯中国教育主权、公开挑战中国政府权威的行为，当然是已经完全站起来了的中国人民所不能同意的。7 月 31 日，辅仁大学召开全校大会，强烈反对教会干涉学校行政的行为。中央人民政府随即介入，先行垫付学校 2 个月经费以维持正常办学。天主教会和芮歌尼则继续强硬，天主教会两次发表《告同学同仁书》，芮歌尼则绕过教育部，在 8 月 27 日和 9 月 19 日两次向周恩来总理上书。周总理在接到其第一封信后，在教育部《关于处理北京私立辅仁大学问题的报告》上作了批示："辅仁大学天主教圣言会代表芮歌尼来信带示威作用，毫无道理，应由教育部邀其会谈：在遵守中央人民政府及《共同纲领》的条件下，可以继续办下去。教会与学校的关系，只是协助经费及主持宗教选修科，圣言会可以保留，但学校人事和行政方面，绝不容许干涉。教会可以开除它认为所谓背叛教义的教徒的教籍，但绝不容许干涉这些教徒的教授地位。"③ 9 月 25 日，教育部长马叙伦邀芮歌尼会谈，首先提出政府对教会学校的 5 个基本原则：

（一）在一个独立民主的国家里，不允许外国人办学校，除非是他们的侨民自己设立而为教育他们的子女的学校，这是世界通例。（二）外国人在旧中国所办的教会学校，因为它们已经办了多年，所以必须在它真实的遵守中国政治协商会议共同纲领及教育方针与法令的条件下，可以暂允许它继续办，但中央人民政府保有根据需要以命令收回自办的权利，更绝对不允许新设这类性质的学校。（三）宗教与学校教育是两回事，必须明确分开，不许任何曲解与含

---

① 董鼎编《学府纪闻：私立辅仁大学》，第 11 页，台湾南京出版有限公司 1982 年版。
② 陈垣《辅仁大学反帝斗争的经过》，《大公报》1950 年 10 月 22 日。
③ 徐达深《中华人民共和国实录》第 1 卷（上），第 334 页，吉林人民出版社 1994 年版。

混。在学校课堂内不允许进行做礼拜、查经等宗教活动。（四）教会设立的高等学校，可以设宗教的课程，但只准是选修，而且不允许任何强迫与利诱学生选修宗教课程。（五）中央人民政府教育部最近颁布的《高等学校暂行规程》和《私立学校管理暂行办法》是全国私立高等学校都要遵守的法令。

可以看出，这5个基本原则是对前述周总理批示精神的细化。在会谈中，马叙伦也就辅仁大学问题进行了9个方面的答复。其一，必须了解前面所说的5项原则，尤其是第一、三、五3条。其二，信教自由，同时不信教也是自由的，批评宗教也是自由的。因此，不能把不信教与批评宗教认为是反宗教的行动。其三，在中国境内的学校，必须设革命的政治课，这是教育法令。进行革命的政治教育与保障宗教信仰自由，同是中华人民共和国的既定政策。其四，教会与辅仁大学的关系只是补助经费及主持宗教选课，不能涉及学校行政及其他，否则便是违反共同纲领及教育方针与法令。其五，辅仁大学校董会可以成立，而且应该成立，但必须遵照私立高等学校管理暂行办法办理。其六，辅仁大学校长陈垣，执行中央人民政府政策法令，处理校务，能称其职，其职位不应有所变更。其七，5位教授的聘任与否，属于学校行政权限。他们若是教得好，政府有责任保障他们的地位。他们若是教徒，若是不信教或批评宗教或反宗教的言论与行动，那么教会可以执行教会的纪律，但不应该把教会的纪律扩大到学校的行政范围里去，而且也不应该干涉教授们应有的地位。其八，教会从8月1日起停发补助费，这种举动对辅仁大学是不利的，对几千名师生员工是有害的，是会使中国的人民教育事业受到损害的。因此，中央人民政府认为在不能容忍的时候，即将收回自办。其九，辅仁大学事件应该于本月内解决，教会倘若不愿照上述方针与办法，政府即决心采取最适当的办法，保障辅仁大学的工作得以顺利进行①。但芮歌尼在请示教会后拒绝了中国政府的以上劝告，并表示："除非从基本上改变五原则，补助费决予停止。"10月6日，政务院讨论了教育部《关于处理北京私立辅仁大学问题的报告》，报告认为"这是关系到维护我国主权与帝国主义斗争的问题"，建议将辅仁大学收回自办。政务院批准了报告，周恩来在讲话中指出："帝国主义对中国军事的和政治的侵略已经失败，经济的和文化的特权还存在着。我们必须有步骤地收回这些特权。对辅仁大学事件，已做到仁至义尽，必须将其教育权和财产权收回。对别的教会学校，可允许继续自办，如果有类似辅大情况，也照此办理。"10月12

---

① 马叙伦《为接办辅仁大学发表的书面谈话》，《新华月报》第3卷第1期。

日，该校正式由教育部收回公办。辅仁大学也成为建国后第一个收回自办的教会大学。

1950 年 12 月 16 日，美国政府突然宣布冻结中国在美国的所有财产，并禁止向中国汇寄资金。这使中国绝大多数教会学校面临主要经济来源断绝的危险，其生存成疑。为此，中国政府也宣布冻结美国在中国的所有财产，并于 12 月 19 日通过《关于处理接受美国津贴的文化教育救济机关及宗教团体的方针的决定》及《接受外国津贴及外资经营之文化教育救济机关及宗教团体登记条例》，指出："政府应计划并协助人民使现有接受美国津贴的文化教育救济机关和宗教团体实行完全自办，接受美国津贴之文化教育救济医疗机关，应分别情况或由政府予以接办改为国家事业，或由私人团体继续经营改为中国人民完全自办之事业。其改为中国人民完全自办而在经费上确有困难者，得由政府予以适当的补助。"① 1951 年 1 月 16 至 22 日，教育部在北京召开"处理接受外国津贴的高等学校会议"，燕京大学、协和医学院、津沽大学、东吴大学、金陵大学、金陵女子文理学院、华西协和大会、华南女子文理学院、福建协和大学、沪江大学、圣约翰大学、震旦大学、震旦女子文理学院、岭南大学、之江大学、华中大学、齐鲁大学、铭贤学院、文华图书专科学校等 19 个接受外国津贴高等学校的董事长、校长及学生代表共 85 人，出席了会议。随后教育部颁布了《关于处理接受美国津贴的教会学校及其他教育机关的指示》，要求对有关教会学校进行调查登记，做好接收的思想准备，并拟定处理方案，有步骤地进行处理。其中提出主要的处理原则是：原来学校经费之全部或绝大部分由美国津贴、又无改由中国人私人出资办理条件者，接收为公立学校；原来学校经费之一部来自美国津贴，另一部来自其他外国之津贴者，应改组其董事会与学校行政，其行政权必属于中国校长，政府在停止美国津贴后应酌予补助；原来学校经费之一部来自美国津贴，大部靠学费收入及由中国私人筹募者，应争取由董事会积极负责，清除一切外国籍董事，改为完全由中国人自办的私立学校。其经费有困难者，政府可予以适当补助。② 到 1951 年 12 月，对接受美国津贴的教会学校的清理、处理工作基本结束。据教育部提交给政务院文化教育委员会的报告统计，高等学校方面，共处理 16 校。其中由政

---

① 《关于处理接受美国津贴的文化教育救济机关及宗教团体的方针的报告》，《教育文献法令汇编》（1949～1952），第 61 页，教育部办公厅编印 1958 年版。
② 《关于处理接受美国津贴的教会学校及其他教育机关的指示》，《教育文献法令汇编》（1949～1952），第 63～65 页，教育部办公厅编印 1958 年版。

府接办改为公立的计 7 所（包括燕京大学、津沽大学、协和医学院、铭贤学院、金陵大学、金陵女子文理学院、福建协和大学、华南女子文理学院、华中大学、文华图书专科学校、华西协和大学），改由中国人民自办但仍维持私立的计 9 校（包括沪江大学、东吴大学、震旦大学、震旦女子文理学院、圣约翰大学、之江大学、齐鲁大学、岭南大学、求精商学院），总计拨付处理经费 62162369000 元。中等学校方面，共处理 268 校，其中由政府接收改为公立的 51 校，占 20% 左右。由中国人民自己办理但仍维持私立的，共 217 校，占 80% 左右，共拨付经费 29749230000 元。初等学校方面，共处理 465 校，其中由政府接收改为公立的占 15%，维持私立的占 85%，共拨付经费 7238820000 元。

辅仁大学经费事件和美国停止向中国教会学校拨款事件，是中国教会学校发展史上颇具关键性的两个事件，它深刻地影响到教会学校的发展走向与历史命运。诚如当时教育部副部长钱俊瑞所分析指出的，"公立私立并不是这次处理美国津贴的学校的关键"。真正的关键在于，反对外国的文化侵略，"把我们的学校从美帝的控制和影响下解放出来，变成中国人自己的学校。"① 以这两次事件的解决为标志，中国教会学校彻底摆脱外来教会与外力控制的纠缠与影响，从此进入中国政府与中国人民独立、自主、自办的轨道，中国由此完全、彻底地收回了教会学校的教育权。

第四个阶段，从 1951 年底对接受美国津贴教会学校处理完毕至 1956 年底，为各教会大学院系调整及私立中小学改为公办时期。处理接受美国津贴教会学校工作完毕后，"教会学校"这一名称实际上已经失去意义，它们真正的身份是中国公、私立学校。随着苏联教育模式的引进及国家建设对工科人才需求的扩张，这些"前教会大学"的学科结构、办学特点与人才培养模式已不能适应当时国家经济建设与教育发展的需要，对其进行大规模调整势在必行。

早在 1952 年全国高校大规模院系调整之前，一些"前教会大学"就进行过部分合并。如 1951 年 4 月 12 日，福建协和大学与华南女子文理学院合并成立福州大学；8 月，华中大学与中原大学教育学院合并成立新的公立性质的华中大学；9 月 19 日，私立津沽大学改为国立津沽大学；10 月，金陵大学与金陵女子大学合并成立公立金陵大学；震旦大学与震旦女子文理学院合并成立新

① 《钱俊瑞副部长在处理接受美国津贴的高等学校会议闭幕时的讲话》，《教育文献法令汇编》(1949～1952)，第 71 页，教育部办公厅编印 1958 年版。

的震旦大学等。1952 年 5 月和 1953 年 5 月，教育部和高等教育部①出台《关于全国高等学校 1952 年的调整设置方案》及《关于 1953 年全国高等学校院系调整的计划》。调整的方针是："以培养工业建设人才和学校师资为重点，发展专门学院，整顿和加强综合大学。"② 根据这两个方案，这些"前教会大学"的院系与其它公立、私立大学的院系完全融合，组成新的大学。如辅仁大学西语系并入北京外国语学院，社会学系并入中央财经学院，经济系并入中国人民大学，哲学系并入北京大学，其它科系并入北京师范大学，原校园归北京师范大学。燕京大学文、理学院并入北京大学，教育学系并入北京师范大学，政治、经济、社会学系并入北京政法学院，校园归北京大学。津沽大学工学院并入新天津大学，其文学院、理学院并入新南开大学，以师范学院为基础，在原址上成立天津师范学院。齐鲁大学各系分别并入山东大学、南京大学、山东师范学院、山东农学院和山东医学院，校园归山东医学院。沪江大学、圣约翰大学、震旦大学各院系分别并入同济大学、上海交通大学、复旦大学、上海财经学院、华东政法学院、华东师范大学，并以圣约翰大学医学院和震旦大学医学院、同德医学院为基础，成立上海第二医学院。之江大学的文理学院与与浙江大学文学院合并，在原址上组建浙江师范学院；其工科各系与浙江大学工学院合并，仍称浙江大学；其建筑系与南京大学工学院、金陵大学工程系合并，成立独立的南京工学院；其财经系并入浙江财经学院。东吴大学文、理系科与江南大学数理系及苏南文教学院合并，成立苏南师范学院；其化工系并入化工学院，药学系并入华东药学院，经济系并入上海财经学院，社会系并入复旦大学，原校园归苏南师范学院。金陵大学文理系科并入南京大学；其农学院与南京大学农学院合并，成立新的南京农学院，原校园归南京大学。华中大学与中原大学、武汉大学合并调整，在原校址组建华中师范大学。岭南大学文、理、政法、财经各学院并入新中山大学，工学院并入华南工学院，医学院并入华南医学院，农学院并入华南农学院，教育系并入华南师范大学，原校园归华南工学院。华西协和大学文理各系并入四川大学，医学科系保留，学校更名为四川医学院。福州大学改名为福建师范学院。在调整之后，诸如"燕京"、"齐鲁"、"沪江"、"圣约翰"等这些仅存的旧教会大学标记，也完全取消。"前教会大学"彻底纳入中国公立高等教育体制之内。

---

① 1952 年 11 月成立，马叙伦任首任部长。
② 何东昌主编《中华人民共和国重要教育文献（1949～1975）》，第 150 页，海南出版社 1998 年版。

在高等学校进行大规模院系调整的同时，1952 年 9 月 1 日和 11 月 15 日，教育部又颁布《关于接收私立中小学的指示》及《关于接办私立中等学校和小学的计划》，决定从 1952 年下半年至 1954 年，"将全国私立中小学全部由政府接办，改为公立"①。其接收的基本原则是："先接办接受帝国主义津贴的私立学校，后接办中国人自办的学校；先接办政治条件差，办理很坏和经费极端困难的，再接办普通的，最后接办较好的。"② 由于私立中小学数量众多，情况复杂，故对其改造拖延时间较长，有些地区直至 1956 年才将全部私校改为公立③。

以上简要缕述了新中国建国初期对旧教会学校的管理、接办、改造与调整的历程。经过 7 年多的发展变化，旧教会学校的所有明显印记均已抹去，它们均变成国家公立教育体系的一部分。收回教育主权、维护中国教育的统一与独立，近代以来仁人志士所怀有的这一教育梦想，终在中国共产党和新中国政府的领导下，彻底地变成现实。

第二节　收回教育权运动的历史地位

1920 年代收回教育权运动，是抗日战争前中国教育领域所发生的一场最大规模的民族主义运动。这一运动上承五四新文化运动与非基督教运动之余绪，前后波及达 10 年之久（从 1923 年 9 月余家菊提出 "收回教育权" 口号至 1933 年 10 月国民党政府发布《修正私立学校规程》）。在运动中，国、共、青等政党，及中华教育改进社、全国省教育联合会和其它一些全国性、地方性教育社团积极参与，一大批初步成长起来的教育界、学术界专家学者踊跃参加。最终形成一种良性互动和社会合力，使政府通过颁布严格的学校注册法令迫使教会学校不得不立案的方式，基本收回了教会学校的教育权。收回教育权运动对当时及以后中国的教育、宗教发展，均产生了不容忽视的影响。

首先，在教育思想、教育制度两个层次上，收回教育权运动对中国现代教育贡献甚大。思想层面的贡献，直接地体现在 "教育为国家主权"、"教育与

---

① 《关于接办私立中、小学的指示》，《教育文献法令汇编》（1949～1952），第 201 页，教育部办公厅编印 1958 年版。

② 《关于接办私立中等学校和小学的计划》，《教育文献法令汇编》（1949～1952），第 211 页，教育部办公厅编印 1958 年版。

③ 《接管上海中小学的一些回忆》，《杭苇教育文集》，第 4 页，上海教育出版社 1985 年版。

宗教分离"、"国家主义教育"思想的提出。制度层面的贡献体现在对教会学校的管理体制建立上。

现代意义上的国家主权的概念，起源于1577年法国哲学家让·布丹《共和论六卷集》一书。让·布丹认为，主权是"统治公民和臣民的不受法律约束的最高权力，因而在范围和时间上也是无限的，它代表绝对的和永久合法的权力"。此后，随着近代国家间关系的逐步发展与国际法的形成，国家主权概念被知识界迅速认同并日渐膨胀，成为各国民族主义运动中最常见、也最具号召力的主题词汇。不过，在现代民族国家形成历程中，主权意识与民族主义运动，到底谁为因谁为果，这仍是史家争论不休的一个问题。而从教育主权的概念看，它明显是国家主权概念在教育领域的延伸、扩充。这一概念的提出，对开展国与国之间的教育、文化、学术的交流与合作，具有规范性的指导意义。但是，诚如本书第一章中所研究指出的，教育主权概念在近代中国的出世及被学界和政府认同，却颇费曲折。由于中国从传统国家向近代国家转型的艰难及新教育发展的滞后，教育主权的概念形成于教育主权被损害的事实之后。换句话说，在清末二、三学者初步涉及教育主权概念之时，外国教会教育、殖民教育已经在中国抢滩登陆，开辟出一片不受中国政府管辖的教育独立王国。这种概念与事实的错位，不可避免地导致中国在维护教育主权、保持教育统一与独立性方面的被动与艰辛。因此，面对列强、外国教会势力根据不平等条约而举办的各种学校，清末民初政府只能采取消极抵制的态度，尚无法加以取缔。对于中国知识界来说，其民族自觉与教育自觉尚未成熟，教育主权的概念仍处于朦胧之中。但至20年代，情况发生了变化。一方面，经过新文化运动洗礼和五四运动刺激的中国知识分子日渐觉醒，其维护民族主权的意识大大增强。另一方面，此时中国新教育发展渐有成绩，专业化程度大大提升，教育学科、教师队伍、教育团体、教育学术研究等方面均非从前可比。随着一批现代型教育学者的成长壮大，较比前辈，他们更加关注与国家、民族现实和前途息息相关的重大教育问题。在此背景下，教育主权进入学者的视野并成为焦点，已属必然。以余家菊、李璜、陈启天、舒新城、杨效春、古楳等教育家为代表，人们积极宣传"教育为国家的一种主权"、是"独立国家完全施行其'国家教育'的一切权能"①，力陈外国教会教育、殖民教育对中国教育主权的损害。这一宣传由于结合了法国、土耳其等国收回教育主权的事实及国内教会教育发展的

---

① 古楳《国人应运动收回教育权》，《时事新报·学灯》，1925年3月29日。

大量数据，从而使其更具说服力。尽管仍有个别人坚持"教育不是国家的一种主权（如同领土权，商业权等等），乃是人民的一种权利（如同信仰自由权、居住自由权等等）"①，但包括基督教教育者在内的绝大多数中国学者则很快认同这一观点，并写进全国教育团体通过的有关议案及政府颁布的有关教育法令之中，成为收回教会学校教育权最重要的法理依据。实际上，在30年代以后，"教育为国家主权"的观点，已不是学者高论，而成为一种常识。这是收回教育权运动对中国教育的一大思想贡献。

　　收回教育权运动对中国教育的第二大思想贡献，是"教育与宗教分离"观点的提出和确立。"教育与宗教分离"作为近现代世界各国所公认的一种教育公理，它是随着近代世界各国"政教分离"运动而衍生、确立起来的。从中国来看，清末民初特别是20年代收回教育权运动初期，学术界对"教育和宗教分离"这一先进思想进行了集中宣传，本书第一章已有过讨论，此不赘述。从整体上看，20年代中期以后，"教育和宗教分离"的观点已成为学界和政府的共识，对当时及以后中国教育发展，至少产生了三个方面深远的影响：第一，此一思想的提出，有助于人们厘清教育与宗教的区别，正确认识教育、国家、宗教三者之间的辩证关系，推动了国人教育观念的更新和进步。第二，此一思想为20年代后中国政府处置教会学校及一般学校的宗教教育问题，提供了重要的学理支撑。按照这一原则的要求，在所有学校中，教育与宗教应彻底分开，学校在各宗教中保持中立，教徒与非教徒学生在学校中享有完全平等的权利，学校只能教授一般宗教知识而不能强迫或诱导学生信仰宗教，宗教组织、宗教团体也不得举办国民教育系列学校，同时亦不能干涉学校教育权等。以上这些要求，除最后一条外，其余均在30年代已经实现。新中国建国初期，在处理学校教育与宗教的关系问题上，继续坚持了"教育和宗教分离"的原则，并将其要求全部实现。第三，此一思想的提出，推动了中国教育的世俗化进程。所谓世俗化，在西方主要是指剥夺教会对教育权的垄断，将这种权力移交给国家；取消宗教教学内容，增加科学知识的教育；改变为教会服务的办学方向等。诚如论者所言："相对而言，世俗化就是一个非神圣化的历程，是从一个偏差了的状况，走回一个比较正常化的状况中。"② 不过，教育的世俗化虽是近现代世界教育发展的一个普遍规律，但因各自历史、文化、民族与理念

---

① 张仕章《收回教育权运动的研究》，《青年进步》第92册，1926年4月。

② 吴梓明《基督教与中国大学教育》，第254页，中国社会科学出版社2003年版。

的不同，各国教育世俗化进程又呈现出不同的历史图景。在西欧，从公元5世纪西罗马帝国解体直至16世纪宗教改革运动发生的1000多年前，西欧各国的教会与国家的关系是"一个共同体内两种权力体系即世俗权力和精神权力的关系"，二者既相互竞争、摩擦和厮杀，又相互依存、相互纠结、相互渗透，难解难分①。在教权与王权的纷争中，教育权被教会独占，僧侣们获得了知识和教育的垄断地位。从14世纪文艺复兴运动开始，西欧各国教育开始世俗化、国家化进程，经过宗教改革运动、启蒙运动和资产阶级革命运动的冲击，这一进程基本完成，教育被确定为一项国家事业而受到国家控制。在中国，情形则有所不同。综合来看，中国教育实际上有三次教育世俗化的过程。第一次发生在商周秦汉时期，中国逐步摆脱早期宗教的影响，而确立了政（治）教（化）合一的政治、教育体制，学校教育以富于人文主义色彩和世俗精神的儒学知识为全部内容，私学、书院等非公立教育机构也被纳入了国家教育管理体系之内。第二次则发生在清末民初，中国教育逐步摆脱内部宗教性儒学的影响（以民初政府颁布新教育方针和停止"尊孔读经"、新文化运动知识界"反孔"及民初"孔教"运动的失败为标志），儒学的信仰体系被瓦解，它仅作为一种知识而在教育中得到保留。第三次发生在20世纪20～30年代，即收回教育权运动时期。在知识界反教会教育及政府严格限制学校宗教教育的压力下，教会学校被迫改弦更张，淡化宗教性、外国性，强化国家性、社会性和世俗性，这使中国教育开始从外国教会势力的压迫下解放出来，对人才培养、科学研究、社会发展起到了积极的推动作用。建国以后，在马克思主义的历史唯物论、辩证唯物论及无神论思想的指导下，新中国更高举"教育和宗教分离"的大旗，建立了彻底脱离宗教臭味、完全世俗化的国家教育体制。

收回教育权运动对中国教育的第三大思想贡献，是国家主义教育思想的提出。国家主义教育思想发端于近代德、法与日本，是与英、美等国盛行的自由主义教育思想相并列的世界教育思潮。20世纪初以后，这一思潮开始由国外传入中国，并在收回教育权运动时期由国家主义教育派将其推向极致。国家主义教育思想，如陈启天所总结的，主要有4点内涵：一是"教育是一种国家主权，不是私人或党派主权，不是地方主权，不是教会主权，更不是外国主权"；二是"教育是一种国家事业，不是私人（或党派）事业，也不是地方事

---

① 丛日云《在上帝与恺撒之间——基督教二元政治观与近代自由主义》，第198～199页，三联书店2003年版。

业，不是教会事业，更不是国际事业"；三是"教育是一种国家工具，不是私人或党派工具，不是地方工具，不是教会工具，更不是外国在本国殖民的工具"；四是"教育是一种国家制度，不是私人（或党派）制度，不是地方制度，不是教会制度，更不是国际制度。"① 可以看出，国家主义教育思想的核心，是强调国家利益是教育根本的和最高的利益，它既是教育的出发点又是教育的最终目的。实施国家主义教育，必然导致国家对教育的高度集中、控制和集权，至于个人、社会团体与地方，在教育中则没有多少自主、自由的空间。在中国现代教育史上，尽管最初竭力提倡这一思想的国家主义教育学派因政治原因而很快解体，但该派所勾勒出的国家主义教育体制框架却被后来的国民党政府和新中国政府所继承。易而言之，如果不论国共两党在意识形态上的区别，只就民国政府和新中国政府对教育的管理运行体制看，教育的国家化、集权化、统一化，仍是教育的最高原则和目标。近现代国人与政府之所以如此青睐这种教育思想和教育管理体制，原因其实不难理解。对于中国这样一个幅员辽阔、省份众多、民族成分复杂的大国来说，地方主义、民族分裂倾向总是格外受到关注，而实行中央集权则是预防分裂、维持国民对国家认同的惟一可取的制度。加之近现代中国内忧外患严重，国家整体实力不济，以致挨打受欺，因此，"强国"成为国人压倒一切的集体诉求。这种现实反映在思想界，就是一切提倡国家统一、独立、强大的学说，必然受欢迎。而那些宣扬个人利益和个人自由，甚至将其置于民族整体利益与民族整体自由之上的学说，则显得有些迂阔而不切实际。从教育思想看，也莫不如此。

收回教育权运动对中国教育的第四大贡献，是促使政府形成了较成熟的对教会学校的管理体制。在收回教育权运动爆发前，晚清政府对教会学校基本无可奈何，北洋政府虽已出台过 4 个管理教会学校的文件，但其内容过于空泛，同时对教会学校的限制也不够严厉。收回教育权运动时期，余家菊、陈启天等教育家及中华教育改进社、全国省教育联合会都拟订了处置教会学校的基本方案，其主要精神是在坚持"教育为国家主权"、"教育与宗教分离"的原则前提下，对其实行严格立案注册、严格管理、严格监督、严格取缔。在其推动下，20 年代末 30 年代初，国民党政府形成了较系统全面的管理教会学校的体制。这一体制的基本点是：其一，将教会学校纳入私立学校体制予以管理；其二，设定较严格的立案注册标准，包括校董会人选、校长人选、经费来源、基

---

① 陈启天《最近三十年中国教育史》，第 194～195 页，上海太平洋书店 1930 年版。

本设备、课程设置等。达到标准者，允许注册办学，否则予以取缔；其三，实行立案后的监督管理，包括派员调查等；其四，对教会学校给予少量的经费补助。这一管理体制虽有一定缺陷（主要是对非法教会学校的取缔不够），但总体上看，仍是一个成功的制度。毕竟通过这一制度，中国政府第一次实现了对教会学校的政策管理，教会学校不再是游离于中国教育体制之外的独立王国。建国之初，新中国政府大体继承了这一管理体制。直至 1952 年以后，因形势变化，政府对私立学校的政策才有较大的改变。

其次，作为非基督教运动的延伸和深化，收回教育权运动与非基督教运动一起，助推了教会内部的教务革新和教会学校的改革，为基督教的"本色化"以及教会学校的中国化，提供了外在的驱动力。

所谓基督教的"本色化"，实质上就是中国化，也即建立自立、自传、自理、自养的本土教会。在这种教会中，所有内部事工均以中国信徒为主导，而外国传教士只处在从属地位。中国基督教"本色化"运动起源甚早，但自 1922 年 5 月全国基督教大会后，才迅速从理论鼓吹转向实践推行阶段。1924 年，全国已有 330 处属于"自立会"的地方教会。1927 年以后，中国本色教会逐渐成为普遍的现实存在①。中国基督教"本色化"运动在 20 年代之所以进展迅速，自然与此期非基督教运动和收回教育权运动对教会所施加的强大压力直接相关。如赵紫宸在 1927 年所说：

中国教会，久已有彻底的思想与改造，只因为内缺恳切的要求，外无凶猛的刺激，故有停鞭安辔的现状。现在则不然了。反基督教运动藉着政治的权势，开始与基督教为难。南方的国民政府，对于基督教会及教会学校有收回主权，实行立案的种种明文。在此情势之下，中华基督徒不得不作彻底的思考立鲜明的表帜。人间万事，若要有彻底的解决，即非容易；不过不彻底解决，只可以暂时避免艰难与痛苦，断不能将艰难铲除，痛苦消灭了。今日中国教会决不再要用吗非针来止痛，乃要"一捆一掌血，一棒一条痕"地创造她自己的生命。教会现在逢到了广大的艰难、剧烈的痛苦么？可贺！微明复暗，在鸡唱之后，果然；然而立刻要天晓了！②

在 20 年代一浪高过一浪反基督教风潮刺激下，教会内部中国籍教徒迅速觉悟，"于是一般热心分子，主张建造礼拜堂，要改为中国古式，诗歌也要改

---

① 杨天宏《基督教与民国知识分子》，第 385 页，人民出版社 2005 年版。
② 《风潮中奋起的中国教会》，《赵紫宸文集》第三卷，第 237 页，商务印书馆 2007 年版。

用中国调，甚至提倡做礼拜，可以供香案，像南京艾香德氏组织'景风山'一样，把礼拜仪式，采取佛教方法，燃点香烛，跪读经文。"① 以吴雷川、赵紫宸、诚静怡、刘廷芳等为代表的一批基督徒学者，则将"本色化"的重心放在基督教文化与中国文化的结合上。他们努力寻找基督教本质与中国文化精神"融会贯通打成一片"之处，冀望基督教"能脱下西方的重重茧缚，穿上中国的阐发"，以使国人真正了解和接纳基督教②。

从收回教育权运动看，其对中国基督教"本色化"运动也颇有贡献：其一，提倡反教会教育、主张收回教育权的人士，在运动中对宗教教育进行了无情地、彻底地否定，这促使教会内部不得不反思宗教教育的价值，重新思考宗教教育的方法、形式、课程设置等。最终使得绝大多数教会学校放弃了强迫式的宗教教育。其二，在收回教育权运动中，反教会教育人士集中火力，对教会学校隆中抑西、轻视中国文化教育的现象也进行了切中要害的批评。这促使教会学校不得不增加如国文、国史、地理等课程的教学份量，并加大对中国文化和中国国情的研究。如在 1926 年 5 月，王治心就撰《本色教会与本色著作》一文，对加强教会学校的国学训练和国学研究进行了探讨。王治心说，"任何人都能批评教会学校的国文程度太低，这是不能否认的一回事。"他认为，各级教会学校尤其是中学，"必须慎选国学的教员，改良功课上的支配，使国学的功课，列在各种功课之首，学生得有相当的训练。"同时，他也提出"特设研究院以资深造"的建议，说：

> 为今之计，宜物色此种人才，在中学肄业时代，已得相当的训练，奠定国学的基础。即仿照下列书目，有过一番研究的人，中学毕业以后，即可考入研究院，分部研究——宗教，国学，英文，——宗教中以基督教为最注重，务求其彻底了解；国学可分文学哲学伦理学等科，务求其专门的深造；英文求其能读能译。此种研究，非十年八年不足以成功。仿旧式书院制度，择山明水秀幽静之处，——如杭州之西湖等处——各科聘请专门家任指导之责，考入学员，自由研究，遇有困难之处，随时得请业于院中指导员，是项指导员仿佛书院中的山长，于指导学员研究之外，得从事于专门的著作。同时又须有充分的参考书籍，供研究时的运用。

---

① 沈亚伦《四十年来的中国基督教会》，张西平、卓新平编《本色之探——20 世纪中国基督教文化学术文集》，第 539 页，中国广播电视出版社 1999 年版。

② 《基督教与中国文化》，《赵紫宸文集》第三卷，第 267 页，商务印书馆 2007 年版。

他还效仿胡适与梁启超为清华学生开列《国学研究最低限度的书目表》，也同样开出了一份教会学校学生《国学入门书目表》①。王氏的上述建议虽有过于理想化的一面，但其加强国学教育的观点无疑是此时绝大多数中国基督教教育者的共同呼声。在其影响下，中国文化在教会学校中的地位有了明显的改变。

其三，收回教育权运动也锻炼了"本色化"所需的本土人才。在运动期间，一些教会学校的传教士和外籍教师为免冲击而纷纷离开，这使中国籍教师得到了难得的锻炼机会。他们义无反顾地挑起重担，在非常困难的情况下维持了学校的生存。各教会学校在立案后，其学校行政管理权力至少在表面上也实现了转移。一批颇有声望的华人教徒开始进入学校管理层，出任董事或校长。他们奔走于政府、教会、广大师生之间，为中国教育的发展做出了贡献。可以说，收回教育权运动加速了中国本土教会人才的成长，这一点是十分肯定的。

以上简要概述了收回教育权运动对中国现代教育和中国基督教"本色化"运动的主要贡献。实际上，作为一场持续时间较长、参与群体身份复杂、涉及问题众多的社会运动来说，以上概括只能说是挂一漏万。这一运动所昭示的教育、宗教、政治等层面的丰富意义及其对中国社会广泛的影响，仍有待于后起研究者作更进一步的探索。

---

① 王治心《本色教会与本色著作》，张西平、卓新平编《本色之探——20世纪中国基督教文化学术文集》，第223～235页，中国广播电视出版社1999年版。

参考文献

一

《外交报》

《清议报》

《新民丛报》

《万国公报》

《东方杂志》

《申报》

《湘学报》

《知新报》

《警钟日报》

《四川》

《浙江潮》

《中国新报》

《孔教会杂志》

《昌明孔教经世报》

《清华周刊》

《少年中国》

《觉悟》

《新青年》

《向导周报》

《中国青年》

《政治生活》

《中国学生》

《醒狮周报》

《时事新报》

《学灯》

《民铎》

《国风》

《生命》

《真理》

《青年进步》

《中华基督教教育季刊》

《教育世界》

《教育杂志》

《教育汇刊》

《中华教育界》

《新教育》

《新教育评论》

《国家与教育》

《政府公报》

《大学院公报》

《教育部公报》

《民国日报》（上海）

《广州民国日报》

《汉口民国日报》

《大公报》（长沙）

二

璩鑫圭、唐良炎编：《中国近代教育史资料汇编·学制演变》，上海教育出版社1991年版。

璩鑫圭编：《中国近代教育史资料汇编·教育思想》，上海教育出版社1997年版。

陈学恂主编：《中国近代教育史教学参考资料》，人民教育出版社1986年版。

李桂林主编：《中国现代教育史教学参考资料》，人民教育出版社1987年版。

朱有瓛主编：《中国近代学制史料》第四辑，华东师范大学出版社1993年版。

李楚材编：《帝国主义侵华教育史资料——教会教育》，教育科学出版社1987年版。

吕顺长编：《晚清中国人日本考察记·教育考察记》，杭州大学出版社1999年版。

中国第二历史档案馆编：《中华民国档案资料汇编》，第三辑·教育，第五辑第一编·教育、第二编·教育，江苏古籍出版社1991至1997年版。

荣孟源主编：《中国国民党历次代表大会及中央全会资料》，光明日报出版社1985年版。

教育部编：《教育法令汇编》第1辑，商务印书馆1936年版。

中国基督教教育调查会编：《中国基督教教育事业》，商务印书馆1922年版。

司德敷等编、蔡咏春等译《中华归主：中国基督教事业统计（1901~1920年）》，中国社会科学出版社1987年版。

《教育文献法令汇编》，教育部办公厅1958年编印。

上海市高教局研究室等编：《中华人民共和国建国以来高等教育重要文献选编》，1979年版。

何东昌主编：《中华人民共和国重要教育文献（1949～1997）》，海南出版社1998年版。

国民政府教育部编：《第一次中国教育年鉴》，开明书店1934年版。

教育部编：《第二次中国教育年鉴》，商务印书馆1948年版。

夏之莲主编：《外国教育发展史料选粹》，北京师范大学出版社1999年版。

上海经世文社：《民国经世文编》，北京图书馆出版社2006年版。

王铁崖编辑：《中外旧约章汇编》第一册，三联书店1957年版。

中国新民主主义青年团中央办公厅编：《中国青年运动历史资料》第1至3册，1957年内部印行。

钟离蒙、杨凤麟主编：《中国现代哲学史资料汇编》及《中国现代哲学史资料汇编续集》，辽宁大学哲学系1981至1984年印本。

邵玉铭编：《二十世纪中国基督教问题》，台湾正中书局1980年版。

张西平、卓新平编：《本色之探——20世纪中国基督教文化学术论集》，中国广播电视出版社1999年版。

张钦士辑：《国内近十年来之宗教思潮》，燕京华文学校1927年刊本。

舒新城编：《近代中国教育史料补编》，中华书局1930年版。

舒新城：《收回教育权运动》，上海中华书局1927年版。

舒新城：《近代中国教育思想史》，上海中华书局1929年版。

舒新城：《民国十五年中国教育指南》，上海商务印书馆1928年版。

舒新城：《中国近代教育史资料》，人民教育出版社1980年版。

吕达、刘德主编：《舒新城教育论著选》，人民教育出版社2004年版。

郭秉文：《中国教育制度沿革史》，商务印书馆1922年版。

姜书阁：《中国近代教育制度》，商务印书馆1933年版。

余家菊、汪德全编译：《战后世界教育新趋势》，上海中华书局1926年版。

余家菊：《国家主义教育学》，上海中华书局1925年版。

上海醒狮周报社编：《国家主义讲演集》第一集，上海醒狮周报社1926年版。

少年中国学会编：《国家主义论文集》，上海中华书局1925年版。

少年中国学会编：《国家主义论文集》第二集，上海中华书局1926年版。

罗章龙等编：《非宗教论》，1922年6月北京印行。

周太玄辑：《无所谓宗教》，1922年8月法国印行。

李刚己：《教务纪略》，上海书店1986年影印本。

李义彬编：《中国青年党》，中国社会科学出版社1982年版。

中国第二历史档案馆编：《中国青年党》，档案出版社 1988 年版。

吴雷川：《基督教与中国文化》，青年协会书局 1940 年版。

余家菊、李璜：《国家主义的教育》，上海中华书局 1923 年版。

余家菊：《国家主义教育学》，上海中华书局 1925 年版。

余家菊：《教育原理》，上海中华书局 1925 年版。

余家菊：《回忆录》，上海中华书局 1948 年版。

《余家菊景陶先生回忆录》，台湾慧炬出版社 1994 年版。

《余家菊景陶先生教育论文集》，台湾慧炬出版社 1997 年版。

陈启天：《寄园回忆录》，台湾商务印书馆 1965 年版。

陈启天：《建国政策发端》，少年中国学会 1926 年版。

陈启天、常燕生：《国家主义运动史》，上海中国书局 1929 年版。

陈启天：《最近三十年中国教育史》，上海太平洋书店 1930 年版。

陈正茂、黄欣周、梅渐农主编：《曾琦先生文集》，台湾中央研究院近代史研究所史料丛刊（16），1993 年版。

李璜：《学钝室回忆录》，香港明报月刊社 1979 年版。

李璜：《与梁漱溟先生论中西之异同》，1930 年印行。

《左舜生自选集》，台湾文海出版社 1978 年版。

舒新城：《我和教育》，台湾龙文出版社 1990 年版。

古楳：《卅五年的回忆》，民生印书馆 1935 年版。

吴俊升：《教育生涯一周甲》，台湾传记文学出版社 1976 年版。

杨亮功：《早期三十年的教学生活》，台湾传文学出版社 1980 年版。

罗章龙：《椿园载记》，三联书店 1984 年版。

《朱执信集》，中华书局 1979 年版。

《恽代英文集》，人民出版社 1984 年版。

《萧楚女文存》，中共党史出版社 1998 年版。

《杨贤江教育文集》，教育科学出版社 1982 年版。

许锡挥编：《许崇清文集》，中山大学出版社 2004 年版。

《范寿康教育文集》，浙江教育出版社 1989 年版。

《张太雷文集》，人民出版社 1981 年版。

《孙中山选集》，人民出版社 1956 年版。

《陈独秀文章选编》，三联书店 1984 年版。

《赵紫宸文集》，商务印书馆 2003 至 2007 年版。

《马相伯集》，复旦大学出版社 1996 年版。

梁启超：《饮冰室合集》，中华书局 1936 年版。

夏晓虹辑：《饮冰室合集集外文》，北京大学出版社 2005 年版。

广东省档案馆、广东青运史研究委员会办公室编：《新学生社史料》，1983 年印行本。

《广州文史资料专辑·广州近百年教育史料》，广东人民出版社 1983 年版。

陈家文、黄穗生《大革命时期广州学生反基督教和收回教育权运动》，《广东文史资料》第 48 辑，广东人民出版社 1986 年版。

冼子恩《六十年间私立广州培正中学的变迁》，《广东文史资料》第 45 辑，广东人民出版社 1985 年版。

曲子祥《中华教育改进社在太原召开第四届年会的情况》，《山西文史资料全编》第 1 卷，山西人民出版社 1998 年版。

李中《我的父亲——李儒勉》，《波阳文史资料》第 4 辑，政协江苏省波阳县委员会 1989 年版。

舒文云《怀念我的父亲舒启元》，《长寿县文史资料》第 7 辑，政协四川省长寿县文史资料研究委员会 1992 年版。

李清悚《我对南京高师和东南大学的回忆》，《江苏文史资料选辑》第 11 辑，江苏人民出版社 1983 年版。

吴贻芳《金女大四十年》，《江苏文史资料选辑》第 13 辑，江苏人民出版社 1983 年版。

张文昌《之江大学》，《浙江文史资料选辑》第 29 辑，浙江人民出版社 1985 年版。

王神荫《"七七"事变以前的齐鲁大学》，《文史资料选辑》第 1 辑，山东人民出版社 1982 年版。

梁福文《记大革命时期广州圣三一学校的反帝风潮》，《广州文史资料》第 16 辑，政协广州市委员会文史资料研究委员会 1965 年版。

柯仲生、李铁夫、李静轩《成都华西大学学生反帝退学运动》，《四川文史资料选辑》第 8 辑，政协四川省委员会、四川省志编辑委员会 1963 年版。

王能树、汪仲仪《芜湖教会学校的反帝斗争》，《安徽文史资料选辑》总第 4 辑，政协安徽省委员会文史资料委员会 1981 年版。

陈忠《武汉基督教教育历史概述》，《武汉文史资料》第 17 辑，政协武汉市委文史资料研究委员会 1984 年版。

章振乾《收回教育权运动的回忆》，《福建文史资料》第 13 辑，政协福建省委文史资料研究委员会 1986 年版。

薛正《我所知道的中西女中》，《解放前上海的学校》，《上海文史资料选辑》第 59 辑，上海人民出版社 1988 年版。

《福建革命历史文件汇集》，中央档案馆、福建省档案馆 1983 年编印。

中共中央党史研究室第一研究部译：《联共（布）、共产国际与中国国民革命运动》（1），北京图书馆出版社 1997 年版。

陈崧主编：《五四前后东西文化问题论战文选》，中国社会科学出版社 1989 年版。

邓菊英、李诚编：《北京近代小学教育史料》，北京出版社 1995 年版。

李瑞明编、郭查理著：《岭南大学》，香港永昌印刷有限公司 1997 年版。

柯约翰：《华中大学》，华中师范大学出版社 2003 年版。

文乃史：《东吴大学》，珠海出版社 1999 年版。

德本康夫人、蔡路德：《金陵女子大学》，珠海出版社 1999 年版。

队克勋：《之江大学》，珠海出版社 1999 年版。

郭查理：《齐鲁大学》，珠海出版社 1999 年版。

黄思礼：《华西协和大学》，珠海出版社 1999 年版。

罗德里克·斯科特：《福建协和大学》，珠海出版社 1999 年版。

董鼎等编：《学府纪闻：私立辅仁大学》，台湾南京出版有限公司 1982 年版。

广东青运史研究委员会办公室编：《广东青年运动回忆录》，广东人民出版社 1986 年版。

中国文化建设协会编：《十年来的中国》，商务印书馆 1937 年版。

陈东原、吴保障、蒋元卿主编：《〈教育杂志〉索引》（第一卷至第二十三卷），商务印书馆 1936 年版。

《教育大辞书》，商务印书馆 1930 年版。

徐友春主编：《民国人物大辞典》，河北人民出版社 1991 年版。

陈玉堂编著：《中国近现代人物名号大辞典》（全编增订本），浙江古籍出版社 2005 年版。

顾明远主编：《教育大辞典》（增订合编本），上海教育出版社 1998 年版。

周家珍编著：《20 世纪中华人物名字号辞典》，法律出版社 2000 年版。

贾馥茗总编纂、国立编译馆主编：《教育大辞书》，台湾文景书局 2000 年版。

三

杨天宏：《基督教与民国知识分子》，人民出版社 2005 年出版。

胡卫清：《普遍主义的挑战——近代中国基督教教育研究（1877～1927）》，上海人民出版社 2000 年版。

段琦：《奋进的历程——中国基督教的本色化》，商务印书馆 2004 年版。

高时良：《中国教会学校史》，湖南教育出版社 1994 年版。

吴洪成：《中国教会教育史》，西南师范大学出版社 1998 年版。

王立新：《美国文化渗透与近代中国教育——沪江大学的历史》，复旦大学出版社 2001 年版。

关晓虹：《晚清学部研究》，广东教育出版社 2000 年版。

顾长声：《传教士与近代中国》，上海人民出版社 1981 年版。

顾长声：《从马礼逊到司徒雷登》，上海人民出版社 1985 年版。

顾卫民：《基督教与近代中国社会》，上海人民出版社 1996 年版。

黄新宪：《基督教教育与中国社会变迁》，福建教育出版社 1996 年版。

吴梓明：《基督教大学华人校长研究》，福建教育出版社 2001 年版。

吴梓明：《基督教与中国大学教育》，中国社会科学出版社 2003 年版。

史静寰、王立新:《基督教教育与中国知识分子》,福建教育出版社1998年版。

何晓夏、史静寰:《教会学校与中国教育近代化》,广东教育出版社1996年版。

徐以骅:《教会大学与神学教育》,福建教育出版社1999年版。

王忠欣:《基督教与中国近现代教育》,载章开沅、马敏主编《基督教与中国文化丛刊》第4辑,湖北教育出版社2000年版。

章开沅、马敏主编:《基督教与中国文化丛刊》第5辑,湖北教育出版社2003年版。

章开沅、马敏主编:《基督教与中国文化丛刊》第6辑,湖北教育出版社2004年版。

章开沅、林蔚主编:《中西文化与教会大学》,湖北教育出版社1991年版。

章开沅主编:《文化传播与教会大学》,湖北教育出版社1996年版。

章开沅主编:《社会转型与教会大学》,湖北教育出版社1998年版。

顾学稼、林蔚、伍宗华主编:《中国教会大学史论丛》,成都科技大学出版社1994年版。

劳凯声主编:《变革社会中的教育权与受教育权:教育法学基本问题研究》,教育科学出版社2003年版。

田正平主编:《中外教育交流史》,广东教育出版社2004年版。

田正平等主编:《教育交流与教育现代化》,浙江大学出版社2005年版。

田正平、商丽洁主编:《中国高等教育百年史论》,人民教育出版社2006年版。

查时杰:《民国基督教史论文集》,台湾宇宙光出版社1994年版。

叶仁昌:《五四以后的反对基督教运动——中国政教关系的解析》,台湾久大文化股份有限公司1992年版。

吴家莹:《中华民国教育政策发展史》,台湾五南图书出版公司1990年版。

梁家麟:《广东基督教教育(1807~1953)》,香港建道神学院1993年版。

瞿立鹤:《清末民初民族主义教育思潮》,台湾中央文物供应社1984年版。

林治平主编:《中国基督教大学论文集》,台湾宇宙光传播中心出版社1992年版。

林治平主编:《理念与符号:基督教与现代中国学术研讨会论文集》,台湾宇宙光出版社1988年版。

林治平编著:《基督教在中国本色化》,今日中国出版社1998年版。

中华文化复兴运动推行委员会编:《中国近代现代史论集》,台湾商务印书馆1986年版。

张玉法主编:《中国现代史论集》(六),台湾联经出版公司1981年版。

王尔敏:《中国近代思想史论》,社会科学文献出版社2003年版。

霍益萍:《近代中国的高等教育》,华东师范大学出版社1999年版。

陶飞亚:《边缘的历史——基督教与近代中国》,上海古籍出版社2005年版。

陈学恂总主编、田正平分卷主编:《中国教育史研究·近代分卷》,华东师范大学出版社2001年版。

陈学恂总主编、高奇分卷主编：《中国教育史研究·现代分卷》，华东师范大学出版社1994年版。

吴式颖、阎国华主编：《中外教育比较史纲》（近代卷），山东教育出版社1997年版。

王治心：《中国基督教史纲》，上海古籍出版社2004年版。

于本源：《清王朝的宗教政策》，中国社会科学出版社1999年版。

李清悚、顾岳中编：《帝国主义在上海的教育侵略活动资料简编》，上海教育出版社1982年版。

周淑真：《中国青年党在大陆和台湾》，中国人民大学出版社1993年版。

李华兴等著：《索我中华之理想——中国近代国家观念的形成与发展》，安徽教育出版社2005年版。

罗冠宗主编：《前事不忘后事之师：帝国主义利用基督教侵略中国史实述评》，宗教文化出版社2003年版。

吴小龙：《少年中国学会研究》，上海三联书店2006年版。

李永春：《〈少年中国〉与五四时期的社会思潮》，湖南人民出版社2005年版。

张允侯等主编：《五四时期的社团》，三联书店1979年版。

端以美等著：《法国现代化进程中的社会问题》，中国社会科学出版社2001年版。

单中慧主编：《西方教育思想史》，山西人民出版社1996年版。

王桂位：《日本教育史》，吉林教育出版社1987年版。

丛日云：《在上帝与恺撒之间——基督教二元政治观与近代自由主义》，三联书店2003年版。

孙尚扬、钟鸣旦：《1840年前的中国基督教》，学苑出版社2004年版。

《二十世纪中国思想史论》，东方出版中心2000年版。

刘小枫主编：《道与言——华夏文化与基督教文化相遇》，上海三联书店1995年版。

王海光：《旋转的历史——社会运动史》，上海人民出版社1995年版。

郑匡民：《梁启超启蒙思想的东学背景》，上海书店出版社2003年版。

齐红琛主编：《日本侵华教育史》，人民教育出版社2002年版。

傅道慧：《五卅运动》，复旦大学出版社1985年版。

张连红：《金陵女子大学校史》，江苏人民出版社2005年版。

华西校史编委会编：《华西医科大学校史》，四川教育出版社1990年版。

张宪文主编：《金陵大学史》，南京大学出版社2002年版。

李枫主编：《三湘私立学校》，岳麓书社2003年版。

《杭苇教育文集》，上海教育出版社1985年版。

中国社会科学院科研局、《中国社会科学》杂志社编：《五四运动与中国文化建设——五四运动七十周年学术讨论会论文选》，社会科学文献出版社1989年版。

金以枫编《1949年以来基督宗教研究索引》，社会科学文献出版社2007年版。

四

杰西·格·卢茨:《中国教会大学史（1850~1950年）》，浙江教育出版社1987年版。

大塚丰:《现代中国高等教育的形成》，北京师范大学出版社1998年版。

阿部洋编:《日中教育文化交流と摩擦——戦前日本の在華教育事業》，东京第一书房，昭和58年（1983年）出版。

博伊德·金:《西方教育史》，人民教育出版社1985年版。

S·E·佛罗斯特:《西方教育的历史和哲学基础》，华夏出版社1987年版。

森有礼编:《文学兴国策》，上海书店出版社2002年版。

李约瑟:《四海之内》，三联书店1987年版。

马克斯·韦伯:《儒教与道教》，商务印书馆1995年版。

后　记

　　本书由我与郭淑兰同志共同完成，这已是我们二人在学术上的第二次合作。

　　本书最早的灵感源于10年前我的博士论文选题。那时我正从事"近代中国文化民族主义思潮"的研究，"收回教育权运动"即是其中的一节。但囿于当时资料披阅不广、视野不宽等，彼时我对该问题的认识自然很不成熟。不过那个时候，我就有了作进一步研究的打算。2003年，我的博士论文以《文化民族主义与近代中国》之名，正式付梓。该书出版后，导师、同窗、学友们不以浅陋，而给予充分肯定，并鼓励我对书中所涉及到的一些问题继续深入研究下去。特别是我的几位挚友，现在在福建师范大学社会学系的杨齐福，北京师范大学图书馆的杨键，石油大学（北京）人文社科学院的董贵成等，均答应义务帮我代查资料。朋友们的盛情好意，最终促使我下决心进行收回教育权运动的系统学术研究。由于工作量太大，以一人之力无法完成，所以我又邀请了本教研室的郭淑兰同志一起研究，她以饱满的学术热情、出色的工作质量完成了所分配的研究任务。

　　由于作者偏处西陲，加之平时教学、管理工作任务繁重，所以本书的资料搜集和撰写工作，可说是十分不易。幸运的是，我作为学校"青蓝人才工程"资助的第一个文科博士，学校给予了较为充足的经费，使我们能在数年之内几上京、沪，搜集了大量资料。同时，散处全国各地的学友们也慷慨无私，惠寄了许多"救命"性质的资料。除前面提到的外，兰州交通大学图书馆的李莉和文学院的王强，中央教育科学研究所的孙智昌，北京电子科技大学的卫金桂，北京师范大学的蒋重跃、刘林海、张升，党建读物出版社的周韬等，也多有襄助，在此表示诚挚的感谢！本书能这么快面世，我的妻子段向雪也与有功焉，谨此一并致谢。

　　最后，我还要特别感谢我的父母亲和岳母。父亲讳名杨俊孝，母亲讳名张兰英，岳母讳名马应芬。他们皆出身于农民，为人忠厚，虽文化不多，外表平淡无奇，但却深悟治家育后的真谛，常以勤劳、节俭、忠孝、知礼诫命子女。特别是我的岳母，在我岳父英年早逝后，她一个弱女人没有丝毫退缩，几乎是以一人之力扛起全家生活的重担，以"小我"的牺牲换来了"大我"的升华。在我岳母和父母亲身上，我体悟到了中华民族生生不已、自强不息的优秀精神文化。虽然我不敢自诩我已具备此种精神，但我依然在内心的最深处感谢他们。感谢他们对我的熏陶和培育，使我多少有了他们的影子。如今三位老人中的一位已离我远去，其余两位也都已步入垂暮之年，希望本书的出版能给她们带去些许慰藉，以安祥、平和的心情享受人生剩余的时光。

杨思信

2009 年仲秋于兰州交通大学晨阳斋